CURSO DE DIREITO CONSTITUCIONAL BRASILEIRO

Instituto Brasiliense de Direito Público
Conselho científico
Presidente: Gilmar Ferreira Mendes
Secretário-Geral: Jairo Gilberto Schäfer
Coordenador-Geral: João Paulo Bachur
Coordenador Executivo: Atalá Correia

Alberto Oehling de Los Reyes
Alexandre Zavaglia Pereira Coelho
António Francisco de Sousa
Arnoldo Wald
Sérgio Antônio Ferreira Victor
Carlos Blanco de Morais
Everardo Maciel
Fabio Lima Quintas
Felix Fischer
Fernando Rezende
Francisco Balaguer Callejón
Francisco Fernández Segado
Ingo Wolfgang Sarlet
Jorge Miranda
José Levi Mello do Amaral Júnior
José Roberto Afonso
Elival da Silva Ramos

Katrin Möltgen
Lenio Luiz Streck
Ludger Schrapper
Maria Alicia Lima Peralta
Michael Bertrams
Miguel Carbonell Sánchez
Paulo Gustavo Gonet Branco
Pier Domenico Logroscino
Rainer Frey
Rodrigo de Bittencourt Mudrovitsch
Laura Schertel Mendes
Rui Stoco
Ruy Rosado de Aguiar
Sergio Bermudes
Sérgio Prado
Walter Costa Porto

O GEN | Grupo Editorial Nacional – maior plataforma editorial brasileira no segmento científico, técnico e profissional – publica conteúdos nas áreas de concursos, ciências jurídicas, humanas, exatas, da saúde e sociais aplicadas, além de prover serviços direcionados à educação continuada.

As editoras que integram o GEN, das mais respeitadas no mercado editorial, construíram catálogos inigualáveis, com obras decisivas para a formação acadêmica e o aperfeiçoamento de várias gerações de profissionais e estudantes, tendo se tornado sinônimo de qualidade e seriedade.

A missão do GEN e dos núcleos de conteúdo que o compõem é prover a melhor informação científica e distribuí-la de maneira flexível e conveniente, a preços justos, gerando benefícios e servindo a autores, docentes, livreiros, funcionários, colaboradores e acionistas.

Nosso comportamento ético incondicional e nossa responsabilidade social e ambiental são reforçados pela natureza educacional de nossa atividade e dão sustentabilidade ao crescimento contínuo e à rentabilidade do grupo.

COLEÇÃO
CONSTITUCIONALISMO
BRASILEIRO

AFONSO ARINOS DE MELO FRANCO

Apresentação
SERGIO BERMUDES

3ª edição

idp

CURSO DE DIREITO CONSTITUCIONAL BRASILEIRO

- A EDITORA FORENSE se responsabiliza pelos vícios do produto no que concerne à sua edição (impressão e apresentação a fim de possibilitar ao consumidor bem manuseá-lo e lê-lo). Nem a editora nem o autor assumem qualquer responsabilidade por eventuais danos ou perdas a pessoa ou bens, decorrentes do uso da presente obra.

  Todos os direitos reservados. Nos termos da Lei que resguarda os direitos autorais, é proibida a reprodução total ou parcial de qualquer forma ou por qualquer meio, eletrônico ou mecânico, inclusive através de processos xerográficos, fotocópia e gravação, sem permissão por escrito do autor e do editor.

  Impresso no Brasil – *Printed in Brazil*

- Direitos exclusivos para o Brasil na língua portuguesa
  Copyright © 2019 by
  EDITORA FORENSE LTDA.
  Uma editora integrante do GEN | Grupo Editorial Nacional
  Travessa do Ouvidor, 11 – Térreo e 6º andar – 20040-040 – Rio de Janeiro – RJ
  Tel.: (21) 3543-0770 – Fax: (21) 3543-0896
  faleconosco@grupogen.com.br | www.grupogen.com.br

- O titular cuja obra seja fraudulentamente reproduzida, divulgada ou de qualquer forma utilizada poderá requerer a apreensão dos exemplares reproduzidos ou a suspensão da divulgação, sem prejuízo da indenização cabível (art. 102 da Lei n. 9.610, de 19.02.1998). Quem vender, expuser à venda, ocultar, adquirir, distribuir, tiver em depósito ou utilizar obra ou fonograma reproduzidos com fraude, com a finalidade de vender, obter ganho, vantagem, proveito, lucro direto ou indireto, para si ou para outrem, será solidariamente responsável com o contrafator, nos termos dos artigos precedentes, respondendo como contrafatores o importador e o distribuidor em caso de reprodução no exterior (art. 104 da Lei n. 9.610/98).

- Capa: Fabricio Vale

- **CIP – BRASIL. CATALOGAÇÃO NA FONTE.**
  SINDICATO NACIONAL DOS EDITORES DE LIVROS, RJ.

  F894c
  Franco, Afonso Arinos de Melo

  Curso de direito constitucional brasileiro / Afonso Arinos de Melo Franco. - 3. ed. - Rio de Janeiro: Forense, 2019.

  Inclui bibliografia
  ISBN 978-85-309-8222-5

  1. Direito constitucional - Brasil. I. Título. II. Série.

  18-51408 CDU: 342(81)

  Vanessa Mafra Xavier Salgado - Bibliotecária CRB-7/6644

APRESENTAÇÃO

Certos homens, como já se disse, fazem a história, enquanto outros a sofrem. Afonso Arinos de Melo Franco fez a história do Brasil, nos diversos segmentos da sua atuação omnímoda, desenvolvida, ao longo do século XX, que o viu nascer, em 1905, e morrer, em 1990. Dizem muitos livros e anais, e também a memória dos que testemunharam os seus diferentes misteres, que ele foi destemido advogado, zeloso membro do Ministério Público, aguerrido parlamentar, competente Ministro de Estado, acadêmico, orador, historiador e escritor. Foi, seguramente, um pró-homem do Brasil, pelo desempenho de tudo o que fez na política nacional, como líder de diferentes partidos, como deputado constituinte e signatário do Manifesto dos Mineiros, um libelo contra a ditadura de Getúlio Vargas, para cuja queda concorreu a sua ação e a sua voz. Poucas vezes estive com ele, uma delas quando, juiz do Tribunal Regional Eleitoral do Rio de Janeiro, eu lhe entreguei o diploma de senador, eleito para o seu segundo mandato. Presenciei, circunstancialmente, uma afirmação dele, feita a um amigo, que, num casual encontro, lembrou do seu famoso discurso de 9 de agosto de 1954, no qual demandou a renúncia de Getúlio Vargas. Ele confessou, em voz baixa, que não se orgulhava daquele discurso porque ele precipitou o suicídio de Getúlio, menos de vinte dias depois. Contei essa passagem ao seu filho Affonso, que repetiu para mim a declaração do pai, de que, ao longo do discurso, lembrou-se, não sabia por quê, da morte do seu irmão Virgílio, assassinado em circunstâncias enigmáticas, como foram tantas pessoas, durante a ditadura do presidente, reeleito em votação livre em 1951. Estas linhas não podem, de modo algum, esquecerem-se do parlamentar permanentemente voltado para os problemas sociais do seu tempo, que o levaram à autoria da lei perpetuadora do seu nome, punitiva da discriminação racial. Esse diploma talvez não existiria se ao mestre faltasse a formação de constitucionalista, sabedor de que a Constituição estrutura o Estado, mas também, e principalmente, assegura a observância dos direitos fundamentais dos cidadãos e jurisdicionados.

Mas Afonso Arinos, além de conferencista e orador, que expôs suas ideias, no país e fora dele, foi admirável professor universitário, cultor do Direito Constitucional. Dos seus sólidos conhecimentos da matéria é mostra vigorosa este livro, escrito com o saber e a maestria que o elevaram à cátedra da Faculdade de Direito da Universidade do Brasil e da Faculdade de Direito da Universidade do Distrito Federal, depois Universidade do Estado da Guanabara. Este livro reflete e pereniza a sua compreensão penetrante da parte da ciência jurídica a que se devotou e cujos institutos estudou, detida, ampla e profundamente com olhos críticos para a obra dos constitucionalistas que os forjaram. Com a capacidade de admirar e aplaudir, não hesitava, todavia, em criticar autores consagrados. Certa vez, eu o ouvir falar da sua admiração por Leon Duguit, segundo ele, exemplo de jurista "da maior categoria" a cujo vezo destrutivo, entretanto, fazia restrições. Descobrem-se, nesta obra, alusões a cultores da ciência jurídica, particularmente os constitucionalistas de cujas figuras e obras tinha uma visão abrangente. Uma nota dominante da personalidade de Afonso Arinos de Melo Franco é a sua compreensão da história, dos momentos e dos lugares. A sua cultura e a sua sensibilidade o levaram muito além do mundo jurídico. A sua vocação literária é revelada também no livro Amor a Roma, que mostra a capacidade de perceber e interpretar tudo o que seus olhos captaram e sua memória registrou. Disse alguém, desavisadamente, que não era possível escrever sobre Roma sem conhecer a história dos sumos pontífices. A Enciclopédia dos Papas sobressai, na bela encadernação dos seus tomos, na majestosa biblioteca da mansão do intelectual e pensador na Rua Dona Mariana, em Botafogo, onde se contavam milhares de livros indicadores da cultura, da ciência do jurista e da curiosidade intelectual que o acompanhou vida afora.

O que mais impressiona neste livro, além da linguagem impecável, é a precisão técnica com que o autor transmite os seus conhecimentos, hauridos e aperfeiçoados também durante as aulas, confirmatórias da sentença de que ensinar é aprender duas vezes.

O grande sabedor não é, necessariamente, um didata, porque pode falhar na transmissão da sua ciência. Não é o caso de Afonso Arinos, que, como revela cada página deste livro e cada conceito que ele encerra, era um sabedor e um didata. Impressiona, nesta obra, agora reeditada pelo Instituto Brasiliense de Direito Público – IDP, numa homenagem a Afonso Arinos, a sistematização que permite ao leitor examinar, separadamente, cada instituto e universaliza a parte do direito que cria a Constituição e legitima as leis, estas defluentes daquela. Este livro, na reedição que agora se publica, perpetua a obra de um dos maiores brasileiros do século passado. Não há exagero em dizer-se que também esta obra mostra o autor de corpo inteiro e o faz propagador da história do Direito do Brasil, como também foi, de modo inigualável, personagem da história do país. É ler, conferir e reverenciar.

Rio de Janeiro, outubro de 2018.
Sérgio Bermudes

SUMÁRIO

VOLUME I
TEORIA GERAL

Nota explicativa 7
Advertência 9

CAPÍTULO I

Sociedade. Conceito sociológico e jurídico 11
Noção de grupo e de instituição, na Sociologia e no Direito 11
O Estado como instituição social e jurídica 13
As doutrinas jusnaturalistas 15
O direito do Estado 17
Direito público e Direito privado 19
Bibliografia 23

CAPÍTULO II

Direito Constitucional; noção 25
Domínio positivo 25
Desenvolvimento 29
Conteúdo científico 33
Método de ensino 36
Bibliografia 40

CAPÍTULO III

As Constituições na Antiguidade	41
Na Idade Média	42
No Estado renascentista	44
Na doutrina absolutista	46
Início da concepção democrática	47
As Constituições escritas e o problema da rigidez ou flexibilidade	49
Significado material e formal das Constituições	54
Bibliografia	56

CAPÍTULO IV

Superioridade jurídica da Constituição sôbre as leis; seus fundamentos	57
A revisão judicial nos Estados Unidos; origens	59
O opinião de Hamilton	60
Revisão das Leis estaduais	61
Revisão das leis federais	63
Críticas à revisão judicial	66
O problema da revisão judicial em outros países	71
Bibliografia	75

CAPÍTULO V

Democracia; os princípios da liberdade e da igualdade	77
Crise da democracia e sua evolução	81
Transformação dos órgãos políticos	85
Democracia e planejamento	88
Conclusões	92
Bibliografia	93

CAPÍTULO VI

Poder político	95
Soberania	97
Soberania popular e soberania nacional	100
Poder Constituinte	104
Cidadania	106
Sistema representativo	109
Transformações	113
Bibliografia	115

CAPÍTULO VII

Eleições	117
Sistemas eleitorais	121
Partidos políticos	124
Bibliografia	135

CAPÍTULO VIII

Federalismo	137
Estado federal	142
Regionalismo	145
República	146
Bibliografia	152

CAPÍTULO IX

Direitos e garantias individuais; fundamentos	153
Caracterização	156
Evolução da doutrina dos direitos individuais	157
Projeção internacional dos direitos individuais	162
Conclusões	164
Bibliografia	165

CAPÍTULO X

Direito Constitucional e ordem internacional; colocação do problema	167
As teses dualista e monista	169
Primazia da ordem interna internacional	173
Situação de fato	175
Bibliografia	181

VOLUME II

FORMAÇÃO CONSTITUCIONAL DO BRASIL

CAPÍTULO I

Aspectos histórico e teórico do constitucionalismo	7
O constitucionalismo liberal	9

Situação especial do Brasil 13
Antecedentes ibéricos 17
Antecedentes brasileiros.. 22
Repercusão, no Brasil, da revolução portuguêsa.. 25
Bibliografia 39

CAPÍTULO II
A convocação da Assembléia Constituinte e seus antecedentes 41
Reunião da Constituinte, seu funcionamento 48
Funcionamento da Constituinte.. 61
A dissolução 70
Bibliografia 81

CAPÍTULO III
O imperador outorga a Constituição.. 83
Análise da Constituição de 1824 88
O Poder Moderador... 91
Os Podêres Legislativo, Executivo e Judiciário... 95
Direitos individuais... 99
O Conselho de Estado 101
Emendas à Constituição 105
O Ato Adicional.. 106
A lei de interpretação.. 110
Considerações finais 113
Bibliografia 113

CAPÍTULO IV
Fatôres iniciais da República... 115
Movimento de idéias... 120
Da reforma constitucional à revolução militar... 122
Do Govêrno Provisório à Constituinte.. 124
A obra da Constituinte 129
A prática das instituições.. 136
Bibliografia 136

CAPÍTULO V

Tentativas revisionistas da Constituição de 1891 139
A revisão de 1926 155
O conteúdo da reforma 164
Bibliografia 167

CAPÍTULO VI

A Revolução de 1930 169
A Constituição Provisória 172
A Comissão Constitucional 175
A Assembléia Constituinte de 1933 187
A Constituição de 1934 192
Aspectos da Constituição de 1934 197
Bibliografia 201

CAPÍTULO VII

A crise institucional 203
O Estado Novo 206
A Constituição inoperante 208
Prática do regime 212
A derrocada da ditadura 215
Bibliografia 220

CAPÍTULO VIII

O Direito Constitucional do após-guerra 223
Antecedentes da Constituinte de 1946 230
Vigência da Constituição de 1946 235
Bibliografia 246

Nota da editora:
Todo o sumário foi mantido conforme publicação original.

AFONSO ARINOS DE MELO FRANCO

Catedrático de Direito Constitucional da Faculdade Nacional de Direito da Universidade do Brasil e da Faculdade de Direito da Universidade do Estado da Guanabara

CURSO DE DIREITO CONSTITUCIONAL BRASILEIRO

VOLUME I

TEORIA GERAL

Edição
REVISTA FORENSE
1968

1.ª edição — 1958
2.ª edição — 1968

COMPANHIA EDITÔRA FORENSE
Avenida Erasmo Braga, 299 — lojas
RIO DE JANEIRO, GB - BRASIL

NOTA EXPLICATIVA

O primeiro volume dêste Curso foi publicado em 1958, e o segundo em 1960. Propõe-se, agora, a Revista Forense reeditá-los ambos simultâneamente, em vista de se haverem esgotado as edições anteriores.

Bem considerado o assunto, decidi não introduzir nenhuma modificação no primeiro volume, dedicado aos princípios gerais da disciplina, que reaparece, assim, tal como foi impresso anteriormente. Na verdade, tratando-se de princípios gerais, corresponde o livro a uma exposição dos pontos de vista do autor sôbre aspectos básicos da matéria. Acontece que êsses pontos de vista não sofreram alteração em nenhum aspecto substancial. As mudanças do pensamento do autor versam sôbre pormenores, que não exigem retificação especial. Pelas mesmas razões não procurou o autor nem mesmo modernizar a bibliografia de referência, o que lhe seria fácil, mediante a simples adição de novos títulos ou citações de edições mais recentes. Tal seria, porém, um expediente inútil, talvez pouco correto, visto que em nada se alterou a substância do livro.

Quanto ao segundo volume, que é uma síntese da evolução histórica do Direito Constitucional brasileiro, era indispensável fôsse acrescentada ao seu texto a parte referente à Constituição de 1967 e seus antecedentes políticos e jurídicos, incluindo-se a bibliografia correspondente.

O autor tem recebido freqüentes e generosos incitamentos no sentido de completar o Curso com a parte relativa à Constituição vigente. Já ao tempo da vigência da Constituição de 1946, êsse convite lhe foi feito, mas não pôde ser aceito, pela absorção do autor nos deveres do seu mandato parlamentar. Hoje êste mandato está terminado, mas o autor hesita ainda em levar avante um estudo didático sôbre a Constituição de 1967, por outro motivo.

Parece-lhe, com efeito, que a Constituição atual, obra de compromisso em momento de grave crise política, deverá sofrer, quem sabe se em curto prazo, modificações importantes. Assim, pareceu ao autor de melhor alvitre aguardar uma fase de maior estabilidade institucional, a fim de se lançar no preparo da parte final do Curso, que espera poder relacionar com uma Constituição reformada e, queira Deus, mais duradoura.

Rio de Janeiro, setembro de 1967.

AFONSO ARINOS DE MELO FRANCO

ADVERTÊNCIA

O presente volume é o primeiro de uma série de quatro, em que o autor pretende dividir o seu "Curso de Direito Constitucional Brasileiro". A obra planejada terá um volume de teoria geral, um de história constitucional do Brasil e dois em que serão estudadas as instituições constitucionais vigentes no nosso país.

A distribuição do conjunto em quatro volumes obedeceu à conveniência do autor, que ficou, assim, habilitado a publicar o seu trabalho parceladamente, mas, em possíveis edições futuras, o Curso deverá aparecer em apenas dois volumes, o primeiro de teoria geral e história e o segundo de instituições constitucionais.

O autor salienta que não pretendeu mais do que colocar os problemas e fatos do Direito Constitucional ao alcance dos estudantes de Ciências Sociais, principalmente os de Direito, fazendo-o, embora, de maneira um pouco mais desenvolvida do que a que consta dos manuais existentes sôbre a matéria.

A circunstância de o Direito Constitucional ser cadeira que só dispõe de um ano no Curso jurídico não esconde o desenvolvimento cada vez maior do seu campo de aplicação. Ensinando a matéria desde 1949, o autor se convenceu da grande dificuldade com que se defrontam os alunos, desejosos de uma exposição mais aprofundada de certos problemas, a qual, entretanto, se torna impossível para o professor, prêso à estreiteza dos programas anuais, que mal podem ser esgotados no período letivo. O Curso planejado procurará fixar, por escrito, não apenas a matéria das preleções dadas de acôrdo com os programas, mas outros pontos essenciais da disciplina, que o professor, por angústia de tempo, deixa de expor, mas que são, no entanto, indispensáveis à formação técnica e cultural dos estudantes.

A distribuição dos assuntos neste volume, bem como a sua escolha obedeceram, em conjunto, aos pontos de vista do autor.

Compreende-se, pois, que algum leitor discorde da inclusão de certos tópicos ou, mais provàvelmente, da exclusão de outros. A essas possíveis observações o autor responde, antecipadamente, que aceita as divergências, mas pondera que os limites e, mesmo, o conteúdo de uma teoria geral do Direito são, até certo ponto, matéria opinativa. De qualquer forma, a consideração que mais predominou na feitura dêste livro foi a de adaptar as noções gerais aos princípios especiais do Direito Constitucional do nosso país, abandonando-se, assim, voluntàriamente, a exposição de questões cujo esclarecimento não é necessário àquela finalidade, embora pudessem ser acolhidas em um livro de teoria de Direito Constitucional geral.

Concluindo estas ligeiras palavras inaugurais, o autor oferece o primeiro volume do seu Curso à memória de José Antônio Pimenta Bueno, Marquês de São Vicente, *como desvaliosa homenagem ao transcurso do primeiro centenário do* Direito Público Brasileiro e Análise da Constituição do Império, *publicado em 1857.*

CAPÍTULO I

Sociedade. Conceito sociológico e jurídico. Noção de grupo e de instituição, na Sociologia e no Direito. O Estado como instituição social e jurídica. As doutrinas jusnaturalistas. O direito do Estado. Direito público e Direito privado.

Sociedade. Conceito sociológico e jurídico

1. Sendo característica permanente do homem a sociedade, a vida humana se organiza forçosamente na sociedade. Convém, entretanto, para os fins dêste *Curso,* distinguir entre o sentido sociológico e o sentido jurídico da palavra *sociedade.* Sociològicamente, sociedade é o complexo das relações humanas e das ações dos homens, que se desenvolvem dentro de um sistema de valôres e símbolos e sujeitas a variados meios de constrangimento, para a obtenção de fins que transcendem o indivíduo, embora com êle sempre se relacionem. Jurìdicamente, a sociedade é a comunidade humana organizada dentro ou por meio de instituições de vários tipos, as quais, por sua vez, são disciplinadas, mais ou menos diretamente pelas normas de direito.

2. Como vimos, o significado jurídico da palavra sociedade é mais restrito, preciso e concreto que o seu significado sociológico. O mesmo processo de condensação, concretização e precisão se opera na conceituação dos elementos e valôres que se integram na noção de sociedade, quando os transportamos do terreno sociológico para o jurídico. O estudo dessa transição, com a conseqüente transformação de conceitos, forma o campo de pesquisa e aplicação da chamada Sociologia Jurídica.

Noção de grupo e de instituição, na Sociologia e no Direito

3. Entre os fatôres componentes da sociedade avultam, por sua importância, o grupo e a instituição. Também aqui convém

distinguir entre a conceituação sociológica e a jurídica dêsses fatôres. Sociològicamente, o grupo é o conjunto ou agregado de indivíduos reunidos ou aproximados dentro do complexo social em virtude de várias formas de similitude, ou por crenças, objetivos e interêsses comuns, e no qual a interação social é observável. Para algumas escolas sociológicas o grupo social é o fato primeiro da sociedade, visto que, segundo elas, o indivíduo isolado é uma pura hipótese dentro da observação dos fatos sociais. O grupo social não se confunde com o ajuntamento ocasional. A sua formação corresponde a algum interêsse comum que o determina, embora a natureza de tais interêsses possa variar ilimitadamente. Jurìdicamente, o grupo representa o conjunto de indivíduos subordinados à aplicação de determinada norma jurídica, seja de Direito Público, como no caso de uma comunidade nacional sujeita a um complexo de regras constitucionais, ou uma Assembléia Legislativa, ligada à observância do seu regimento, seja de Direito Privado, como a família, regulada pelo Código Civil, ou a emprêsa que procede de acôrdo com a Lei das Sociedades Anônimas.

4. Quanto ao que chamamos instituição ela é, sociològicamente, um sistema de conceitos, costumes, tradições, crenças, normas, associações e órgãos reguladores da vida social, para satisfação das necessidades humanas. Assim, do ponto de vista sociológico, a instituição é, de maneira ampla, a concretização da experiência social, manifestada em forma de fatos ou símbolos, e capaz de estimular ou reprimir a ação humana, em vista de fins comuns. O campo de aplicação das instituições sociais é tão vasto quanto o da própria sociedade. As instituições sociais podem ser abstratas como uma doutrina jurídica, um conjunto de princípios morais, a moda no vestuário, ou concretas como o govêrno, a universidade, o sindicato. Umas e outras, de maneiras diferentes, impulsionam ou impõem restrições à ação humana. A noção jurídica de instituição é mais restrita. Para o Direito a instituição é a organização ou função social capaz de elaborar norma reguladora dos interêsses individuais ou coletivos nela representados, e dotada de um poder de império, ou direito de dominação, suficiente para dar eficácia à norma elaborada com aquêles fins.

Dentro dêste critério, o Estado é uma instituição, mas também o serão uma igreja ou comunidade religiosa, uma emprêsa econômica ou uma associação esportiva, na medida em que são dotadas de estrutura permanente e em que traçam regras de observância obrigatória, para um grupo social determinado. Em Direito, também se costuma chamar instituição ao conjunto de normas legais que disciplinam certos fatos em práticas; por exemplo, a instituição jurídica do casamento. Mas a acepção que aqui nos interessa é a da instituição jurídica tomada como organização social capaz de traçar regras de conduta, tal como ficou acima definida.

5. Os grupos e instituições sociais se acham estreitamente vinculados, no dinamismo do processo social. E isso é verdade, quer consideremos os grupos e instituições no seu aspecto sociológico, quer o façamos do ponto de vista jurídico. Juridicamente, o grupo social se organiza, sempre, dentro ou sob a autoridade de instituições. A nação se organiza juridicamente sob a autoridade do Estado; o grupo ligado por laços de parentesco se ordena dentro da família; os acionistas e cotistas se reúnem na emprêsa; os trabalhadores se congregam no sindicato, e assim por diante. Tôdas estas são instituições sociais e jurídicas.

O Estado como instituição social e jurídica

6. O Estado é a mais importante das instituições sociais, sociológica ou juridicamente falando. Sem ser a mais intimamente ligada ao homem (visto que a família, a religião, os costumes e certos valôres morais influem, sem dúvida, com mais proximidade no comportamento psíquico e social dos indivíduos), o Estado é a instituição social com maior capacidade de comando, a que aplica de forma mais vigorosa o aparelho coercitivo, a única em condições de submeter, aos ditames das suas normas, tôdas as demais instituições e todos os grupos sociais organizados.

7. Problemas tais como a origem e o desenvolvimento da instituição do Estado; as modificações sofridas na sua estrutura e no seu funcionamento, sensíveis através da comparação entre a Cidade grega, o Império romano e os Estados nacionais, formados no declínio da Idade Média e na aurora do Renascimento; a origem jurídica ou social do Estado; o caráter ilimitado da sua potestade (soberania) ou a possibilidade da sua autolimitação

pelo Direito; a rápida evolução do Estado-guardião (*Etat-gendarme*) — peculiar à época do constitucionalismo liberal — para o Estado intervencionista e às vêzes totalitário dos nossos dias; finalmente, a questão capital da perenidade do Estado, ou da inclusão dêle entre as categorias históricas, portanto suscetíveis de desaparecimento, como quer a ortodoxia marxista; todos êsses problemas, se bem que necessários à formação de um juízo completo sôbre o Estado, situam-se, no entanto, fora dos limites do nosso Curso, e constituem aspectos da cadeira de Teoria Geral do Estado.

8. O Direito Constitucional considera o Estado como uma instituição básica para a sua própria existência e um pressuposto necessário ao seu campo de estudos, desde que tais estudos se interessam especialmente pelas leis constitucionais do Estado. Assim, o Direito Constitucional toma por ponto de partida o Estado contemporâneo e analisa objetivamente a sua estrutura e o seu funcionamento, deixando à Teoria Geral do Estado as questões referentes à formação do Estado, à justificação ética do seu poder, as doutrinas sôbre as limitações dêste último e as hipóteses e perspectivas sôbre o seu futuro.

9. O Direito Constitucional, identificando embora os aspectos sociológicos e históricos da instituição do Estado, considera-o, todavia, particularmente nos seus aspectos jurídicos. Para o constitucionalista o Estado é, antes e acima de tudo, uma instituição jurídica. Por esta razão é que interessa ao Direito Constitucional o exame das relações entre o Estado e o Direito em geral.

10. Antes de examinarmos a situação do Estado como entidade jurídica e como criador da regra de Direito, convém recordar que a idéia de Direito não é, em si mesma, inseparável da idéia de Estado, e que se pode perfeitamente conceber a criação de normas coercitivas de conduta social por outras instituições sociais, que não o Estado, sendo também admissível a tese de que o Direito objetivo é anterior à existência histórica do Estado.

Que a vida social impõe a observância de regras de conduta sem a participação do Estado é ponto pacífico e elementar de Sociologia. Todo homem sente a pressão e a sanção do grupo familiar ou profissional a que pertence, no sentido de conformar sua ação com as normas e padrões consagrados. E a chamada opinião pública não é senão a aplicação ampliada do mesmo processo de sanção, às vêzes irresistível, que se exerce fora da ação do Estado. Quanto ao problema do Direito anterior ao Estado, é êle dos mais importantes da Teoria Geral do Direito.

As doutrinas jusnaturalistas

11. Tôdas as doutrinas relativas à existência de um Direito objetivo, anterior e, de certa forma, superior ao próprio Estado, podem ser incluídas naquela parte da ciência jurídica habitualmente chamada Direito Natural. Quanto aos seus fundamentos teóricos e filosóficos, o jusnaturalismo pode ser dividido em três correntes a que denominaremos teológica, racional e social, para salientar as suas tendências essenciais.

12. O Direito Natural teológico é, como o nome está indicando, aquêle segundo o qual o Direito humano deve conformar-se a certas verdades primeiras, ou a certos princípios religiosos, fontes supremas da ordem e da justiça. Reconhecemos a contradição aparente que existe nas palavras Direito Natural teológico, por nós empregadas, mas não encontramos outras melhores para designar a concepção cristã do Direito Natural. Com efeito, a expressão cristã do Direito divino é tradicionalmente empregada para traduzir coisa muito diferente, ou seja, a teoria da Monarquia absoluta, na qual o poder político era supostamente transmitido ao rei, por Deus. Quanto à expressão Direito Natural, ela indica a existência de uma regra objetiva de Direito conforme à natureza, e, portanto, independente da ciência jurídica e a esta superior, mas os escritores católicos consideram que tal regra conforme à natureza humana é, por sua vez, oriunda do reconhecimento da Verdade revelada pelo Criador dos homens. Esta doutrina vem da Epístola de São Paulo aos romanos, na qual está dito que "o poder público foi instituído por Deus". Tal o princípio desenvolvido por S. Tomás de Aquino, na sua teoria sôbre o poder, segundo a qual o poder político se acha afeto a um fim determinado, que é o da realização da justiça, de acôrdo com os princípios revelados por Deus. Assim, a legislação humana deve conformar-se aos postulados da Justiça eterna, cujas leis gerais, enunciadas por S. Tomás, servem de base a tôda lei humana justa.

O Direito Natural, segundo a concepção católica, costuma ser dividido em Direito Natural absoluto, que é o conforme às regras puras e inflexíveis da Justiça eterna, e o Direito Natural relativo, que é o que se conforma com as necessidades do homem em sociedade, admitindo transações impostas pela natureza humana. Sôbre êste Direito Natural relativo (inspirado embora no absoluto) é que se construiria o edifício do Direito Positivo, segundo a fórmula *"populo faciente et Deo inspirante"*.

13. O jusnaturalismo racional compreende as correntes que vêem no Direito o produto da razão humana, aplicada à observação dos fenômenos sociais e interessada em estabelecer um sistema de ordem e de justiça na vida coletiva. Tal doutrina, lògicamente, vinculada às escolas filosóficas racionalistas, que começaram a se afirmar, na Europa, a partir do século XVII, não mais interpreta a natureza de acôrdo com a lei de Deus, mas sim de acôrdo com o que se pretendia ser a lei imutável da razão humana. Em geral se aproximam dêsses princípios tôdas as diversas teorias que se sucederam colocando o Estado na base contratual, ou como produto de um pacto social. Tais teorias encontram, em fins do século XVIII, a sua expressão, ao mesmo tempo mais popular e mais forte, na obra de J. J. Rousseau, o qual abandona deliberadamente tôdas as afirmações, até então de regra, sôbre as origens divinas do poder humano e ensaia vigorosa interpretação racional (que êle chama natural) das origens e fins dêste mesmo poder, institucionalizado no Estado. Interpretação racional, embora presumidamente fundada em dados naturais, não poderia ela deixar de se basear em conceitos apriorísticos e, até certo ponto, metafísicos. A doutrina do contrato social é tão insuscetível de ser provada quanto a da revelação divina. O princípio da soberania nacional é, em si mesmo, tão metafísico quanto o do Direito divino. Mas, històricamente, tanto as doutrinas e princípios de S. Tomás quanto os de Rousseau tiveram existência social e produziram importantes efeitos jurídicos.

14. Mais recentemente distinguem-se as doutrinas que atribuem ao Direito uma origem social, sendo, portanto, um produto do meio social, tomada esta expressão no seu significado mais amplo. Tais doutrinas igualmente devem-se enquadrar, dentro do critério que aqui estamos seguindo, entre as de Direito Natural, embora se distanciem consideràvelmente das anteriores, pelo aspecto realista e antimetafísico de que, forçosamente, se revestem.

Podemos igualmente, dentro do grupo geral do Direito Natural social, distinguir algumas correntes distintas. A mais antiga é a da chamada Escola Histórica do Direito, que floresceu em princípios do século XIX e teve seu foco principal na Alemanha e especialmente na obra de SAVIGNY. A Escola Histórica coincidiu com o romantismo literário e com o liberalismo político. Aparentada, como era, ao grande movimento romântico, opunha-se à ordem integrativa do Código de Napoleão e das codificações em geral, que considerava construções clássicas e rígidas, e optava por uma espécie de dinamismo haurido na espontânea vida cultural dos povos, produto genuíno da evolução histórica, de que a razão jurídica seria simples coletora e ordenadora.

A concepção marxista do Direito é também social, embora se aplique num sentido revolucionário. Um dos seus principais expositores é LÊNINE, que vê no Direito apenas a regra ditada pelo Estado em defesa da supremacia de uma determinada classe, e no Estado não mais do que o aparelho político, militar e burocrático que exprime a realidade social da luta de classes e que assegura o predomínio de uma delas sôbre a outra, ou sôbre as outras. Daí a conclusão obrigatória da doutrina marxista, pela qual o Estado é fadado ao desaparecimento, na medida em que a classe operária se assegurar o domínio do Estado e liquidar as classes sociais, e, portanto, a luta entre elas, com o estabelecimento do socialismo. O desaparecimento do Estado não implica, para os marxistas, necessàriamente, no desaparecimento do Direito, mas na sua redução a um nível compatível com as necessidades burocráticas da administração dos interêsses gerais e da regulamentação da produção econômica e da sua distribuição entre os consumidores. Esta opinião acentua a participação da doutrina marxista entre as que vêem no Direito um produto da sociedade e não do Estado e, pois, dentro dos objetivos da nossa exposição, entre as doutrinas jusnaturalistas.

O direito do Estado

15. Da mesma maneira que certos princípios gerais referentes ao Estado não pertencem ao campo do Direito Constitucional, conforme deixamos acima explicado, e se incluem entre as cogitações da Teoria Geral do Estado, também o problema das origens do Direito, da sua existência anterior ao Estado, da sua superio-

ridade e da sua sobrevivência, quanto a êste, é matéria estranha ao Direito Constitucional positivo. Deve, portanto, ser deixado à cadeira de Filosofia do Direito, quando não, nos seus aspectos mais técnicos e concretos, à de Introdução à Ciência do Direito. Em um Curso de Direito Constitucional, basta o conhecimento da existência de tal problema, sem maiores preocupações com o seu debate nem com as possíveis soluções.

16. O constitucionalista vê, no Estado, a origem e o limite do Direito, e sabe que o Direito do Estado se sobrepõe coercitivamente a tôdas as demais normas de conduta social, sejam quais forem as instituições ou grupos sociais de que provenham e independentemente da precedência histórica (como no caso dos costumes ou de leis antigas deixadas vigentes) que tais normas possam apresentar, em relação ao direito do Estado, ou mesmo à existência dêste. Esta última situação é claramente perceptível num país como o Brasil, onde o Estado é de formação muito recente, não possuindo, ainda, século e meio de vida histórica, enquanto o Direito, tanto o costumeiro como o positivo e tècnicamente elaborado, pode perfeitamente lhe ser anterior, como no caso das Ordenações Filipinas, aplicadas no Brasil até 1916, ano da entrada em vigor do Código Civil republicano. Ordenações que, diga-se de passagem, já se achavam revogadas em Portugal.

17. Dissemos acima que o Direito Constitucional vê no Estado a origem e o limite de tôda a ordem jurídica, e nem poderia ser de outra forma, visto que o campo de atividade e de pesquisa para o constitucionalista não vai além da ordenação constitucional, entendida embora de maneira ampla, e esta ordenação é inseparável do Estado. A existência de um Direito pré-estatal, ou elaborado por instituições sociais diferentes do Estado (como o Direito Canônico, para nos servirmos do exemplo mais conspícuo) é uma observação exata, mas metajurídica ou, pelo menos, estranha ao Direito Constitucional. Para êste, o Estado, como instituição social suprema, monopoliza o supremo poder de *imperium*, e, portanto, a capacidade de editar regras que se sobreponham a tôdas as outras; e, particularmente, monopoliza a competência para mobilizar um aparelho coercitivo, que é o mais adequado a conferir eficácia às regras que edita, traço insubstituível da regra jurídica. Do ponto de vista do Estado, os outros direitos, por

conseqüência, perdem o caráter verdadeiramente jurídico, desde que se chocam com o seu direito, e passam a ser, possìvelmente, regras de justiça, mas não regras jurídicas. A tese estatal do Direito, aqui exposta, não deve ser confundida com a doutrina fascista do Direito, porque aquela, pelos seus fundamentos filosóficos, é também uma tese democrática. No momento oportuno delimitaremos com exatidão a diferença. Aqui cumpre, sòmente, deixar a advertência.

18. Estas simples noções visam, apenas, conduzir à conclusão de que, para o Direito Constitucional, o Estado é a origem e o limite da ordem jurídica. Enquanto êle se mantiver, históricamente, com os atributos e fins atuais, tal situação não poderá ser alterada, com autêntico fundamento científico, por mais engenhosas e bem arquitetadas que sejam algumas conhecidas doutrinas em contrário.

Direito público e Direito privado

19. O ensino jurídico é feito na base da divisão das disciplinas em dois grandes grupos, que são as de Direito público e as de Direito privado. Conseqüentemente tôdas as cadeiras ou matérias do ensino pertencem a um dêsses grupos. Ainda que a distinção não correspondesse a outro objetivo que o do método didático, já teria importância e mereceria, só por isso, ser considerada. Com efeito, a didática leva à especialização profissional e esta ao emprêgo habitual de certos processos técnicos na apreciação e na interpretação dos fatos e das normas jurídicas, processos que diferem bastante uns dos outros. Cria-se, assim, através da especialização, uma mentalidade privativista ou publicista no estudo do Direito, cuja significação não pode ser esquecida, pelas conseqüências que arrasta na obra ou na atuação do professor, do juiz, do advogado, do funcionário público, da autoridade executiva, ou do legislador.

20. Mas acontece que, embora de rigor no ensino jurídico, a distinção entre o Direito público e privado não é peculiar a êle e se estende a todo o tratamento da matéria jurídica, nas suas permanentes e infinitas aplicações. Além disso é antiquíssima, pois já aparecia no Direito romano, apesar do estado relativamente embrionário que possuía, dentro dêle, o Direito público, pelo menos no que toca à sistematização teórica.

21. Não podemos deixar de reconhecer que, examinado o assunto do ponto de vista sociológico, a distinção carece de importância. Com efeito, todo Direito é um produto da vida social, além de que o próprio Estado é, como vimos, uma das instituições sociais, ainda que a mais importante, o que, para o sociólogo, pode determinar a idéia de primazia do Direito estatal, mas não a sua exclusividade, como quer o jurista. Mesmo para o jurista a distinção é irrelevante, se êle se colocar na observação da gênese do Direito, porque provindo sempre, para êle, o direito do Estado, pouca diferença faz que se trate de Direito privado ou público, uma vez que, genèticamente, todo o Direito é estatal e, por isto, público.

22. Por outro lado, se passarmos da análise jurídica e sociológica, veremos que o Estado, como qualquer outra instituição social, e até a própria sociedade, existem, em última análise, para tornar possível o convívio humano e, por conseguinte, para atender, de uma forma ou de outra, os interêsses dos indivíduos. Assim considerado, todo o Direito seria privado.

Desta forma, colocada a controvérsia no campo da Teoria Geral do Direito, ela se afigura insolúvel.

23. Ocorre, porém, que o estudo do Direito não se destina a formar sòmente cultores da sua teoria geral, mas igualmente, e em maior número, intérpretes e aplicadores do Direito positivo. Para êstes é que a distinção entre Direito público e privado tem um interêsse maior do que o confinado à utilidade didática.

24. A classificação dos dois grupos não é cômoda, nem pode ser feita em têrmos rigorosos. A isso se opõem, em primeiro lugar, a circunstância, já apontada, de que todo o Direito é um produto social e todo Direito positivo emana do Estado, traços de união prévia que tornam difícil a separação posterior. Em seguida, há disciplinas jurídicas que flutuam entre os campos habitualmente considerados do Direito público e privado, de maneira que o jurista hesita, com razão, no momento de classificá-las.

25. A Faculdade de Direito de Paris convocou, há algum tempo, juristas de vários países para uma reunião, de que participamos, cujo fim era fixar, com o rigor possível, os limites entre Direito público e Direito privado. Várias foram as soluções aventadas e diversos os processos sugeridos para chegar a elas. Apesar,

contudo, do brilho com que algumas opiniões foram expressas e defendidas, não se avançou muito no esclarecimento da questão. As dúvidas permaneceram, porque as razões em que elas pousam são, a bem dizer, irredutíveis.

26. As soluções são, como já ficou referido, meramente aproximativas. A mais corrente delas é aquela a que os juristas chamam solução exegética e se baseia no critério de predominância de interêsse. Se, na norma, ou na relação jurídica em tela, o interêsse que predomina é do Estado, ou de qualquer instituição provida de uma parcela de poder ou de competência estatal (Estados-membros, municípios, autarquias, emprêsas públicas e outras entidades portadoras de personalidade jurídica pública), então se entende que a norma ou relação é de Direito público. Contràriamente, quando a predominância fôr de interêsse particular, seja individual, seja familiar, seja de pessoa jurídica de Direito privado (sociedades comerciais e tôdas as associações que, visando embora a fins coletivos, não visem a fins públicos), a relação ou norma será de Direito privado.

27. Outra solução, mais técnica e talvez mais simples, é a que se funda no critério de identificação da natureza da norma jurídica aplicável. Se esta é de natureza contratual, ou se a lei que estabelece a relação de Direito concede autonomia de vontade aos que na relação intervêm, entende-se que a matéria é de Direito privado. Se, ao revés, a relação de Direito é imediatamente regulada pela lei, de forma a tornar obrigatória a submissão do indivíduo a situações preestabelecidas, independentemente da sua vontade, registra-se a situação de Direito público. Em outras palavras se diz que a norma de Direito público é de caráter estatutário ou imperativo, porque nela prevalece rìgidamente uma vontade, que é a do Estado ou da pessoa jurídica pública, enquanto que a de Direito privado é de caráter contratual, ou supletivo, porque a norma aplicável, ainda que seja lei, deixa margem à autonomia da vontade individual.

28. Nos países onde existe uma jurisdição administrativa especializada, como é o caso clássico da França, é possível aplicar um outro critério distintivo, que podemos chamar instrumental. Será, então, de Direito público tôda matéria cuja decisão competir à Justiça administrativa (na França ao Conselho de Estado e

órgãos subordinados) e de Direito privado aquela que se submete à competência da Justiça comum, ou ordinária. Tal classificação, que foi uma das oficialmente propostas na Faculdade de Direito de Paris, não tem, porém, nenhum sentido no Brasil, onde, por texto expresso da Constituição, a lei não pode excluir do Poder Judiciário comum qualquer lesão de Direito individual, e onde não existe a Justiça administrativa organizada e com competência privativa.

29. Há, finalmente, que distinguir entre as expressões *ordem pública* e *direito público*. Nem tôda legislação de ordem pública é de Direito público, porque naquela pode faltar o traço inconfundível dêste, que é o caráter imediatamente coercitivo e estatutário (unilateral) da vontade do Estado. Muitos institutos de Direito privado são de ordem pública, como, por exemplo, os que dizem respeito ao casamento, ao pátrio-poder e a outros capítulos do Direito de Família, que interessam tanto à organização social como ao indivíduo. O conceito de ordem pública, como se vê, é mais social do que jurídico, embora a locução seja corrente na linguagem do Direito. Ao contrário, a expressão Direito público é limitadamente jurídica, e possui conteúdo técnico e não sociológico.

30. Tema dos mais debatidos na bibliografia jurídica moderna é a contínua expansão do campo do Direito público, tanto interno como externo, em virtude da ampliação também constante das tarefas políticas, sociais, econômicas, administrativas e outras, que se atribui o Estado contemporâneo. Há assim, se se permite o neologismo já usado por outros autores, uma espécie de *publicização* de todo o Direito. Verdade correlata, igualmente verificável pela observação, pôsto que menos referida, à *privatização* progressiva na maneira de execução das tarefas do Estado. Ao mesmo tempo que o poder público acresce ao seu domínio novos e cada vez mais dilatados territórios da vida jurídica, empresta às pessoas de Direito público, por êle criadas para se desincumbir das tarefas acrescidas, uma estrutura e um funcionamento inspirados e modelados no Direito privado. É o que ocorre com a generalidade das autarquias, sociedades de economia mista e emprêsas públicas, que representam tão relevante papel na vida do Estado moderno. Dir-se-ia que êste se apossa, cada vez

mais, de tôdas as manifestações da vida social, mas não progride nem se flexibiliza instrumentalmente, de forma a poder administrar com eficiência. Daí esta tendência do Direito público interno (Constitucional e Administrativo) delineando e executando a criação do sem-número de agências do poder público, que funcionam em forma de sociedades privadas, sem a hirta e emperrada disciplina na burocracia estatal.

31. No que toca ao ensino jurídico no Brasil, há cadeiras, na seção de Direito público, que não são de matéria estritamente jurídica, embora necessária à formação do jurista.

A classificação didática das matérias em Direito público e privado é, em alguns casos, aproximativa ou relativa, visto subsistirem, aqui, as mesmas razões de dúvida que complicam os outros aspectos da consideração dêste problema. De certa forma, as cadeiras mais tìpicamente de Direito público envolvem noções de Direito privado e *vice versa*. Pode-se dizer que a classificação, para os efeitos do ensino, obedece ao critério exegético ou de predominância de interêsses, acima mencionado. São consideradas de Direito público as cadeiras de Direito Constitucional, Direito Administrativo, Teoria Geral do Estado, Introdução à Ciência do Direito, Economia Política, Finanças, Direito Penal, Medicina Legal, Direito Internacional Público, Direito Judiciário Civil e Penal. Como de Direito privado são tidas as cadeiras de Direito Romano, Direito Civil, Direito Comercial e Direito Internacional Privado. O Direito do Trabalho é colocado ora no primeiro ora no segundo grupo, segundo se tenha em vista as normas gerais expedidas pelo Estado (segurança e higiene do trabalho, remuneração mínima pessoal e familiar, estabilidade, indenizações várias, amparo ao trabalho feminino e do menor e outras de igual caráter estatutário, destinadas a assegurar a paz e a justiça social), ou, ao contrário, as relações regidas pelo princípio contratual. Hoje em dia é visível o processo constante de transformação do Direito do Trabalho em Direito público, conforme acentuam habitualmente os tratadistas da matéria.

BIBLIOGRAFIA

Encyclopaedia of Social Sciences, Macmillan, Nova Iorque, 1944 (verbêtes "Society", "Group" e "Institution").

GEORGES A. LUNDBERG, *Foundations of Sociology*, Macmillan, Nova Iorque, 1939.

C. Panunzio, *Major Social Institutions*, Macmillan, Nova Iorque, 1945.
Gaston Bouthoul, *Traité de Sociologie*, Payot, Paris, 1945.
Emille Durkheim, *Les Règles de la Méthode Sociologique*, Presses Universitaires, Paris, 1950.
Joaquim Pimenta, *Enciclopédia de Cultura*, Freitas Bastos, Rio, 1955 (verbête "Instituição").
J. Declareuil, "Quelques remarques sur la théorie de l'institution", in *Mélanges Maurice Hauriou*, Sirey, Paris, 1929.
Hermes Lima, *Introdução à Ciência do Direito*, Freitas Bastos, Rio, 1954.
Jean Brethe de La Gressaye e Marcel Laborde-Lacoste, *Introduction générale à l' étude du droit*, Sirey, Paris, 1947.
J. de la Morandière, Paul Esmein, H. Lévy-Bruhl e George Scelle, *Introduction à l'étude du droit*, Rousseau, Paris, 1947.
Alfred Coste-Floret, *Les problèmes fondamentaux du droit*, Dalloz, Paris, 1946.
Woodrow Wilson, *L'Etat*, Paris, 1902.
Carré de Malberg, *Teoria General del Estado*, Cultura Económica, México, 1948.
R. M. Mac Iver, *O Estado*, S. Paulo, 1945.
Georges Burdeau, *Traité de Science Politique*, vol. II, "L'Etat", Librairie de Droit et de Jurisprudence, 1949.
Lênine, *L'Etat et la Révolution*, Humanité, Paris, 1925.
Oreste Ranelletti, *Corso de Istituzioni di Diritto Pubblico*, Giuffrè, Milão, 1946.
Jacques Maritain, *Le Docteur Angélique*, Brouwer, Paris, 1930.
Paul Hazard, *La Pensée Européenne au XVIIIème. siècle*, Boivin, Paris, 1946.

CAPÍTULO II

Direito Constitucional; noção. Domínio positivo. Desenvolvimento. Conteúdo científico. Método de ensino.

Direito Constitucional; noção

32. O Direito Constitucional é um dos ramos do Direito público interno. A dificuldade que existe de se fornecer uma definição ao mesmo tempo abrangente e precisa do que seja o Direito Constitucional decorre de duas causas principais: relações inevitáveis do seu conteúdo com a Ciência Política (o que de certo modo subordina o juízo que dêle se faz a convicções ou experiências políticas) e o fato inegável de que o Direito Constitucional é, de todos os ramos do Direito, aquêle que mais tem ampliado o seu campo de aplicações, em virtude das transformações do Estado moderno. É preferível, por isso, fornecer-se antes uma noção ampla, do que uma definição rigorosa de Direito Constitucional. Noção na qual se delimite, tanto quanto possível, o seu domínio positivo, se trace a linha do seu desenvolvimento do sistema jurídico, se indiquem as variações do seu conteúdo científico, e se opine sôbre o método do seu ensino.

Domínio positivo

33. Nos Estados democráticos, Direito Constitucional positivo é o conjunto de leis, regras, convenções e costumes que regulam a forma do Estado, o regime de govêrno e os direitos públicos individuais, bem como as suas garantias. Esta simples enunciação do território do Direito Constitucional demonstra que, nos países de Constituição escrita, êle não se confunde com o direito da Constituição, e, embora abranja a êste no seu todo, é muito mais amplo.

34. A distinção que se procurava estabelecer, quanto ao domínio do Direito Constitucional, entre os países de Constituição escrita e os de Constituição costumeira, principalmente a Inglaterra, não tem razão de ser, e é muito duvidoso que tal distinção,

apesar de ser uma das afirmativas correntes dos escritores que se ocuparam com a Constituição inglêsa no século passado (e também de alguns modernos), tenha tido, jamais, qualquer fundamento real. Os autores inglêses afirmam, habitualmente, que o Direito Constitucional escrito é mais racional do que histórico, enquanto o inglês ou costumeiro é mais histórico do que racional. O que leva, segundo êles, o Direito costumeiro a ter um conteúdo diferente do escrito. Presunção errônea, se tomada em têrmos absolutos, porque fundada curiosamente naquele mesmo defeito que os inglêses costumam apontar nos juristas dos países de Constituição escrita: excesso de generalização lógica, na análise dos fenômenos jurídicos, os quais, sendo até certo ponto fatos sociais e históricos, reagem contra tal processo de análise.

35. Em fins do século XIX, um jurista tão ilustre como Dicey escrevia que um professor de Direito Constitucional inglês, por mais atraente que considerasse os mistérios da Constituição costumeira "tinha boas razões para invejar os "professôres de "países como a França, a Bélgica e os Estados Unidos, providos " de Constituições cujos têrmos constam de documentos impressos, "conhecidos de todos os cidadãos e acessíveis a qualquer homem "que saiba ler". Referindo-se particularmente à Constituição norte-americana, ajuntava Dicey que os seus artigos "contêm, "em forma clara e inteligível, a lei fundamental da União". Ora, pouco antes de Dicey escrever isto, outro ilustre jurista inglês Lord Bryce, já mostrava, no seu livro tornado clássico sôbre os Estados Unidos, que algumas das mais importantes instituições constitucionais daquela República, como, por exemplo, a competência da Suprema Côrte para declarar inconstitucionalidade das leis, não se acham, absolutamente, expressas no texto escrito da Constituição.

36. A presunção infundada de Dicey ainda hoje é partilhada por professôres inglêses. Hood Phillips, por exemplo, professor da Universidade de Londres, em livro recente, assegura que "quando "a Constituição é escrita é fácil distinguir-se o Direito Constitu- "cional de um Estado do resto do seu sistema legal; mas quando, "como na Inglaterra, a Constituição é não-escrita, torna-se "matéria de convicção a inclusão de assuntos no Direito Cons- "titucional".

37. A distinção entre Constituição escrita e costumeira, a que voltaremos no capítulo seguinte, não autoriza, no entanto, a colocação do problema em têrmos tão simples e peremptórios. E isto porque, como já ficou dito, nos países de Constituição escrita como o Brasil, o campo do Direito Constitucional é muito mais extenso do que o Direito consignado na Constituição. Assim como não há Constituições verdadeiramente costumeiras, também não as há verdadeiramente escritas. A Constituição inglêsa, hoje muito mais do que no tempo de Dicey, mas também no tempo dêle, inclui no seu contexto numerosas leis escritas, e estas leis, constitucionais de acôrdo mesmo com a concepção inglêsa de Direito Constitucional, tornam-se cada vez mais freqüentes, na medida em que o Parlamento vai legislando sôbre a administração pública com crescente assiduidade, forçada pela ação de um Estado socialista, como é a Inglaterra. Por seu lado, a Constituição escrita brasileira funciona apoiada nas numerosas leis chamadas complementares, que são leis ordinárias embora de tipo especial, conforme já demonstramos em outro trabalho. Além das leis complementares, entram no nosso mecanismo constitucional numerosas regras que podem ser consideradas leis (como os regimentos das casas do Poder Legislativo) ou que o não são, pelo menos no sentido formal, como o regimento do Supremo Tribunal, e até documentos de outra natureza, como os estatutos dos partidos políticos. A importância constitucional, que pode assumir o estatuto de um partido político, ficou evidenciada no caso da cassação do registro do Partido Comunista do Brasil pelo Tribunal Superior Eleitoral. Também participam da matéria constitucional, no Brasil, certos usos, como o das convenções partidárias, que indicam os candidatos aos postos eletivos. Tais reuniões decidem ordinàriamente das candidaturas que vão ser registradas e, portanto, o que nelas ocorre, e que em grande parte não é regulado por nenhuma lei, tem inegável importância no meio das instituições constitucionais.

38. A diferença, pois, entre o Direito Constitucional dos países de constituição escrita e o daqueles de Constituição costumeira, vai-se apagando, em conseqüência da ampliação do conceito mesmo de Constituição. Além do texto ou dos textos escritos, há, em todos os Estados, matéria de Direito Constitucional positivo, que consta de leis ordinárias, de costumes, usos e convenções.

39. Além de ser o conjunto de regras positivas, legais ou costumeiras, acima referido, o Direito Constitucional, sempre quanto ao domínio que lhe é peculiar, é também a ciência que estuda a aplicação dessas regras, ou seja, a forma do Estado e o regime de govêrno vigente, analisando a estrutura orgânica bem como o funcionamento dêste. Convém acentuar que o campo do Direito Constitucional é o govêrno e não a administração do Estado, e que esta constitui matéria de outra disciplina jurídica, o Direito Administrativo, que é um desdobramento do Direito Constitucional. A diferenca entre govêrno e administração é claramente perceptível, embora difícil de se expor rigorosamente. Juridicamente, governar é exercer o poder político, é ter competência para tomar as decisões decorrentes da soberania do Estado e exigidas pelo interêsse público, mas subordinadas ao govêrno. Além de estudar a forma do Estado e o regime de govêrno, o Direito Constitucional democrático expõe também a teoria dos chamados direitos públicos individuais (que são os garantidores das liberdades democráticas), bem como indica as respectivas garantias.

40. Não se encontrou até agora melhor fórmula do que essa divisão tripartida, para dar idéia do domínio do Direito Constitucional. Realmente nada existe na sua teoria ou na sua expressão positiva que não possa ser situado ou na forma do Estado, ou na estrutura e funcionamento do govêrno, ou nos direitos públicos individuais. A divisão tripartida tem ainda resistido, com vantagem, a tôda a enorme ampliação do Direito Constitucional positivo. Com efeito, a evolução do Estado liberal para o Estado intervencionista, ao impor à instituição estatal tremendo acréscimo nas funções por ela exercidas dentro da sociedade, determinou, conseqüentemente, a inserção, dentro da Constituição em particular, e no Direito Constitucional em geral, uma massa de assuntos e problemas correspondentes àquele acréscimo. Mas esta publicização do direito privado não alterou os traços gerais e tradicionais da fisionomia do Estado. Acentuou alguns dêsses traços, é certo, aumentou-lhe o poder, mas conservou-lhe a estrutura e os órgãos essenciais, com uma fidelidade até certo ponto surpreendente. No que toca ao Estado democrático é, mesmo, admirável ver-se como êle emergiu numa Europa material, moral e socialmente devastada pela última guerra mundial, exibindo as mesmas linhas estruturais. Isto pode significar, talvez, que o

Estado democrático atingiu a uma forma política que resiste às mutações do seu conteúdo social e econômico. Esta forma política que, em última análise, é o território do Direito Constitucional, se apresenta, com aquela divisão geral, bastante flexível para aceitar tôdas as novas contribuições históricas e jurídicas.

Desenvolvimento

41. Como todo o Direito público, o Direito Constitucional só em época relativamente recente adquiriu a sua técnica especial e até a sua fisionomia própria. Nascido, como disciplina jurídica independente, do seio da Ciência Política, não se lhe compara, entretanto, em antiguidade. De ARISTÓTELES a MONTESQUIEU muitos escritores se preocuparam, sem dúvida, com a Constituição do Estado, mas as suas observações e reflexões eram muito mais de natureza política do que jurídica e o método que utilizavam habitualmente na exposição da matéria era o histórico e sociológico (se é que podemos empregar esta última expressão tratando de escritores antigos), e não o método jurídico, o qual só muito excepcionalmente era alcançado.

42. A caracterização do Direito Constitucional como ciência jurídica independente apenas começa a manifestar-se no fim do século XVIII, e obedece a fatôres que só então se acentuaram històricamente. Os dois principais (sendo que o segundo é conseqüência do primeiro) são a vitória do Estado democrático e a vulgarização das Constituições escritas.

43. Os governos monárquicos absolutos, ou oligárquico-aristocráticos eram os que predominavam no mundo ocidental, criador da ciência jurídica, até a segunda metade do século XVIII. Não há dúvida de que a Inglaterra fazia, até certo ponto, exceção a esta regra e tinha conseguido, graças à luta secular do Parlamento contra a Coroa, estabelecer um sistema avançado de liberdades individuais o qual, entretanto, não era ainda pròpriamente democrático e só veio a sê-lo no século XIX, quando a capacidade eleitoral se tornou extensiva a camadas mais profundas do povo. Além disso, a elaboração costumeira do Direito público inglês dificultava a sua sistematização científica. Quando percorremos, por exemplo, o livro fundamental de BLACKSTONE, vemos que êste contemporâneo e discípulo de MONTESQUIEU deu

ao tratamento da ciência do Estado um fundo mais tècnicamente jurídico do que aquêle que lhe atribuiu o ilustre autor do *Espírito das Leis,* mas que, apesar disso, reina uma inegável confusão na obra do inglês, quanto à caracterização do Direito público, sendo de se notar que êle não emprega nem uma vez a expressão Direito Constitucional. É que esta expressão, tanto quanto a sistematização científica da matéria que ela envolve, só surgiram depois da implantação do Estado democrático, que sucedeu à Independência americana e à Revolução francesa.

44. Antes das liberdades postuladas e asseguradas pelo Estado democrático, os debates e conclusões sôbre a estrutura dos governos, o funcionamento dos seus órgãos, a origem e os limites do seu poder — debates e conclusões essenciais ao Direito Constitucional — eram impossíveis porque tais estudos punham em risco a ordem política estabelecida e eram lògicamente objeto da repressão do Estado. Só as duas grandes Revoluções do fim do século XVIII, a americana e a francesa, que completaram materialmente um lento processo de maturação intelectual, puderam estabelecer as condições necessárias a uma ordem política, que se inicia pelo debate livre dos seus próprios valôres.

45. A vulgarização das Constituições escritas foi uma conseqüência do estabelecimento do Estado democrático. Antes delas, a história já conhecia exemplos de outros atos constitunais, como, entre os mais conspícuos, a Magna Carta inglêsa (1215), o pacto dos três cantões helvéticos (1291), ou o compromisso dos imigrantes do *Mayflower,* na Virgínia (1620). Mas o sentido verdadeiramente jurídico do ato constitucional escrito decorre da idéia do contrato social, tal como êle era concebido no século XVIII, isto é, um pacto por meio do qual os homens, anteriormente livres no estado da natureza, alienaram parte da sua liberdade em benefício da sociedade política, ou da comunidade organizada em Estado. Foi exatamente esta idéia de um contrato de Direito público, no qual os cidadãos eram recìprocamente beneficiários e coobrigados, que deu em resultado a solução das Constituições escritas, as quais seriam, em última análise, a expressão concreta e positiva daquele contrato social. As duas revoluções democráticas vitoriosas instituíram, desde logo, os primeiros modelos de Constituições escritas, que correspondem

deliberadamente à sistematização de certos princípios de Direito público: a Constituição americana de 1787 e a Constituição francesa de 1791.

46. Aberta, com regime democrático, a análise livre dos problemas do Estado, e reunidos, nas Constituições escritas, os seus princípios fundamentais, estava preparado naturalmente o terreno do Direito Constitucional, tanto na sua parte científica quanto na sua parte positiva. Não é de admirar, assim, que, desde o fim do século XVIII, a expressão Direito Constitucional comece a circular na linguagem jurídica e que a Constituinte francesa, em 1791, tenha decidido que, nas Faculdades de Direito houvesse um curso especial sôbre a Constituição. Ms as primeiras cadeiras especializadas só foram criadas a partir de 1797, nas universidades italianas de Ferrara, Pavia e Bolonha.

47. Na França, a criação da cadeira de Direito Constitucional demorou ainda algum tempo e só foi possível depois da queda dos Bourbons e a implantação da monarquia liberal, até certo ponto democrática, de Luís Felipe, com a Revolução de julho de 1830. Foi o ilustre GUIZOT, quando ministro da Instrução Pública, quem, em 1834, promoveu a criação da cadeira na Faculdade de Direito de Paris. Assim nos recorda êle o episódio, em suas *Memórias*: "Eu tinha a intenção de estabelecer, em França, o " ensino do Direito Constitucional, transformado na base do " govêrno francês. Havia sido tentado um ensaio dêsse gênero, " poucos meses após a Revolução de 1830; uma cadeira fôra " instituída na Faculdade de Direito de Toulouse... Eu desejava " que êste ensino fôsse instituído com mais eficácia e brilho, " com seu nome verdadeiro, no centro dos grandes estudos, e que " a Carta Constitucional fôsse explicada e comentada no seu " verdadeiro sentido, diante dos numerosos estudantes da Faculdade de Direito de Paris. Fiz a proposta ao Rei, que a aceitou, " da criação de uma cadeira de Direito Constitucional nessa " escola".

48. O relatório enviado a Luís Felipe sôbre a criação da cadeira, que GUIZOT publica em apêndice ao volume, dá uma noção bem exata do desenvolvimento que, já em 1834, adquiria o Direito Constitucional. Diz êle: "Quanto ao seu objeto e à sua " forma, acham-se expressos no título mesmo: é a exposição da

" Carta e das garantias individuais, como das instituições políticas
" que ela consagra. Não se trata mais, para nós, de um simples
" sistema filosófico entregue à disputa dos homens: é uma lei
" escrita, reconhecida, que pode e deve ser explicada e comentada,
" tanto quanto a lei civil, ou qualquer outra parte da nossa
" legislação. Um tal ensino, ao mesmo tempo vasto e preciso,
" fundado sôbre o Direito público nacional e sôbre as lições da
" história, suscetível de se estender, pelas comparações e análises
" estrangeiras, deve fazer substituir, aos erros da ignorância e às
" temeridades das noções superficiais, os conhecimentos fortes e
" positivos". E adiante, neste trecho, o ministro mostra como a
liberdade democrática, conquistada com a Monarquia de julho,
facilitou o desenvolvimento da nova ciência: "Como o Direito
" Constitucional é agora, entre nós, uma verdadeira ciência cujos
" princípios são determinados e as aplicações diárias, não se deve
" recear dêle conseqüências extremas, nem mistérios que se deva
" manter. Tanto mais a exposição feita por um espírito elevado
" fôr completa e profunda, tanto mais a impressão será tranqüila
" e salutar".

49. A deficiência principal do Direito Constitucional no princípio do século XIX residia no fato de que êle não se desprendera, ainda, da filosofia política, que o tornava caudatário de determinadas ideologias, nem de um excessivo historicismo, que o fazia difuso. Nas obras de dois escritores representativos da época, o suíço BENJAMIN CONSTANT e o italiano PELEGRINO ROSSI, observa-se fàcilmente êsse amálgama da observação jurídica com a interpretação histórica, a dissertação moral e a filosofia política.

Não negamos que o jurista moderno não se pode despir das suas convicções políticas, ao abordar os temas de Direito Constitucional. De resto, tal impossibilidade é extensiva a todos os que praticam as ciências sociais em geral. Mas a convicção política, se tende a valorizar determinados conceitos ou tornar preferidas certas instituições, não faz mais parte do método expositivo, como antigamente ocorria. Aí é que reside a causa principal de autonomia do Direito Constitucional, como ciência.

50 O Direito Constitucional, como tôdas as ciências jurídicas, só se individualizou quando limitou seu objeto ao estudo das normas jurídicas em vigor, dentro de um Estado determinado,

e compreendidas no quadro da divisão de matérias referido no início dêste capítulo, dando a êsse estudo o método próprio da ciência jurídica. Sem dúvida, o método jurídico permite o uso da História, da Sociologia e da Ciência Política, como elementos auxiliares da análise, e, também, a comparação entre sistemas jurídicos distintos. Mas essas atividades são puramente acessórias e devem servir, apenas, para fortalecer o método jurídico em si mesmo, que se concentra na observação e na análise científica das instituições e regras existentes. Atualmente o Direito Constitucional, mantendo embora ligações ocasionais com outras Ciências Sociais, principalmente com a História, a Sociologia e a Política, emancipou-se completamente e adquiriu a sua personalidade no quadro das ciências jurídicas. Possui seu domínio, seus princípios, métodos de interpretação, investigação e ensino.

Conteúdo científico

51. O Direito Constitucional consiste, em primeiro lugar, como já temos dito, no estudo jurídico das instituições governativas de um Estado determinado. Chama-se, então, Direito Constitucional interno, ou particular. É, assim, uma ciência que se aplica a um objeto concreto, a uma realidade existente. Subsidiàriamente, entretanto, o Direito Constitucional, sem se desnaturar nem modificar o seu método, pode variar de conteúdo, atingindo a objetivos mais largos do que a estrutura constitucional de um certo Estado. Quando o jurista emprega o método comparativo, não para esclarecer um ponto especial da organização constitucional de determinado Estado, mas para caracterizar abstratamente um órgão ou função constitucional, sem personalizá-los em nenhum Estado (por exemplo, estudar a função legislativa nos sistemas parlamentares ou o Poder Judiciário nos sistemas presidenciais); quando estabelece a gênese de uma instituição constitucional acompanhando o seu progresso histórico; quando compara o conjunto das estruturas constitucionais de uma dada época (por exemplo, o livro do professor CARLOS OLLERO, da Universidade de Barcelona, *El Derecho Constitucional de la Postguerra*), então êle está praticando o chamado Direito Constitucional comparado. A comparação, ou o método comparativo, é antigo no estudo das organizações constitucionais dos

Estados, mais antigo do que a comparação aplicada ao Direito privado. Tão antigo, que precede de muitos séculos à organização do Direito Constitucional como ciência pròpriamente dita e chegou a êle como uma herança da História e da Ciência Política. Foi como historiador e teórico político, e não como constitucionalista, que ARISTÓTELES procedeu ao seu clássico estudo comparativo das Constituições atenienses, cuja primeira parte é puramente histórica, mas cuja parte final é a análise objetiva das instituições vigentes em Atenas, feita em forma que não repugnaria a um jurista moderno.

52. A comparação, de acôrdo com os modernos métodos jurídicos é, hoje, pelo menos, tão empregada no Direito público quanto no privado. A divisão do mundo em ideologias políticas e até certo ponto hostis, tem estimulado entre os juristas, como é natural, a necessidade da comparação entre os vários sistemas de govêrno. A comparação é, contudo, mais um método do que uma ciência especial. Comparar é cotejar instituições políticas e jurídicas para, através do cotejo, extrair a evidência de semelhanças ou divergências entre elas. Mas essa evidência, por si só, não é, ainda, uma conclusão científica. A conclusão está um passo mais além. Está na relação que se estabelece em função da comparação; na afirmação de um tipo genérico de órgão ou de função, cuja existência pode ser assegurada pela observação de várias semelhanças nos sistemas comparados, e assim por diante. Na medida em que o método comparativo permite a formulação de leis ou relações gerais e a verificação de estruturas governativas semelhantes, êle concorre para as conclusões do chamado Direito Constitucional geral e, indubitàvelmente, para o aprimoramento do Direito Constitucional interno, ou particular.

53. Se o Direito Constitucional comparado é apenas um método de trabalho, já o Direito Constitucional geral é uma ciência, que visa generalizar os princípios teóricos do Direito Constitucional particular e, ao mesmo tempo, constatar pontos de contato e interdependência do Direito Constitucional positivo dos vários Estados que adotam formas assemelhadas de govêrno. Não devemos, por outro lado, confundir o Direito Constitucional geral, que é a projeção unificada do Direito interno, com o chamado Direito Constitucional internacional. Há diferenças

marcantes entre ambos. Em primeiro lugar, Direito Constitucional geral é essencialmente dedutivo. Êle procura deduzir leis e situações jurídicas do método comparativo. Já o Direito Constitucional internacional parece mais um indutivo, na medida em que procura criar a possibilidade de regras constitucionais de conduta internacional, esforçando-se por assemelhar as Nações Unidas e outros organismos internacionais a superestados ou a Confederações de Direito Internacional, e a construir juridicamente a interpretação dos respectivos estatutos fundamentais, como se fôssem Constituições internacionais. Vê-se, por aí, que o denominado Direito Constitucional internacional procura muito mais o "dever ser" (*sollen*) do que o "ser" (*sein*), para empregarmos a consagrada expressão de KELSEN, a qual foi, por sua vez, copiada de BENJAMIN CONSTANT [1].

54. Levando em conta as razões acima assinaladas, verifica-se que, sendo o Direito Constitucional internacional ciência do "dever ser" e o Direito Constitucional geral ciência do "ser", segue-se que aquêle incorpora necessàriamente ao seu conjunto apreciável quantidade de elementos filosóficos, éticos e políticos, que parecem inseparáveis da idéia mesma do dever. Ao lado disso, sendo simples generalização da observação de fatos concretos, o Direito Constitucional geral é muito menos impregnado daqueles elementos e apresenta uma predominante homogeneidade jurídica. Outras divisões do Direito Constitucional poderiam ainda ser mencionadas, mas sem interêsse prático para êste livro.

55. Assentadas essas premissas poderemos, já agora, declarar o objetivo principal do nosso Curso, que é o de proceder à exposição didática do Direito Constitucional de um Estado determinado: o Brasil. Trata-se, pois, de um Curso de Direito Constitucional Brasileiro.

---

[1] Discorrendo sôbre os direitos individuais, escreve a certo momento BENJAMIN CONSTANT: *"En disant que ces droits sont inaliénables ou imprescriptibles, on dit simplement qu'ils ne doivent pas être aliénés, qu'ils ne doivent pas être prescrits. On parle de ce qui doit être, non de ce qui est"* (*Cours de Politique Constitutionnelle*, vol. I, pág. 349). Sôbre o Direito Constitucional internacional, v. o cap. X.

Método de ensino

56. O método de ensino do Direito Constitucional tem evoluído com a própria ciência, e nem poderia ser de outra forma. Além dessa evolução no tempo, há diferenças, no espaço, igualmente inevitáveis, devidas às ligações forçadas do Direito Constitucional interno com as instituições existentes, as quais variam de país para país, obrigando a variações nos métodos do seu estudo. Devemos, portanto, informados da transformação cronológica do ensino e da maneira como êle é entendido nos pontos onde melhor se realiza, traçar o roteiro que mais convenha aos estudos jurídicos.

57. Recordemos, preliminarmente, que o ensino do Direito Constitucional apareceu precocemente no nosso país, seguindo de perto à outorga da Constituição de 1824. Quando foram criados os cursos jurídicos em São Paulo e Olinda, pela lei de 11 de agôsto de 1827, incluiu-se, no programa do primeiro ano, o ensino do Direito Constitucional, com o título de "Direito Público e Análise da Constituição do Império". Não constituía disciplina especial, sendo o respectivo ensino ministrado em conjunto com os de Direito Natural e Internacional Público, em uma só cadeira. Mas, já em 1829, LOURENÇO RIBEIRO, mineiro de Campanha e professor na Faculdade de Pernambuco, propunha a criação da cadeira especializada de Direito Constitucional. Com efeito, ainda no Império, foi criada a cadeira especial, com o nome de Direito Público Brasileiro e Análise da Constituição do Império, que é também o nome da obra clássica de PIMENTA BUENO (MARQUÊS DE SÃO VICENTE), livro-guia de gerações de estudantes nossos antepassados. Como cadeira de Direito Público Constitucional, passou ao ensino jurídico republicano. Só mais recentemente, depois da Revolução de 1930, foi a matéria dividida em duas cadeiras, a de Teoria Geral do Estado e a de Direito Constitucional pròpriamente dito.

58. Referimo-nos, acima, à evolução do ensino do Direito Constitucional, correspondente ao próprio progresso da ciência. Tal evolução pode ser perfeitamente avaliada quando tomamos um livro antigo da matéria, por exemplo, os volumes que contêm o curso professado na Faculdade de Direito de Paris por PELEGRINO ROSSI, entre 1835 e 1837. A lição inaugural é dedicada à exposição do método do curso e nelas vemos, a par do tom declamatório, a confusão entre Filosofia, Política e História, formando a trama principal do curso programado. Comparando-se o curso de Rossi com o de Pimenta Bueno, que lhe é posterior em poucos lustros, observaremos, apesar dos resquícios conservados da escola antiga, que a obra do brasileiro oferece, já, aspectos firmes de objetividade e conteúdo genuìnamente jurídico.

59. O ensino científico do Direito Constitucional foi progredindo paralelamente, embora não igualmente, na Europa continental, na Inglaterra e nos Estados Unidos. Na Europa continental êle adquiriu, principalmente na Alemanha, Itália e França, um alto padrão sistemático, crítico e racional, fundado sempre na experiência. Foi o processo que o ilustre Vítor Emanuel Orlando sintetizou de maneira exata, ao escrever: "Esta matéria, colhida " na experiência, se adapta de maneira imediata a fórmulas *a* "*priori,* nas quais o fenômeno encontra sua classificação, o seu " nexo, a sua antítese: torna-se sistema, gera institutos, fixa " princípios; alarga, em suma, o campo de conquistas da ciência".

Na Inglaterra, a sistematização dos princípios costumeiros se processou, também, no sentido da objetividade jurídica, como mostra esta fórmula igualmente feliz de Dicey: "No dia de hoje, os " estudiosos da Constituição não são chamados nem para venerá-la " nem para criticá-la, mas para compreendê-la".

Nos Estados Unidos, como se sabe, a evolução do Direito Constitucional se verificou menos através dos tratadistas do que da gigantesca construção interpretativa do Poder Judiciário, principalmente da Suprema Côrte. A mais antiga literatura, além dos julgados, consiste nos comentários, cujo primeiro e talvez insuperado modêlo é o livro de Hamilton, Madison e Jay, publicado parceladamente, na época da entrada em vigor da Constituição e, depois, reunido no volume *O Federalista,* seguido de perto pelo trabalho igualdade clássico de Story.

Os tratados sistemáticos só vieram a aparecer na segunda metade do século XIX, aproveitando os grandes princípios fixados pelos casos judiciários, seguindo-se o mesmo processo de elaboração racional e generalizadora que se desenvolvia nos sistemas jurídicos insular e continental. Correspondentemente, o ensino foi obedecendo à mesma evolução.

60. Quanto às características do ensino moderno do Direito Constitucional, HENRI NÉZARD distingue dentro dêle três métodos distintos. O primeiro é o método exegético ou positivo, que se resume, afinal, na análise da Constituição e das outras regras de Direito Constitucional positivo, seguida da sua exegese e interpretação, habitualmente em forma de comentários feitos, capítulo por capítulo, ou artigo por artigo. NÉZARD observa que êste método é mais conveniente aos países de instituições novas, ou pelo menos renovadas, e de Direito escrito. O segundo é o que êle chama dogmático e se funda no estabelecimento de certas premissas, das quais se deduz um sistema constitucional correspondente à ideologia política ou ao regime de govêrno, cujos postulados foram adotados como ponto de partida. É o que LABAND fêz com o Direito Público do Primeiro Reich; ESMEIN com o parlamentarismo da Terceira República ou, recentemente, VYSHINSKY com a Constituição soviética [2]. O terceiro método é o histórico, no qual a ênfase maior da exposição é consagrada ao estudo interpretativo da evolução dos textos vigentes. Êste método tem sido usado com mais freqüência pelos juristas brasileiros.

61. Aceitamos a divisão metodológica de HENRI NÉZARD, acrescentando aos três métodos propostos ainda um outro, o comparativo, e com a ressalva de que os quatro métodos referidos não podem, nunca, ser empregados separada nem exclusivamente. Com efeito, o ensino do Direito Constitucional deve ser processado mediante a combinação prudente e discreta da evolução histórica das instituições jurídicas, com a análise interpretativa dos textos em que se encontram consignadas, comparados com o Direito positivo de outros países, tudo dentro de um sistema de conceitos gerais, de natureza política, do qual é evidentemente inseparável o nosso ramo da ciência jurídica. É preciso um esfôrço permanente de atenção e equilíbrio, para que as partes histórica e comparada só apareçam como processo de esclarecimento do fato jurídico a ser estudado, e não como narrativa ou crônica ociosa; para que a análise dos textos não transforme a cadeira de Direito em aula de Anatomia, na qual se esquadrinhem corpos mortos, ou de

---

[2] PAUL LABAND, *Das Staatsrecht des Deutschen Reiches*, Mohr, Leipzig, 1901; A. ESMEIN, *Eléments de Droit Constitutionnel*, Sirey, Paris, 1927; ANDREI VYSHINSKY, *The Law of the Soviet State*, Macmillan, Nova Iorque, 1948.

Histologia, em que se perscrutem retalhos informes de tecidos, mas em uma exegese orgânica, na qual o funcionamento fisiológico do organismo esteja sempre em primeiro plano; e, enfim, para que o apêgo aos princípios políticos não se transforme em catequese, o que é infelizmente comum em muitos livros recentes, tirando ao Direito a sua objetividade e introduzindo-lhe um desagradável conteúdo propagandístico. Esta última falta é particularmente de se evitar, sobretudo porque se torna mais freqüente nos períodos como o nosso, de intensa luta ideológica. O político pode ser jurista e o jurista político; é até desejável que o sejam. Mas um professor de Direito Constitucional nunca é político.

62. A combinação dos métodos históricos, comparativo, exegético e dogmático, tal como os expusemos, termina por formar um método único — o método jurídico, flexível, complexo, racional e, na nossa opinião, o mais indicado ao ensino de Direito Constitucional.

63. A parte geral ou introdutória do Curso, representada no presente volume, conterá não apenas o estabelecimento dos postulados básicos sôbre o Direito em geral e a disciplina professada, em particular, como, em seguida, os princípios mais importantes e gerais referentes ao sistema de govêrno que adotamos, a República democrática representativa, e à forma de Estado que escolhemos, que é a federal, e, finalmente, aos direitos públicos individuais e às relações entre o direito interno e o externo. A parte histórica acompanhará, em largos traços, a formação constitucional do país, valorizando e explicando o significado das instituições vigentes. A parte especial cuidará do conhecimento, tão preciso quanto possível, das instituições constitucionais do Brasil, achem-se ou não expressas na Constituição. É importante ressaltar que, na construção de cada parte, lançaremos mão do método em conjunto; isto é, ao redigirmos a parte geral, não deixaremos de acompanhar histórica, comparativa e analìticamente os princípios expostos; na parte histórica não esqueceremos o valor das idéias gerais, nem o significado preciso dos textos, e, na parte exegética, estudaremos tais textos à luz dos princípios que lhes deram origem, do seu desenvolvimento cronológico, e, quando couber, de outros direitos positivos. Um Curso de Direito

Constitucional deve ser orgânico e não se dispersar em comentários à Constituição, em estudos históricos sôbre textos, ou em dogmas políticos, suscitados pela natureza das instituições jurídicas.

64. A tarefa não é fácil, bem o reconhecemos. Mas a proclamação da sua dificuldade é que poderá justificar, até certo ponto, a provável insuficiência na realização.

BIBLIOGRAFIA

LÉON DUGUIT, *Traité de Droit Constitutionnel*, Paris, Boccard, vol. I, 1937.
A. ESMEIN, *Eléments de Droit Constitutionnel*, Sirey, Paris, vol. I, 1927.
MAURICE HAURIOU, *Précis de Droit Constitutionnel*, Sirey, Paris, 1930.
J. LAFERRIÈRE, *Manuel de Droit Constitutionnel*, Domat, Paris, 1947.
MARCEL PRÉLOT, *Précis de Droit Constitutionnel*, Dalloz, Paris, 1948.
A. V. DICEY, *Introduction to the Law of the Constitution*, Macmillan, Londres, 1950.
HOOD PHILLIPS, *Constitutional Laws of Great Britain*, Maxwell, Londres, 1946.
V. E. ORLANDO, *Diritto Pubblico Generale*, Giuffrè, Milão, 1940.
SANTI-ROMANO, *Principii di Diritto Costituzionale Generale*, Giuffrè, Milão, 1947.
ANTONIO AMORTH, *Corso di Diritto Costituzionale Comparato*, Giuffrè, Milão, 1947.
M. GARCIA-PELAYO, *Derecho Constitutional Comparado*, Revista de Ocidente, Madri, 1950.
MIRKINE-GUETZÉVITCH, *Droit Constitutionnel International*, Sirey, Paris, 1933.
HENRI NEZARD, "De la méthode dans l'enseignement du Droit Constitutionnel" in *Mélanges Carré de Malberg*, Sirey, Paris, 1933.
ARISTÓTELES, *Constitutions d'Athènes*, Les Belles Lettres, Paris, 1922.
BLACKSTONE, *Commentaries on the Laws of England*, Strahan, Londres, vol. IV, 1908.
MONTESQUIEU, *De l'Esprit des Lois*, Garnier, Paris, 1876 (4 vols.).
BENJAMIN CONSTANT, *Cours de Politique Constitutionnelle*, Guillaumin, Paris, vol. I, 1872.
PELEGRINO ROSSI, *Cours de Droit Constitutionnel*, Guillaumin, Paris, vol. I, 1837.

CAPÍTULO III

As Constituições na Antiguidade. Na Idade Média. No Estado renascentista. Na doutrina absolutista. Início da concepção democrática. As Constituições escritas e o problema da rigidez ou flexibilidade. Significado material e formal das Constituições.

As Constituições na Antiguidade

65. A palavra Constituição tem tido diferentes acepções na terminologia jurídica. Na Antiguidade ela significava aproximadamente o mesmo que hoje. ARISTÓTELES a define, pelo menos duas vêzes, no livro *Política*, em têrmos de surpreendente realismo e atualidade. "Uma Constituição" — escreve o filósofo — "é a " organização das funções públicas em um Estado, principalmente " das mais elevadas. O govêrno é sempre soberano no Estado " e a Constituição é, de fato, o govêrno". Mais adiante volta ao assunto, no seguinte trecho: "Uma Constituição é a organização " das funções do Estado, e determina qual é o órgão governante "e qual o fim de cada comunidade. Mas as leis não devem ser " confundidas com os princípios da Constituição; elas são regras " segundo as quais os magistrados devem administrar o Estado". As duas características mais importantes da lei constitucional aparecem fixadas nessas palavras antigas: sua função de organizadora e limitadora dos podêres do Estado e sua superioridade jurídica sôbre a lei ordinária.

66. Em Roma, a Constituição tinha aspecto mais costumeiro do que o escrito, recomendado por ARISTÓTELES, e não é êsse o único ponto de semelhança entre Roma e Inglaterra. Mas, sem dúvida, os romanos distinguiam muito bem a diferença entre a disposição constitucional, fôsse ela escrita (como certas leis constitucionais outorgadas pelos imperadores) ou costumeira, e as leis ordinárias, por mais importantes que estas se apresentassem.

Aliás, a partir de certa época, quando se difundiram a convicção e a prática de considerar-se o Estado como fonte principal do Direito em geral, o Direito público foi deixando de ser construído pelos costumes para centralizar-se nas leis constitucionais (*constitutiones*) expedidas pelos imperadores.

67. Para a lei constitucional usavam os romanos as expressões *rem publicam constituere*, e *constitutiones*, de onde parece ter provindo, no século XVIII, a palavra italiana *costituzione*, depois vulgarizada na terminologia jurídica e política, com a significação de lei fundamental do Estado. Tão clara era a noção de preceito superior ou constitucional entre os romanos, que a Lei das XII Tábuas proibia a apresentação, aos comícios, de leis consideradas inconstitucionais e que o Senado possuía, entre as suas atribuições (que não eram pròpriamente legislativas, visto que as leis eram votadas diretamente nos comícios), a de julgar da constitucionalidade das leis comuns. CÍCERO, também, no livro III da *República*, admite a existência de leis fundamentais (naturais) não derrogáveis pelos comícios ou pelo Senado.

Os romanos distinguiam também entre o poder político instituído constitucionalmente (*potestas*) e a soberania, fonte primeira e criadora do poder político (*imperium*).

Na Idade Média

68. A filosofia política medieval apresentou, como primeira grande contribuição cristã à teoria do Direito público, a conceituação progressiva dos direitos individuais dentro do Estado. Os historiadores do Direito e das idéias políticas são unânimes em reconhecer que a concepção do Estado, tanto na Grécia como em Roma, era do tipo eminentemente solidarista, no sentido de que a comunidade humana funcionava integrada no Estado como um todo, representado pelas classes providas dos direitos de cidadania, sendo muito frágil e confusa a noção da participação da personalidade humana, como valor isolado, dentro de tal mecanismo. Daí a incapacidade de a democracia antiga conceber a idéia da representação como processo funcional de govêrno, e a subsistência, embora deturpada, da democracia direta num Estado tão complexo como a Roma imperial, porque a democracia direta correspondia ao funcionamento em conjunto

da soberania. O esfôrço dos primeiros cristãos para desvincular a parte espiritual do homem da submissão ao Estado (dar a César sòmente o que era de César, mas conservar para Deus o que era de Deus, segundo as palavras de Cristo) contribuiu inegàvelmente para a formação de uma consciência política individual. Daí se originou os direitos e garantias individuais dentro das Constituições.

69. Mas se o homem se afirmava em face do Estado (esta palavra é tomada aqui mais no sentido de poder), era necessário que o Estado se organizasse também para atender aos fins supremos do homem. Desta necessidade decorreram as diferentes doutrinas políticas da Idade Média, fundadas na noção de Direito natural relativo [1], cuja expressão mais alta é talvez encontrada em SANTO TOMÁS DE AQUINO.

70. A Idade Média assistiu, antes da formação do Estado moderno, que coincide com o seu têrmo e o início do Renascimento, à fragmentação e ao declínio do Império germânico, bem como à centralização e crescimento do poder da Igreja. O poder político leigo se dispersa no feudalismo, e a instituição do Estado deperece. Como tôdas as atividades sociais relevantes, a elaboração jurídica escapa às mãos vacilantes de um Estado em deperecimento, para se concentrar nas fortes mãos do papado. GREGÓRIO IX promove, no século XIII, a primeira codificação importante do Direito Canônico, ao ordenar o preparo da compilação chamada das Decretais. Quanto ao Direito Constitucional, isto é, aquêle que se relacionava com a organização dos podêres públicos, a teoria cristã aproveitou elementos da tradição romana, embora modificados pela alteração proveniente do declínio do Estado e da afirmação do poder temporal e supernacional da Igreja. A noção medieval de Direito público estava também impregnada do sentido contratual, básico em tôdas as relações jurídicas do feudalismo. O poder político não mais se estabelecia de forma estatutária, partido da deliberação do imperador, como no tempo de Roma, mas segundo um princípio ideal de entendimento (contrato) entre a nação e o soberano, como sustentaram os principais pensadores políticos da Idade Média — S. TOMÁS, JOÃO DE PARIS, MARCÍLIO DE PÁDUA e DANTE. Daí se origina, afinal, a idéia de contrato social, vulga-

---

[1] V. cap. I, n.º 12.

rizada no século XVII e vitoriosa no seguinte, embora tendo já o Estado por centro. O principal centro de estudos jurídicos medievais era a Universidade de Bolonha, que restaurou o conhecimento do Direito público romano, adaptando-o, no entanto, de acôrdo com a linha acima indicada, aos conceitos próprios da época.

71. Não era cabível, dentro da concepção medieval de Direito público, que tão pouca importância atribuía ao Estado, uma noção muito apurada de Constituição, tal como a entendemos, isto é, como lei de organização do mesmo Estado. Eis por que as Constituições, no Direito Canônico, não são, ainda hoje, normas políticas, nem se ligam à idéia de govêrno da comunidade. As Constituições canônicas são meras normas de organização das ordens religiosas expedidas pelos papas. São, assim, estatutos de entidades restritas. Por isto é que, de acôrdo com o cânon 489 do Código de Direito Canônico, as chamadas Constituições ficam revogadas quando se chocam com as disposições do mesmo Código[2]. Dá-se, pois, aí, o contrário do que se verifica com a Constituição do Estado, pois a letra dos Códigos é que se derroga quando com esta se choca.

No Estado renascentista

72. O Estado moderno se consolidou em luta com duas fôrças: o papado, no campo externo, e o feudalismo, no interno. Para se afirmar teve êle de assentar uma teoria jurídica que assegurasse a sua soberania interna e a sua centralização.

Esta teoria jurídica do Estado moderno implicava na aceitação de certos princípios fundamentais, que o estruturassem jurìdicamente, e de tal necessidade decorreu o retôrno da antiga noção de lei constitucional do Estado, existente na Antiguidade e esquecida na fase medieval. Verificou-se, assim, a marcha inevitável da teoria do Estado para o Direito Constitucional, do pensamento político para a sistematização jurídica, ou, personalizando o processo com a referência aos seus dois nomes mais representativos, a marcha que vai do *Príncipe* de MAQUIAVEL (1513) ao *Tratado da República* de JEAN BODIN (1576).

---

[2] "As regras e Constituições particulares de cada religião (ordem "religiosa"), que não sejam contrárias aos cânones do presente Código, "continuam em vigor; mas as que lhes sejam opostas ficam revogadas" (cânon 489).

73. MAQUIAVEL era pensador político; BODIN professor de Direito. A restauração da teoria da Constituição, tomada como lei fundamental do Estado, lei que se impõe às outras leis, dependia lògicamente de uma concepção do Estado que o considerasse como instituição social, que se impõe às outras instituições sociais [3].

Esta foi, sem dúvida, a aquisição principal do livro de MAQUIAVEL, que deu forma política e precisão teórica ao grande movimento de emancipação das nacionalidades e de nacionalização dos governos, empreendido pela Reforma protestante. Mas MAQUIAVEL não foi capaz de distinguir entre Estado e govêrno. A sua idéia de Estado se exauria com a de govêrno. Faltava-lhe, para distinguir entre a instituição e os órgãos que a representam, o raciocínio jurídico. Foi esta a grande contribuição de BODIN, que, diga-se de passagem, cita o *Príncipe* de MAQUIAVEL na sua obra. No seu livro sôbre a *República* (palavra que êle emprega como sinônimo de Estado, e não como designativa de um regime de govêrno) o jurisconsulto francês estabelece a clara distinção entre Estado, poder político constituinte e originário, e govêrno, poder jurídico constituído e delegado. O poder originário se organiza dentro de um sistema de normas fundamentais, aos quais as outras normas se subordinam. Aquelas são as leis diretamente "relacionadas com o Estado". E tão clara é a idéia que BODIN forma do caráter da lei constitucional, que êle mostra, em certa passagem, como conceitua o caráter rígido desta lei, e a dificuldade que se deveria estabelecer para modificá-la. Eis o trecho: "Tôda " modificação nas leis que dizem respeito ao Estado é perigosa; " mudar os costumes e decretos (*ordonnances*) concernentes às " sucessões, contratos e servidões é tolerável, mas mudar as leis que " dizem respeito ao Estado é tão perigoso como remover os " fundamentos ou pedras angulares que suportam o pêso da " construção". Encontra-se aí, caracterizada perfeitamente, a superioridade hierárquica do Direito Constitucional sôbre o Direito Civil.

---

[3] A afirmação de CARRÉ DE MALBERG, segundo a qual a Teoria do Estado é o coroamento do Direito Constitucional e não a introdução a êle, só pode ser admitida como metodológica. De fato, do Direito Constitucional comparado pode-se partir para a Teoria Geral do Estado. Mas, històricamente, o processo evolutivo foi contrário. Só depois de definido políticamente nos pontos essenciais, o Estado pôde ser organizado jurìdicamente.

74. O século XVI construiu, assim, com MAQUIAVEL e BODIN, e com os discípulos e seguidores de um e de outro, a teoria política e jurídica do Estado moderno, que pode ser resumida nos seguintes têrmos: soberania e centralização do poder do Estado contra quaisquer outras manifestações da vida social, no campo político; autolimitação dêsse poder pelo estabelecimento de certas normas fundamentais, ou Constituição do Estado, no terreno jurídico.

Na doutrina absolutista

75. Mas a filosofia política e a doutrina jurídica do século XVI não conseguiram ir além da criação do absolutismo. O govêrno absoluto, sem a auto-limitação acima referida, ainda que jurìdicamente organizado e justificado, eis o resultado a que chegaram os pensadores e legistas do século XVI, e essa foi a projeção da política e do Direito público até o apogeu da centúria seguinte, o século do ditador republicano CROMWELL e do rei Luís XIV, símbolos do absolutismo.

76. Na Inglaterra, protestante e capitalista, MAQUIAVEL e BODIN são, por assim dizer, fundidos no estranho livro de THOMAS HOBBES, o *Leviatã* (1651), justificação implacável do que hoje chamaríamos o Estado totalitário.

HOBBES vê no contrato social o fundamento do Estado, e o define com clareza como o "pacto de cada um com cada um, pelo qual se concede, por maioria, a um homem ou a uma assembléia o direito de representar a todos". Identifica, também, o princípio da maioria, representativa da vontade geral, quando diz que "cada um, quer haja votado a favor quer contra, autoriza as ações e decisões do homem ou da assembléia" incumbidos de proteger a todos. Mas, apesar dessas antecipações à teoria democrática, HOBBES foi um teórico do absolutismo constitucional. Partindo do princípio, assentado por BODIN, de que a soberania era indivisível, chega à conclusão de que os podêres que exercem a soberania também não se podem separar. Devem concentrar-se todos nas mãos do soberano, seja um homem ou uma assembléia, e ser exercidos discricionàriamente. Da mesma forma, as leis políticas (constitucionais) do soberano deviam ser escritas para se sobreporem a todos os costumes e tradições. Teses compreensíveis para um escritor indefeso, na Inglaterra daquele tempo, em que o ditador CROMWELL, vitorioso nos campos de batalha, atingia ao ápice do poder.

77. Na França católica e aristocrática, a personalização do Estado no poder absoluto do rei é defendida por BOSSUET, nos livros *Política segundo as Santas Escrituras* (1678) e *Discurso sôbre a História Universal* (1681). BOSSUET leu o livro de HOBBES, como BODIN tinha lido o de MAQUIAVEL. Para o grande bispo, o absolutismo monárquico se apresenta como uma expressão da causalidade divina. Deus é a causa primeira, mas êle se manifesta através do Estado providencial, órgão da Sua Justiça na terra, e o Estado se exprime na pessoa do soberano de Direito Divino, que age em obediência a certas leis fundamentais, inspiradas aos governantes por Deus. As leis fundamentais para BOSSUET (como, de resto, para a concepção francesa dos séculos XVI e XVII em geral) eram principalmente duas: a que assegurava a legitimidade do poder, através da sucessão hereditária e masculina da casa reinante, não podendo nem mesmo o rei, por indicação prévia ou testamento, alterar essa ordem de sucessão, e a que instituía o firme apoio à Igreja católica contra as heresias protestantes. Temos que nos situar no quadro dos interêsses da época para compreendermos até que ponto o problema da legitimidade (capital em qualquer govêrno jurídico) se confundia com o monopólio de uma família, e como a unidade religiosa significava a estabilidade não apenas das instituições políticas, mas de todo um sistema econômico e social. Nesses dois pontos estavam, na verdade, as leis fundamentais, as leis constitucionais do reino, que se sobrepunham à vontade do rei absoluto.

78. A teoria jurídica do absolutismo tinha, assim, chegado a separar a idéia de Estado da de govêrno e a considerar a existência de certos princípios fundamentais — que eram a Constituição do Estado — a que o govêrno estaria, de certa forma, submetido. Mas tal concepção não adiantava muito sôbre a velha tese do Direito Natural. Seria, no máximo, um Direito Natural político e positivo. O grande passo no sentido da verdadeira doutrina constitucional democrática foi dado, em 1690, por LOCKE, com a publicação do seu *Ensaio sôbre o Govêrno Civil*.

Início da concepção democrática

79. A situação histórica da Inglaterra naquela época e, dentro dela, as circunstâncias da formação intelectual de LOCKE, explicam a elaboração do livro que tão grande influência veio a

exercer na construção das bases políticas e jurídicas da democracia moderna. Filho de puritano e ardente puritano êle próprio, JOHN LOCKE foi forçado a exilar-se na Holanda protestante, para fugir à tirania papista dos Stuarts, restaurados no trono da Inglaterra depois da morte de CROMWELL. LOCKE voltou à pátria acompanhado de GUILHERME DE ORANGE, quando êste príncipe holandês, genro do último dos Stuarts, foi convidado, em 1688, a tomar a coroa inglêsa em nome da restauração das liberdades públicas e com apoio do Parlamento. Dois anos depois dêsse memorável episódio, era publicado o livro que continha os lineamentos principais da Constituição democrática da Inglaterra.

80. LOCKE assentou os princípios que, embora adaptados às transformações sofridas pelo Estado contemporâneo, continuam a ser angulares para a ordem constitucional democrática: a origem do govêrno no consentimento geral, a divisão e limitação dos podêres e a garantia de certos direitos individuais. Refuta as teses de HOBBES, tanto sôbre o estado de natureza anterior à sociedade política, como sôbre o significado do contrato social, gerador do Estado. Para êle, o contrato social não aliena os direitos individuais nas mãos dos governantes, e é produto de um livre consentimento, sempre renovado, ainda que tàcitamente. O poder supremo, embora também limitado, é o Legislativo, representante direto da maioria, e a ditadura do Executivo torna legítima a resistência do povo. Também sugere que o Executivo e o Legislativo devem ser podêres separados e que a reunião dêles conduz à tirania. Como observa justamente R. GETTEL, "não "existe pensador algum, anterior a LOCKE, que reflita tanto quanto "êle as fôrças espirituais que confluem num objetivo de cultura "e civilização" e "nenhum filósofo deixou sulcos tão assinalados "da sua obra no espírito e nas instituições dos homens".

81. As teses principais de LOCKE passaram a ser correntes no Direito Constitucional clássico, não tanto pela leitura do seu livro, como pelo que dêle aproveitou MONTESQUIEU, na redação do seu famoso *Espírito das Leis* (1748). MONTESQUIEU conhecia perfeitamente o livro de LOCKE, cuja primeira tradução francesa seguiu-se apenas em um ano à sua publicação na Inglaterra, e muito do entusiasmo do primeiro pelas instituições inglêsas (cuja descrição êle idealiza bastante) resulta do seu aprêço à obra do

segundo. MONTESQUIEU tinha sérias reservas ao caráter, aos costumes e ao estado social do povo inglês. Mas admirava profundamente o liberalismo da sua Constituição política. É no capítulo VI do livro XI que êle expõe os pontos capitais do seu pensamento constitucional e o faz precisamente comentando a Constituição costumeira da Inglaterra, e adaptando, de fato, as idéias de LOCKE sôbre a separação de podêres. Não cabe nos limites dêste curso o exame, nem mesmo superficial (e tantas vêzes já feito), do apriorismo com que MONTESQUIEU interpretou a Constituição inglêsa, nem das extensões, também aprioristicas, a que o seu próprio livro estêve, por sua vez, sujeito, através das adaptações forçadas do pragmatismo jurídico[4]. Releva apenas notar que a idéia da separação de podêres, inerente à teoria democrática, foi especialmente acentuada pelos seguidores do *Espírito das Leis*, com o fito de anular o poder da coroa e estabelecer o que se veio a chamar de Monarquia moderada. É interessante observar que, assim como LOCKE influiu indiretamente, através de MONTESQUIEU, para a formação da mentalidade constitucional francesa, também MONTESQUIEU influiu não só diretamente, como indiretamente, através de BLACKSTONE, para a formação da mentalidade constitucional norte-americana. BLACKSTONE publicou o seu livro em 1765, e são conhecidos os vastos e numerosos trechos que, sôbre Direito público, êle tomou do *Espírito das Leis*, sistematizando jurìdicamente a maneira por que MONTESQUIEU interpretava a Constituição inglêsa. Por outro lado, é inegável a grande influência que a obra de BLACKSTONE exerceu no espírito dos constituintes de Filadélfia. Vemos, assim, como os princípios básicos da Constituição democrática vão-se integrando e universalizando.

As Constituições escritas e o problema da rigidez ou flexibilidade

82. A idéia de que a ordem política se funda em um pacto social era muito antiga, como já vimos, mas adquirira, com o pensamento de LOCKE, uma colaboração democrática, desde que o contrato social se apresentava como sendo um acôrdo livremente consentido, no qual os homens alienavam, apenas, parte da sua liberdade natural, ficando íntegros e imprescritíveis certos direitos

---

[4] Ver, por exemplo, CHARLES EISENMANN, "La Pensée Constitutionelle de Montesquieu", *in Bicentenaire de l'Esprit des Lois*.

à vida, à liberdade e à propriedade (LOCKE, aliás, dá à palavra propriedade um conteúdo muito amplo, que abrange também a liberdade), direitos que, mesmo depois de formado o Estado, se sobrepõem ao arbítrio dos governos. Firmemente enraizada na inteligência e nos sentimentos dos habitantes das colônias inglêsas do Nôvo Mundo, esta interpretação do contrato social levou os seus aderentes a materializá-la históricamente em documentos escritos. A extraordinária contribuição norte-americana à história do Direito Constitucional, em geral, e das Constituições, em particular, tem sido posta em evidência, desde o século XVIII, em obras relevantes do pensamento universal. Aqui cumpre apenas destacar dois aspectos nos quais a originalidade daquela contribuição se acentua. Em primeiro lugar, os condutores da revolução da Independência americana decidiram e conseguiram institucionalizar, em documentos de Direito positivo, as teses e doutrinas que se difundiam em livros de pura teoria. Se a Teoria do Estado passar a Direito Constitucional, a doutrina dos pensadores políticos e jurídicos se transformava, agora, em texto positivo de lei. Em segundo lugar, esta lei constitucional passava a ser um documento escrito, elaborado especialmente para servir de pacto organizador da sociedade política, que assim se estabelecia dentro e através dela. Com a Constituição norte-americana de 1787, inicia-se verdadeiramente a era das Constituições escritas.

83. A tradição da forma escrita dada aos pactos políticos era, de resto, antiga, na Nova Inglaterra. Em 1620, antes, portanto, dos livros de HOBBES e de LOCKE, os peregrinos chegados à América a bordo do navio "Mayflower" assinaram, na véspera do desembarque na nova pátria, o célebre "Pacto do Mayflower", no qual as noções correntes da ciência política da época adquirem uma espécie de tôsca formulação legislativa. Nesse venerável documento se encontra, em germe, o núcleo de idéias que mais tarde se desenvolveram nas instituições de Direito Constitucional [5].

84. A doutrina constitucional, principalmente depois de BRYCE, costumava equiparar o conceito de Constituição escrita ao de Constituição rígida, entendida como tal a lei constitucional cuja modificação fôsse deliberadamente dificultada. O contrário da Constituição rígida ou escrita seria a Constituição costumeira, ou flexível, de tipo inglês, cujas alterações ficam na dependência de

deliberações normais do Poder Legislativo, ou de praxes e costumes adotados na vida política e na prática das instituições governativas.

85. Esta noção da rigidez ou flexibilidade das Constituições, embora implícita em Direito Constitucional, teve, no entanto, a sua formulação clássica, de acôrdo com os têrmos acima, no livro de Lord Bryce sôbre os Estados Unidos, obra que, na segunda metade do século XIX, adquiriu a voga e a autoridade que a de Tocqueville, sôbre o mesmo assunto, tinha conhecido na primeira fase da centúria. Bryce foi quem cunhou as expressões, hoje correntes, de Constituição rígida e flexível, e volta várias vêzes à sua tese. Um dos pontos em que o faz com maior poder de síntese é o seguinte: "A Constituição da Inglaterra transforma-se " constantemente, porque, como o Legislativo, no exercício " ordinário do seu poder, aprova freqüentemente leis que afetam " os métodos de govêrno e os direitos políticos dos cidadãos, não se " tem certeza de que o que se chama Constituição continuará " sendo, no fim de uma sessão do Parlamento, a mesma coisa que " era no princípio. A Constituição dêste tipo, capaz de ser, a " cada momento, transformada, expandida ou contraída pode-se " chamar pròpriamente uma Constituição flexível. Nos países da " outra classe, as leis e regras que prescrevem a natureza, podêres " e funções do govêrno, são contidas em documento ou documentos " que emanam de uma autoridade superior à do Legislativo... " Nesses casos nós encontramos em tais países uma lei ou um " grupo de leis distintas das outras leis, não apenas pelo caráter " do seu conteúdo, mas pela fonte de que elas provêm e pela fôrça " que elas exercem, fôrça que domina e anula tôdas as leis " colidentes adotadas pelo Legislativo. Onde a Constituição " consiste em tal lei ou leis, eu proponho chamá-la de Constituição " rígida.

86. Hoje se aceita com reservas a distinção proposta por Bryce. Em primeiro lugar, os juristas observaram que o caráter escrito das Constituições não limita ao texto nela contido tôda a matéria constitucional. Em outras palavras, a Constituição chamada escrita, como a dos Estados Unidos ou a do Brasil, é completada, para se executar realmente, por uma quantidade de

---
[5] V. o "Pacto do Mayflower", in *Documents and Readings in American Government*.

costumes, que terminam por fazer uma trama inseparável do próprio texto. A vida efetiva da Constituição escrita só se realiza, assim, pela circulação incessante que se processa, na realidade, entre o texto primitivo e os costumes incorporados ou justapostos.

87. Aliás o problema do Direito público costumeiro não é recente, e isto fica provado pelo estudo que dêle fazem os romanistas, os quais salientam, já em Roma, o reconhecimento do costume, quer atuando em complemento da lei escrita (*consuetudo praeter legem*), quer se instalando apesar dela (*consuetudo contra legem*).

88. No Direito Constitucional moderno o costume adquiriu importância especial, maior mesmo do que nos outros ramos do Direito público, devido à multiplicação das relações de Direito público, e à dificuldade de enquadrar o seu variável comportamento dentro de rígidas disposições legislativas. Os constitucionalistas modernos salientam que muitas Constituições, sobretudo a dos países de govêrno ditatorial, são mais textos que correspondem a ideais políticos ou instrumentos de propaganda internacional, do que normas suscetíveis de eficácia jurídica. Nesses casos (e o exemplo brasileiro de 1937 é típico), o texto constitucional é uma pura hipótese, sendo a realidade da Constituição muito mais representada pelas praxes e costumes que cercam a sua aplicação. Igualmente, nos sistemas democráticos representativos, regimes constitucionais teòricamente assemelhados nos textos conhecem aplicações inteiramente diversas, nos vários países. Basta comparar, por exemplo, o parlamentarismo francês com o belga, ou o presidencialismo brasileiro com o americano.

89. Por tudo isso se tem observado que, até certo ponto, ao contrário do que pensava BRYCE, a Constituição inglêsa, embora costumeira e teòricamente flexível, varia menos na aplicação do que grande número de Constituições escritas e supostamente rígidas. Exatamente porque as instituições inglêsas se assentaram numa sólida base histórica, tornaram-se muito mais estáveis. Muito pequenas são, por isso, as alterações que sofre. Ao passo que, nos países latinos, de organização política tumultuosa, o Direito escrito varia contìnuamente, quer por meios violentos, quer pela adoção de costumes constitucionais que venham preencher lacunas ou modificar a própria lei escrita. No Brasil, a vida dos partidos,

tão importante no Direito Constitucional, é quase tôda organizada à margem do Código Eleitoral. É o costume complementar. E o costume *contra legem* também existe, principalmente na omissão quanto à execução de normas exigidas pela Constituição, como, por exemplo, as numerosas leis complementares, exigidas no texto constitucional, que ainda não foram votadas, passados 10 anos de vigência da Lei Magna.

Devemos, assim, reconhecer, que a antiga definição das Constituições em rígidas e flexíveis perdeu muito de importância.

90. A República, o presidencialismo, e a Federação são outras conquistas inauguradas e asseguradas jurìdicamente pela Constituição escrita dos Estados Unidos. No momento oportuno nos ocuparemos dêsses temas. O que importa acentuar, por agora, é que o sistema das Constituições escritas cedo se difundiu e passou a ser, até hoje, a forma usual da organização política dos Estados, como, adiante, também veremos.

91. Em 1791, prosseguindo o processo da conquista de mundo ocidental pela democracia, foi expedida a Constituição votada pela Assembléia Constituinte, nascida da Revolução francesa. Com o advento do século XIX, cuja primeira metade assistiu ao apogeu dos constitucionalismo liberal, sucedem-se as Constituições escritas nas Monarquias. A Suécia, de CARLOS XIII, adota a sua em 1809 [6]; a Espanha, de FERNANDO VII, em 1812; a França, de LUÍS XVIII, em 1814; o Portugal de D. JOÃO VI, em 1822; o Brasil, de PEDRO I, em 1824; a Bélgica, de LEOPOLDO I, em 1831; o Piemonte, de CARLOS ALBERTO, em 1848. E isto sem falar em outras Constituições da mesma época.

92. Quanto às Repúblicas, elas procedem de forma idêntica.

Na América Latina, a partir do ano de 1810 e durante todo o decurso das guerras de independência, que se prolongam por vários lustros, sucedem-se as Constituições nos diferentes países, dilacerados pelo caudilhismo e a guerra civil. Seus conteúdos variam estranhamente. Vão desde as tentativas de adaptação do presidencialismo norte-americano até as reminiscências romanas

---

[6] A Suécia, como a Inglaterra e os Estados Unidos, mantinha desde muito, principalmente a partir do século XVII, com o rei GUSTAVO ADOLFO, o costume das leis escritas de organização dos podêres públicos.

e gregas inspiradas pela recente epopéia napoleônica. No meio dessa trágica instabilidade, em que a lei constitucional era uma forma sem substância, no máximo a expressão de um ideal frustrado pela dura contingência da imaturidade política e da luta intestina, é significativo como se sustenta inabalável a religião, ou melhor, a superstição da lei constitucional escrita. Se a verdadeira organização jurídica dos Estados era impossível, que pelo menos êles exibissem, no meio da confusão, as bandeiras das Constituições republicanas inaplicadas [7]. Em 1848 é promulgada, também, a notável Constituição da segunda República francesa.

Assim, na metade do século passado, havia-se vulgarizado o sistema das Constituições escritas, o que veio transformar em direito expresso a parte mais importante do Direito Constitucional. Na fase histórica atual, as Constituições escritas predominam, mesmo nos Estados de organização política fundada em princípios diversos dos habitualmente aceitos pelas democracias, tais como a União Soviética, as chamadas Repúblicas Populares, a China e Portugal. Podemos, portanto, concluir que a forma escrita se impôs como a mais adequada no Direito moderno, qualquer que seja o conteúdo ideológico, econômico e social das Constituições. Mas, por outro lado, não devemos esquecer a relatividade da forma escrita, a qual vem atenuar muito a antiga distinção entre constituições rígidas e flexíveis.

Significado material e formal das Constituições

93. Materialmente compreendida, a Constituição de um país corresponde ao conjunto das normas e costumes que regem a sua organização política, estejam ou não incluídos no texto constitucional expresso. Nesse sentido (que é o único possível nos países de Constituição costumeira, mas que igualmente se impõe nos de Constituição escrita), a palavra Constituição não difere da expressão Direito Constitucional. Também no sentido material a Constituição não pressupõe princípios obrigatórios nem preferências dogmáticas. Todo Estado tem a sua Constituição, qualquer que ela seja, democrática ou ditatorial, simplesmente porque é

---

[7] Uma exposição completa dos numerosos textos constitucionais que se substituíam vertiginosamente nas Repúblicas da América Latina se encontra no livro de AROSEMENA, *Estudios Constitucionales sobre los Gobinos de la América Latina*, A. Roger, Paris, 1888 (2 vols.).

um Estado. A ausência de uma Constituição, isto é, de uma organização política estável, corresponde à anarquia e, portanto, à ausência do próprio Estado. Esta observação já tinha ocorrido nos antigos constitucionalistas, embora êles a expusessem apenas como tese. PELEGRINO ROSSI, por exemplo, que foi, como já se disse, o primeiro professor de Direito Constitucional na Faculdade de Paris, escreve a propósito, no seu Curso: "Não há Estado que "não tenha uma Constituição, porque tudo que existe tem a sua "maneira de existir, boa ou má, conforme ou não à razão, mas "uma maneira qualquer de existir". Esta era, contudo, uma hipótese meramente sociológica, de vez que, juridicamente, se costumava aceitar a afirmação peremptória estampada em 1789 na "Declaração de Direitos do Homem" (art. 16), segundo a qual "tôda a sociedade em que a garantia dos direitos não se ache "assegurada, nem a separação dos podêres determinada, não "possui Constituição". Êste princípio, que é dogmático e não jurídico, correspondia a uma certa teoria constitucional, prevalente na época: a doutrina do liberalismo. Hoje somos forçados a reconhecer, em face dos numerosos e poderosos Estados onde nem os princípios da liberdade democrática, nem a separação de podêres existem, e que, no entanto, possuem o seu Direito Constitucional assente e desenvolvido, que a tese sociológica de ROSSI passou a ser também jurídica, e que, por conseqüência, o limite material da Constituição é o Direito Constitucional do Estado em causa, não cabendo o exame dogmático dos princípios constitucionais esposados.

94. Formalmente, a Constituição é a lei escrita, na qual se contêm as mais importantes normas do Direito Constitucional do Estado. Portanto, os países de Constituição costumeira desconhecem o aspecto formal da Constituição. Desta observação se pode concluir que a Constituição formal é sempre escrita. A Constituição formal ou escrita é elaborada, quase sempre, por uma Assembléia especial, ou Constituinte, sendo, em certos casos, outorgada por ato do Poder Executivo. Habitualmente estas últimas são Constituições ditatoriais, se bem que algumas Constituições democráticas formais tenham sido outorgadas, em ocasiões especiais, como a francesa de 1814, a brasileira de 1824 ou a piemontesa (depois italiana) de 1848.

BIBLIOGRAFIA

ARISTÓTELES, *Politics and Poetics*, University Press, Oxford, 1942.
CÍCERO, "Traité de la République" in *Oeuvres Complètes*, Firmin-Didot, Paris, vol. IV, s. d.
T. MOMMSEN, *Disegno di Diritto Pubblico Romano*, Valardi, Milão, 1904.
J. DECLAREUIL, *Rome et l'Organisation du Droit*, La Renaissance du Livre, Paris, 1946.
V. ARANGIO-RUIZ, *Historia del Derecho Romano*, Reus, Madri, 1943.
MARIO GALIZIA, *La Teoria della Sovranitá dal Medio Evo alla Rivoluzione Francese*, Giuffrè, Milão, 1951.
Código de Derecho Canónico (comentado), Biblioteca de los Autores Cristianos, Madri, 1949.
F. MOURRET e J. CARREYRE, *Précis d'Histoire de l'Eglise*, Bloud, Paris, vol. II, 1924.
F. MAITLAND, *The Constitutional History of England*, University Press, Cambridge, 1948.
MAQUIAVEL, *Le Prince*, Pot Cassé, Paris, 1935.
JEAN BODIN, *Traité de la République* (Fragmentos), Medicis, Paris, 1949 (não existe reedição moderna completa do livro de BODIN).
HOBBES, *Leviathan*, Dent, Londres, 1953.
LOCKE, *Two treatises of Civil Government*, Dent. Londres, 1953.
BOSSUET, *Discours sur l'Histoire Universelle*, Garnier, Paris, s. d.
MONTESQUIEU, ob. cit.; *Bicentenaire de l'Esprit des Lois*, Sirey, Paris, 1952.
RAYMOND GETTEL, *Historia de las Ideas Politicas*, Labor, Barcelona, 1930, 2 vols.
ANDREW MC LAUGHLIN, *A Constitutional History of the United States*, Appleton, Nova Iorque, 1945.
VERNON L. PARRINGTON, *El Desarrollo de las Ideas en los Estados Unidos*, Lancaster Press, Lancaster, vol. I, 1941.
J. M. MATHEWS e C. A. BERDAHL, *Documents and Readings in American Government*, Macmillan, Nova Iorque, 1947.
JEAN JACQUES CHEVALIER, *Les Grandes Oeuvres Politiques de Machiavel à nos Jours*, Colin, Paris, 1952.
Encyclopaedia of Social Sciences, cit., verbête "Constitutions".
G. JELLINEH, *La Dottrina Generale del Diritto dello Stato*, Giuffrè, Milão, 1949.
PELEGRINO ROSSI, ob. cit.
MAURICE DUVERGER, *Droit Constitutionnel et Institutions Politiques*, Presses Universitaires, Paris, 1955.
HERBERT MORRISON, *Government and Parliament*, University Press, Oxford, 1954.
GEORGES BURDEAU, ob. cit., vol. II.
JAMES BRYCE, *The American Commonwealth*, Macmillan, Nova Iorque, 1897.
AGUINALDO COSTA PEREIRA, *Da Constituição escrita*, Canton, Rio, 1945.
CARMELO CARBONE, *La Consuetudine nel Diritto Costituzionale*.
GIUSEPPE FERRARI, *Introduzione ad uno Studio sul Diritto Pubblico Consuetudinario*, Giuffrè, Milão, 1950.

CAPÍTULO IV

Superioridade jurídica da Constituição sôbre as leis; seus fundamentos. A revisão judicial nos Estados Unidos; origens. A opinião de HAMILTON. *Revisão das leis estaduais. Revisão das leis federais. Críticas à revisão judicial. O problema da revisão judicial em outros países.*

Superioridade jurídica da Constituição sôbre as leis; seus fundamentos

95. Uma das conseqüências principais da Constituição escrita é a sua supremacia jurídica sôbre tôda a legislação ordinária, quer se trate de lei formal, quer de decreto executivo, regulamento ou outro ato administrativo, bem como de costume com fôrça de lei. Nos Estados federais, como o Brasil, o problema ainda comporta um nôvo aspecto: o da hierarquia necessária, que se estabelece entre as leis da União e as dos Estados. RUI BARBOSA sintetizou a situação na seguinte e conhecida passagem: "Em qualquer país " de Constituição escrita há dois graus na ordem da legislação: " as leis constitucionais e as leis ordinárias. Nos países federali- " zados, como os Estados Unidos, como o Brasil, a escala é " quádrupla: a Constituição Federal, as leis federais, as Constitui- " ções de Estados, as leis dêstes. A sucessão em que acabo de " enumerá-las exprime-lhes a hierarquia legal. Ela traduz as " regras de precedência, em que a autoridade se distribui por essas " quatro espécies de leis. Dado o antagonismo entre a primeira e " qualquer das outras, a segunda e as duas subseqüentes, ou entre " a terceira e a quarta, a anterioridade na graduação indica a " precedência na autoridade".

A exposição de RUI BARBOSA refere-se, como se vê, apenas às leis formais. Cabe, pois, acrescentar, como fizemos, que a Constituição igualmente se sobrepõe a tôdas as leis materiais (decretos, regulamentos) e também aos atos administrativos.

96. Dois princípios gerais formam a base dessa construção teórica, que afirma a superioridade jurídica de um tipo de lei sôbre outro; o primeiro princípio é mais de Filosofia do Direito e o segundo pròpriamente de técnica jurídica.

97. Filosòficamente a superioridade da Constituição sôbre a lei ordinária corresponde ao transplante, para o Direito positivo, da mesma idéia antiga, de que já tratamos e ainda trataremos, da superioridade do Direito Natural sôbre o Direito comum, ou elaborado".[1] Certas normas fundamentais da organização política (tomada esta expressão no seu significado mais amplo) e certas garantias, também fundamentais, da pessoa humana, umas e outras declaradas pelo Supremo Poder Constituinte eram supostas exigir uma estabilidade que as imunizasse contra os interêsses imediatos e as paixões efêmeras. Daí a necessidade da sua fixação em um texto existente por si, e invulnerável às bruscas alterações. Os pensadores antigos costumavam distinguir, já o dissemos, entre o Direito Natural divino ou imutável (o qual se presumia abrigar as regras eternas da Justiça), e aquilo que alguns chamavam de Direito Natural relativo, que continha as regras básicas para a organização da sociedade humana. A noção da superioridade da lei constitucional escrita corresponde, até certo ponto, à adoção, pela técnica do Direito positivo, através do Poder Constituinte, desta idéia do Direito Natural relativo, sobreposto ao Direito legal ou comum.

98. O segundo princípio é, como dissemos, pròpriamente jurídico e decorre da necessidade da limitação do poder pelo Direito, que é inerente ao Direito Constitucional democrático.[2] Sendo a Constituição federal não apenas o instrumento da organização do poder político, mas também da sua limitação jurídica, segue-se que ela deve limitar as atribuições, e portanto conter os excessos dos podêres políticos da União e dos Estados-membros, o Legislativo e o Executivo, mantendo-os na órbita das suas competências e obedientes às normas gerais da Constituição. Assim se explica e justifica jurìdicamente a conseqüência da possível inconstitucionalidade de lei ou de ato do Executivo.

---

[1] V. caps. I e IX.

[2] Êste ponto é mais desenvolvido no cap. V.

A revisão judicial nos Estados Unidos; origens

99. O problema da inconstitucionalidade das leis é, portanto, de natureza lógica, e decorre do simples fato da existência de uma Constituição escrita, redatada sob a influência da convicção democrática da limitação do poder pelo Direito. Mas, na prática, a sua solução varia muito, conforme o tipo de Direito Constitucional vigente, ou, em outras palavras, conforme a Constituição vigente admita ou não a revisão judicial da Constitucionalidade das leis e dos atos do Executivo. Para bem situarmos, pois, o princípio da superioridade da Constituição e sua conseqüência, que é a possível inconstitucionalidade das leis ordinárias e dos atos do Executivo, devemos examinar como se chegou à solução da revisão judicial daquelas e dêstes, a qual é a melhor e, talvez mesmo, a única forma de se dar eficácia ao princípio.

100. Embora a revisão judicial encontre raízes na prática judiciária da Inglaterra, a verdade é que ela só se caracterizou com o lento e memorável trabalho das Côrtes de Justiça dos Estados Unidos. De resto, isso é compreensível, visto que o sistema da revisão judicial não poderia medrar nunca em país de Constituição costumeira e de supremacia do Legislativo entre os podêres do Estado. Por isso mesmo as opiniões que, na Inglaterra, pretendiam fazer a lei do Parlamento ser anulada se se chocasse com a *common law* (ou Direito costumeiro, que no caso valia como Direito Natural) não logravam aplicação permanente e ficaram no campo da teoria.

BENJAMIN F. WRIGHT, em livro sôbre a evolução do constitucionalismo americano, lembra a opinião do jurista inglês SIR EDWARD COKE (1552-1634) que escreveu o seguinte: É aparente " nos nossos livros que, em muitos casos, o Direito costumeiro " (*common law*) deve prevalecer sôbre os atos do Parlamento e " algumas vêzes torná-los nulos: porque, quando um ato do " Parlamento fôr contra o Direito e a razão, ou repugnante, ou " impossível de ser executado, o Direito costumeiro deve sobrepujá-lo e considerá-lo nulo".

Sabe-se que, durante algum tempo, as Côrtes judiciárias inglêsas exerciam eventualmente as funções reclamadas por COKE.

Mas a revolução democrática de 1688, que promulgou o *Bill of Rights* (Declaração de Direitos) e fortaleceu o Parlamento, despiu-as daquelas prerrogativas.

O curioso é que a teoria de COKE, derrotada na Inglaterra, foi a que se tornou vitoriosa nos Estados Unidos.

101. A índole mesma do recurso técnico exigia, como já ficou dito, a Constituição escrita e limitativa de podêres. O que se deu, neste ponto como em tantos outros, foi a adaptação, por vêzes inconsciente, que os redatores e primeiros intérpretes e aplicadores da Constituição americana fizeram dos princípios constitucionais da Inglaterra, nos quais haviam formado as suas mentalidades de homens de Estado e de juristas.

Como bem acentua ELLIS STEVENS, na sua obra clássica sôbre as fontes da Constituição dos Estados Unidos, a similitude que " ela oferecia com o seu protótipo não era fruto de uma simples " cópia ou de uma transcrição empreendida pela primeira vez na " Convenção de Filadélfia, porém a reafirmação de princípios já " americanos, por tradição hereditária ou em resultado de usos " longamente estabelecidos".

A opinião de Hamilton

102. A primeira condição para que o Judiciário pudesse exercer função revisora era a independência em relação aos outros podêres. E esta independência, conquistada na Inglaterra desde o século XVII, tinha entrado na tradição das colônias americanas, mesmo antes da Independência e da organização federativa. ALEXANDRE HAMILTON, no cap. 81 do *Federalista* (que é o primeiro e ainda hoje um grande livro de Direito Constitucional americano), explica como os constituintes de Filadélfia levaram a independência do Judiciário ao seu desenvolvimento natural, que era o da criação de uma Suprema Côrte autônoma, e não incluída na Câmara Alta do Legislativo, como era então (e ainda continua sendo) o sistema inglês. A êsse propósito, escreve HAMILTON, em 1788, demonstrando uma perfeita antevisão do processo de revisão judicial, que não constava expressamente da Constituição, mas que em breve ia ser construído pela Jurisprudência da Suprema Côrte: "A autoridade da Suprema Côrte dos Estados Unidos que " se propõe, e que será um Corpo separado e independente, será " superior à do Legislativo. O poder de interpretar as leis segundo

"o espírito da Constituição habilitará essa Côrte a dar-lhes o "sentido que quiser; e isso tanto mais quanto as suas decisões "não serão, de maneira nenhuma, submetidas à revisão ou à "correção do Corpo Legislativo... Em primeiro lugar não existe "uma sílaba no plano submetido ao nosso exame [3] que autorize "diretamente as Côrtes federais a interpretar as leis segundo o "espírito da Constituição ou que lhes dê, a êsse respeito, maior "latitude do que a que possa ser reivindicada pelo Tribunal de "qualquer Estado. Entretanto eu reconheço que a Constituição "deve servir de base à interpretação das leis, e que, tôdas as "vêzes que há uma oposição evidente, as leis devem ceder diante "da Constituição. Mas esta doutrina não pode ser deduzida de "nenhum aspecto particular dêste plano da Convenção; ela "decorre da teoria geral das Constituições limitativas e, na "medida em que é verdadeira, aplica-se igualmente à maioria "senão à totalidade dos governos dos Estados". Como se vê, êste trecho lúcido e antecipador do *Federalista* continha, em substância, a doutrina mais tarde afirmada pela Suprema Côrte, através do juiz MARSHALL, na célebre decisão da questão Marbury contra Madison.

Revisão das Leis estaduais

103. LEWIS MAYERS, em seu tratado sôbre o conjunto da organização judiciária dos Estados Unidos, acumula importantes dados sôbre os precedentes da construção jurisprudencial que assegurou ao Judiciário a revisão das leis em face da Constituição. Segundo êle, o problema se colocou inicialmente em têrmos do confronto das leis com as Constituições estaduais. Em dois Estados, Pensilvânia e Vermont, havia um corpo especial, estranho ao Legislativo, que, embora não capacitado para declarar as leis estaduais inconstitucionais em face das Constituições dos Estados, tinham a incumbência de chamar a atenção do Legislativo para a incompatibilidade existente. Já no Estado de Nova Iorque havia um Conselho de Revisão, do qual eram membros o governador e os principais juízes estaduais, Conselho êste que tinha o poder de declarar a inconstitucionalidade das leis, devendo, entretanto, tal julgamento ser submetido à consideração da Legislatura, que

---

[3] O plano a que se refere HAMILTON é a própria Constituição, que, na época da redação do *Federalista*, ainda não entrara em vigor.

poderia recusá-lo pela maioria qualificada de dois terços. Considerava-se, assim, a declaração de inconstitucionalidade como uma espécie de veto, o qual, por sua vez, não era definitivo. Nenhuma Constituição colonial, contudo, nada dispôs sôbre a revisão judicial, tal como a entendemos hoje. [4]

104. Mas, por outro lado, ELLIS STEVENS recorda que, desde antes da Independência, as Côrtes coloniais nos Estados tinham a tradição de não aplicar as leis das Legislaturas estaduais, desde que elas contrariassem a Carta ou conjunto de regras de organização que o govêrno metropolitano de Londres outorgava a cada Colônia americana. Assim, como sugere MAYERS, se não havia, depois da Independência, a norma de se declarar inconstitucional uma lei em face da Constituição do Estado, já antes dela os juízes se julgavam competentes para negar aplicação aos atos legislativos que infringissem os princípios das Cartas metropolitanas. Parece, pois, que aí se encontrava, em germe, a invalidação da lei estadual em face da Constituição federal.

105. A Constituição federal prevê limitações expressas aos podêres dos Estados, e, ao mesmo tempo, impõe às Côrtes de Justiça, tanto às estaduais quanto às federais, a obrigação de conferir validade preferencial às leis federais, declarando que as leis e tratados da União constituem "a lei suprema do país, sendo os juízes estaduais obrigados a respeitá-las, quaisquer que sejam as disposições legais e constitucionais dos Estados em contrário". Diante dêste texto ficava clara, para os primeiros intérpretes, a necessidade de se organizar um sistema de fiscalização das leis estaduais em face das federais. Como fazê-lo? Quando estava reunida a Convenção — informa o professor CROSSKEY — surgiu, nos meios políticos, a idéia da criação de uma Côrte especial, para arbitrar os conflitos entre leis estaduais e federais. Seria a Côrte de Uniformização (*Equalizing Court*), cujos membros seriam

---

[4] Apesar da falta de disposição nas Constituições estaduais, WRIGHT informa que, entre 1778 e 1787 (ou seja, depois da Independência mas antes da Constituição federal), houve no mínimo sete casos em que Côrtes estaduais decretaram a inconstitucionalidade de leis de Estados, diante de Constituições estaduais. A importância de tais julgados, acrescenta WRIGHT, "estava em que êles evidenciavam uma firme tendência no sentido da salvaguarda judicial da lei fundamental".

eleitos pelas legislaturas dos 13 Estados. Na Convenção de Filadélfia pensou-se em atribuir esta competência ao Congresso, fazendo dêle o órgão revisor. A proposta não logrou êxito. Esta foi, aliás, a solução adotada pela Constituição do Império, no Brasil. Mas o plano não logrou ser aceito na Convenção americana.

O problema foi logo depois, como recorda MAYERS, resolvido pelo primeiro Congresso federal, no *Judiciary Act* (lei de organização judiciária) de 1789. Transcrevemos as palavras do tratadista:

"Os redatores desta lei básica (que tinham sido, em parte,
"membros da Convenção) adotaram inequìvocamente a opinião
"de que a tarefa de compelir os Judiciários estaduais a cumprirem
"o dever de anular tôdas as leis e Constituições estaduais contrá-
"rias às leis supremas do país, competia à Suprema Côrte. Tendo
"em vista o preceito da Constituição, que dá ao Judiciário federal
"competência para conhecer de todos os casos em matéria de lei
"e de eqüidade levantados em face da mesma Constituição, a lei
"deu podêres à Suprema Côrte para examinar e anular os julga-
"mentos das Côrtes estaduais que sustentassem a validade de
"uma lei estadual, cuja aplicabilidade fôsse questionada, por
"infringir a Constituição, as leis e os tratados dos Estados Unidos".

Foi, assim, através de uma lei processual, que se estabeleceu a revisão da Justiça federal sôbre as leis dos Estados. E já no seu primeiro século de existência, a Suprema Côrte declarou nulas 175 leis estaduais, sendo que mais de 100 nos 20 anos que se seguiram à Guerra de Secessão. Até o presente, o número de leis estaduais anuladas é mais ou menos de 700.

Revisão das leis federais

106. Também na Convenção — informa o tratadista WATSON —, através de várias tentativas fracassadas, cogitou-se de estabelecer uma espécie de revisão judicial mista, sôbre a legislação federal em face da Constituição federal, revisão que seria exercida por um Conselho composto dos membros do Executivo e dos da Suprema Côrte, o qual examinaria a constitucionalidade das leis votadas pelo Congresso, antes que entrassem em vigor. Como se vê, nada havia de coincidente com sistema da revisão exclusivamente judicial e *a posteriori*. Nas várias vêzes que êsse plano, com pequenas variantes, foi submetido à Convenção, saiu sempre derrotado. Desde que o problema da inconstitucionalidade das

leis federais interessava tanto à Convenção, e desde que os convencionais tinham, diante de si, os exemplos das Côrtes estaduais que anulavam os atos das Legislaturas contrárias às Constituições estaduais (várias destas, vindas da fase da Confederação, precederam, como se sabe, à Constituição federal), WATSON pergunta, com razão: por que nunca se colocou, diretamente, diante da Convenção o poder do *Judiciário sòzinho* [5] rever a constituciona- federais, em face da Constituição que se estava elaborando? E êle mesmo responde: "A razão pela qual nunca foi submetido à
" Convenção o poder do *Judiciário sòzinho* [5] rever a constituciona-
" lidade dos atos legislativos não aparece. Nada existe nos Anais
" da Convenção que indique que tal moção haja sido feita, ou
" mesmo desejada. Os partidários da medida podem não a ter dese-
" jado desta maneira, ou, então, podem ter pensado que, se ela
" passasse, provocaria uma forte reação nas Convenções dos
" Estados, causando possìvelmente grandes dificuldades à apro-
" vação da Constituição".

107. Aquilo que a Convenção não pôde ou não quis fazer, lacuna que o Congresso ordinário não estava em condições de preencher por lei, a Suprema Côrte conseguiu realizar, através de uma interpretação lógica e construtiva da Constituição. A matéria não era fácil de ser desembaraçada, sobretudo porque, ao contrário do que ocorria com as leis básicas estaduais, a Constituição federal não continha nenhum preceito que estabelecesse a sua superioridade em relação às leis e aos tratados da União, que, juntamente com ela, eram declarados "lei suprema do país". Durante a primeira década de existência da Suprema Côrte (1790-1800), só lhe foi submetido um caso no qual se questionou a validade de lei federal em face da Constituição. Embora a Côrte aceitasse a constitucionalidade da lei, ficou aparente dos debates, tanto pela opinião das partes (uma das quais era o Govêrno Federal) como pela dos juízes, que a Côrte tinha poder para invalidar o ato legislativo. Finalmente, no célebre caso Marbury contra Madison, através da opinião igualmente célebre do juiz MARSHALL, presidente da Côrte, estabeleceu-se sòlidamente e para sempre o princípio da revisão judicial.

---

[5] O grifo é de WATSON.

108. JOHN MARSHALL (1755-1835) nasceu no Estado da Virgínia, berço de tantos outros fundadores da nacionalidade americana. Sua educação intelectual foi das mais insuficientes, tendo êle sido admitido ao pretório estadual, como advogado, com apenas poucos meses de estudos de Direito. Durante anos combateu, ao lado das fôrças nacionais, na guerra da Independência. Instalado como jurista profissional e como político, aos poucos se transformou em uma das personalidades marcantes do seu Estado. Declinou, em 1786, de ser representante diplomático em Paris (comissão cuja importância se revelava pelo fato de ter sido exercida por JEFFERSON), tendo recusado também, dois anos depois, a nomeação para juiz da Suprema Côrte. Em 1800 é feito secretário de Estado (ministro do Exterior) pelo presidente ADAMS, e no ano seguinte ingressa, afinal, na Suprema Côrte, onde ficaria até à morte. MARSHALL encarnou, no momento oportuno, dentro das convicções da época e a serviço dos mais autênticos interêsses nacionais do momento, a função do Poder Judiciário federal no regime presidencial, desenvolvendo, com absoluto êxito, o aspecto político (no alto sentido desta palavra) que é incontestàvelmente o dos Tribunais Supremos no mesmo regime. Revela observar que MARSHALL, como juiz, firmou o princípio da revisão judicial, contra o que tinha afirmado, como advogado, sete anos antes, quando sustentara que a Côrte não podia decidir contra lei do Congresso.

109. No caso Marbury contra Madison, o primeiro tinha solicitado à Côrte a expedição de uma ordem judicial (*writ of mandamus*) a fim de compelir o segundo, que era então secretário de Estado, a provê-lo num cargo para o qual havia sido nomeado pelo Presidente ADAMS, que terminara o seu mandato. O nôvo presidente, JEFFERSON, e o seu secretário não desejavam manter a nomeação. Discutia-se a jurisdição originária da Suprema Côrte para expedir a ordem requerida, jurisdição que não se achava incluída entre as enumeradas pela Constituição, mas que, segundo sustentava o requerente, poderia ser deduzida da lei de organização judiciária de 1789. Para justificar o seu raciocínio, MARSHALL partiu do princípio de que, de fato, esta lei ampliava a jurisdição originária da Côrte (coisa bastante duvidosa) e, partindo de tal premissa, pôde chegar ao que principalmente lhe interessava, isto é, à conclusão de que uma lei do Congresso não podia ampliar a jurisdição originária da Suprema Côrte, por se chocar com o texto constitucional que enumerava os casos de tal jurisdição. Foi desta forma cerebrina, e num caso relativamente secundário, que MARSHALL, em voto que ainda hoje é modêlo de raciocínio jurídico, firmou um dos mais importantes princípios do Direito Constitucional federativo e presidencial, o qual se tornou, por extensão, pedra angular das instituições de vários outros países, inclusive o Brasil. Na parte especial dêste Curso estudaremos a adoção do processo de revisão judicial pelo nosso país e o seu funcionamento no Direito Constitucional brasileiro.

110. CHARLES FENWICK fornece uma lista das leis declaradas inconstitucionais pela Suprema Côrte, entre 1803 (ano do julgamento do caso Marbury contra Madison) e 1946, bem como o número de votos dados pró e contra as declarações. São, ao todo, 79 as leis anuladas durante êsse quase século e meio. O segundo caso só veio a ser julgado em 1854, não passando de 26 o número total até o fim do século. A inconstitucionalidade, a se julgar pelo número de juízes que votavam por ela, era então sempre líquida, visto que só duas vêzes a maioria funcionou apenas por um voto de diferença. Normalmente havia largas maiorias, embora nunca se verificasse unanimidade.

No século XX aumentaram, sobretudo em certos momentos de controvérsia ideológica sôbre a legislação social e econômica, as anulações de leis federais pela Suprema Côrte, atingindo a 53, até 1946. E, por outro lado, apareciam sérias dúvidas sôbre os fundamentos das decisões anulatórias, porque, em seis casos, a decisão foi tomada pela maioria mínima (cinco contra quatro votos) e por apenas dois votos em outros dois casos.

Críticas à revisão judicial

111. Não compete a êste Curso acompanhar a evolução da revisão judicial nos Estados Unidos, nas diferentes fases em que se costuma dividir a história da sua Suprema Côrte. Daremos apenas as indicações essenciais, que justifiquem a recordação das críticas, por vêzes ameaçadoras, que têm acompanhado a aplicação do sistema.

112. Tais críticas surgiram desde a decisão inaugural de MARSHALL e eram então relacionadas com as lutas políticas nacionais que tinham, aliás, influenciado a mesma decisão. Na fase de

MARSHALL, e mesmo depois, a revisão judicial se orientou principalmente no sentido de impor o arbitramento presumìvelmente isento do Poder Judiciário, nos permanentes conflitos de competência, abertos entre a União e os Estados, no processo de organização política e legal da Federação.

A freqüência com que a Côrte invalidava leis estaduais, conforme já ficou indicado acima, levantou muitos projetos de se suprimir êsse poder que ela dizia — e era de fato — fundado na Constituição. Mas tais projetos atingiam, igualmente, a competência que a Côrte se reservara, no silêncio da Constituição, para anular as leis federais. Durante tôda a segunda metade do século passado e nas primeiras décadas do presente, a tese revivia esporàdicamente, cada vez que uma sentença anulatória provocava maior resistência ou discussão. Mas, a partir de 1880, recrudesceu em virtude de causas não mais ligadas ao federalismo, porém à economia e ao trabalho.

113. Tais oportunidades coincidiam com a intervenção reguladora da Suprema Côrte sôbre a legislação que tendia a ampliar a intervenção do Estado no domínio econômico e, também, sôbre a legislação normativa das relações do trabalho, em benefício do trabalhador. A pressão da democracia social se fazia sentir, òbviamente, antes nas assembléias legislativas, oriundas das maiorias eleitorais, do que na composição de um tribunal, cujos membros eram apontados pelo Executivo e que, não tendo limite de idade para se afastarem das funções, podiam continuar emprestando a estas, sob a aparência da missão judiciária, o pêso das próprias convicções retrógradas e dos próprios preconceitos ideológicos.

114. Tal foi a situação no fim do século XIX e no comêço do atual. As divergências para com a conduta da Suprema Côrte, estendendo a sua competência na declaração de inconstitucionalidade das leis, fundada em razões que se afastavam da interpretação jurídica, começou, então, a se manifestar, inclusive no seio da mesma Côrte, através dos votos vencidos de alguns juízes progressistas, cuja maior expressão foi OLIVER WENDELL HOLMES. A influência exercida por êste ilustre jurista e humanista na evolução do comportamento da Suprema Côrte, em face dos problemas sociais e humanos que emergiam das transformações que a técnica impunha aos processos de produção econômica,

pode ser comparada, na história daquele órgão, embora sem o mesmo alcance, à marca poderosa que John Marshall imprimiu à fase inicial da sua vida. [6]

115. O descontentamento com as tendências reacionárias da Justiça atingiu a opinião pública, depois de ter encontrado eco nos círculos de especialistas em Direito, professôres, advogados e juízes, manifestado em alocuções feitas nos centros científicos e em variados escritos estampados nas publicações especializadas. Naturalmente a matéria interessou também às organizações operárias, umas das quais, a poderosa Federação Americana do Trabalho ("American Federation of Labor"), publicou, a respeito, um livro que teve grande difusão. Por outro lado, os Podêres Executivo e Judiciário também se movimentaram. O Presidente Theodore Roosevelt propôs, em 1912, levar a referendo popular certos conflitos entre o Legislativo e o Judiciário. No Congresso, representantes ameaçavam com a destituição (*recall*) os juízes que invalidassem, em certos casos, as leis por inconstitucionalidade. Mas estas tentativas de limitação se revelavam inoperantes, pois vinham-se chocar com algo de profundamente arraigado na psicologia do povo americano — e de resto em tôda a mentalidade saxônica que é o respeito dispensado à autoridade dos juízes. Os excessos do judiciário na avaliação da sua competência, em matéria de interpretação constitucional das leis, só se corrigiram quando a própria consciência profissional dos juízes fôsse sendo atingida pelas reações que a sua ação provocava. E isto se verificou durante a administração do segundo presidente Roosevelt.

116. Durante o ano de 1933 o Presidente Franklin Roosevelt, assessorado por brilhante corpo de técnicos e intelectuais, conseguiu a aprovação, pelo Congresso, de um conjunto de leis conhecidas sob o nome de "New Deal", que visavam regular certas importantes relações de trabalho e produção, de forma a minorar a crise econômica, democratizando e moralizando a economia, e garantir certas classes de trabalhadores particularmente desprotegidas. A intervenção restritiva da Suprema Côrte começou a se

---

[6] Sôbre Oliver Holmes e a sua obra, outro grande juiz da Suprema Côrte, Benjamin Cardozo, escreveu penetrante estudo: "Essay on Mr. Justice Holmes", *in Benjamin Nathan Cardozo*, Selected Writings, Fallon, Nova Iorque, 1947.

fazer sentir em 1934, quando chegaram ante ela os primeiros casos judiciais provocados pela legislação do "New Deal". De 1934 a 1936 ela anulou, com vários e tortuosos pretextos, 13 leis do Congresso, sendo que em cinco casos pela contagem mínima de cinco votos contra quatro. O Presidente ROOSEVELT protestou contra a atitude da Côrte em alocução que despertou atenção nacional, mas a proximidade da sua reeleição impediu-o de tomar partido quanto às várias sugestões que apareciam, no Congresso e fora dêle, para barrar os excessos do Judiciário.

117. Em 1937, reeleito por larga margem, o Presidente ROOSEVELT decide enfrentar legalmente o problema, contando com o apoio do Congresso. Baseado em estudos e propostas anteriormente apresentadas sem sucesso, envia ao Congresso um ousado projeto de revisão da estrutura do Judiciário Federal. Fundamentava-se na necessidade de renovar o corpo de magistrados não só pelo rejuvenescimento dos quadros, como pela escolha de elementos capazes de acompanhar a evolução das idéias políticas e sociais. Em resumo, e nos pontos mais importantes, o presidente propunha que tôdas as vêzes que se litigasse na Suprema Côrte sôbre inconstitucionalidade de lei, o processo fôsse prèviamente submetido ao procurador-geral da República, para que êle sustentasse a lei contestada; que se criasse um juiz adicional sempre que um juiz da Suprema Côrte, havendo atingido os 70 anos, não se aposentasse, e que se aumentasse o número de juízes de nove para 15. O projeto, embora apoiado por certas correntes progressistas, foi ardorosamente combatido, não apenas pelos círculos conservadores, mas também nos meios jurídicos, onde se receava uma ruptura muito radical com as instituições que formavam a base mesma do Direito Constitucional dos Estados Unidos. Terminou o episódio com a derrota do presidente por larga margem, na votação da pretendida reforma.

118. Mas a pressão dos fatos e das opiniões terminou por se fazer sentir no próprio meio jurídico, que não é compartimento estanque e sofre, como todos os grupos profissionais, a influência do ambiente. ROGER PINTO e LÊDA BOECHAT RODRIGUES acompanham em largos traços, em trabalhos especiais, a transformação da jurisprudência americana. O primeiro acentua: "Depois de meio século de lutas, a Côrte admitiu o poder dos Estados para fixar o "salário mínimo para as mulheres; e, recuando da sua mais

"recente doutrina,[7] deu uma definição menos estrita da compe-
"tência federal. Além disso ela deixa inata a maior parte das leis
"sociais, federais ou locais, submetidas à sua apreciação". A
segunda observa: "A partir de 1937, porém, verifica-se o neces-
"sário reajustamento aos imperativos da exigente realidade. Ao
"lado da aceitação de acentuada concentração de podêres nas
"mãos do presidente, admitiu a Côrte, igualmente, o alargamento
"do Poder Legislativo nacional, sobretudo no alusivo à regula-
"mentação industrial".

119. Hoje pode-se considerar encerrada a época da intervenção abusiva do Judiciário na competência dos outros dois podêres, dificultando o progresso da legislação econômica e social, sob pretexto de defender a Constituição. Atualmente a Suprema Côrte, pela voz dos seus mais prestigiosos componentes, parece inclinada a praticar o princípio de que a declaração da inconstitucionalidade é poder que deve ser aplicado com a maior circunspecção e reserva, porque, ou é um processo de arbitramento entre a União e os Estados, ou um freio aos excessos perigosos dos podêres políticos, mas nunca uma forma de impor ao Legislativo certos valôres ideológicos, ou certas convicções conservadoras. O papel do Judiciário americano, como fôrça de contenção antidemocrática, já denunciado com admirável lucidez por TOCQUEVILLE, há mais de um século, parece ter chegado ao têrmo, nas memoráveis lutas que se seguiram ao *New Deal*. Agora vemos a autoridade da Suprema Côrte, no angustioso problema da discriminação racial nos Estados do Sul, apoiando o movimento de libertação social e moral da raça negra. Na histórica decisão de 17 de maio de 1954, a Suprema Côrte decidiu que a discriminação racial nas escolas públicas infringia o princípio de isonomia (igualdade perante a lei) e era, portanto, inconstitucional. Êste foi o ponto culminante de uma evolução do Judiciário, no sentido da garantia dos direitos humanos. Com efeito, anteriormente, e com vários expedientes, a Suprema Côrte afirmava a discriminação. Em julgamento de 1955 a Côrte, em opinião expendida pela seu presidente, reafirmou enèrgicamente os princípios estabelecidos no ano anterior. Eis alguns trechos do acórdão: "Tôdas as disposições de lei federal,

---

[7] O livro de que extraímos êste trecho é de 1938. Posteriormente ROGER PINTO publicou outro trabalho sôbre a matéria (v. bibliografia no fim do capítulo).

estadual e local, devem-se conformar com êste princípio" (da não discriminação). Em seguida, depois de reconhecer as dificuldades da aplicação do princípio nos Estados do Sul e a necessidade de uma fase razoável de transição, que ficaria entregue à responsabilidade das autoridades escolares, acentua o julgado: "Como fundamento " está o interêsse dos requerentes de serem admitidos nas escolas " públicas, em base de não discriminação. Para levar a efeito êsse " interêsse devem ser eliminados vários obstáculos que se antepõem " à transição dos sistemas escolares, nos têrmos dos princípios " constitucionais estabelecidos na nossa decisão de 17 de maio de " 1954. Julgamentos de eqüidade podem ser aceitos no interêsse " público de se eliminar tais obstáculos de forma sistemática e " efetiva. Mas é desnecessário acentuar que a vitalidade dos prin- " cípios constitucionais não pode ser abandonada simplesmente " por causa dos desacordos que êles provocam".

O problema da revisão judicial em outros países

120. Apesar de a revisão judicial das leis ser uma conseqüência lógica da Constituição escrita e da independência do Judiciário, a verdade é que ela não se aplica uniformemente nos países que adotam êsses dois princípios constitucionais. O caso da França é típico e pode servir de exemplo. Embora sustentada, teòricamente, por juristas da maior autoridade, a revisão da constitucionalidade das leis nunca pôde ser praticada naquele país. O maior, talvez, dos constitucionalistas franceses, LÉON DUGUIT, defende calorosamente o sistema da revisão judicial no seu Tratado, achando-a, inclusive, compatível com o regime parlamentarista de govêrno. Depois de acentuar que recusando tomar conhecimento da exceção de inconstitucionalidade "a doutrina e a jurisprudência francesas incorriam certamente em êrro", o ilustre professor de Bordeaux acentua: "Apesar de tal jurisprudência, " desde há alguns anos, produziu-se na doutrina francesa um " movimento muito nítido, ao qual eu adiro plenamente. Sustenta- "-se que os tribunais franceses possuem, como os tribunais " americanos, o poder e mesmo o dever de apreciar a inconstitucio- " nalidade das leis invocadas perante êles e de afastar a aplicação " de qualquer lei que êles julguem inconstitucional". Outro douto cultor do Direito público, MAURICE HAURIOU, sistenta a mesma tese, em um dos seus estudos sôbre a jurisprudência administrativa

francesa. Êle declara "que na França, em certos casos, tal disposição "de lei ordinária poderia ser declarada inaplicável a tal hipótese, "por motivo da impossibilidade de se conciliar com tal lei funda- "mental". E ajunta: "Não seria uma Côrte especial de Justiça, "a incumbida de julgar. Seria o juiz normal do litígio, no momento "em que se produzisse o conflito entre a lei fundamental e a lei "ordinária, tal como se passa nos Estados Unidos".

121. Outros autores se mostraram, na mesma época, partidários da extensão, ao parlamentarismo francês, do recurso criado dentro do presidencialismo americano. Argumentava-se que, na França como nos Estados Unidos, as condições jurídicas positivas existiam, e a competência do Judiciário, se não era expressa na Constituição, também não era proibida por ela. Mas o certo é que, apesar das simpatias de forte corrente doutrinária, nunca os tribunais franceses se julgaram competentes para invalidar as leis do Parlamento. Muitas causas podem ter contribuído para essa atitude abstencionista. Entre elas o fato de a França ser um Estado unitário e de govêrno parlamentar, e não um Estado federal e presidencial como a República norte-americana, atributos ambos que facilitam, indubitàvelmente, a adoção do contrôle jurisdicional. Além disto, a magistratura francesa, desde a Revolução do século XVIII, foi sempre cuidadosamente mantida fora dos debates políticos, num processo natural de defesa da legalidade revolucionária contra a Justiça monárquica (os chamados Parlamentos da Monarquia francesa eram, como se sabe, Côrtes de Justiça), a qual, em várias ocasiões, enfrentou os podêres do Estado.

122. Logo após a Primeira Guerra Mundial, algumas democracias européias adotaram, nas suas reconstruções jurídicas, a solução da revisão judicial das leis. A primeira foi a Alemanha, cuja Constituição de 1919 (Constituição de Weimar), tão rica de experiência jurídica, dispunha, no art. 13, que a Côrte Suprema do Reich devia julgar da validade da lei do Estado (*Land*) em face da lei federal (do Reich), por provocação do govêrno do Reich ou do Estado. Como se vê, a solução era parcial, apenas. Tratava-se sòmente de garantir a supremacia da União sôbre o Estado--membro. Era a fase inicial do processo, aquela que, na Constituição dos Estados Unidos, aparecia em letra expressa. Mas a outra fase, a da competência judiciária para julgar da legalidade da

própria lei federal, esta não havia sido atendida. Além disso, a iniciativa para provocar a intervenção da Côrte era, pela Constituição alemã, apenas a dos governos. O particular não podia fazer valer o seu direito contra a lei. A Constituição da Áustria, de 1920, adotou, no art. 140, a mesma solução da alemã. Mas já em 1921 o Estado livre da Irlanda esposou francamente a tese da revisão, no art. 65 da sua Constituição, que assim rezava: "A Côrte Suprema terá o poder de apreciar a validade de qualquer lei, em face das disposições da Constituição". Pela primeira vez um Estado europeu acolhia expressamente a solução encontrada nos Estados Unidos.

123. A Constituição espanhola de 1931 exerceu, no período que transcorreu entre as duas grandes guerras, a influência exercida pela de Weimar no seu início. No tocante ao assunto de que tratamos, ela se orientou no sentido de criar, no art. 121, uma jurisdição especial, de caráter predominantemente público, para examinar a constitucionalidade das leis. O Tribunal, chamado de Garantias Constitucionais, tinha, entre outras competências privativas e expressas, a de "conhecer dos recursos de inconstitucionalidade das leis". A sua composição era extremamente complicada, pois, pela Constituição, recrutava os membros entre representantes eleitos pelo Parlamento, altos funcionários da República, membros da Ordem dos Advogados, professôres de Direito e representantes das regiões territoriais da Espanha. Esta solução da jurisdição política constitucional, adotada pela República espanhola, não era nova na doutrina. Já havia sido proposta por Sieyès, talvez o maior constitucionalista da Revolução Francesa, que previu a criação de um órgão político com aquêles fins, que seria o "Júri Constitucional". Não tendo conseguido criá-lo, Sieyès ideou, na Constituição do ano VII, o "Senado Conservador", que existiu durante os dois Impérios napoleônicos, e que era, afinal, um órgão político incumbido formalmente — embora nunca exercesse satisfatòriamente tais atribuições — de julgar a constitucionalidade das leis.

124. Modernamente encontramos o grave problema dividido sempre entre as duas soluções: a do contrôle judiciário e a do contrôle político. Contrôle judiciário estabelecem, por exemplo, as Constituições da Itália, de 1947, da Alemanha, de 1949, e a antiga Constituição suíça, de 1848, ainda em vigor (com numerosas emendas adotadas, inclusive recentemente). Releva notar,

contudo, que os tribunais constitucionais federais, tanto na Suíça como na Alemanha, são eleitos pelo Legislativo, o que os afasta dos moldes clássicos da Justiça comum. Na Itália, os juízes da Côrte Constitucional são nomeados pelo Executivo, eleitos pelo Parlamento e cooptados pela magistratura, em partes iguais. Não é, assim, também, uma Côrte judiciária dos moldes habituais.

125. O contrôle político foi o preferido pela Constituição francesa de 1946. Criou ela o chamado Comitê Constitucional, composto de membros natos (o presidente da República e os das duas casas do Parlamento) e mais 10 membros dos quais três eleitos pelo Conselho da República (Senado), e sete pela Assembléia Nacional (Câmara dos Deputados). "A competência do Comitê" — observa, com razão, o professor MAURICE DUVERGER — " acha-se definida de forma muito curiosa. A Constituição não lhe " confia expressamente o cuidado de controlar a constitucionali- " dade das leis votadas pela Assembléia Nacional; ela declara " simplesmente que examinará se as leis votadas pela Assembléia " Nacional supõem uma revisão da Constituição (art. 91)... O " Comitê não tem o poder de declarar uma lei inconstitucional; " mas sòmente o de decidir se ela implica numa revisão da " Constituição. Neste caso a lei não é promulgada e, portanto, não " é aplicada até que se proceda à revisão constitucional". Esta forma de contrôle, evidentemente, terá alcance muito relativo, dada a sua singularidade e a dificuldade da sua aplicação. Mas a tradição da soberania parlamentar dificilmente se compadece, em França, com a existência de uma jurisdição que se possa colocar acima das deliberações do Parlamento.

126. As vantagens do contrôle jurisdicional ficaram patenteadas, recentemente, na União Sul Africana, onde a Côrte Suprema anulou uma lei racista, votada pelo Parlamento da União. A firmeza dessa atitude, contrastante com o agressivo espírito racista que domina a comunidade minoritária de brancos que governa aquêle país, é um exemplo do quanto pode valer a Justiça, defendendo o direito contra as leis, principalmente no que toca aos direitos humanos.

127. Num regime verdadeiramente democrático a Constituição limita e organiza, ao mesmo tempo, os podêres. Um dos aspectos mais importantes da limitação de podêres está na existência de um processo que impeça a aplicação de uma lei contra

o direito estatuído na Constituição. E, apesar de tôdas as suas falhas, nenhum processo de limitação do Legislativo se afirmou mais adequado e forte do que o da revisão judicial da constitucionalidade das leis.

BIBLIOGRAFIA

Rui Barbosa, *Comentários à Constituição Federal Brasileira*, coligidos por Homero Pires, Saraiva, S. Paulo, vol. IV, 1933.
Ellis Stevens, *Les Sources de la Constitution des Etats-Unis*, Guillaumin, Paris, 1897.
A. Hamilton, J. Jay e J. Madison, *Le Fédéraliste*, Giard et Brière, Paris, 1897.
A. Hamliton, J. Jay e J. Madison, *Le Fédéraliste*, Giard et Brière, Paris, 1902.
Benjamin F. Wright, *The Growth of American Constitutional Law*, Reynal, Nova Iorque, 1942.
David K. Watson, *The Constitution of the United States*, Callaghan, Chicago, 1910, 2 vols.
Lewis Mayers, *The American Legal System*, Harpers, Nova Iorque, 1955.
John P. Frank, *Cases and Materials on Constitutional Law*, Callaghan Chicago, 1950.
Charles G. Fenwick, *Cases on American Constitutional Law*, Callaghan, Chicago, 1952.
Walter F. Dodd, *Cases and Material on Constitutional Law*, West, St. Paul, 1954.
Noel T. Dowling, *Cases on Constitutional Law*, Foundation Press, Brooklin, 1956.
Edouard Lambert, *Le Gouvernement des Juges et la Lutte contre la Législation Sociale*, Giard, Paris, 1921.
Roger Pinto, *La Cour Suprême et le "New Deal"*, Sirey, Paris, 1938. *La Crise de L'Etat aux Etats-Unis*, Sirey, Paris, 1951.
Lêda Boechat Rodrigues, *A Côrte Suprema dos Estados Unidos e o Contrôle da Constitucionalidade das Leis*, Rio, 1956.
William W. Crosskey, *Politics and the Constitution in the History of the United States*, University Press, Chicago, 1953, 2 vols.
Léon Duguit, ob. cit., vol. III.
Maurice Hauriou, *La Jurisprudence Administrative*, Sirey, Paris, vol. III, 1931.
Paul Duez, "Le Contrôle Juridictionnel de la Constitutionnalité des Lois en France", *in Mélanges Maurice Hauriou*, cit.
B. Mirkine Guetzévitch, *Les Constitutions de l'Europe Nouvelle*, Delagrave, Paris, 1930.
M. Perez Serraño, *La Constitution Española*, Revista de Derecho Privado, Madri, 1932.
B. Mirkine Guetzévitch, *Les Constitutions Européennes*, Presses Universitaires, Paris, 1951, 2 vols.
Maurice Duverger, ob. cit.

CAPÍTULO V

Democracia; os princípios da liberdade e da igualdade. Crise da democracia e sua evolução. Transformação dos órgãos políticos. Democracia e planejamento. Conclusões.

Democracia; os princípios da liberdade e da igualdade

128. A Constituição brasileira estabelece para o País o Estado federal e o sistema de govêrno democrático representativo, com forma republicana. Compete-nos, assim, neste e nos capítulos seguintes, analisar o trinômio de atributos essenciais ao Estado brasileiro: Democracia, Federação e República.

129. Antes de ARISTÓTELES, já HERÓDOTO, na sua *História*, fornecia a idéia essencial do sistema democrático de govêrno, que é a do poder exercido pela maioria e não pela minoria de indivíduos componentes do grupo social. É o seguinte o trecho do historiador grego: "Creio que não se deve mais confiar a administração do "Estado a um só homem, pois o govêrno monárquico não é "agradável nem bom... Como, com efeito, a Monarquia pode ser "bom govêrno, se o monarca faz o que quer, sem dar satisfação "da sua conduta? O homem mais virtuoso, elevado a esta alta "dignidade, cedo perde tôdas as boas qualidades... Diferente é "o govêrno democrático. Em primeiro lugar o chamam "isonomia"[1], e é o mais belo de todos os nomes; depois, nêle "não se comete nenhuma das desordens inseparáveis do Estado "monárquico. O magistrado é eleito por sorteio, é responsável "pela sua administração e tôdas as deliberações são tomadas em "comum. Penso, assim, que se deve abolir a Monarquia, e "estabelecer a Democracia, onde tudo vem do povo".

---

[1] Isonomia é a igualdade perante a lei. V. cap. IV, n.º 119.

130. Aristóteles salienta, como Heródoto, a base majoritária do govêrno democrático, fundada no princípio da igualdade, mas acrescenta o outro elemento essencial ao sistema — o princípio da liberdade. Escreve o filósofo: "A base do Estado "democrático é a liberdade... Um dos princípios da liberdade "é governar e ser governado sucessivamente, e, por isto, a justiça "democrática corresponde à aplicação da igualdade numérica não "proporcional; donde se conclui que a maioria deve ser suprema, "e que tudo que a maioria aprove deve ser o final e o justo. Todos "os cidadãos são iguais; donde, numa democracia, os pobres são "mais poderosos que os ricos, porque êles são maioria e o poder "da maioria é supremo. Êste, pois, é um aspecto da liberdade que "todos os democratas afirmam ser o princípio do seu Estado. Um "outro é que o homem deve viver da forma que lhe agrade. Isto, "dizem êles, é o privilégio do homem livre, desde que, de outro "lado, não viver conforme se deseja é a marca do escravo. Esta "é a segunda característica da democracia, que surgiu com a "exigência dos homens de não serem governados, se possível, ou, "se impossível, de governarem e serem governados sucessivamente; "e assim se contribui para a liberdade baseada na igualdade".

131. Aristóteles, com o raciocínio enunciado no trecho que acabamos de transcrever, lança em posição, ainda hoje definitiva, o problema democrático. Nesse trecho, como se viu, o filósofo coloca o eterno diálogo entre liberdade e igualdade, não em têrmos de contradição, mas de equilíbrio. O princípio essencial da doutrina democrática é, para êle, a liberdade. Mas a liberdade democrática só será entendida e alcançada na medida em que o homem possa viver como fôr do seu agrado, isto é, sem sofrer a opressão dos outros homens. Porém, o único meio de se reduzir a opressão ao mínimo é partir do princípio da igualdade, que faz com que a vontade de cada homem valha tanto como a de qualquer dos seus semelhantes, independentemente das diferenças de nascimento, de capacidade ou de fortuna. Assim, a soma de vontades jurìdicamente iguais leva à manifestação majoritária, que é mecanismo anulador da opressão e, por conseqüência, assegurador da liberdade, princípio e fim do govêrno democrático.

132. Não há dúvida de que, ainda hoje, esta é a maneira mais acertada de se harmonizar o latente conflito que subsiste entre as noções puras de liberdade e igualdade. A liberdade, tomada como afirmação ilimitada da personalidade, conduz necessàriamente à desigualdade, visto que os sêres humanos são intrìnsecamente desiguais, nas suas faculdades pessoais. Mas, por outro lado, desatendidas as diferenças que distinguem os homens, fazendo dêles indivíduos com possibilidades variáveis, e considerados sòmente os elementos da sua condição humana, não há negar que êles são portadores de um certo núcleo de atributos comuns, que os colocam à parte na história da Terra e que, quer do ponto de vista religioso, quer do filosófico, ético, sociológico e jurídico (que é o que nos interessa mais particularmente) levam à conclusão da igualdade jurídica dos sêres humanos.

133. A idéia da igualdade jurídica deve ser fundada não no conceito da igualdade natural entre os homens, mas no reconhecimento da universalidade do homem. É o que expõe, em livro recente, o filósofo YVES SIMON. Escreve êle: "Em si mesma, "uma natureza não é universal nem individual, razão por que "pode assumir ambos os estados: o de individualidade no real; "e no espírito de universalidade, produzido por um processo de "abstração e de unificação positiva. Afirmar a realidade da "natureza, uma e a mesma em todos os homens, não envolve "crença em algum tipo platônico. É apenas no espírito que a "natureza humana, ou qualquer natureza, possui a condição de "unidade positiva... Duas coisas, cada uma das quais é idêntica "a uma terceira coisa, não são idênticas entre si, se a terceira "coisa é virtualmente múltipla, porque é comunicável a várias "coisas; logo, a identidade com ela não implica identidade dos "indivíduos entre si".

134. O êrro dos moralistas e pensadores políticos antigos foi o desejo de basearem a noção de igualdade jurídica num postulado falso, que era o da igualdade natural. É claro que os homens não são naturalmente iguais, se por igualdade natural entendermos a disposição, por indivíduo, de uma soma idêntica de elementos pessoais para enfrentar a vida em sociedade. É compreensível que a revolução ideológica do século XVIII houvesse erigido em axioma o princípio da igualdade natural, pois êle se mostrava o instrumento mais capaz de destruir as bases da desigualdade jurídica de uma sociedade polìticamente baseada na Monarquia absoluta, ou em governos oligárquicos, socialmente

incapaz de reconhecer os direitos dos trabalhadores, e, intelectualmente, ainda prêsa aos restos do obscurantismo regalista e clerical. Nessas condições, a afirmação cerebrina da igualdade natural, que já vislumbramos na obra dos moralistas dos séculos XVI e XVII, mas que atinge ao apogeu no século XVIII, com os enciclopedistas e, principalmente, com a obra de JEAN-JACQUES ROUSSEAU, tinha de exercer, como exerceu, um grande papel: o de permitir a construção de um nôvo Direito, que melhor acautelasse a liberdade humana. Mas hoje, depois das conquistas realizadas pelo pensamento democrático e após os progressos das ciências sociais, devemos ter elementos suficientes para prescindir da ficção da igualdade natural, como justificação da igualdade jurídica. Achamo-nos, de certa maneira, em posição oposta à de ROUSSEAU. Não é a igualdade natural, que sabemos inexistente, a criadora de um Direito mais justo, o Direito democrático. É êste Direito democrático, fundado na universalidade do homem, que, sem se preocupar com a igualdade natural, procura aproximar-se o mais possível da *igualdade jurídica*. Temos, pois, que o Direito é o instrumento insubstituível da integração social da igualdade com a liberdade.

135. Ainda neste particular as palavras de ARISTÓTELES são perfeitamente aplicáveis à moderna concepção de democracia. Não basta estabelecer um conceito integrativo do binômio liberdade-igualdade, de forma a deixar claro que não são fôrças opostas, mas convergentes. Impõe-se, por outro lado, mostrar como tal convergência pode ser atingida, na sociedade, através da ação reguladora e limitativa do Direito. É o que vamos ver nesta outra passagem da *Política*: "Nas democracias de tipo mais extremado, " tem surgido a falsa idéia de que a liberdade é contraditória com " os verdadeiros interêsses do Estado. Dois princípios são " característicos da democracia: o govêrno majoritário e a " liberdade. Alguns pensam que o que é justo é igual; que a " igualdade é a supremacia da vontade popular; e que a liberdade " significa fazer-se o que se quer... mas tudo isso é errado. Os " homens não devem pensar que é escravidão viver-se de acôrdo " com as regras da Constituição, porque aí está a sua salvação". Completa-se, desta forma, o quadro democrático: igualdade jurídica como meio de atingir à liberdade humana, no quadro da organização e das limitações impostas pelo Direito Constitucional.

136. Refletindo um pouco mais sôbre o assunto, poderíamos acrescentar que a liberdade é o aspecto político da democracia, enquanto a igualdade é o seu aspecto social. Daí decorre a conclusão, por todos sentida, de que a democracia moderna não é apenas uma forma de organização do Estado, que garanta a liberdade dos cidadãos, mas também uma forma de organização da sociedade, que promova a igualdade de oportunidade entre os homens.

137. Esta tomada de posição da teoria democrática afirma-se, hoje, vitoriosa, pelo menos no que toca à Ciência Política. No campo do Direito positivo, devemos reconhecer que ela abre caminho com mais dificuldade, porque aí as resistências são mais difíceis e lentas de se remover. No domínio da doutrina pura, as mudanças de posição, em face da evolução das idéias, são naturalmente cômodas. O mesmo não se observa, entretanto, no domínio dos interêsses materiais, pessoais ou de classe. De qualquer forma, parece certo que a evolução histórica imporá ao Direito positivo comparado (como já está visìvelmente impondo) a mesma evolução igualitária afirmada nos limites da pura doutrina política.

Crise da democracia e sua evolução

138. É muito difícil, e por isto mesmo torna-se temerário, avançar em um curso de Direito Constitucional positivo qualquer previsão sôbre os rumos eficazes em que se desenvolverá esta espécie de impregnação progressiva da liberdade política pela igualdade social, no processo da evolução democrática. Algumas sugestões isentas, baseadas exclusivamente na observação dos fatos contemporâneos, serão, contudo, permitidas e, talvez, não destituídas de interêsse.

139. Em primeiro lugar cumpre observar que a liberdade humana, que desde a *República* de PLATÃO é indicada, pelos seus excessos, como caminho certo da tirania (coisa que, aliás, a História tem demonstrado repetidamente), saiu fortalecida dos terríveis embates a que se viu submetida na primeira metade do século em que vivemos. Com efeito, desde o início do século XX, avolumou-se a onda de críticas teóricas e de ataques políticos aos princípios liberais herdados da Revolução Francesa. Do lado revolucionário, mesmo antes do êxito espetacular dos bolchevistas

russos, pensadores não-marxistas, ou pelo menos não ortodoxamente marxistas, como GEORGE SOREL, precediam a uma lúcida e implacável autópsia do liberalismo. Nas suas famosas *Reflexões sôbre a Violência* (1906), êsse ardente panfletário e possante pensador político, criador do sindicalismo revolucionário e do "mito" da greve geral, empreendeu um ataque a fundo contra o parlamentarismo vigente no seu país e contra o que êle considerava as mistificações dos socialistas de pretenderem conquistar a igualdade com os meios assegurados pela liberdade política. Curioso é o fato de SOREL ter sido lido pelos dois mais fortes representantes do antiliberalismo político, anteriores à Primeira Guerra Mundial: LÊNINE e MUSSOLINI. Do lado conservador, outro poderoso espírito francês, CHARLES MAURRAS, aplicou-se a construir, através de uma grande obra, cuja duração substancial desafia a rapidez, muita vez jornalística, da composição, um verdadeiro sistema de idéias filosóficas e políticas antidemocráticas e antiliberais, no qual o monarquismo e um clericalismo caducos abriam, entretanto, o caminho às terríveis e próximas realidades do anti-semitismo, da ditadura de uma pretendida elite e de outras calamidades, que o fascismo e o nazismo em breve iriam impor à Europa e ao mundo.

140. É sabido como essas críticas livrescas, autorizadas precisamente pelas liberdades reinantes, passaram dos livros para a ação política revolucionária e determinaram aquela situação geral de crise ou decadência da liberdade, que culminou com o estabelecimento de tantos regimes ditatoriais, entre as duas grandes guerras. A segunda conflagração mundial, entretanto, apesar de mais ampla e grave que a primeira, não trouxe consigo os mesmos resultados. Ao contrário, o que parece inegável à observação imparcial é que a experiência da sufocação da liberdade humana, e do estabelecimento de governos providos de poder ilimitado, não se mostrou capaz de resolver, nem mesmo de facilitar, a solução das desigualdades sociais. O anseio pela liberdade humana, revelada ao Ocidente pelo Cristianismo, longe de se amortecer, se desenvolveu em tôdas as regiões, mesmo na União Soviética, como demonstram as recentes vacilações e quebras de rumo dos seus dirigentes, após a morte de STÁLIN, o último verdadeiro bolchevista. As tentativas de organização que se processam na China, a inquebrantável e feroz resistência que lavra como fogo

sob as cinzas nos países chamados da Cortina de Ferro, tudo indica a extrema dificuldade de se estrangular a liberdade dos homens em holocausto aos ideais da igualdade.

141. Por outro lado, a noção mesma de liberdade vai-se restringindo à preservação de certas condições essenciais à realização da personalidade humana e, por isto, vai-se concentrando bastante, com o abandono de áreas antigamente incluídas no seu âmbito, porém que, depois, se observou que não eram conexas com a condição humana, mas, e apenas, participantes do grupo de certos interêsses coletivos ou de classe, como algumas apresentações do direito de propriedade. Assim a liberdade democrática, se por um lado, vê o seu campo mais restrito, por outro o vê também mais justo, definido e consolidado. Pode-se dizer que a liberdade tende, hoje, a garantir ao homem o que êle tem de universalmente humano, ao mesmo tempo que deixa ao terreno da igualdade muito do que apenas decorre das suas peculiaridades individuais, como os privilégios, baseados em atributos pessoais, ou em conquistas acumuladas de classe social.

Voltando às considerações anteriores diremos que o moderno conceito de liberdade protege o que existe no homem de comum e de universal, enquanto deixa à igualdade jurídica o encargo de nivelar, na medida do possível, as injustiças decorrentes da desigualdade natural.

142. Costumava-se acentuar a diferença existente entre as concepções inglêsa e francesa de liberdade, segundo a qual a liberdade inglêsa era mais pessoal que política e a francesa mais política que pessoal. A observação era, de fato, procedente, pois, no Direito costumeiro inglês, as limitações impostas ao poder visavam tradicionalmente ampliar, por meio de garantias judiciárias, as liberdades privadas dos indivíduos, enquanto o Direito Constitucional francês (e até certo ponto o europeu) evoluía no sentido de garantir legislativamente as liberdades políticas dos cidadãos. A distinção correspondia, mais ou menos, à formação do capitalismo industrial e financeiro na Inglaterra, que foi mais precoce do que na França, sendo sabido que o desenvolvimento do capitalismo, em fins do século XVIII e começos do XIX, foi inseparável do liberalismo, isto é, da ampliação das liberdades individuais. Na França, a mesma época conheceu um processo

histórico predominantemente mais político do que econômico, no qual, desde a grande Revolução, passando pelo Diretório, o Consulado, o Império, a Restauração e a Monarquia de Julho, a evolução se processava mais em tôrno do poder político do que do econômico. Daí a luta jurídica aspirar mais fortemente à conquista das franquias políticas, contra um poder mais ou menos arbitrário. No Brasil, a luta pela liberdade também foi sempre predominantemente política, e as garantias dos cidadãos eram mais reclamadas que as liberdades dos indivíduos. Mas já hoje a distinção, que era cabível em outros tempos, não tem mais razão de ser. O aparecimento da questão social, decorrente da economia contemporânea, colocou o problema da liberdade, como dissemos, em outros têrmos. Não é tanto a liberdade pessoal nem a política, mas a liberdade social, que hoje preocupa os juristas e homens de Estado. Temos de considerar assentados certos princípios básicos garantidores da liberdade pessoal dos indivíduos e da liberdade política do cidadão, para, partindo dêles, garantirmos a liberdade social do homem. É o que chamamos, acima, a ocupação de parte da noção de liberdade pela noção de igualdade.

143. É evidente que esta ocupação, pela igualdade de posições jurídicas antigamente havidas como decorrentes da liberdade, não se pode conseguir sem resistências, erros e vacilações. Não havendo possibilidades de limitação teórica entre os dois campos, tudo fica a cargo da experiência histórica, não se devendo esquecer, por outro lado, que, exatamente nos tempos de crise, é que a nitidez das concepções sofre os maiores embates. Nos países de formação política amadurecida e de organização estatal firme, como, por exemplo, a Inglaterra ou a Suíça, ampliação da igualdade pode ser conseguida sem perturbações da ordem pública e sem sacrifício das liberdades essenciais. Já em Estados democràticamente imaturos, como o Brasil, isso difìcilmente se dá. O grande risco que correm tais Estados é que o progresso da igualdade se faz sempre à sombra da demagogia. E o que caracteriza a demagogia, desde os tempos da Antiguidade clássica, é uma invencível hostilidade aos corpos governativos estáveis e às instituições jurídicas, ao lado de um culto frenético das personalidades. Assim, nos países polìticamente imaturos, as garantias asseguradas pela liberdade levam-na freqüentemente à autodestruição, porque as massas são mais atraídas pela mística das pessoas do

que pela confiança nas instituições (esta já foi, recordamo-lo ainda, advertência de PLATÃO na *República*). O fracasso inevitável das ditaduras pessoais não ensina, e só o lento progresso econômico e social pode ir alterando a situação geral. Mas tais considerações já se situam em outro setor de estudos.

144. Do ponto de vista do Direito Constitucional, o problema pode ser equacionado em tôrno a certas tendências sensíveis e a certas iniciativas concretas. Vamos aludir muito ràpidamente, como convém, àquelas que mais amiúde surgem na cogitação dos autores.

Transformação dos órgãos políticos

145. A principal das tendências é a já referida, de uma nova relação entre a liberdade e a igualdade democráticas. Destas decorrem outras, que passaremos a mencionar. Duas delas se completam, situando-se uma no setor político e outra no setor social do Estado. A primeira diz respeito à transformação na estrutura e nas funções tradicionais dos Podêres Legislativo e Judiciário e a segunda com o planejamento democrático no campo da produção econômica. Desde muito se tornou patente que, à proporção que o Estado democrático abandonava a tradição abstencionista do liberalismo, e se tornava intervencionista, algo deveria ser feito que desse mais eficiência e rapidez à função legislativa. As antigas convicções sôbre separação de podêres (como veremos melhor no outro volume desta obra) foram cedendo à compreensão de certa união entre êles, que passa com os nomes de harmonia e cooperação. Estas novas idéias surgiram, em parte, para justificar o inevitável impulso sofrido pela legislação administrativa, delegada a extraparlamentar, que é uma das mais fortes realidades do nosso tempo. O enquadramento desta insopitável tendência dentro de certos critérios gerais, garantidores de um mínimo de independência dos podêres e de liberdade dos cidadãos, será igualmente objeto e exposição, no momento próprio. A antiga concepção do Poder Judiciário, como igualmente veremos melhor oportunamente, sofreu evolução e enriquecimento paralelos. As Justiças especializadas (que não se confundem com as antidemocráticas Justiças especiais) se estabelecem em todos os regimes, e ainda mesmo naqueles, como o inglês, que ainda em fins do século passado proclamavam a sua inexistência. As

Justiças Administrativas, Eleitoral e Trabalhista, além de outras, são os marcos sucessivos dessa evolução.

146. Mais importante é a profunda revisão que se vem operando no que toca à função legislativa, não só no que concerne à sua própria definição, como também no que respeita aos instrumentos e processos do seu exercício. Trabalhos especializados têm demonstrado que, pràticamente em todos os países democráticos, o grande volume de incumbência de que se investe o Estado moderno em todos os setores da vida social determinou uma abundante legislação extraparlamentar, leis materiais (não formais) de origem executiva ou simplesmente administrativa. Isto demonstra a inadequação das instituições parlamentares para o cabal exercício das finalidades que antes lhes eram específicas. No prefácio do seu estudo cuidadoso sôbre a matéria, a escritora MARGUERITE SIEGHART observa: "A tremenda expansão da "legislação delegada decorrente da expansão similar das "responsabilidades governativas tem, há várias décadas, ocupado "o pensamento dos constitucionalistas aqui (na Inglaterra) e no "estrangeiro". Nas conclusões do seu trabalho, insiste a autora: "Vimos como, na França e na Inglaterra, a transferência do poder "de legislar para o Executivo tem lugar em escala que corresponde "a transformar o govêrno em uma segunda Legislatura... Resulta "daí que a atividade legiferante dos governos não pode mais ser "claramente definida. Mas não há dúvida que as atribuições "potenciais, assim transferidas, são maiores do que o uso que "delas se tem feito. Os governos modernos, tanto na França "como na Inglaterra, não reclamam sòmente uma grande área de "podêres expressos e implícitos para o cumprimento de suas "obrigações; êles reclamam, na verdade, podêres de emergência "para resolver os problemas que fazem parte dos encargos "ordinários da moderna administração".

O jurista francês YVON GOUET, na introdução de tese dedicada ao mesmo assunto, tem expressões muito próximas das acima transcritas. Diz êle: "Uma das mais importantes causas da crise "que atravessa a fé na democracia é, segundo muitos publicistas, "a lentidão e a esterilidade das discussões legislativas... A "dificuldade em conseguir de um Parlamento a prontidão e o "segrêdo por vêzes necessários pode obrigar, e, de fato, tem levado "certos governos, em França e no estrangeiro, a tomar sòzinhos

"as decisões necessárias, quando possível obtendo autorização
"prévia do Parlamento e outras vêzes sem mesmo se ocupar em
"solicitar tal autorização".

147. No Brasil, o Instituto de Direito Público e Ciência Política da Fundação Getúlio Vargas, no empenho de sistematizar estudos de cooperação a uma reforma dos processos legislativos, incumbiu dois professôres estrangeiros, com experiência na matéria, de procederem a um levantamento comparativo do problema no Direito Constitucional contemporâneo. Um dêles, o professor GEORGES LANGROD, resume as suas conclusões da seguinte maneira: "Não é demasiadamente ousado pretender que, por tôda
" a Europa Ocidental, se compreende plenamente a incapacidade
" do Parlamento de isoladamente desempenhar-se, a tempo e de
" maneira adequada, de sua missão legislativa. Segundo a opinião
" geral, já expressa nas instituições, ou que apenas é objeto dos
" projetos da sua reforma, o conceito rígido da divisão clássica
" dos podêres, exatamente de acôrdo com a lei, não é mais aplicável
" e merece ser reconsiderado. O processo legislativo, em seu
" conjunto, torna-se de tal maneira complexo, heterogêneo e
" urgente, que exige uma coordenação organizada do esfôrço de
" diferentes podêres no Estado moderno. Uma aparelhagem nova
" e mais adequada deve, pois, substituir a antiga, tornada arcaica.
" Sem rejeitar o princípio do parlamentarismo ou da democracia
" representativa em geral... procura-se uma acomodação às
" necessidades da vida moderna".

148. Fundado na observação do funcionamento de diversos Parlamentos europeus, e salientando que o assunto comporta, pela sua natureza, extensão aos regimes não parlamentares (visto que a crise do Legislativo moderno se manifesta igualmente nos Congressos dos países presidencialistas), o professor LANGROD expõe, em síntese, o conjunto de reformas que a experiência política e análise científica têm indicado para resolver o difícil problema do funcionamento do Poder Legislativo democrático, nos quadros do Estado moderno. No fundo, as reformas, embora de grande importância, são mais processuais do que institucionais, o que, de certa maneira, indica a relativa facilidade da sua adoção. Por outras palavras, a doutrina democrática em si mesma, ou os fundamentos do sistema representativo, não são desmentidos nem postos em causa pelas alterações necessárias na tradição do funcionamento do Legislativo. Trata-se de destruir hábitos e rotinas que não são de forma nenhuma inerentes ao sistema, mas que se identificaram com êle na fase do Estado liberal, em que a legislação era reduzida, porque espelhava a abstenção sistemática do poder público. As reformas preconizadas visam, sobretudo, ao processo de elaboração legislativa, no sentido de abreviá-lo e aligeirá-lo. Entre elas sobressai a diminuição das matérias submetidas ao plenário das Câmaras, ficando tôda a legislação rotineira, ou secundária, a cargo das comissões permanentes, e só indo a plenário em casos especialmente previstos. Por outro lado, preconiza-se uma flexibilidade maior na interpretação do princípio da separação de podêres, sugerindo-se várias modalidades de autorização controlada ao Executivo, para expedir atos legislativos em forma de decretos, dentro de certos limites de habilitação e com a supervisão geral do próprio Legislativo. Em resumo, em todos os países democráticos procura-se, hoje, reduzir ou eliminar o pêso morto da atividade parlamentar, mediante reformas na estrutura das Câmaras e no processo da elaboração legislativa, sem que isto atinja, entretanto, os postulados fundamentais da liberdade democrática nem do sistema representativo.

149. No Brasil, tais providências são limitadas pelos dispositivos constitucionais, que traçam os lineamentos da elaboração legislativa. Se quisermos levar a reforma processual além dêles, teremos de, em primeiro lugar, reformar a própria Constituição. Mas parece certo que, mesmo dentro dos limites das alterações regimentais, se pode apressar e melhorar enormemente o trabalho, tanto na Câmara como no Senado. E a melhoria do padrão de trabalho legislativo, bem como a sua rapidez, são fatôres de grande importância para a consolidação e o progresso da democracia entre nós.

Democracia e planejamento

150. Partindo das noções sociológicas de grupo e de instituição, a ciência jurídica moderna passou a conceituar o Estado, já vimos, como a mais importante das instituições sociais e jurídicas. Por outro lado, sociólogos preocupados com as idéias políticas, como KARL MANNHEIM, observam, com todo fundamento, que, à proporção que os grupos e conseqüentes instituições sociais crescem de vulto e abrangem maior número de indivíduos, vai-se tornando

mais difícil a manutenção dos contrôles cooperativos internos dêsses mesmos grupos, através das instituições, estabelecendo-se, igualmente, sensível deficiência na coordenação de objetivos políticos comuns, em face do entrechoque de interêsses dos diferentes grupos e das pressões que, em sentidos divergentes, exercem as suas respectivas instituições representativas, dentro da mesma sociedade, ou, mais precisamente para nós, dentro de um mesmo Estado. Assistimos permanentemente, nos países democráticos, às influências contraditórias que exercem sôbre os podêres políticos os órgãos de classe de patrões e trabalhadores, de produtores urbanos e rurais, de industriais protecionistas e exportadores agrícolas livre-cambistas, e assim por diante. Isto sem falar nos chamados "grupos de pressão" que atuam, às vêzes, unilateralmente para alargar suas vantagens em face do Estado, como os servidores públicos civis e militares.

151. À medida que os sociólogos formulavam tais observações, os juristas e teóricos do Estado, procedendo à análise concreta da instituição estatal em si mesma, precisavam, no plano jurídico, aquelas conclusões sociológicas, revelando uma situação inesperada de contradição, que ocorria dentro do processo de gigantismo do Estado moderno. Com efeito, os especialistas em Direito Constitucional e Direito Administrativo começaram a observar um estranho fenômeno de enfraquecimento dos podêres de decisão do Estado, à proporção que êle ampliava o seu intervencionismo em todos os setores da vida social. É que o crescimento histórico do Estado moderno não se processou, nem se podia processar, segundo a linha harmônica de desenvolvimento de um organismo biológico, no qual o equilíbrio entre as funções dos vários órgãos é a condição mesma da sobrevivência. O complexo social (hoje não se pode mais falar em organismo social) é composto, como vimos, de grupos e interêsses muitas vêzes contraditórios. E o gigantismo do nôvo Estado-Leviatã, determinado em grande parte pelas transformações que a técnica introduziu na produção econômica, processou-se, de certo modo, pela encampação de todos êsses conflitos.

152. As causas da surpreendente contradição entre a expansão progressiva e a incapacidade de decisão do Estado, não são, afinal, de identificação muito difícil. Provêm elas, no fundo,

daquela referida situação de dificuldade crescente que atravessam as instituições sociais, para manterem a sua coesão interna, à proporção que vão ampliando o seu âmbito de ação. O Estado passou a intervir, pràticamente, em todos os setores da vida social. Tradicionalmente já êle regulava, mais ou menos estreitamente, a organização da família, o direito das sucessões, o funcionamento das sociedades comerciais e outras instituições. No correr do século passado foi tomando a direção da instrução, foi constrangendo ao serviço militar, foi disciplinando mais rìgidamente os serviços públicos. Afinal, na primeira metade desta centúria, afirmou-se como poder regulador das relações de trabalho e da produção econômica, tornando-se, em suma, no poder burocrático avassalador que todos conhecemos. Vivemos, por isto mesmo, o ciclo de "publicização" do direito privado, a que já nos referimos.

153. Acontece, porém, que o fato da intervenção do Estado na vida dos diferentes grupos sociais não torna a êstes homogêneos, nem coerentes os seus interêsses. Daí as influências contraditórias que refreiam, em vez de estimular, a ação dos órgãos do Estado, impondo-lhes soluções parciais imediatas, e muitas vêzes precipitadas, para graves problemas coletivos, com sacrifício de interêsses mais gerais e permanentes, a outros, imediatos e restritos.

154. Essas considerações é que foram convencendo os governantes da necessidade de uma coordenação mais deliberadamente orientada das diferentes atividades do Estado, de forma a criar, entre elas, um verdadeiro sistema de relações, que visam, em primeiro lugar, à seleção das prioridades entre as tarefas e, em segundo, à execução destas, tendo em vista certos fins de conjunto. Em suma, como salienta ANGELOPOULOS, passou-se do *programa* de govêrno ao *plano* de govêrno.

155. Não nos compete, aqui, desenvolver maiores considerações sôbre êste palpitante tema da democracia moderna, que é o planejamento. Transporíamos os objetivos estritamente jurídicos do nosso Curso. Impõe-se, contudo, salientar que o planejamento das atividades governativas em nada contraria a essência da doutrina democrática, conforme tem sido sustentado e provado por insignes escritores, principalmente pelo já citado MANNHEIM. É

claro que a idéia de planejamento econômico seria inaceitável pelos princípios do liberalismo jurídico, mas não é menos verdade que a democracia não perde a sua natureza essencial por deixar de ser liberal, uma vez que liberdade democrática não se confunde com liberalismo econômico.

156. O planejamento é, em suma, a coordenação das tarefas do Estado, trabalho, portanto, de coesão de todos os grupos sociais que o compõem, para evitar a desintegração da democracia. Os esforços sistemáticos para o planejamento são recentes. No regime soviético foram anteriores às tentativas democráticas, e o êxito do govêrno comunista, neste particular, foi que, aos poucos, convenceu os governantes das democracias capitalistas do dever de procurarem a mesma solução adaptada embora às condições do regime praticado.

157. Há naturais diferenças entre os planos, conforme os regimes políticos praticados. Um Estado totalitário, como a União Soviética, pode realizar uma obra de planejamento mais radical, severo e total, do que um Estado democrático-socialista, do tipo da Suécia ou da Inglaterra. Por sua vez o planejamento inglês ou sueco pode ser mais acentuado do que o americano, e assim por diante. De maneira geral, o planejamento democrático é menos eficaz e mais lento que o totalitário, mas, por sua vez, impõe menos sacrifício às coletividades e pode ter os erros mais fàcilmente corrigidos, em virtude da liberdade de crítica e da ausência do terror. Hoje já se conhecem, ao lado dos incontestáveis sucessos do planejamento russo, os grandes erros em que êle incorreu na era de STÁLIN, e os terríveis sofrimentos que a obstinação nesses erros trouxe a enormes massas humanas.

158. De qualquer maneira, no que toca ao regime democrático, parece hoje certo, não apenas que êle se harmoniza com o planejamento econômico, como também que encontra, neste, uma das mais indispensáveis formas de recuperação. Muitos autores chegam, mesmo, a considerar que, sem um planejamento adequado e bastante plástico para se adaptar às diversas realidades nacionais, a democracia não sobreviverá, como regime de govêrno, às crises do século XX.

Conclusões

159. A confiança que inspira o regime democrático como forma de govêrno mais adaptada aos valôres da cultura ocidental, baseada na dignidade da pessoa humana, funda-se, principalmente, na sua capacidade de transformação histórica, sem sacrifício dos seus elementos fundamentais. Ou a democracia é capaz de evoluir, de acôrdo com as novas condições econômicas e sociais da ação do Estado, ou perecerá. Para satisfação dos democratas, nada indica que ela seja incapaz de evoluir. Desde que se respeitem as bases em que se assenta realmente a sua filosofia, nada devemos recear das modificações que as circunstâncias impõem à sua forma e até mesmo à sua estrutura. Tais reajustamentos não comprometerão a qualidade mestra do regime democrático, que é ser a forma de govêrno que mais amplamente facilita aquilo que S. Tomás de Aquino já considerava o ideal dos governos, e que Thomas Jefferson colocou como um dos tópicos principais da Declaração de Independência dos Estados Unidos: a livre busca da felicidade humana. Mas isto sem esquecer — como de resto acentua também S. Tomás — que o homem é parte de uma comunidade e que, conseqüentemente, o livre desenvolvimento da personalidade deve-se realizar dentro dos limites do bem comum.

160. Colocada a questão nesses têrmos poderemos concluir que nada impede o Estado democrático de ser forte, atuante, intervencionista e planejador. O essencial é que existam, dentro dêle, os elementos verdadeiramente capitais e insubstituíveis da democracia que, afinal, não são muitos, e que, de certa maneira, se resumem nos seguintes: escolha autêntica e livre dos governantes pelos governados; liberdade de crítica aos atos dos governantes, para fiscalização dos mesmos e esclarecimento da opinião; existência de direitos individuais oponíveis ao próprio Estado (direitos públicos individuais); temporariedade dos mandatos eletivos e, finalmente, a existência garantida de minorias políticas, com possibilidade de representação. Na nossa opinião, respeitados êstes pontos fundamentais, tôdas as demais restrições que o Estado imponha a determinados direitos pessoais, como o da propriedade, podem significar a liquidação de um certo tipo de democracia — a democracia liberal —, mas nunca a condenação do regime democrático na sua nobre substância. E, pensamos ainda, para que esta substância seja mantida e acrescidos novos dados à tradição democrática do Ocidente, torna-se necessária a transformação do Estado democrático, nos rumos ligeiramente esboçados no presente capítulo.

BIBLIOGRAFIA

Heródoto, *Histoire d'Hérodote Traduite du Grec par Mr. Larcher*, Musier, Paris, vol. III, 1786.
Alan F. Hattersley, *A Short History of Democracy*, University Press, Cambridge, 1930.
Lord Bryce, *Les Démocraties Modernes*, 2 vols., Payot, Paris, 1924.
Aristóteles, *Politics and Poetics*, cit.
Yves Simon, *Filosofia do Govêrno Democrático*, Agir, Rio, 1955.
Georges Sorel, *Réflexions sur la Violence*, Rivière, Paris, 1946.
Harold Laski, *La Democracia en Crisis*, Revista de Derecho Privado, Madri, 1931.
Nicholas Murray Butller, *Democracia y Seudo-Democracia*, Scribners, Nova Iorque, 1940.
Edouard Benès, *Democracy Today and Tomorrow*, Macmillan, Londres, 1940.
Marguerite Sieghart, *Government by Decree*, Stevens, Londres, 1950.
Yvon Gouet, *La Question Constitutionnelle des Prétendus Décrets-Lois*, Dalloz, Paris, 1932.
Daniel Halévy, *Décadence de la Liberté*, Grasset, Paris, 1931.
Thurman Arnold e outros, *The Future of Democratic Capitalism*, University of Pennsylvania, Filadélfia, 1950.
Adolf Berle Jr., *A Revolução Capitalista no Século XX*, Ipanema, Rio, 1956.
Karl Mannheim, *Libertad, Poder y Planificación Democrática*, Cultura Económica, México, 1953.
Angelos Angelopoulos, *Planisme et Progrès Social*, Librairie Générale de Droit et de Jurisprudence, Paris, 1953.
Charles Bettelheim, *Problèmes Théoriques et Pratiques de la Planification*, Presses Universitaires de France, Paris, 1951.

CAPÍTULO VI

Poder político. Soberania. Soberania popular e soberania nacional. Poder constituinte. Cidadania. Sistema representativo. Transformações.

Poder político

161. As instituições governativas de um Estado são, no fundo, o mecanismo por meio do qual se manifesta e atua uma certa espécie de poder, que é o poder político. Filosòficamente considerado, o poder político, que, no reino animal, é peculiar ao ser humano, emerge de duas condições também próprias do homem, uma subjetiva e outra objetiva. A condição subjetiva é o impulso natural do homem pelo poder. BERTRAND RUSSEL, com a sua habitual penetração, examinou êste aspecto do problema. Lembra o filófoso inglês que, de todos os animais, o homem é o único capaz de entreter certo gênero de desejos que não podem nunca ser satisfeitos. A fome, o instinto sexual, a alegria geram desejos que se satisfazem com a comida, o coito ou a brincadeira que vemos os animais irracionais praticarem, e que, ao cabo do seu exercício, esgotam o impulso que levou à atividade em questão. A renovação da necessidade acorda nêles o mesmo desejo, que tem a mesma satisfação. Mas, no homem ou, pelo menos, em certos tipos de homem, subsiste um desejo que não corresponde a nenhuma necessidade corpórea, um desejo imperioso de ampliação da própria personalidade, sôbre as coisas e os outros homens, e que, habitualmente, vai aumentando na medida da sua realização, e, portanto, na medida em que os desejos comuns se satisfazem. Êste é o desejo do poder. É um impulso que se manifesta sob várias aparências: ânsia da notoriedade e da glória, nas multiformes significações destas palavras; sêde do enriquecimento, além dos limites do bem-estar pessoal; preocupação, enfim, de influir, com a sua vontade, sôbre os homens e os acontecimentos.

162. A vida social deu a êste traço característico da psicologia humana um campo inesgotável de aplicação, que é o da afirmação da personalidade através da participação nos instrumentos de govêrno, o que define o desejo do poder político. As condições necessárias à realização dêste desejo ocorrem com a reunião, em uma pessoa, daquilo que poderíamos chamar os atributos da chefia ou, empregando palavra já incorporada à nossa língua, da liderança. Tais atributos variam, com as personalidades, mas um verdadeiro chefe, condutor ou líder político deve tê-los, sempre, em consonância com as condições históricas do meio em que vive.

163. É com esta correspondência íntima entre os atributos do homem e as fôrças dominantes no meio que se acusa a segunda condição do poder a que acima nos referimos, acentuando que é uma condição objetiva. O poder político é, portanto, um fenômeno histórico. Neste sentido, êle corresponde ao disciplinamento das fôrças sociais, no quadro do Estado, tendo por finalidade o bem comum. E é neste aspecto de fenômeno histórico que o poder político interessa ao jurista.

164. Problemas tais como as origens, os fins e a justificação do poder político não se encontram entre os dêste Curso. Pouco importa, para o constitucionalista, que o poder tenha origem divina, psicológica, social ou mesmo jurídica; vise abstratamente à Justiça ou concretamente à conservação ou à transformação revolucionária de certa organização social; que se baseia no terror (como quis FERRERO) ou na solidariedade; que se explique pela maldade ou pela bondade natural dos homens, ou, ainda, pela complexidade da vida social; que tenda, como o Estado, a se acentuar ou a deperecer.

165. O constitucionalista, sem maiores indagações, considera o poder político como a fôrça histórica que impulsiona, originàriamente, as mais importantes decisões do govêrno e, portanto, do Estado. Aí, precisamente, é que se acentua a sutil diferença entre política e administração: a primeira, como atividade pública inaugural e originária, dominando a segunda, que é complementar e aplicadora. Ainda mais: o constitucionalista recolhe a idéia de poder já dentro do Estado, e não nas suas manifestações sociais e psicológicas pré ou extra-estatais. Para o jurista, o poder político se apresenta jurìdicamente institucionalizado. GEORGES BURDEAU, no primeiro volume do seu Tratado, acompanha de perto êste processo de institucionalização jurídica do poder, dentro do Estado.

166. Tôda instituição social, já o vimos, é, no fundo, uma construção que visa organizar certos grupos, atender a certos interêsses e disciplinar certas fôrças sociais. Assim sendo, a instituição não pode deixar de possuir elementos abstratos e teóricos. Não devemos esquecer que a ciência que estuda o Estado se chama Teoria do Estado. Como tôda teoria, ela é um processo de síntese e de elaboração mental que, se de um lado generaliza a experiência, de outro formula hipóteses ou cria conceitos abstratos, sôbre os quais também se assenta.

167. Uma destas hipóteses ou um dêstes conceitos teóricos, que procuram explicar a transformação do poder político em ordem jurídica e, ao mesmo tempo, basear a doutrina jurídica democrática, é a idéia de soberania.

Soberania

168. Considerando, como fazemos, a noção de soberania básica em Direito público, como explicação da transformação do poder político em ordem jurídica, nos quadros do Estado, poderíamos distinguir as suas diversas apresentações, conforme o tipo histórico de Estado ao qual ela se acha ligada. Na Cidade grega, no Império romano, na Igreja medieval, encontraríamos interpretações diversas da soberania, ou seja, encontraríamos justificativas teóricas diferentes, para o fenômeno da supremacia do poder político personalizado na autoridade pública.

Mas, para as finalidades do nosso Curso, basta que tenhamos uma noção do problema da soberania no Estado moderno, porque com êste é que se construiu a parte essencial da doutrina jurídica referente ao problema, doutrina a que poderemos chamar clássica, e que tem resistido a tôdas as tentativas de destruição de que tem sido alvo, por mais eminentes que sejam os seus críticos e opositores.

169. A noção contemporânea de soberania, como lembra com exatidão JELLINEK, foi originàriamente uma idéia polêmica. Surgiu como corolário ao fato histórico da formação do Estado moderno. Como se sabe, êste Estado data dos grandes movimentos do Renascimento e da Reforma, mas a consolidação do seu poder, tornado necessário pelas exigências da evolução social, só se tornou

possível com a vitória sôbre as fôrças que contra êle se opunham: o feudalismo, o Império germânico e o papado. Internamente, o Estado só se afirmaria na medida em que centralizasse o poder político nas mãos do soberano, eliminando a dispersão feudal, que não mais correspondia às novas condições econômicas e sociais. Enquanto isso, no campo das relações que, depois das Cruzadas, se tornaram cada vez mais freqüentes e úteis entre os diversos povos ou nações, também o Estado foi revelando o seu importante papel, o qual, entretanto, só seria convenientemente assegurado quando êle afirmasse irresistìvelmente a sua personalidade, em face do poder temporal do Império (já então reduzido a uma simples ficção) e do poder espiritual do papado, que, no fundo, era também fortemente político. É dêste enorme e complexo processo histórico, em que entram, entre outros fatôres, os descobrimentos geográficos, o naturalismo científico, o Renascimento artístico e literário, a Reforma religiosa e o aparecimento do capitalismo, que emerge, afinal, o Estado moderno, como realidade política e jurídica. Grandes personalidades, como JOANA D'ARC, simbolizam, na sua vida, os ideais desta transformação. Escritores ilustres, como MAQUIAVEL, expõem, nos seus livros, a teoria essencial do fenômeno. Juristas insignes, como BODIN, elaboram técnicamente a doutrina, que deveria justificar a construção em progresso. Esta doutrina é a do poder soberano, ou da soberania do Estado.

170. A idéia de soberania, como dissemos, nasceu como uma espécie de justificativa polêmica da independência dos governos nacionais em relação aos senhores feudais, ao imperador e ao papa. Por isto mesmo, como recorda CARRÉ DE MALBERG, a soberania não define sòmente a natureza do poder do Estado, mas a forma pela qual êle é exercido, isto é, a forma incontestável, irresistível jurìdicamente, ou, em outra expressão, a forma soberana que é o mesmo que suprema.

171. Não devemos esquecer, por outro lado, que, das premissas mesmas em que se assenta a idéia de soberania, deve decorrer a conclusão de que ela é um atributo inerente ao Estado, isto é, o atributo de uma entidade histórica e concreta que é o Estado, e, por conseguinte, que ela está destinada a sofrer a mesma evolução que sofrerá o sujeito de que é atributo. Se o Estado evolui, digamos, no sentido da organização internacional, em benefício da paz universal, então é evidente que a noção de soberania também evoluirá paralelamente, adaptando-se às necessidades daquela organização, tal como vemos, por exemplo, na experiência recente da Liga das Nações e na vigente das Nações Unidas. Êste assunto é, aqui, apenas aflorado, pois se prende a problema que será mais desenvolvido em seguida, e que diz respeito ao estado atual das relações entre o Direito Constitucional e o Direito Internacional. [1]

172. A idéia de soberania do Estado tem sido combatida, com argumentos aceitáveis, por juristas da maior categoria, como, por exemplo, LÉON DUGUIT. Não há dúvida de que, até certo ponto, ela é uma hipótese, ou uma ficção. Mas, ainda que tal se declare, a verdade é que, como hipótese científica, a soberania do Estado justifica e dá legitimidade a instituições que não são hipotéticas. Dá, em suma, legitimidade ao poder do Estado, com tôdas as conseqüências que isto implica na estabilidade da ordem social. Por outro lado, os substitutivos que os que se opõem à idéia de soberania têm apresentado em seu lugar, como a tese da regra de direito fundada na consciência coletiva e na solidariedade social do mesmo DUGUIT, ou da norma pura e objetiva de KELSEN (citamos êsses autores como expressões de teses que, na verdade, são anteriores a um e a outro) com serem tão hipotéticas como a que pretendem suplantar, não dispõem da aceitação histórica da outra, nem da facilidade da sua propagação na compreensão coletiva. Hipótese por hipótese, fiquemos com a que provou a sua eficácia, embora não deixando, nunca, de aceitar a necessidade da sua evolução, para atender ao fim supremo do Direito, que é a felicidade humana, tanto no plano do Estado, como no mais amplo, da humanidade.

173. A soberania do Estado é, assim, a justificação da centralização do poder político nas mãos das autoridades públicas, e do caráter imperativo e supremo (no plano jurídico) dêste mesmo poder. O caráter soberano do poder do Estado não pode ser concebido, com efeito, senão como um postulado jurídico, e nunca como um fato histórico, visto que, históricamente, o grau de poder dos Estados depende da sua fôrça material. Mas o conteúdo jurídico da soberania é que protege e garante precisamente o direito à liberdade e à independência, de qualquer nação organizada em Estado, por mais fraca que seja.

---

[1] Cap. X.

174. O desenvolvimento da doutrina sôbre a soberania, tendo, como tinha, o escopo principal de justificar e proteger a formação do Estado, não conduziu, no seu impulso originário, o pensamento jurídico à solução dos governos democráticos. Ao contrário, colocada nos têrmos em que foi inicialmente, como garantia da supremacia interna do Estado sôbre as demais instituições sociais, e como defesa externa da sua independência face aos outros Estados, é claro que, na sua primeira fase, a idéia de soberania deveria se confundir com a da concentração do poder e, conseqüentemente, com os governos monárquicos absolutos. Em tôda a Europa do século XVI assistimos ao florescimento dêsse sistema, personalizado em reis como Henrique VIII, na Inglaterra; Carlos V ou Felipe II, na Espanha; Francisco I ou Henrique IV, na França. Sistema que atinge no mundo à sua expressão mais vigorosa na centúria seguinte, através o absolutismo, talvez mais teórico e simbólico do que efetivo, de Luís XIV.

175. A progressão da doutrina da soberania do Estado no sentido da democracia, embora existisse sempre em teoria, na prática só se foi operando lenta e gradativamente e isto mesmo devido à incorporação, dentro dela, de duas doutrinas complementares: a da representação eletiva e a da divisão de podêres, que examinaremos resumidamente a seu tempo. A primeira, que se afirmou mais precocemente na Inglaterra, sobretudo a partir da Revolução de 1688, foi o recurso que logrou transferir, para a massa dos cidadãos votantes, o poder soberano anteriormente enfeixado nas mãos do monarca e do grupo a êle mais chegado. A segunda, estabelecendo uma certa independência entre as mais importantes funções públicas, descentralizou o poder político com incontestável vantagem para as liberdades democráticas.

Soberania popular e soberania nacional

176. Voltando à tese da soberania, convém ainda acentuar que ela, desde os autores mais antigos, se apresentou concebida intelectualmente de duas maneiras, e que o desdobramento lógico de cada uma dessas formas de encarar o problema levou a resultados muito distintos, no campo das idéias políticas aplicadas. Com efeito, alguns, partindo da premissa de que a soberania reside essencialmente na soma das vontades individuais, de que se extrai uma espécie de vontade geral (soberania popular), chegavam à conclusão de que o poder soberano era, por sua natureza, intransferível e indelegável, e, conseqüentemente, rechaçavam a idéia de representação, como antidemocrática. Outros escritores, sobretudo a partir de LOCKE, entendiam que a simples soma de vontades, com possibilidade de se anular sucessivamente em cada nova nova manifestação, não pode exprimir a soberania do poder jurìdicamente instituído, porque a êste é necessário certo grau de estabilidade que, por aquêle processo, não se alcança. Daí a conclusão de que a soberania se transfunde em uma entidade delegada — a representação —, a qual opera e fala em nome do povo, mas possui limitações impostas constitucionalmente aos seus podêres e dispõe de uma estabilidade funcional, que corresponde ao prazo dos mandatos. Esta é a chamada soberania nacional.

177. A concepção de soberania popular, se integralmente praticada, levaria ao exercício da democracia direta, tal como se praticava na Grécia antiga, principalmente em Atenas. Ali, como se sabe, a Assembléia geral dos cidadãos (*Eclesia*) votava as leis, expedia julgamentos, administrava a coisa pública. A representação permanente do povo, traduzida em instituições estáveis, com mandato determinado, tal como hoje as compreendemos e praticamos, através dos podêres Legislativo e Executivo, era estranha à concepção grega do Direito Constitucional. É verdade que alguns pensadores já entreviam a entrega da delegação do poder soberano a órgãos permanentes, em vez do seu exercício entregue às flutuações das decisões diretas. HERÓDOTO, por exemplo, insinua na sua *História* que a lei justa não deve ser a expressão de uma maioria de cidadãos possìvelmente apaixonados ou imediatamente interessados, mas a regra que atenda aos interêsses gerais permanentes do Estado. Para mostrar isso, lembra que SÓLON obteve dos atenienses o compromisso solene de não alterar, durante 10 anos, as leis que êle lhes desse. Não se baseava, assim, para êle, a soberania no ajuntamento casual e inorgânico de indivíduos, mas em algo de duradouro e jurìdicamente, quer dizer, abstratamente, organizado.

178. Roma herdou da Grécia a prática da democracia direta, embora a sua aplicação fôsse muito dificultada pelas condições inteiramente diversas do Estado romano, imensamente vasto e

populoso. As leis eram, em teoria, votadas pelo povo nos comícios, embora com processos que devam grande predomínio às oligarquias patrícias e embora, também, com o advento do Império, se fôsse sempre acentuando o papel legislativo dos imperadores. O Senado, de formação muito menos democrática do que os Conselhos atenienses, mesmo nos seus melhores tempos, não era órgão legislativo, mas uma espécie de corpo de contrôle político, com atribuições para examinar a constitucionalidade das leis. Mas, apesar das imperfeições, que se foram acentuando, nas instituições da democracia direta, a prática da representação política foi tão pouco conhecida dos romanos como dos gregos. No entanto Cícero, no seu livro *A República*, já vê, como Heródoto, que o Estado não se pode exprimir senão por instituições mais duradouras que as simples reuniões em praça pública. Escreve o grande orador: "Um povo não é qualquer ajuntamento de homens reunidos ao acaso, "mas uma sociedade formada sob a salvaguarda das leis e num "fim de utilidade comum". O que parece pressupor a existência de instituições jurìdicamente estáveis.

179. As doutrinas opostas sôbre a soberania, que iam desaguar ou na democracia direta ou na democracia representativa, vão-se sucedendo nas obras dos escritores, através do tempo. Entre os precursores mais próximos das Revoluções americana e francesa, vamos encontrar Locke, Montesquieu e, um pouco mais tarde, Sieyès, como partidários do conceito da chamada tese da soberania nacional, que considera o poder político incorporado na nação, entidade abstrata e diversa do simples agregado concreto dos indivíduos que compõem o povo. A soberania nacional tende para a democracia representativa. Do lado dos que defendem a chamada tese da soberania popular, deparamos sobretudo com a influência de Jean-Jacques Rousseau. Êste escritor, na sua obra política capital, que é o *Contrato Social*, depois de elaborar a tese da soberania na vontade geral sempre renovável, refuta enèrgicamente o princípio da representação, como constituindo uma verdadeira burla ao corpo eleitoral. Para Rousseau, os eleitos não são mandatários, mas simples "comissários do povo" (expressão por êle utilizada e que se viu consagrada na terminologia soviética), os quais exercem suas funções sob a possibilidade de destituição a cada momento. A soberania popular tende, assim, para a democracia direta.

180. As duas correntes de pensamento ainda hoje se defrontam, com as naturais variações impostas pela diferença de épocas, nas doutrinas da chamada democracia marxista e da democracia ocidental ou clássica. O Direito público soviético, quer o da Constituição da U.R.S.S., quer o dos livros de doutrina, combate frontalmente os princípios da representação e da divisão de podêres, tais como são esposados pela democracia representativa ou ocidental. O mesmo se dá com as chamadas Repúblicas Populares européias. E, se rastearmos as fontes dessas doutrinas, vamos ver que elas partem tôdas da noção de soberania popular e não nacional.

Na concepção marxista o sufrágio é universalmente extensivo sòmente à classe trabalhadora, e os órgãos de representação não possuem autonomia, pois, para citar a expressão de VYSHINSKY, êles devem funcionar em "estreita colaboração" com a direção do Estado, ou seja, o Executivo. É sabido, também, que a Constituição russa, no capítulo da declaração de direitos, não prevê as garantias individuais, como são entendidas pela democracia clássica. O mesmo jurista observa que elas são uma simples burla ou propaganda, nas Constituições ocidentais.

Os princípios vigentes nas Repúblicas Populares são, *mutatis mutandis*, os mesmos. O professor GEORGES VEDEL, da Faculdade de Direito de Paris, analisou, em curso especial, a organização jurídica dêsses países satélites da Rússia.

181. No fundo, o que ocorre aqui é sempre o mesmo choque latente entre os dois fatôres que constituem a síntese democrática: o princípio de liberdade e o de igualdade. O sistema representativo tende para preservar a liberdade, o sistema direto concorre para acentuar a igualdade, seja através das assembléias populares, seja por meio de uma ditadura de classe. O ideal é a fusão dos dois princípios em instituições representativas que reservem margem eficiente à fiscalização popular, por meio de certos instrumentos de ação direta, que não comprometam as liberdades essenciais. Isso ocorre em países de alto nível democrático, com a adoção de certos institutos da democracia direta, tais como a iniciativa e o *referendum* popular, em matéria de elaboração legislativa; o plebiscito, para decisão de certas matérias políticas relevantes; ou a cassação, em determinados casos, dos mandatos das autoridades eleitas. Em países de baixo nível educacional, como o nosso, as instituições representativas correspondem ao ideal de progresso, e as de democracia direta devem ser praticadas com prudência, porque facilitarão a desordem e, em seguida, as ditaduras. Mas, em outros, de alto teor médio de instrução, como a Suíça, a iniciativa, o *referendum* e mesmo a votação popular (*Landsgemeinde*) dão, muitas vêzes, resultados satisfatórios. Tem acontecido, até, na Suíça, que o *referendum* popular derrube leis aprovadas pelo Legislativo, mas que a massa de eleitores considera demasiado avançadas para o momento.

Poder Constituinte

182. A questão da soberania do Estado deve ser sucedida, numa exposição lógica da nossa matéria, pelo exame do problema do Poder Constituinte. Desde logo deve-se acentuar que êste Poder se apresenta històricamente de duas maneiras distintas. Nas fases de crise revolucionária da vida dos povos, êle surge como processo de criação de um nôvo Estado independente, ou como meio de organização jurídica de novas fôrças políticas e sociais dominantes. No Brasil, por exemplo, êle se apresentou da primeira forma em 1824, e da segunda em 1891, 1934 e 1946. Outra é a significação do Poder Constituinte, quando êle é exercido, nos períodos normais da existência de um país, como atribuição especial do Legislativo ordinário, por via de emendas ou reformas nas Constituições vigentes, a fim de adaptá-las a novas exigências do Estado ou do povo. Êste é, por exemplo, o sentido com que o Poder Constituinte se afirmou nas numerosas emendas introduzidas, em mais de século e meio, no texto da Constituição dos Estados Unidos.

183. Juridicamente considerado, o Poder Constituinte é uma conseqüência do princípio das Constituições escritas, visto ser característica lógica da Constituição costumeira, precisamente, o fato de não haver diferença entre o poder que traça a regra fundamental e o que estabelece a norma ordinária. Outra conexão lógica do Poder Constituinte é a superioridade da Constituição sôbre a lei, o que determina uma gradação também hierárquica entre a natureza do Legislativo constituinte e a do Legislativo ordinário. Esta hierarquia na conceituação jurídica dos dois podêres, que subsiste ainda quando exercidos pelo mesmo órgão, se exprime através do processo de elaboração da regra jurídica. Quando ela é emenda constitucional, êsse processo é mais complexo e rígido do que quando ela é lei comum.

184. Observado quanto às suas origens, poderemos também distinguir mais de um aspecto no Poder Constituinte. Quando êle funciona dentro do Legislativo ordinário, como faculdade de emenda à Constituição, observamos preliminarmente que êle em parte é constituinte, visto que já se encontra instituído no texto constitucional, que traça as regras do seu funcionamento. No caso da atual Constituição brasileira, são previstas até mais do que regras de funcionamento, havendo, sem dúvida, uma limitação jurídica ao Poder constituinte instituído, visto que são proibidas as emendas constitucionais que tendam a abolir a Federação ou a República (art. 217, § 6.º).

Assim, a origem do Poder Constituinte ordinário, ou instituído, é a própria Constituição. Êle é um órgão superior da Constituição e a sua superioridade se marca, apenas, pela competência expressa de emendá-la, o que não afasta a competência das Côrtes Supremas judiciárias de introduzirem verdadeiras emendas no texto constitucional, através de interpretações construtivas, como vimos que se deu, mais de uma vez, nos Estados Unidos, e, ainda, recentemente, ocorreu no Brasil, quando o Supremo Tribunal, aceitando uma chamada resolução votada sob coação pelo Congresso, emendou iniludìvelmente a Constituição, no capítulo dos impedimentos do presidente da República.

185. Quando o poder Constituinte funciona nos momentos de crise, não podemos estabelecer as suas origens jurídicas senão apelando para as definições do Direito Natural. Esposando a tese sociológica dos fundamentos do Direito Natural, diremos que certas regras de Direito público objetivo, prevalentes na consciência coletiva do povo, segundo os dados da sua cultura, evolução econômico-social e outros fatôres, se exprimem ineluràvelmente através dos órgãos que encarnam, no momento, a soberania nacional (uma Assembléia Constituinte, um soberano, um ditador) por meio de normas positivas de Direito Constitucional, que traçam, então, as competências dos podêres constituídos, inclusive o constituinte ordinário ou instituído. Essa explicação jurídica nos satisfaz porque, sem abandonar o campo do Direito, não se extravia em hipóteses metafísicas, nem perde de vista as realidades históricas e sociológicas.

186. Se refletirmos sôbre as considerações acima expendidas, chegaremos a algumas conclusões úteis ao entendimento do Poder

Constituinte. Distinguiremos, nêle, duas fontes. Uma, a do Poder Constituinte originário, que é a emanação direta da própria soberania, funcionando como poder político do Estado, na fase anterior a qualquer organização constitucional. Então, a natureza jurídica dêsse poder se prende mais ao Direito Natural que ao Direito Constitucional. Diferentemente, a fonte do Poder Constituinte instituído ou derivado é a Constituição do Estado, e, portanto, a sua natureza é tìpicamente de Direito Constitucional.

187. Do ponto de vista do êxito no funcionamento das instituições políticas, é irrecusável que uma democracia funcionará sempre melhor, quando o Poder Constituinte derivado, ou instituído, fôr mais capaz de amoldar a estrutura constitucional às transformações históricas, pois isto significará a estabilidade da ordem jurídica, sem prejuízo da evolução social. Mais frágil e precária é a democracia nos países em que os ajustamentos constitucionais determinam crise que exigem a aplicação do Poder Constituinte originário, sociológico ou pré-constitucional.

Cidadania

188. Entre as noções de soberania e de representação introduz-se, lògicamente, a de cidadania, ou seja a de capacidade para o exercício dos direitos políticos, como processo de transformação do poder soberano em órgão representativo.

189. As velhas discussões teóricas sôbre a origem e a natureza do direito de voto estão, hoje, superadas, pelo menos no que tange aos princípios do Direito Constitucional democrático. Êste, mantendo embora a tese da soberania nacional, se inclina geralmente para a prática do sufrágio universal.

190. A controvérsia entre os adeptos da soberania nacional e os da soberania popular radica, afinal, numa dúvida que se situa no campo específico do Direito Constitucional, porque diz respeito à formação da soberania do Estado, e não ao exercício desta soberania, ou seja, ao poder de sufrágio. É sabido que os seguidores do princípio da soberania popular, que encontra, como dissemos, a sua expressão clássica no *Contrato Social* de ROUSSEAU sustentavam que a soberania era uma faculdade individual, ou antes, um direito natural de cada indivíduo, decorrente da absoluta igualdade entre os homens, e que, portanto, a soberania do Estado não

era mais do que a soma numérica das soberanias individuais. Os partidários do conceito de soberania nacional, no entanto, vêem nesta fonte dos podêres políticos uma unidade autônoma, constituída pela adição das vontades individuais (não das soberanias individuais) que, integradas por meio do princípio majoritário, perfazem aquela unidade soberana do Estado, distinta contudo da soma das vontades que a compõem (v. ns. 179 e 180, *supra*).

191. Hoje, pode-se dizer que a doutrina pacífica do Direito Constitucional democrático é a da soberania nacional, o que leva a conclusões jurídicas importantes. Em primeiro lugar, devemos considerar que a soberania nacional só se concebe institucionalizada, porque representa o conhecimento de um poder já transferido das suas origens sociais e confiado a uma entidade delas independente e a elas superior. Esta entidade é a nação disciplinada juridicamente, ou seja, o Estado. Portanto, se a soberania nacional se manifesta dentro do Estado, sujeita-se necessàriamente às regras da Constituição. Daí a conclusão democrática de que o chamado direito de voto é uma função regulada pela Constituição e, como tal, sujeita às limitações constitucionais, em geral.

192. Estas limitações jurídicas à cidadania sempre existiram, e ainda existem, em todos os regimes constitucionais. É, mesmo, interessante observar que os regimes políticos, fundados em hipóteses jurídicas diversas da soberania nacional, como, por exemplo, a chamada democracia marxista, sentiram-se, também, habilitados ou coagidos a reconhecer distintos tipos de limitação ao direito de voto, embora sem participar das premissas da soberania nacional.

193. As limitações à função eleitoral (também chamada direito de voto), segundo as concepções democráticas clássicas, serão referidas no capítulo seguinte. Neste apenas desejamos, brevemente ressaltar como, e em que medidas, os Estados totalitários estabelecem restrições constitucionais à cidadania.

194. A primeira Constituição soviética (10 de julho de 1918) dispunha, no art. 64, que sòmente os seguintes habitantes eram cidadãos: *a*) operários e empregados de tôdas as categorias; b) camponeses que não recebessem renda de trabalho alheio; *c*) soldados e marinheiros. Acrescentava, ainda, o artigo, que não podiam eleger nem ser eleitos, entre outros: *a*) os que percebessem

rendas de trabalho alheio; *b*) os que "viviam sem trabalhar", assim conceituados os rendeiros, industriais e donos de terras; *c*) os comerciantes; *d*) os sacerdotes dos diferentes cultos. As limitações eleitorais eram supostas durar enquanto não se extinguissem os representantes das classes capitalistas, segundo manifestou MOLOTOV no sétimo Congresso dos Sovietes (1935). Depois da Constituição staliniana de 1936, estabeleceu-se expressamente o sufrágio universal, sem alusão a impedimentos por motivo de classe social. Declarava-se, assim, oficialmente extinta a divisão entre as classes e isto em grande parte graças à chamada extinção da classe dos proprietários de terras (*kulaks*). Esta presunção levou Stálin a proclamar em discurso (11 de dezembro de 1937) que as eleições soviéticas são as "únicas verdadeiramente livres e democráticas em todo o mundo". Na verdade, as limitações constitucionais aos direitos de cidadania existiam então, e existem, hoje, na Rússia, como em todos os países, sem exceção, embora fundadas em razões jurídicas diferentes. Na Rússia elas se prendem, sobretudo, ao contrôle absoluto que o Partido Comunista exerce sôbre a função eleitoral, na sua qualidade de partido único, em regime que não admite oposição.

195. O fascismo italiano escolheu forma diversa para estabelecer qualificações ao princípio da cidadania, em benefício dos seus interêsses. A fórmula escolhida atingiu às próprias idéias da representação e da soberania, visto que ligou a representação não ao princípio da soberania nacional, mas, diretamente, ao do interêsse econômico, por meio da ressuscitada (e deturpada) representação corporativa. Um dos pensadores clássicos do regime mussoliniano, GINO ARIAS, escreve a respeito: "A representação corporativa corresponde, de modo perfeito, aos requisitos da ver-
" dadeira representação popular. É a representação do povo na sua
" hierarquia, no seu ordenamento, nos seus institutos, isto é, em
" tôda a sua unidade jurìdicamente reconhecida e legalmente dis-
" ciplinada". Na verdade, o corporativismo fascista, ao ensaiar a ressurreição da velha idéia medieval da corporação, fazia-o, no entanto, de forma diversa e, até, contrária. A corporação medieval era uma organização profissional, de que o Estado não participava, e que atuava para disciplinar relações de trabalho e fatôres de produção, arbitrando os interêsses dos diferentes grupos sociais. O corporativismo fascista foi a ingerência franca de um Estado

poderoso no campo profissional, para o fim de fortalecer-se de várias maneiras, inclusive limitando a cidadania política dentro de um rígido sistema hierárquico. Lá, pois, a idéia do contrato sem o Estado. Aqui, o regime estatutário e estatal.

196. O nazismo fundava o princípio da cidadania não no povo, tomado no seu conjunto nacional, como quer a democracia, nem no privilégio político de uma classe social, como exige o marxismo, nem nas atividades disciplinadas jurìdicamente dentro do Estado, segundo o modêlo fascista, mas no mito de uma raça eleita para conduzir a humanidade. Já tem sido observada a trágica semelhança representada por êste movimento, que afirmava a existência de uma raça privilegiada, à qual seria, nas próprias expressões de HITLER, "dado o govêrno do mundo", com a tradição milenária de Israel, que, mais ou menos, afirma coisa equivalente. Vemos, então, o nazismo proceder à maior perseguição anti-semita da História, levado por convicções bastante assemelhadas às das vítimas do seu tremendo genocídio. Os direitos políticos, para o nazismo, eram exclusivos, na prática, dos supostos participantes de uma certa raça, desde que aderentes ao sistema de fôrças do Estado que desejava estabelecer a supremacia desta raça sôbre os demais povos da Terra. Escrevendo a propósito, afirma HITLER que a concepção nazista repele o "pensamento de massa de democracia", deseja dar o govêrno do mundo "ao melhor povo e aos melhores homens", e, conseqüentemente, não constrói o seu sistema "sôbre a noção de maioria, mas sôbre a de personalidade" (*nicht auf dem Gedanken der Majorität sondern auf dem der Personilichkeit*).

É verdade que um dos maiores conhecedores da Alemanha, EDMOND VERMEIL, considera a tese racista como o simples suporte ideológico de uma estrutura do poder. Falando da elite nazista escreve: "É ela verdadeiramente racista? Como sabê-lo? Ela não crê "nas idéias que proclama senão na medida em que essas idéias " servem à sua propaganda e dominam os espíritos, siderando-os".

Sistema representativo

197. A idéia de representação é, em si, inseparável do próprio Estado. De certa forma, ela existia mesmo dentro da democracia direta grega. Havia, em Atenas, chefes militares que eram escolhidos pelo povo; governantes, incumbidos de expedir a rotina da administração, que eram designados pela sorte; e isto

sem falar nos reis e tiranos de comunidades, que representavam o princípio da soberania. Há igualmente indícios de representação diplomática nas ligas ou alianças, que se formavam entre as cidades, nas nomeações de embaixadores, assim como podemos admitir que os oráculos, oficialmente consultados, em cada decisão importante, o eram por representantes do povo, que a êste transmitiam as obscuras ameaças ou as sibilinas palavras de esperança.

198. Em Roma, sabemos que os cônsules e tribunos falavam em nome do povo; que, pelo menos teòricamente, o imperador representava o povo e as legiões; que, no Senado, os "pais conscritos" eram, muitas vêzes, exortados como a personalização coletiva das grandezas e glórias nacionais.

199. Certas ordens monásticas, na Idade Média, elegiam representantes das várias casas para as reuniões gerais periódicas, em que se debatiam e decidiam problemas de doutrina a serem assentados ou interêsses comuns da congregação.

200. Tôdas essas eram formas elementares de representação. Mas a tôdas faltava o elemento característico da representação democrática, que é a fiscalização do mandante sôbre o mandatário, e a idéia de que o mandato é uma habilitação de podêres para que o eleito exerça as suas funções, com liberdade, é certo, mas dentro de um quadro geral de compromissos, que corresponde aos interêsses ou convicções dos eleitores.

201. Êste grande problema prático e teórico da democracia representativa, isto é, saber-se qual a verdadeira natureza jurídica do mandato e até que ponto êste último significa uma incumbência imperativa recebida dos representados pelos representantes, foi examinado, nos seus diversos aspectos, pelos mais eminentes constitucionalistas do século passado e do presente, e, aos poucos, vai obtendo solução, através do desenvolvimento de uma instituição indispensável à democracia moderna, que é o partido político.

202. O princípio da independência absoluta dos representantes em relação aos representados foi, de início, não nos esqueçamos, uma destas verdades negativas destinadas a coonestar a imposição de uma solução política urgente. Com efeito, quando se deu a

reunião dos últimos Estados Gerais, na França, em 1789, os delegados do povo (o chamado Terceiro Estado) recusaram funcionar separadamente das demais ordens, ou estados, que eram a nobreza e o clero.

Ao fim de difíceis discussões o Terceiro Estado, a 3 de junho, deliberou verificar os podêres dos seus membros, não como mandatários de uma ordem ou grupo isolado, mas como "representantes da nação", considerada no seu todo, e, em seguida, decidiu instalar o que foi desde logo chamado uma Assembléia Nacional, em substituição aos seculares Estados Gerais, compostos de ordens sociais separadas. Dissolvida a Assembléia por decreto real, reuniu-se no edifício do Jôgo da Palma, sendo, então, no dia 20, prestado o famoso juramento comum, que é o primeiro passo da Revolução. "A Assembléia Nacional" — diz o juramento — "considera que " foi convocada para estabelecer a Constituição do Reino, que " nada pode impedi-la de continuar as suas deliberações onde quer " que se reúna e que, em qualquer ponto onde os seus membros se " encontrem juntos, aí estará a Assembléia Nacional".

203. Conseqüências jurídicas e políticas da maior importância decorrem desta decisão. Entre elas a noção de representação nacional, decorrente da de soberania nacional e, por isto mesmo, independente da origem dos podêres conferidos. Temos, assim, aí, a aplicação jurídica do princípio teórico de soberania nacional, de que acima nos ocupamos. Porém, o que mais interessa pôr em relêvo é o fato de que a tese da representação nacional, em sua forma inicial e mais enérgica, é, como dissemos, uma verdade negativa. Visava contestar a divisão do povo em classes, para desmontar a máquina do Estado monárquico absoluto, fundada na supremacia das classes privilegiadas, nobreza e clero. Esta noção, se convinha aos ideais revolucionários, também não era prejudicial aos interêsses da burguesia, classe dominante na democracia do século passado. Os membros dos Parlamentos eram, então, recrutados na classe burguesa rica, pois se entendia que só ela podia conceder os lazeres compatíveis com o estudo das tarefas do Estado.

204. Foi-se observando, aos poucos, contudo, que exprimindo as conveniências de setores limitados do grupo social, tais representantes só muito imperfeitamente se compenetravam dos

interêsses das grandes massas populares, que eram supostos representar. O primeiro tratadista sistemático da democracia representativa, J. STUART MILL, há quase 100 anos, expendia observações como estas: Quando, no nosso Parlamento, alguns dos " seus membros se coloca no ponto de vista do operário, para dis- " cutir uma questão qualquer?... Sôbre a questão das greves, por " exemplo, não há talvez um só dos membros das nossas duas " Câmaras que não esteja convencido de que os patrões têm tôda " razão na sua maneira de encarar o assunto, e que os operários o " consideram de uma forma simplesmente absurda. Mas os que " estudaram a questão sabem o quanto isso está longe de ser ver- " dade, e como êste ponto seria discutido de maneira diferente, e " muito menos superficial, se as classes que fazem as greves fôssem " capazes de se fazerem ouvir no Parlamento". STUART MILL via com acêrto. A formação do Partido Trabalhista inglês, no fim do século, e a sua grande expansão, nos últimos lustros, veio dar um outro sentido à maneira de se encarar os problemas sociais, sem prejuízo dos traços essenciais da democracia britânica.

205. A caracterização jurídica do mandato parlamentar, instituição básica do princípio representativo, é, como dissemos, tarefa penosa, que tem exigido atenção e engenho aos autores. A tese firmada pela Assembléia Nacional francesa, em momento de crise revolucionária, de que o mandato político não é, como o mandato civil, uma simples autorização para o desempenho de comissão determinada, mas, sim, a transferência, a um corpo organizado, de parcela considerável da soberania nacional, de que é detentora a massa dos indivíduos que gozam os direitos de cidadania, estabilizou-se na doutrina democrática. Dessa tese decorrem a independência política dos eleitos, que são considerados representantes da nação e não das circunscrições eleitorais por onde se elegem, e, também, as garantias de inviolabilidade e imunidade parlamentar, de que nos ocuparemos no momento oportuno. Mas, como vimos, à medida em que a democracia política se vai transformando em democracia social, a conveniência de uma certa subordinação dos eleitos ao corpo eleitoral foi-se revelando e, com ela, a necessidade de fixar melhor o caráter jurídico do mandato político, e, portanto, do próprio princípio jurídico da representação.

206. Os juristas têm assinalado, com fundadas razões, as diferenças profundas que afastam o chamado mandato legislativo

do conceito comum de mandato jurídico. Em trabalho especialmente destinado ao assunto, o ilustre professor italiano V. E. ORLANDO procede a uma resenha histórica da evolução do sistema representativo, para mostrar que se, nos seus primórdios, êle conferiu ao mandato público traços de semelhança com o privado, tais traços foram-se desvanecendo, até desaparecerem por completo com a vitória da democracia clássica. Com efeito, a representação medieval era de fundo corporativo, e, assim, os enviados representavam limitadamente os interêsses de certos grupos constituídos, ou de seções determinadas do povo; e recebiam mandato imperativo, o qual era, além disto, revogável. Depois da fusão dos Estados Gerais em uma só Assembléia Nacional, na Revolução Francesa, e das demais conseqüências que daí se seguiram, em matéria de teoria representativa, ficaram assentados os traços principais do mandato político e êstes traços o afastaram, de forma completa, do mandato privado, ou civil.

207. O representante não o é mais de um corpo determinado, nem mesmo do colégio eleitoral que lhe conferiu o mandato: representa tôda a nação. A liberdade no desempenho das suas funções é plenamente garantida pelas imunidades parlamentares, o que liquida o caráter imperativo do mandato. Desapareceu a revogabilidade do mandato, o qual só se perde, para o representante, em casos especialíssimos, por deliberação dos seus pares, mas nunca *ad libitum* dos mandantes, ou eleitores.

Transformações

208. Tôda essa construção teórica, que se processou, lògicamente, partindo das premissas da soberania nacional e da sua indivisibilidade, visava garantir a intangibilidade da representação popular contra as ameaças do poder. Estas idéias permaneceram em prática, nas mais avançadas democracias, durante todo o século XIX, embora surgissem, contra elas, algumas críticas vigorosas, que não podemos aqui acompanhar, por falta de espaço. Os problemas do Estado moderno, principalmente os de ordem social e econômica, vieram, entretanto, colocar a questão em têrmos diversos. Não se cogita mais, agora, de resguardar o Legislativo contra as ameaças dos governos, mas de defender os interêsses populares contra as omissões e erros dos representantes do povo.

E é nesta ordem de idéias que se processam os ensaios da adaptação da doutrina e da prática representativas.

209. Pode-se assegurar que o principal instrumento jurídico que, hoje, participa de tal processo de adaptação, é o partido político, ao qual dedicamos atenção mais pormenorizada no capítulo seguinte. A êste respeito o professor MAURICE DUVERGER, em livro conhecido, pondera, com razão: "O fato da eleição, com a " doutrina da representação foram profundamente transformados " pelo desenvolvimento dos partidos. Não se cogita mais de um " diálogo entre o eleitor e o eleito, a Nação e o Parlamento: um " terceiro se introduzia entre êles, para modificar radicalmente a " natureza das suas relações. Antes de ser escolhido pelos eleitores, " o deputado é escolhido pelo partido, e os eleitores não fazem " senão ratificar esta escolha... Se se deseja manter a teoria da " representação jurídica, é necessário admitir que o eleito recebe " um mandato duplo: do partido e dos seus eleitores. A importân- " cia de cada um varia segundo os países e os partidos, mas, em " conjunto, o mandato partidário tende a sobrepujar o mandato " eleitoral".

210. Na Inglaterra, segundo informa monografia especializada, não havia em 1761 nem um deputado eleito por partido. Em 1951, não havia um só que o não fôsse. Verifica-se, assim (a verdade do que afirma o professor DUVERGER tem sido constatada em vários países democráticos, inclusive no nosso), no funcionamento dos partidos, um organizado instrumento de limitação ao exercício do mandato eletivo. Antes que os partidos houvessem adquirido os podêres jurídicos de que hoje se revestem — e esta aquisição, como veremos, é relativamente recente — o mandato parlamentar só era limitado pela sanção da opinião, expressa na recusa de reeleição. Mas a moderna democracia de partidos veio revolucionar as concepções clássicas. Hoje, vemos várias gradações do poder do eleitor sôbre o eleito, através da máquina partidária. Os parlamentares de todos os matizes são levados a votar com os seus partidos, pelo menos nas "questões fechadas", sob pena de sanções disciplinares, algumas graves e, não raro, reconhecidas por lei. Isto restringe, visìvelmente, a antiga liberdade dos mandatos. A recondução dos eleitos fica dependendo das organizações partidárias, muitas vêzes fortemente centralizadas, que deixa muito duvidosa

a tese de que o representante o é do conjunto da nação, e não de uma seção arregimentada do povo, ou de uma instituição organizada dentro dela. Finalmente, a irrevogabilidade dos mandatos, mesmo nas democracias liberais, pode ser elidida — e o tem sido — por compromissos prévios de renúncia, que os partidos exigem dos seus delegados eleitos. Os partidos de índole totalitária utilizam freqüentemente êste estratagema, mesmo quando a lei do país não admite a revogabilidade, para terem os eleitos mais dóceis à sua orientação. Volta-se, assim, até certo ponto, e por causa de novos e imprevisíveis fatôres, às práticas que caracterizaram a representação pré-democrática. E o partido político tornou-se, repetimos, o grande fator desta incontestável transformação.

BIBLIOGRAFIA

BERTRAND RUSSEL, *Power. A New Social Analysis*, Allen, Londres, 1948.
ALFRED POSE, *Philosophie du Pouvoir*, Presses Universitaires, Paris, 1948.
GUGLIELMO FERRERO, *Pouvoir*, Nova Iorque, 1942.
GEORGES BURDEAU, ob. cit. vol. I, "Le Pouvoir Politique", Paris, 1949.
G. TARDE, *Les Transformations du Pouvoir*, Alcan. Paris, 1899.
CARRÉ DE MALBERG, ob. cit.
JELLINEK, ob. cit.
MARIO GALIZIA, ob. cit.
HERÓDOTO, ob. cit., liv. I.
CÍCERO, ob. cit.
LIÑARES QUINTANA — *Derecho Constitucional Soviético*, Claridad, Buenos Aires, 1946.
VYSHINSKY, *The Law of the Soviet State*, Macmillan, Nova Iorque, 1948.
G. VEDEL, *Les Démocraties Marxistes*, Les Cours de Droit, Paris, 1951.
J. M. THOMPSON, *The French Revolution*, Blakwell, Oxford, 1943.
GINO ARIAS, *Mussolini e il suo Fascismo*, Le Monnier, Florença, 1927.
ADOLF HITLER, *Mein Kampf*, Franz Eher, Munique, 1932.
EDMOND VERMEIL, *L'Allemagne*, Gallimard, Paris, 1945.
STUART MILL, *Le Gouvernement Representatif*, Guillaumin, Paris, 1877.
Encyclopaedia of Social Sciences, cit, verbête "Representation".
V. E. ORLANDO, ob. cit.
MAURICE DUVERGER, *Les Partis Politiques*, Armand Colin, Paris, 1951.
E. LAKEMAN e JAMES LAMBERT, *Voting in Democracies*, Faber, Londres, 1955.

CAPÍTULO VII

Eleições. Sistemas eleitorais. Partidos políticos.

Eleições

211. Os governos dos grupos ou instituições podem ser selecionados por mais de uma forma. No que se relaciona com os Estados e as demais comunidades públicas, tem-se praticado, através da História, a seleção por meio da herança familiar, ou do sorteio. O govêrno hereditário é típico das Monarquias baseadas na teoria do Direito divino (embora o antigo costume germânico das monarquias eletivas tenha-se mantido, até épocas relativamente recentes, em alguns países). O sorteio era, como vimos, processo habitual de escolha de governantes na Grécia antiga, tendo deixado resquícios, em casos excepcionais (como o desempate entre candidatos com a mesma votação), nas democracias modernas.

212. Cedo se manifestaram os inconvenientes de tais processos. O poder hereditário foi condenado pelo que tem de arbitrário e pelas dificuldades que estabelece ao princípio da participação popular na escolha dos governantes. Quanto ao sistema do sorteio, êle não se compadece com a especialização que as tarefas do Estado exigem dos homens de govêrno, e só era eficiente em organizações políticas relativamente rudimentares. Por tudo isto é que, se a teoria democrática marchou juntamente com o sistema representativo, a tese da representação foi-se tornando, também, inseparável do princípio eleitoral.

213. Muitas são as teorias que procuram justificar as eleições e traduzir o seu verdadeiro significado. Para nós é suficiente fixar os dois aspectos principais: a eleição é, em primeiro lugar, o processo mediante o qual os componentes de um grupo investem do poder legal os seus dirigentes e, em segundo, a maneira

mais eficaz que os governados têm, para expressar os rumos em que desejam ver orientado o govêrno, e a opinião, que recolheram, da conduta e da gestão dos governantes.

214. É antigo o uso do voto na vida política. Em Roma, a partir do II século a.C. o processo eleitoral adquiriu certa perfeição técnica e forma bastante estável. Isto não impedia que as eleições mais importantes, como as dos comícios das centúrias (nas quais se escolhiam os cônsules) em nada representassem a verdadeira opinião dos cidadãos. Com efeito, o voto não era individual, mas dado por centúrias. As classes nobres e ricas possuiam muito menos eleitores por centúrias do que as populares, indo a diferença de 100 eleitores por centúria (na ordem dos cavaleiros eqüestres) até 130.000 (na classe dos proletários). Desta forma, como a votação era feita sucessivamente e não conjuntamente, o número de centúrias suficiente para atingir à maioria chega sempre muitos antes que a massa popular pudesse votar por intermédio dos seus representantes. Esta votação discriminatória, fundada em diferenças de fortuna (depois chamada restrita ou censitária), existiu nos sistemas democráticos sob várias modalidades, até à difusão do sufrágio universal, em época recente.

215. Na Idade Média, as poucas eleições que a História registra se realizavam em pleitos municipais, visto que, como temos mais de uma vez acentuado, os Estados nacionais haviam desaparecido. Algumas cidades da França, Bélgica e Alemanha, com foros de autonomia, eram administradas por corpos municipais de "escabinos", "pares" ou "jurados". Êsses conselhos administrativos eram eleitos pelo voto de uma assembléia de eleitores recrutados de forma censitária. Pertenciam ao grupo restrito inscrito nos livros da burguesia urbana, e eram os habitantes mais ricos e nela radicados mais longamente.

216. A democracia liberal, a partir da Constituição francesa de 1791, adotou o sufrágio censitário, aplicando-o de diversas maneiras. A mais corrente era restringir-se o direito de votar (*Jus suffragii*) aos grupos que pudessem dispor de um mínimo de renda, estabelecendo-se o mesmo princípio, quase sempre com forte aumento dos níveis exigidos, para o direito de ser votado (*jus honorum*).

217. Além do voto censitário, exercia importante papel, com os mesmos objetivos, o chamado voto indireto, que era dado em dois ou mais graus. Por êste sistema o eleitor não votava diretamente no candidato, mas em outro eleitor, que, por sua vez, exercia o direito de voto. Êste processo seletivo tinha por fim fazer subir o nível social do último votante. No Brasil, os sistemas eleitorais do Império adotaram o voto censitário e indireto [1].

218. À vista do exposto, compreende-se que as reivindicações referentes ao estabelecimento do sufrágio universal e do voto direto tenham tido, sempre, grande importância na ampliação das liberdades democráticas.

219. A explicação doutrinária que representavam os juristas para o sufrágio censitário, era a de que o eleitor dependente (empregado, operário urbano ou rural) seria levado incoercìvelmente a votar com os seus patrões, frustrando-se, assim, precisamente, o princípio da liberdade eleitoral, em benefício dos mais ricos, ou seja, dos que tivessem mais dependentes. Mas tal presunção, alegada a princípio de boa-fé, com o tempo se revelou infundada, à proporção que as condições do trabalho na grande emprêsa foram retirando os trabalhadores da supervisão direta dos patrões, e que se começou a propugnar a garantia suplementar do voto secreto.

220. ESMEIN mostra como, em certa época, o sufrágio restrito ou censitário chegou a representar um progresso sôbre o sufrágio universal, que não era aplicado senão simbòlicamente. Com efeito, na Inglaterra, as representações medievais ao Parlamento eram obtidas por votação pretendidamente universal das comunas territoriais. Mas, na verdade, o povo, reunido em massa heterogênea e indiscriminada, não fazia senão ratificar a escolha dos nomes que lhe eram apresentados pelos senhores. Aos poucos é que os mais poderosos e esclarecidos elementos das classes populares foram exigindo votação consciente e livre, baseada nas qualificações de propriedade. Era, portanto, um progresso. Mas, com o passar dos tempos, êste antigo progresso foi-se tornando, por sua vez, retrógrado, e então passou a ser defendida a instalação do

---

[1] V. vol. II do Curso (Parte histórica).

verdadeiro sufrágio universal, com as necessárias garantias de liberdade e autenticidade.

221. O sufrágio universal, apesar de referido e adotado teòricamente em algumas leis revolucionárias, não foi estabelecido, de fato, até a Constituição da segunda República francesa, em 1848. Mesmo aí era incompleto, pois o direito de voto não era extensivo às mulheres e só o veio a ser, na França, no presente século. Na Inglaterra, a luta democrática pela ampliação do sufrágio conquistou a sua primeira vitória com a reforma eleitoral de 1832. Ampliações posteriores foram sendo obtidas, mas, sòmente no século XX, o verdadeiro sufrágio universal foi ali estabelecido, através do voto feminino, da eliminação dos eleitorados especiais (como certas Universidades) e dos votos plurais, ou seja dos eleitores com direito a mais de um voto.

O sufrágio universal com voto direto pressupõe, para que seja autêntico, não só o voto feminino como, também, a alfabetização do povo. Alguns autores sustentam que a proibição do voto aos analfabetos não significa quebra do princípio do sufrágio universal. É possível que assim seja, jurìdicamente. Mas sociològicamente não há dúvida que a proibição do voto ao analfabeto retira ao sufrágio o caráter de universal e impõe-lhe o de censitário, pois é evidente que a alfabetização nos países atrasados representa participação em melhores condições econômicas de vida. Há, portanto, fundamento na reivindicação do voto para os analfabetos, nos países do tipo do Brasil. Em princípio, o eleitor que não sabe ler tem a mesma capacidade de discernimento do que o que apenas assina o nome e soletra as frases, podendo aquêle votar por meio de cédulas coloridas, ou outro processo que lhe permita manifestar-se.

222. Hoje, a maioria dos países democráticos adota o sufrágio universal, com os seus corolários do voto direto e único, ou igual. Nos Estados Unidos ainda se conserva, para as eleições presidenciais, a tradição do voto indireto. Mas é sòmente a tradição, pois os eleitores de segundo grau recebem, de fato, um mandato imperativo, e, assim, a eleição é, na verdade, direta. Quanto ao voto desigual (possibilidade de certos eleitores darem mais de um voto) muitos não são os países que, como Portugal, o adotam presentemente. É interessante observar que a atual Constituição brasileira não impede essa modalidade de voto.

223. Para os fins dêste Curso podemos, pois, analisar os sistemas eleitorais, partindo das premissas do sufrágio universal e do voto direto e igual.

Sistemas eleitorais

224. Antes de entrarmos na apreciação, sumária como se impõe, dos sistemas eleitorais, devemos observar que todos êles, por diferentes que sejam, se distribuem em dois grandes grupos: o que procura defender o govêrno das maiorias e o que procura resguardar a representação das minorias.

Pode-se dizer que o primeiro grupo tem mais em vista a formação e a eficiência dos governos, enquanto o segundo visa fortalecer a liberdade e a justiça na distribuição do poder político.

Nos seus primórdios, o sistema democrático não se preocupou especialmente com a representação das minorias, e era natural. A concepção do govêrno oriundo da "vontade geral" (J. J. ROUSSEAU) que prevalecia incontestada, levava necessàriamente à conclusão majoritária absoluta, do que a majoritária simples é uma adaptação instrumental. A representação minoritária parecia, mesmo, subverter o significado da soberania. Esta noção dividia um pouco primàriamente o corpo eleitoral em dois blocos maciços: maioria e minoria, govêrno e oposição. Tais idéias podiam convir a um Estado absenteísta e a uma sociedade pouco diferenciada. Aos poucos, porém, foi-se tornando patente que os interêsses sociais se dividem em vários grupos distintos, não necessàriamente conjugados, embora ocasionalmente aproximados, mas que tais grupos precisam fazer-se representar nas deliberações políticas. Então começaram a surgir as várias tentativas legais de se assegurar a representação das minorias, de que daremos curta notícia.

Passemos, agora, a considerar, sucessivamente, os sistemas eleitorais, em função dos ideais majoritários e minoritários. É claro que quando não há mais de um pôsto a preencher (eleição para presidente, prefeito, etc.) o sistema só pode ser majoritário. As minorias eleitorais, por isto, só se fazem representar nos órgãos de representação coletiva.

225. O princípio da simples maioria, verificado em um só pleito ou turno, foi o que desde logo se estabeleceu nos sistemas eleitorais. A sua prática levantou, também precocemente, a objeção de que podia levar a eleger representantes por minoria, visto que, presentes mais de dois candidatos a uma mesma circunscrição eleitoral, o eleito podia sair vitorioso com um número de votos inferior à soma dos sufrágios obtidos pelos candidatos derrotados. Esta tem sido uma das principais críticas ao sistema de maioria simples e em um só turno, usado na Inglaterra. Outra crítica fundada é a de que, constituindo-se o govêrno parlamentar pela maioria da Câmara dos Comuns, e sendo a circunscrição eleitoral inglêsa o círculo uninominal, acontece freqüentemente que um partido pode ter, no cômputo geral, muito maior número de votos e eleger apesar disto menos deputados, porque o partido adversário pode vencer em um número maior de círculos, que possuem, no entanto, menor número de eleitores. Esta situação funciona geralmente contra os partidos populares (socialistas), normalmente mais fortes nas mais densas concentrações urbanas.

226. Trataram os juristas e legisladores de obter corretivos a tal desvio do princípio majoritário. Um dêles foi a realização de um segundo pleito, ou turno, entre os dois candidatos mais votados no primeiro, forçando-se, desta forma, a manifestação da maioria absoluta.

227. O sistema majoritário não exclui a possibilidade da apresentação de vários candidatos pelo mesmo círculo eleitoral, tendo o eleitor tantos votos quantos sejam os candidatos. No Império, por exemplo, a legislação eleitoral do Brasil conheceu o círculo uninominal e o mais de um deputado. Esta modalidade de votação majoritária, porém, não afasta as injustiças do sistema, porque, desde que a votação se distribui por partidos, aquêle que tenha maior número de eleitores arrebata todos os postos, sem que as minorias, por mais numerosas que sejam, possam ser contempladas.

228. Desde a primeira metade do século XIX, em virtude das causas mencionadas acima (n.º 225), tornou-se visível a necessidade de adaptação do princípio majoritário que permitisse às minorias representarem-se no quadro das instituições. Várias foram as soluções alvitradas e adotadas, sendo as mais correntes as da lista incompleta e do voto cumulativo, aplicáveis ambas ao

sistema do círculo eleitoral comportando mais de um nome. Por meio da lista incompleta o eleitor dispunha de um total de votos menor do que o número de postos a preencher, ficando aberta às minorias a possibilidade de completar as listas. Pelo voto cumulativo (adotado no Brasil pela chamada lei Rosa e Silva, de 1904), o eleitor dispunha de tantos votos quantos fôssem os postos a preencher, mas poderia concentrá-los todos em um só candidato, o que aumentava consideràvelmente as possibilidades de um nome apresentado por uma minoria disciplinada, visto que o eleitor majoritário era forçado a dispersar os votos pelos vários candidatos do seu partido.

229. Êsses e outros processos de garantir o direito das minorias nas eleições foram, contudo, simples etapas na marcha para o sistema da representação proporcional, de todos os que mais adequadamente realiza aquêle objetivo.

230. O princípio da representação proporcional começou, há mais de um século (entre 1850 e 1860), a ocupar a atenção e os esforços de pensadores políticos e legisladores. Em 1859 o inglês THOMAS HARE publicou um livro verdadeiramente revolucionário em matéria de Direito eleitoral, no qual surgiu pela primeira vez proposta e explicada a representação proporcional pelo quociente eleitoral, sistema que ainda hoje é o adotado geralmente nos países que aplicam aquêle tipo de representação. A idéia era simples. Tratava-se de dividir o número de votantes pelo de postos eletivos a preencher na circunscrição. Todo candidato que obtivesse uma soma de voto igual ao quociente daquela divisão, estava eleito em primeiro turno. Preenchidos os postos de primeiro turno, os votos passariam a beneficiar os candidatos que se seguissem, na ordem da lista apresentada pelo eleitor, sendo, então, eleitos os restantes pelo voto majoritário. O quociente eleitoral de HARE foi uma verdadeira descoberta, como bem disse STUART MILL que, na qualidade de deputado à Câmara dos Comuns, apresentou, em 1867, um projeto-de-lei adotando-o como base das eleições inglêsas, projeto que, embora apoiado pelo ilustre SALISBURY, não foi aceito pelos seus pares, nem o seria no futuro, visto que, até hoje, a Inglaterra desconhece a representação proporcional. Em 1893 ASSIS BRASIL, então deputado federal, apresentou à Câmara brasileira um projeto-de-lei que era, exatamente, a repetição do sistema HARE, revivido no projeto de STUART MILL. Também aqui a justiça

da reivindicação não foi bem compreendida e, sòmente depois da Revolução de 1930, o sistema proporcional veio a se tornar vitorioso.

231. Hoje a representação proporcional propagou-se amplamente nos países democráticos, sendo, entretanto, de se observar que a Inglaterra e os Estados Unidos mantiveram-se fiéis ao princípio majoritário. Alguns autores sustentam, com aceitáveis argumentos, que o voto majoritário tende a distribuir as opiniões em dois grupos, gerando o mecanismo bipartidário inglês e norte-americano, o qual simplifica e facilita as eleições e a formação dos governos. Não há dúvida de que a coincidência do voto majoritário com o bipartidarismo é visível naqueles países, mas outros existem, como o Canadá, em que o voto majoritário não impede a formação de três e mesmo quatro partidos fortes, como demonstram os estudos de LAKEMAN e LAMBERT.

232. Continuam abertas as discussões sôbre as vantagens e desvantagens recíprocas dos sistemas majoritário e proporcional. Para nós elas são, hoje, puramente acadêmicas, visto que a representação proporcional, inaugurada no Brasil em 1933, parece definitivamente incorporada aos nossos costumes democráticos. De qualquer forma, e em que pêsem às observações, muitas vêzes procedentes, sôbre a maior eficiência do sistema majoritário para assegurar a estabilidade dos governos, a verdade é que a representação proporcional presta um grande serviço em países do tipo do Brasil: dispersando as fôrças eleitorais e as maiorias, torna necessárias as coalizões nas assembléias legislativas, o que é um freio aos excessos de poder dos governos.

Partidos políticos

233. No final do capítulo anterior já demos a medida da função que o jurista hoje atribui aos partidos políticos.

234. Podemos agora afirmar, sem exagêro, que o partido político se tornou a peça mais importante no quadro do funcionamento dos governos modernos. Instrumento insubstituível na organização jurídica e política do poder, a sua atuação instrumental e técnica não se acha (como, aliás, nenhuma outra técnica) condicionada a qualquer ideologia ou sistema. Estados democráticos ou totalitários; economias públicas liberais, capitalistas, socialistas ou comunistas, vivem, hoje, organizadas sob o

signo partidário, seja na regime da pluralidade (Brasil, França, Itália, China), da virtual dualidade (Inglaterra, Estados Unidos) ou no da unidade (Rússia, Portugal, Espanha) de partidos.

235. Um dos primeiros tratadistas sistemáticos do fenômeno partidário, OSTROGORSKI, já salientava, há mais de meio século, o aspecto predominante com que o mesmo fenômeno se apresenta: *êle é o processo jurídico de distribuição das fôrças políticas, dentro do Estado*. Com efeito, os órgãos clássicos do Estado democrático — Executivo, Legislativo, Judiciário e mesmo, segundo alguns, o corpo eleitoral — correspondem à necessidade da *distribuição das funções de govêrno* e são, portanto, instituições ligadas ao formalismo da vida estatal. Mas tal formalismo é, afinal, definidor e limitativo de um fundo, e êste fundo não pode ser outra coisa senão a luta constante entre os interêsses dos grupos sociais e econômicos que coexistem dentro do Estado, à procura de um equilíbrio jurídico, na constituição do poder[2]. A luta se manifesta, precisamente, pela ação do que chamamos as fôrças políticas, que são, afinal, aquêles interêsses coordenados em correntes de opinião, atuantes no plano institucional. E o instrumento de coordenação de tais correntes é, exatamente, o partido político.

236. Partindo dêsses postulados preliminares, poderemos compreender a razão pela qual o fenômeno partidário, sempre observável para o historiador e o sociólogo, foi tão retardatário na aceitação e na consideração do jurista. O reconhecimento do partido como instituição legal era dificultado, porque se chocava com certas convicções dominantes na teoria clássica do Direito Constitucional e, em primeiro lugar, com a tese da unidade da soberania. O princípio teórico de que a soberania nacional era una e indivisível, já tinha sofrido uma indiscutível acomodação, imposta pelas circunstâncias, com o reconhecimento da divisão dos podêres, interpretada, por isso mesmo, como não passando de uma distribuição de funções orgânicas, entre os podêres independentes, porém harmônicos[3]. Mas o reconhecimento jurídico do fato de que ela também se dividia na fonte mesma da sua manifestação, ou seja, no exercício do sufrágio, parecia conflitar irremediàvelmente com o princípio da vontade geral, *formada pela*

---

[2] Sôbre o poder político e as suas manifestações, v. cap. VI.
[3] O assunto será desenvolvido no vol. III do Curso.

adição mecânica das vontades individuais dos cidadãos, princípio que se afigurava indiscutível, quer para os fundadores da democracia representativa (LOCKE), quer para os restauradores utópicos da democracia direta (ROUSSEAU).

237. Compreende-se, à vista disso, que houvesse forte repugnância em conceder-se estatuto jurídico a uma realidade social considerada como um processo de desvirtuamento e corrupção da doutrina democrática. É claro que a presença, ainda que informe, dos partidos, como fôrças influentes no jôgo das competições políticas, não podia ser desconhecida. Mas os juristas do século passado, na sua quase totalidade, mantinham, sôbre êles, o mesmo julgamento dos historiadores: consideravam-nos movimentos sociais, mais ou menos inorgânicos, e insuscetíveis de cristalização e disciplinamento jurídico. Os historiadores de Roma falam no "partido" dos Gracos, ou de César, no "partido" da plebe ou dos aristocratas, simplificando, através da expressão, a menção de fôrças sociais despertas mas imprecisas e desconexas, que atuavam por meio de manifestações ocasionais, tumultos e revoluções, sem doutrina formalizada nem organização preestabelecida.

238. Na Idade Média, foi nas cidades italianas que se manifestou com mais vigor a declinante instituição do Estado. E naquelas pequenas Repúblicas aristocráticas, ou principados absolutos, assistimos à luta dos partidos, tão incompreendida e indefinida como a de Roma. Em Florença, por exemplo, guelfos e gibelinos levam até o Inferno, na poesia de DANTE, as suas paixões implacáveis, e SAVONAROLA pagou na fogueira, sob pretexto de desobediência ao papa, a sua vocação de agitador partidário. Com a Reforma religiosa da Renascença, as lutas político-partidárias se mascaram de disputas religiosas. E os interêsses divergentes das classes faz correr sangue, em nome das interpretações da Bíblia. O advento da democracia representativa foi que permitiu a acomodação dêsses interêsses, desde que transplantou a sua luta, do campo do conflito armado entre as facções, para o duelo oratório das assembléias eleitas. Mas, ainda aqui, o reconhecimento efetivo do fenômeno partidário foi, como dissemos, e pelas razões que indicamos, tardio.

239. Na segunda metade do século XVIII, a influência dos partidos tornou-se patente nos dois únicos países em que a democracia se instalara constitucionalmente, de forma satisfatória: Inglaterra e Estados Unidos. No entanto, na primeira, como vimos, os partidos eram instituições extraparlamentares, não se considerando nenhum dos membros da Câmara dos Comuns como eleito por êles (v. cap. VI, n.º 210). Quando aos Estados Unidos, os melhores homens da geração da Independência condenavam, com energia, o que êles chamavam espírito de facção, ou seja, a divisão das correntes políticas nos dois agrupamentos que, com o andar dos tempos, vieram a ser os seus partidos tradicionais.

240. Em época recente, a História e a Sociologia já tinham constatado a divisão dos povos e da sociedade em grupos perfeitamente identificáveis, em função de fatôres de natureza cultural, econômica e social. Mas o Direito público recusava-se a estender essa divisão até as fôrças primárias, de onde emerge a estrutura do Estado, impedido, como disse, pela ficção da unidade da soberania, e pela dificuldade de compatibilizar o princípio do primado da opinião individual com a arregimentação e a filiação partidárias.

241. Essas dúvidas eram, porém, improcedentes. Em primeiro lugar, a manifestação da "vontade geral", que seria a materialização da soberania, nunca foi entendida como pressupondo a unanimidade das vontades individuais, mas, simplesmente, a sua maioria. Variavam as explicações filosóficas sôbre o emprêgo do princípio majoritário, mas ninguém nunca a êle se opôs, a não ser combatendo os fundamentos mesmos da doutrina democrática. A princípio considerava-se a divisão da "vontade geral" em apenas dois blocos — maioria e minoria. Mais tarde verificou-se que êstes dois blocos tinham, muitas vêzes, diferenças internas de composição, e esta é, exatamente, a base doutrinária da representação proporcional. Por outro lado, patenteava-se que as opiniões individuais raramente são subjetivas ou espontâneas. Despertam e se afirmam em função de interêsses objetivos, e se congregam, inevitàvelmente, em grupos ou correntes. Assim o voto, manifestação da opinião individual, passou a ser, também, considerado como a manifestação de uma opinião coletiva. O que resta de individual nêle, hoje, são a liberdade da sua manifestação nas

urnas e a liberdade da adesão do votante a esta ou àquela corrente de opinião. Tudo isto foi mostrando que o eleitor não se manifesta atomìsticamente, como uma unidade isolada no seio da infinda multiplicidade. Êle o faz, dentro de um sistema de convicções ou de interêsses, sistema que cria um verdadeiro grupo de instituições políticas, colocadas entre o sufrágio, que gera o poder, e o poder, que nasce do sufrágio. Estas instituições são, precisamente, os partidos. Começou, então, a Ciência Política a se interessar pelo funcionamento e pela influência dos partidos, antes que o Direito Constitucional o fizesse, e antes que a legislação dêles se ocupasse. Finalmente, desde a Primeira Guerra Mundial, os partidos passaram a ser objeto de tratamento legal em alguns países, principalmente nas leis eleitorais. Aos poucos foi-se estendendo o seu estatuto jurídico, a ponto de ser a literatura especializada, a êles dedicada, uma das mais abundantes e sugestivas no Direito Constitucional contemporâneo, em todos os países.

242. A Constituição alemã de Weimar (1919) neste, como em outros pontos, precursora, parece ter sido a primeira que se ocupou com os partidos políticos, ainda que indiretamente. No art. 124, com efeito, ao regular a capacidade jurídica das associações, ela determina que "essa capacidade não poderá ser recusada a uma associação, pelo fato dela possuir finalidade política". Ficava, assim, garantido o reconhecimento jurídico das associações políticas, isto é, dos partidos. Esta disposição constitucional visava revogar certas normas para o registro das associações, previstas no Código Civil alemão. Por tais normas, as autoridades administrativas tinham o poder de negar capacidade jurídica a certas associações políticas, impedindo sua inscrição nos registros legais e, conseqüentemente, o seu funcionamento.

243. Hoje, numerosas Constituições contêm normas especiais sôbre os partidos políticos. Em algumas, as disposições são bastante minuciosas, provendo inclusive sôbre a compatibilidade dos partidos com a Constituição. Neste particular é que se manifesta o grande choque ideológico entre a democracia ocidental e a democracia marxista. Partindo de concepções antagônicas, quanto ao Estado e à liberdade humana, é natural que as Constituições modernas atribuam aos partidos, como instrumentos de govêrno, um valor especial na realização das idéias políticas. Daí o empenho de algumas em proibir o funcionamento de partidos

cujos programas contrariem os valôres ideológicos básicos, por elas assentados. Utilizando, habitualmente, a palavra democracia, embora carregada de sentidos diversos, excluem por antidemocráticos os partidos que contravenham às concepções constitucionais. Vamos referir, a título de exemplo, duas Constituições européias, uma democrática à maneira ocidental, outra à maneira marxista, para mostrar como, de um e outro lado da "cortina de ferro", se estabelecem restrições aos partidos que não adiram à ordem constitucional vigente. A Constituição alemã de 1949, no art. 21, dispõe: "Os partidos concorrem para a formação da vontade "política do povo. Sua criação é livre. Sua organização interior "deve ser conforme aos princípios democráticos. Êles devem "publicar a origem dos seus recursos. Os partidos que, segundo "o seu programa, ou pela atitude dos seus membros, atentem "contra a ordem constitucional liberal e democrática, ou tendam "a eliminar, ou pôr em perigo, a existência da República Federal "da Alemanha, são inconstitucionais. Compete ao Tribunal "Federal pronunciar-se sôbre a sua inconstitucionalidade".

244. Por seu lado, a Constituição soviética vigente, promulgada em 1936 e emendada sete vêzes pelo Soviete Supremo até 1946, determina, no art. 126: "Os cidadãos mais ativos e "conscientes da classe operária e das outras camadas de "trabalhadores se unem no Partido Comunista (*Bolchevik*) da "U.R.S.S., guarda avançada dos trabalhadores na sua luta pela "consolidação e o desenvolvimento do regime socialista e núcleo "dirigente de tôdas as organizações de trabalhadores, como "também das organizações sociais e do Estado". Há outros países que proíbem os métodos de luta política que contrariem os princípios constitucionais adotados, como, por exemplo, a Itália (art. 49), e a Rumânia (art. 32), de um lado e de outro da "cortina de ferro". Corresponde, pois, a essa tendência o § 13 do art. 141 da Constituição brasileira de 1946, o qual declara que "é vedada "a organização, o registro ou o funcionamento de qualquer partido "político ou associação, cujo programa ou ação contrarie o regime "democrático, baseado na pluralidade dos partidos e na garantia "dos direitos fundamentais do homem".

245. A literatura constitucional sôbre os partidos é, atualmente, como informamos, copiosa e brilhante, em vários países. Estudos científicos se sucedem sôbre a história, a estrutura, a

significação político-ideológica, a expressão sociológica e o caráter jurídico dos partidos, bem como sôbre as relações, cada vez mais importantes, entre os mesmos e o comportamento eleitoral, de um lado, e o exercício dos mandatos políticos do outro. Aqui daremos apenas algumas indicações essenciais, relacionadas com o nosso Curso.

246. Do ponto de vista da Sociologia Política, não há negar que os partidos têm sofrido transformações consideráveis, na estrutura e nos métodos de ação, à medida que se precisa e se avoluma a sua participação no processo eleitoral. Sendo certo que êles concorrem — como diz a Constituição alemã — para "a formação da vontade política do povo", é natural que se organizem, estrutural e funcionalmente, para preencher tão importante finalidade. Não há dúvida que tal organização depende muito das origens sociais do partido e, conseqüentemente, dos seus objetivos ideológicos. Os partidos chamados "de massa", sejam ditatoriais como os comunistas ou os da gama fascista, sejam democráticos como os socialistas e trabalhistas, são agremiações de estrutura interna mais compacta e cerrada e de disciplina mais rígida que os partidos liberais e conservadores. As normas de funcionamento das agremiações muito raramente são delineadas pela lei, e, quando tal ocorre, é sempre em têrmos gerais. Por isso, nas democracias, a vida partidária fica, quase sempre, subordinada aos estatutos particulares das agremiações, às decisões das suas diretorias e aos costumes que se vão estabelecendo através do seu funcionamento. De qualquer forma, porém, o certo é que se observa atualmente, em geral, uma tendência marcada à maior disciplina dos partidos, quaisquer que êles sejam, e a uma influência muito maior dos aderentes e eleitores sôbre a sua orientação, que se reflete, igualmente, no comportamento dos respectivos grupos parlamentares. A liberdade de opinião do representante, presumidamente inseparável do exercício do mandato, nos têrmos do Direito Constitucional clássico, é, hoje, severamente limitada, mesmo no caso dos partidos liberais, pelo mecanismo partidário, que atua por meio das células, seções, conselhos diretores, congressos e convenções de militantes, ou mesmo pressão de eleitores. Tal limitação, repetimos, vai-se tornando sempre mais sensível, à medida que o partido se transforma em organização mais ligada às massas populares.

247. Das considerações anteriores, decorre uma outra observação: a de que os partidos tendem cada vez mais para a centralização, enquanto esta, por sua vez, prepara o caminho à oligarquia e ao bonapartismo (dominação individual) dentro dos partidos. Em estudo, sob muitos aspectos precursores, ROBERT MICHELS examinou com felicidade o fenômeno da centralização dos partidos e da queda conseqüente do seu teor democrático interno, em benefício de oligarquias dirigentes ou de individualidades ditatoriais. Suas observações, emitidas há 40 anos, são confirmadas por todos os que, modernamente, estudaram o assunto.

248. Ponto que não deve ser esquecido é a influência que têm os sistemas eleitorais na formação e na atuação dos partidos. Isto é fàcilmente compreensível. Com efeito, se, por um lado, os partidos aparecem como instrumentos coordenadores da vontade popular, por outro, o processo eleitoral pode modificar sensìvelmente os resultados das votações, portanto, a importância dos partidos. A êste respeito há trabalhos extremamente instrutivos, sendo lícito destacar o inquérito levado a efeito sob a supervisão do professor DUVERGER, quanto aos sistemas eleitorais de vários países, nas suas relações com a vida dos partidos, e os estudos de JACQUES CADART e MARK BENNEY, sôbre o caso especial da Inglaterra. Sem excessos rigoristas e respeitadas as exceções, poderemos fixar as seguintes observações: *a*) ligação entre o voto majoritário, em um só turno, e o regime bipartidário; *b*) facilitação da vitória dos partidos moderados contra os extremistas, quando se permite o segundo turno, no voto majoritário em círculo uninominal, com possibilidade de alianças; *c*) multiplicação dos partidos nos parlamentos, quando se adota a representação proporcional.

249. As observações se fundam em fatos fàcilmente explicáveis. O voto majoritário em um só turno, no círculo uninominal (sistema inglês), coloca o resultado entre os dois candidatos mais prestigiosos, desencorajando fàcilmente o terceiro candidato e, portanto, a terceira corrente de opinião. Esta prefere fundir-se em uma das duas outras representadas pelos dois candidatos que, na zona, personalizam as soluções verdadeiramente opostas. A proporção que o Partido Trabalhista foi personalizando mais autênticamente a oposição à política conservadora, foi minguando,

até quase desaparecer, o Partido Liberal, que tinha sido o autêntico opoente dos *tories* (conservadores) no século XIX. A existência de um segundo turno, com possibilidade de aliança (sistema francês), facilita, dissemos, a vitória dos partidos moderados. A razão é simples. No primeiro turno, os partidos democráticos cedem à atração do personalismo ou do particularismo doutrinário, e se dividem. A divisão não assegura a nenhum a maioria absoluta em primeiro turno, dentro do círculo. Os extremistas (comunistas) conquistam freqüentemente a maioria relativa. Então, no segundo turno, os partidos democráticos (moderados) se aliam, para evitar a vitória daqueles. Êste sistema, apesar de combatido por alguns juristas (como, por exemplo, o professor ROGER PINTO), tem a sua lógica. De fato, há um momento em que a opção se coloca não entre concepções parciais sôbre a linha do govêrno, mas entre duas concepções da vida: a totalitária e a democrática. E neste terreno é que se deve dar a definição final. Por último, a multiplicação dos partidos pela representação proporcional também se explica. Desde que quem atinja o quociente eleitoral, em cada círculo, faz um deputado, é natural que pequenas correntes da opinião desejem se afirmar livremente, enviando seus porta-vozes especiais ao Parlamento.

250. A importância dos partidos é, como dissemos, muito função dos sistemas eleitorais, que podem avantajar ou prejudicar as suas representações, em desproporção flagrante com a efetiva manifestação eleitoral. Já vimos como o processo de círculo uninominal e voto majoritário, em um só turno, dá em resultado, na Inglaterra, à eleição das bancadas partidárias que não correspondem ao número de sufrágios expressos. Aliás, foi um membro destacado do Partido Trabalhista britânico quem escreveu certa vez que "não há maior jôgo (*gamble*), no mundo, do que uma eleição geral na Inglaterra". Nos Estados Unidos é sabido que as eleições presidenciais podem indicar para presidente, pelo sistema adotado, um candidato que não teria de forma alguma obtido maioria nas eleições diretas. Os vários sistemas proporcionais influem, também, no resultado das urnas. Isto se verifica principalmente nos métodos adotados para o provimento dos postos eletivos ou cadeiras "em sobra", que são aquelas que restam depois da distribuição efetuada por meio do quociente eleitoral.

De entre os vários arranjos preconizados para a referida distribuição, o que mais se aproxima da proporcionalidade matemática foi o sugerido, em 1878, pelo professor belga HONDT, e que tomou o seu nome. O processo HONDT visava, em substância, eliminar as concessões que as primeiras formas de aplicação do princípio proporcional faziam ao princípio majoritário, e que ocorriam no momento da distribuição dos restos do quociente eleitoral, ou melhor, das cadeiras em sobra. Esta evolução também se verificou no nosso país. A distribuição das cadeiras em sobra, que era feita, no Brasil, em benefício do partido majoritário, passou, depois, como veremos no momento próprio, a contemplar os diversos partidos, através de um cálculo aritmético baseado no sistema de HONDT.

251. Os partidos políticos são, ainda, estudados do ponto de vista da sua estrutura, organização interna e obtenção de recursos. Há importantes trabalhos sôbre essas matérias, que se prendem, no entanto, de preferência, à Ciência Política e à Sociologia eleitoral. Um aspecto existe, contudo, que merece exame no plano jurídico: é o referente ao partido único, ou totalitário. A idéia mesma de partido único parece repugnar à lógica. O próprio nome de partido sugere a noção de parte, e parte não é o todo. A situação, aparentemente anômala, é, porém, consequência lógica da aplicação de certa concepção do Estado.

252. A teoria marxista sustenta que, não sendo o partido senão a expressão concreta, no plano político, da luta de classes, a sua diversidade está condicionada à existência de classes sociais. Desde que, com a implantação da ditadura do proletariado, apenas a classe operária tem atuação política, é natural que só goze de reconhecimento legal o partido que a representa. Esta explicação, porém, não satisfaz, ou, pelo menos, não é completa. Com efeito, outros regimes não-marxistas, e até antimarxistas, como o nazismo e o fascismo, foram levados, invencìvelmente, a adotar a prática do partido único, por injunções, não de uma organização social, mas de uma organização estatal. Parece, assim, fora de dúvida, que o problema do partido único está ligado à forma totalitária do Estado, qualquer que seja o seu ideal social.

253. O partido fascista italiano, por exemplo, foi declarado

único, por lei de 1938. Comentando esta decisão, escreve o professor RANELLETTI, que "se instalava, assim, na vida pública italiana "o nôvo sistema constitucional do partido único que *alguns* "*Estados* adotaram naquele período, na Europa, isto é, um partido "que assume e mantém totalitàriamente o *govêrno do Estado,* "com exclusão e proibição da existência de qualquer outro, no "propósito de colocar, *nos fins do Estado* os ideais políticos e "sociais do próprio programa". Vemos, neste trecho do ilustre professor italiano, a confirmação da nossa asserção de que o partido único é menos um instrumento de afirmação de determinada ideologia — como queria LÊNINE — do que a fôrça vital de um certo tipo de Estado, o Estado totalitário, qualquer que seja a ideologia em que o mesmo se baseie. No sistema constitucional totalitário e monopartidário, como bem observa PIETRO VIRGA, o partido tem uma significação jurídica diversa daquela de que se reveste no regime democrático e pluripartidário. Nas democracias, o partido é uma associação política. Nas ditaduras, êle é um órgão do Estado. A experiência contemporânea tem igualmente demonstrado que o partido único é, geralmente, o centro de uma revolução (da esquerda, como na Rússia, da direita, como na Alemanha, ou militar, como na Argentina), que conquistou o poder e nêle pretende se consolidar.

254. Restam, ainda, para terminar, algumas observações sôbre o estatuto legal dos partidos. A importância política que êles assumiram, como órgão de formação da vontade estatal, e a situação jurídica a que atingiram, reconhecidos geralmente no texto das novas Constituições, impuseram uma regulamentação legal do seu funcionamento, em vários países. O grau dessa regulamentação varia bastante. As vêzes ela fica restrita às disposições das leis eleitorais (apresentação de candidaturas) ou aos regimentos internos das Câmaras (proporcionalmente nas comissões, disciplina dos trabalhos e outras providências no gênero). Outras vêzes, porém, são adotados verdadeiros estatutos dos partidos políticos, nos quais o funcionamento das agremiações se encontra minuciosamente regulado. Então podem aparecer normas sôbre a vida interna dos partidos, a formação dos seus diretórios, a seleção dos candidatos, as limitações à sua doutrina ou à forma de propagá-la, etc. Neste terreno, entretanto, as disposições mais freqüentes, e importantes, são as referentes à

arrecadação dos fundos partidários. O professor americano J. POLLOCK é autor de um dos estudos clássicos sôbre a matéria, no qual aparecem expostas as diversas formas de contrôle legal sôbre as finanças partidárias. Êste é, hoje, o aspecto mais importante e mais urgente da regulamentação legal dos partidos no Brasil.

BIBLIOGRAFIA

LÉON HOMO, *Les Institutions Politiques Romaines*, Albin Michel, Paris, 1927.
ARANGIO-RUIZ, ob. cit.
DUGUIT, ob. cit., vol. I.
A. ESMEIN, ob. cit., vol. I.
O. ORBAN, *Le Droit Constitutionnel de la Belgique*, Girard, Paris, 1908, vol. II.
J. BARTHÉLEMY, *L'Organisation du Suffrage et l'Expérience Belge*, Giard, Paris, 1912.
B. LAVERGNE, *Suffrage Universel et Autorité de l'Etat*, Presses Universitaires, Paris, 1949.
G. SOLAZZI, *Diritto Elettorale Politico*, Bocca, Turim, 1916.
JOÃO CABRAL, *Sistemas Eleitorais*, Francisco Alves, Rio, 1929.
ASSIS BRASIL, *Democracia Representativa*, 4.ª ed., Rio, 1931.
STUART MILL, ob. cit.
E. LAKEMAN e J. LAMBERT, ob. cit.
M. DUVERGER, ob. cit.
ANDRÉ SIGFRIED, *Colloque de Sociologie Electorale*, Domat, Paris, 1948.
MIRKINE-GUETZÉVITCH, ob. cit.
RENÉ BRUNET, *La Constitution Allemande de 1919*, Payot, Paris, 1921.
M. OSTROGORSKI, *La Démocratie et l'Organisation des Partis Politiques*, Calman Lévy, Paris, 1903, 2 vols.
LIÑARES QUINTANA, *Los Partidos Politicos en los Estados Unidos*, Depalma, Buenos Aires, 1943; idem, *Los Partidos Politicos Instrumentos de Gobierno*, Alfa, Buenos Aires, 1945.
GEORGES BURDEAU, ob. cit., vol. I.
C. MERRIAN e H. GOSNELL, *The American Party System*, Macmillan, Nova Iorque, 1949.
ROBERT MICHELS, *Los Partidos Politicos*, Flamarion, Paris, 1919.
G. PERTICONE, *Gruppi e Partiti Politici nella Vita Pubblica Italiana*, Guanda, Roma, 1946.
O. RANELLETTI, ob. cit.
PIETRO VIRGA, *Il Partido nell'Ordinamento Giuridico*, Giuffrè, Milão, 1948.
FRANÇOIS LACHENAL, *Le Parti Politique*, Helbing, Basiléia, 1949.
P. MARABUTO, *Les Partis Politiques et les Mouvements Sociaux*, Sirey, Paris, 1948.
P. ARRIGHI, *Le Statut des Partis Politiques*, Librairie Générale de Droit, Paris, 1949.
P. FRIAS, *El Ordenamiento Legal de los Partidos Políticos*, Depalma, Buenos Aires, 1944.
AFONSO ARINOS DE MELO FRANCO, *História e Teoria do Partido Político no Direito Constitucional Brasileiro*, Revista Forense, Rio, 1948.

CAPÍTULO VIII

Federalismo. Estado federal. Regionalismo. República

Federalismo

255. O Brasil é, pela sua Constituição, um Estado federal e republicano. Vejamos o que significam aquela forma de Estado e êsse sistema de govêrno.

256. O fenômeno federativo pode ser apreciado sob diversas formas. Politicamente, pesquisamos e interpretamos as causas e tendências do federalismo. Historicamente, acompanhamos a sua evolução no tempo. Juridicamente, podemos apreciar o fenômeno federativo de duas maneiras: dentro da teoria do Estado e no quadro do Direito Constitucional. Na Teoria do Estado, temos mais em vista a Federação, como organismo político diferenciado, e procuramos fixar as características específicas dêsse organismo e suas diferenças genéricas, comparado com outras formas de organização estatal, como a Confederação, a União de Estados e o Estado Unitário. No Direito Constitucional, consideramos de preferência o Estado federal como entidade jurídica, tendo em vista especialmente o problema da hierarquia e da distribuição das competências, nos têrmos da Constituição federal. Tais são, parece-nos, os sentidos mais precisos das expressões utilizadas: o federalismo é matéria incluída na Ciência Política; a Federação se relaciona de preferência com a Teoria do Estado, e apresenta o fato; o Estado federal diz respeito pròpriamente ao Direito Constitucional, e oferece a norma. Para chegarmos à conceituação jurídico-constitucional do Estado federal devemos, em rápidos e sumários traços, delinear os outros aspectos da sua fisionomia.

257. O federalismo, pela sua envergadura histórica e sociológica, é uma tendência natural da organização social, sendo, por

isso, mais amplo do que qualquer ordem jurídica ou mesmo política. Com efeito, além das realidades político-jurídicas da Confederação de Estados, ou do Estado federal, diversos fenômenos, simplesmente sociais, se incluem na nossa experiência, abrangendo o federalismo dos órgãos de classe, das associações culturais ou esportivas, ou de outras manifestações do espírito cooperativo, tudo obedecendo ao mesmo princípio da coordenação de interêsses, grupos ou instituições, por mais diversas que sejam a sua natureza e a sua hierarquia.

258. O impulso originário que determina estas várias tendências do federalismo, desde o político até o associativo, pode, contudo, ser imputado a uma única causa: a necessidade de, no funcionamento dos organismos complexos, serem mais valorizadas as relações de coordenação, do que as relações de subordinação.

A coordenação, é claro, é uma garantia da liberdade. Tôda centralização tende a subordinação, e, conseqüentemente, à hierarquia e à disciplina rígidas. O melhor exemplo disso são as classes armadas. Ao contrário, a descentralização, quando levada a efeito dentro da ordem jurídica e dentro de um esquema geral intangível, é um processo de garantia da liberdade. A descentralização pode-se dar quanto aos órgãos do Estado e, então, temos o princípio da separação de podêres. Mas também pode ocorrer em têrmos geográficos ou territoriais, e assistiremos, aí, ao fenômeno federativo.

259. Está claro que, decorrendo de uma causa tão vaga e geral, as manifestações concretas do federalismo adquirem uma imensa variação formal. Mas nós, juristas, uma vez observado o princípio originário e esclarecedor da primazia da coordenação sôbre a subordinação, na formação do federalismo, deveremos circunscrever o exame dêste campo jurídico. Nesta ordem de idéias, cumpre reconhecer as condições sociais de que êle emerge, bem como os elementos que o caracterizam juridicamente.

260. Em primeiro lugar, convém acentuar que o federalismo jurídico se exprime por um documento legal típico, a Constituição federal, a qual, por sua vez, é o instrumento normativo da vida de uma comunidade política, a Federação, que, por seu lado, é o sistema de equilíbrio e coordenação de várias situações sociais

concretas, de fundo econômico, étnico, geográfico e histórico, impelidas a se articularem pelo impulso a que, como vimos, se dá o nome de federalismo.

261. A passagem do federalismo social à Federação política e ao Estado federal jurídico, são etapas sucessivas da integração do fenômeno federativo na órbita do Direito Constitucional. A etapa mais moderna, e mais elevada, dessa evolução, ainda se processa aos nossos olhos: é o federalismo internacional. Não há dúvida que, à medida que a convivência pacífica entre os Estados fôr passando da fase de efetiva regulamentação jurídica, os problemas do federalismo político se transportarão do Direito Constitucional para o Direito Público Internacional. A divisão atual do mundo em dois campos ideológicos incompatíveis parece apresentar, como remota, essa possibilidade. Porém, mais ou menos recuada no tempo, ela é inevitável, salvo na opinião daqueles pessimistas que repelem, por completo, a idéia do progresso humano.

262. Considerado em relação ao Estado, o federalismo assume, na História e no Direito, várias gradações, que vão, desde a liga entre Estados, à chamada União de Estados (que pode ser real ou pessoal) à Confederação e ao Estado Federal. Jurìdicamente, costuma-se considerar, de preferência, as ligas e uniões de Estados e as Confederações como fenômenos de Direito Internacional, enquanto o Estado Federal decorre da organização constitucional interna. Partindo desta premissa, impõe-se a conclusão de que o Estado federal é, como lembramos acima (n.º 256), uma decorrência da Constituição e, lògicamente, de uma Constituição escrita.

263. Aludimos, acima, às formas primitivas de federalismo, e, entre elas, à mais antiga, que foi a liga entre as Cidades-Estados da Grécia. PLUTARCO, na sua *Vida de Filopémen*, refere-se ao nascimento do federalismo grego, nestas palavras: "Aratus, no " entanto, foi o primeiro quem elevou os Arqueanos, até então " desconsiderados, à reputação e ao poder, e o fêz unindo as suas " cidades divididas em uma comunidade, e estabelecendo entre " elas uma humana e verdadeira forma de govêrno grego".

264. GIBBON, no seu grande livro sôbre a decadência de Roma, mostra como foram os primeiros cristãos que, tendo ado-

tado o princípio eleitoral para a escolha dos bispos, estabeleceram, também, uma espécie de federação das igrejas que se iam fundando no Império, o que representava um progresso sôbre as passadas ligas políticas gregas. O historiador chama de "República Federativa" essa organização da Igreja primitiva. Aqui, como no princípio da representação, pois, os cristãos foram precursores incontestáveis. Mas ainda não se chegara ao Estado federal.

265. WOODROW WILSON, no seu livro clássico de Teoria do Estado, observa a êste respeito: "Em nenhuma parte do "desenvolvimento político moderno *as Constituições escritas "representaram papel mais importante,* mais indispensável, do "que na expressão definitiva do exato equilíbrio das instituições "e das atribuições de que depende o bom funcionamento do "Estado federal moderno. O Estado Federal, nós o sabemos, é "criação da política moderna. A Antiguidade nos oferece muitos "exemplos de Estados confederados, mas nenhum de Estado "federal". Essa filiação do Estado federal à lei constitucional escrita mostra bem a passagem do fenômeno federativo, do Direito Internacional para o Direito Constitucional interno. A volta do federalismo moderno à órbita do Direito Internacional (v. *supra,* n.º 261) será possível mediante as condições que adiante indicaremos.

266. Dada a infinda variação que assumiam e ainda assumem (no caso da Comunidade Britânica, por exemplo) as situações criadas pelo federalismo no campo do Direito Público, seja Internacional seja Constitucional, torna-se extremamente difícil estabelecer critérios gerais de definição, fundados na observação das mesmas situações de fato. A variação e peculiaridade delas impede qualquer sistematização descritiva. Por isto mesmo, a distinção entre as formas internacionais e internas de federalismo — o que quer dizer, a distinção entre as várias uniões de Estado e o Estado federal — não pode ser tentada na base da descrição de casos particulares. Só o raciocínio jurídico é capaz de encontrar a fórmula, ao mesmo tempo precisa e abstrata, para dividir em dois grupos as situações de Direito Internacional e de Direito Constitucional.

267. A nosso ver, quem fêz isto de forma perfeita e, ainda hoje, insuperada, foi LABAND, quando iluminou o problema

com impecável lógica jurídica. Depois de mostrar que nem tôdas as associações, no Direito privado, se constituem em pessoas jurídicas, êle traz o raciocínio para o Direito público, e estabelece a diferença jurídica entre as várias uniões de Estados, de um lado, e os Estados federais do outro, com estas palavras: "A "diferença entre pessoa jurídica e associação pode-se assim "formular, da maneira mais sintética: a pessoa jurídica é um "*sujeito de direito* (Rechtssubjekt); a associação é uma *relação* "*de direito* (Rechtsverhältniss). Assim, a Confederação é uma "relação entre Estados, sem sujeito de direito, ao passo que o "Estado (federal) é uma unidade organizada, uma pessoa jurídica, "nunca uma relação de direito".

268. Sugerimos acima (n.º 265) a abertura de novas perspectivas ao federalismo, no campo do Direito Internacional. Antes das Constituições federais modernas, cuja série se inaugura com a dos Estados Unidos, o federalismo não passava de uma relação de direito entre sujeitos diferentes. Não chegara a criar o sujeito de direito, que é o Estado federal. É isto que, por outras palavras, afirma WILSON, no trecho que transcrevemos. Agora, porém, com a necessidade de um mais sólido e completo sistema de normas jurídicas que promovam a convivência pacífica entre as nações, a nossa época assiste a um vagaroso, porém pertinaz esfôrço diplomático e jurídico, no sentido de transformar os órgãos permanentes da comunidade internacional (Nações Unidas, suas organizações regionais e agências) *de sistemas de relações de Direito Internacional em sujeitos de Direito Internacional* (ainda não de Direito Constitucional). Não há dúvida que tal transformação terá de vencer consideráveis obstáculos, políticos e jurídicos. Primeiramente, torna-se necessária a criação de um ambiente de confiança na paz, dentro do qual os excessos nacionalistas e uma concepção superada da soberania do Estado (concepção histórica de origem polêmica, como vimos no cap. VI) possam ser eliminados, na prática política, como já o vêm sendo na doutrina jurídica. Em seguida, será indispensável que o Direito Internacional transforme as Nações Unidas em uma entidade nova, que, sem ser um Estado, possa, no entanto, tornar-se no centro de imputação de um sistema de normas jurídicas eficazes, capaz de usar a coação contra os recalcitrantes. Em suma, que o Direito Internacional consiga elevar as Nações

Unidas de simples palco de *relações de direito* a verdadeiro *sujeito de direito*[1].

Estado federal

269. A forma de descentralização colimada e representada pelo Estado federal tem, como mais importante característica, a de ser uma descentralização política e não sòmente administrativa. A descentralização política tem como conseqüência *a autonomia*, isto é, a capacidade de auto-organização da entidade componente, dentro dos limites da competência que lhe é assegurada pela Constituição federal. Ao invés disso, a descentralização administrativa, vigente nos Estados unitários, confere às entidades descentralizadas o estatuto chamado de *autarquia*, ou seja, a capacidade para gerir os negócios da sua competência, mas de acôrdo com a organização legal que não emana dela própria, porém do poder estatal, que lhe é estranho e superior. Assim, a autarquia indica uma atividade normativa. Eis por que, mesmo nos Estados federais, há entes territoriais (como os municípios brasileiros) que só por extensão ou tradição podem ser considerados autônomos, porque, na verdade, são entes autárquicos.

270. Os Estados federais podem-se compor de coletividades de várias naturezas. O Brasil, por exemplo, reconheceu na Constituição de 1946 a existência de, pelo menos, quatro tipos de coletividades territoriais: municípios, territórios, regiões (bacias hidrográficas do Amazonas e São Francisco e Polígono das Sêcas) e, finalmente, Estados-membros. Mas não existe Estado federal sem que certo tipo de coletividade territorial possua *autonomia política*. Essas entidades politicamente autônomas, são os Estados que formam a União, também chamados, na doutrina, Estados-membros.

271. Variam muito as relações jurídicas existentes entre a União, ou Estado federal, e os Estados-membros. Os estudos especializados fazem, habitualmente, um demorado levantamento dessas relações. Aqui interessa, apenas, salientar alguns dos seus aspectos mais importantes.

---

[1] Esta matéria, se bem que interessante, pertence mais à teoria geral do Direito Internacional. Na parte que toca ao Direito Constitucional será abordada adiante, no cap. X.

272. Temos insistido em que a forma federal do Estado nasce do conjunto de preceitos componentes da Constituição federal adotada. Daí decorre que a Constituição federal, além de ser uma lei de organização de podêres é, também, *de limitação dêsses mesmos podêres,* o que consegue por meio da distribuição de competências federais e estaduais, as quais não podem ser transpostas, nem pelos Estados-membros, *nem pela União.* Por conseguinte, se a autonomia dos Estados é limitada pela Constituição, a soberania da União também o é. Dir-se-á que pode a União reformar a Constituição federal, alargando a sua competência, coisa que os Estados não podem fazer. Mas a tal objeção duas respostas podem ser dadas. A primeira é a de que o Poder constituinte não deixa de se manifestar pelos delegados eleitos pelos Estados, o que incorpora a vontade dêstes à reforma do pacto fundamental. E a segunda é a de que o Poder Constituinte não decorre da União federal, mas de algo que a precede, jurídica e cronològicamente, como precede aos Estados-membros, e que é a *soberania nacional.*

Nos Estados Unidos e em outras Federações formadas centrìpetamente pela reunião de coletividades que não tinham, antes, vinculação obrigatória entre si, a interpretação extensiva da autonomia dos Estados era uma atitude lógica.

No Brasil dava-se o contrário, como sustentou, entre outros, AMARO CAVALCÂNTI. A Federação partiu da descentralização planejada de um Estado unitário e, portanto, a interpretação mais consentânea com a tradição seria a de se optar, na dúvida, pela competência da União.

Os dois raciocínios são procedentes, mas não destroem a verdade preliminar acima enunciada, isto é, a de que antes da Constituição federal havia a soberania nacional *e que os Estados-membros se fizeram representar, na Assembléia Constituinte, já como unidades federadas,* funcionando dentro de um equilíbrio de fôrças: a expressão conjunta da autonomia estadual (vontade descentralizada) e da soberania nacional (vontade centralizada).

De tudo se conclui que, no Brasil, as relações entre a União e os Estados devem ser jurìdicamente entendidas como traçadas por uma Constituição limitativa dos podêres de uma, tanto quanto de outros. Em resumo: no campo jurídico, acima da União e dos Estados deve se situar a Constituição.

273. Do item anterior se depreende que, se existe um ponto a ser respeitado pela interpretação, é o concernente aos limites que a Constituição traça à soberania da União e à autonomia dos Estados. A doutrina tradicional era limitativa, quanto aos podêres da União (podêres enumerados) e ampliativa, quanto aos Estados (podêres reservados ou residuais). Tal doutrina, originária do Direito americano, se acha, inclusive, expressa em mais de um texto constitucional. A evolução histórica daquilo a que certos autores chamam o Direito federal (ou seja a parte do Direito Constitucional referente às relações entre União e Estados-membros) não tem sido conforme à doutrina primitiva. Com efeito, o que se observa, quase que invariàvelmente, nos Estados federais, a começar pelos Estados Unidos, é a invasão irreversível dos podêres da União em áreas anteriormente reservadas à competência dos Estados-membros. Esta centralização progressiva do poder político pela União é observável nos mais variados tipos de Estados federais, como a União Soviética, a Suíça, o Brasil ou os Estados Unidos. Ela obedece a várias causas, que preponderam diferentemente, conforme o país, mas tôdas se originam de um fenômeno geral, que é o considerável aumento, em número e importância, das tarefas conferidas ao Estado moderno. Por isto mesmo é que se torna conveniente conservar as garantias essenciais de autonomia dos Estados-membros, na estrutura federal, a fim de que se não percam, nos Estados dêsse tipo, as razões básicas da sua existência, que são a defesa da liberdade (a qual é tanto menos garantida quanto mais centralizado o poder) e uma flexibilidade maior da administração, pois esta, quando sàbiamente descentralizada, atende melhor aos interêsses públicos localizados.

274. No Brasil, a centralização política e administrativa tem-se processado numa ascensão alarmante. Vários são os fatôres indicados como causa dêsse estado de coisas. Entre êles, uma deficiente distribuição das rendas tributárias, na Constituição; a existência de poderosos órgãos de centralização econômica e financeira, como o Banco do Brasil, e muitos institutos de previdência social; bem assim a organização viciosa do crédito, na rêde dos bancos particulares. Outro fator que, no momento, deve ser levado em conta, é a inflação financeira, que, segundo a experiência, tem também conseqüências centralizadoras, no campo político.

275. Aspectos particulares, referentes à evolução do federalismo brasileiro, bem como à estrutura e funcionamento do nosso Estado federal (v. n.º 256, acima) — aspectos sempre considerados do ponto de vista predominantemente jurídico — serão melhor apreciados oportunamente, nas partes histórica e especial dêste Curso.

Regionalismo

276. O Direito Constitucional contemporâneo, para atender a situações especiais ùltimamente reveladas, tem consagrado, legislativamente, uma forma intermédia de descentralização que é a Região. Esta nova figura constitucional, polìticamente mais autônoma que as antigas entidades territoriais administrativas descentralizadas (municípios e Territórios), não chega a gozar da verdadeira autonomia política reconhecida pelo Estado federal para os Estados-membros.

277. A teoria do regionalismo constitucional encontrou, na Espanha, um dos seus campos de estudo e experiência, na época da Constituição republicana de 1931. Pode-se dizer que, então, começaram as análises jurídicas mais aprofundadas sôbre o assunto. Em livro especialmente dedicado à matéria, publicado já em 1946, o professor JIMENEZ DE ASÚA fêz um retrospecto da doutrina regional, que, a seu ver, se acolhida no texto da lei básica, teria organizado territorialmente a Espanha com mais acêrto do que a forma unitária (adotada pela Constituição malograda) e do que a forma federal, que repugna, segundo êle, à formação histórica espanhola.

278. Justificando seu ponto de vista, escreve JIMENEZ DE ASÚA: "Não se sustenta o Estado unitário, que já denunciava sua "fraqueza antes da guerra de 1914, porque, depois daquela "primeira catástrofe mundial, ficou claro que muitos dos "misteres que incumbem ao Estado não podem ser desempenhados "sob o regime unitário; mas, ao mesmo tempo, deve-se confessar, "também, que o federalismo está em decadência... Nas "Federações se divide o Estado de maneira mais ou menos "conforme à natureza das regiões, mas se dá, igualmente, a todos, "o mesmo regime de autodeterminação. E quando encontramos "países com regiões que exigem autodeterminação em medida

"diferente... Tratá-las tôdas em regime igualitário, como pressupõe o Estado federal, é o mais insigne absurdo".

279. Não há dúvida que êste raciocínio, aliás partilhado, em outras palavras, por vários escritores, tem o seu fundamento. O Brasil é um exemplo típico da situação delineada pelo jurista espanhol. Atribuir o mesmo limite de autodeterminação a um Estado como São Paulo, e a outro, de grande ou pequena área, mas vivendo em condições administrativas econômicas e sociais completamente diferentes, não produz bom resultado. A conseqüência aí está, nas imperfeições do nosso federalismo teórico, que, na prática, equipara os Estados atrasados e pobres a meros Territórios ou regiões administrativas, sem os recursos federais que teriam, se a Constituição lhes outorgasse estatuto regional, e não estadual. Para que se mantenha uma autonomia política, na verdade muito relativa, receia-se o auxílio material da União, que fica vedado por causa, precisamente, daquela autonomia mais ou menos fictícia.

280. Aliás, a Constituição brasileira de 1946, reconhecendo a existência de certos imperativos de ordem econômica e geográfica, criou três regiões a que atribuiu dotações orçamentárias especiais. O mesmo fêz a vigente Constituição italiana, sendo que, na Itália, as regiões possuem uma autonomia política que não foi outorgada às brasileiras, as quais existem, jurìdicamente, como meras autarquias administrativas, sem um verdadeiro estatuto regional, e sujeitas às variações do personalismo político vigente entre nós. Na parte especial (vols. III e IV) estudaremos êste problema das regiões, que consideramos importante no Direito Constitucional brasileiro atual.

República

281. A noção de República, como sistema de govêrno oposto à Monarquia, só se precisou há relativamente pouco tempo. Os escritores antigos punham maior ênfase na caracterização dos governos, através da consideração da participação ou não do povo (cidadãos) na formação dos órgãos do Estado. Assim, em vez de o problema ser situado em têrmos do dualismo República e Monarquia, era apreciado, de preferência, no terreno dos contrastes entre democracia (govêrno de todos), aristocracia (govêrno de

alguns) e tirania (govêrno de um). Deve-se observar que ROUSSEAU, no *Contrato Social*, voltou a esta forma primitiva de distribuir os governos abandonando o exemplo recente de MONTESQUIEU, que, no *Espírito das Leis*, já opunha República à Monarquia [2].

282. Se nos colocarmos neste mesmo ponto de vista, aliás, chegaremos a conclusões aproximadas das dos pensadores antigos. Realmente, observados os regimes pelo seu conteúdo material ùnicamente, veremos que um govêrno que se intitula de República podia e pode ser aristocrático, como a dos doges de Veneza, ou tirânico, como a República Fascista de MUSSOLINI, ou falangista de FRANCO. Ao mesmo tempo, uma Monarquia pode ser democrática, como a da Inglaterra ou da Suécia de hoje. É que, nos casos citados em primeiro lugar, a palavra República perde a sua conotação com uma forma específica de govêrno, para adquirir o sentido de coisa pública, comunidade política, Estado, em suma, com que a palavra República predominantemente era entendida.

283. Embora, nas idades grega e romana, a forma republicana, descrita por PLATÃO e CÍCERO, entre outros, já se apresentasse com os traços peculiares, o certo é que a contradição entre República e Monarquia, a luta ideológica entre republicanos e monarquistas, são episódios da história política e cultural posterior ao Renascimento. Aliás, nem podia deixar de ser assim, visto que o absolutismo monárquico, contra o qual se mobilizou a ideologia republicana, como defensora da liberdade, é uma decorrência, como vimos, do aparecimento do Estado nacional.

284. Já aludimos à importância que, na criação do Estado nacional, teve a Reforma protestante [3]. Agora podemos acentuar que a ideologia republicana, com CALVINO no início, e as instituições holandesas mais tarde, foi uma das maneiras por que se apresentou a grande revolução religiosa. O republicanismo pro-

---

[2] V. *infra*, n.º 286. JELLINEK, na sua *Teoria do Estado*, declara que a República, em Roma, "desenvolveu-se conscientemente contra a Monarquia". Mas êle próprio, citando MOMMSEN, reconhece, logo depois, que "para os romanos a *res publica* corresponde exatamente ao inglês *commonwealth* e designa, sem mais, a comunidade".

[3] Cap. VI, n.º 169.

testante tomava a forma de resistência contra o catolicismo ortodoxo das Monarquias absolutas, contribuindo para uma definição mais clara da República, como sistema de govêrno oposto à Monarquia. Lògicamente, a República foi-se definindo como o regime contrário à Monarquia absoluta, no que esta tinha de mais representativo da sua doutrina, ou seja, a hereditariedade e vitaliciedade da chefia do Estado, garantida pela teoria do Direito divino. Assim, da mesma maneira que a tese da soberania nacional surgiu como afirmação da unidade do Estado, em face do feudalismo e do papado, a doutrina republicana encontrou, na idéia da elegibilidade e da temporariedade do mandato do chefe do Estado, o contraste necessário aos pressupostos da Monarquia absoluta, contra a qual aquela doutrina se insurgia, passando do campo religioso para o político. Esta evolução, como é natural, não se processou senão lentamente.

285. MONTESQUIEU, dissemos acima (n.º 281), foi o primeiro dos grandes pensadores políticos que consideraram o govêrno republicano restritamente, opondo-o ao govêrno monárquico, e fugindo à conotação habitual entre República e democracia, que ROUSSEAU voltaria a adotar. É interessante observar, de resto, que ROUSSEAU, no *Contrato Social,* referindo-se à opinião de MONTESQUIEU, fá-lo incorretamente, porque atribui, também, ao autor do *Espírito das Leis* uma sinonímia entre República e democracia, que não estava nas suas expressas convicções. Para MONTESQUIEU, com efeito, a República abrangia duas formas distintas de govêrno, uma aristocrática e outra democrática. A República democrática correspondia, no pensamento nem sempre claro (e às vêzes voluntàriamente obscuro, por motivos de prudência) de MONTESQUIEU, à democracia direta, enquanto a República aristocrática era para êle a democracia representativa.

286. Esta divisão dos dois ramos do pensamento democrático, a que já fizemos menção [4], vai repercutir nas idéias dos fundadores dos Estados Unidos. JAMES MADISON, num dos capítulos mais famosos do *Federalista,* dá a interpretação dos constituintes de Filadélfia para a palavra República. Lembra êle que não se pode definir êste sistema de govêrno tendo-se em vista a

[4] Cap. VI, ns. 179 e 180.

prática de certos regimes, como o da Holanda ou de Veneza, nos quais o nome República era adotado para acobertar governos em que o povo não desempenhava nenhum papel. Depois MADISON apresenta a sua definição: a República é, para êle, "um govêrno "que deriva seus podêres direta ou indiretamente do grande "corpo popular, e é administrado por pessoas que exercem seus "cargos por período limitado ou enquanto bem servirem".

287. O conceito democrático de regime republicano não difere, ainda hoje, substancialmente, da maneira pela qual foi delineado por JAMES MADISON, e que provém, até certo ponto, como também ficou dito, da luta protestante contra a Monarquia católica. Podemos, com efeito, configurar, hoje, a República democrática, por meio de dois elementos necessários: a eleição do chefe de Estado e dos componentes do Poder Executivo e a temporariedade do seu mandato. O regime de govêrno que possuir, no seu funcionamento, essas duas práticas, deve ser considerado uma República, porque, para além dêste aspecto formal, esgota-se o conteúdo da noção de regime republicano.

288. Nas Monarquias parlamentares, o Poder Executivo (gabinete ou ministério) é eletivo, mas o chefe de Estado (rei) não o é. Esta é a diferença que a separa da República parlamentar, onde o chefe de Estado (presidente) é, sempre, coletivo.

289. Devemos acentuar que êsse atributo essencial da Repúca democrática, a elegibilidade do chefe de Estado, não foi reconhecido com a certeza, na ocasião em que se organizava jurìdicamente a primeira das Repúblicas modernas, que foi a dos Estados Unidos. Com efeito, a Convenção de Filadélfia não chegou a um acôrdo preciso sôbre a duração das funções do presidente. Segundo WATSON, um dos melhores historiadores da Constituição, o período do mandato presidencial foi objeto de grandes divergências de opinião, e só foi fixado com dificuldade, pela Convenção. Os partidários da temporariedade não concordavam quanto à extensão do período, nem quanto ao problema da reeleição. Surgiu, então, a moção do convencional Mc CLURG, propondo uma solução, segundo a qual o presidente teria um tempo indeterminado de mandato, permanecendo nas funções enquanto bem servisse. Essa moção, sustentada por HAMILTON, foi fortemente apoiada na Convenção, embora sofresse obstinado combate de GEORGE MASON. A

influência pessoal dêste último (autor de um projeto de declaração de direitos que, segundo CHARLES BEARD, serviu de modêlo para a Declaração da Independência americana e a Declaração de Direitos do Homem da Revolução Francesa) foi que conseguiu derrotar a tese do presidente vitalício. MASON, grande orador, sustentou, perante seus pares, que a presidência vitalícia era o degrau que levaria fatalmente à Monarquia hereditária e, em seguida, à revolução, para acabar com aquela. Apesar de tudo, a temporariedade do mandato presidencial foi aprovada apenas com dois votos de diferença.

290. Hoje, porém, repetimos, a chefia do Estado nas Repúblicas democráticas é função eletiva e temporária, sendo o processo eleitoral (direto ou indireto), bem como a duração do mandato, questões secundárias. A tendência, entretanto, é fazer-se eleição direta para os presidentes das Repúblicas presidenciais, e indiretas, para os chefes de Estado das Repúblicas parlamentares. Nos Estados Unidos, mesmo, onde a Convenção desejou estabelecer a eleição indireta para presidente, sabemos que ela se tornou, virtualmente, em eleição direta, dada a índole do regime.

291. Até agora vimos tratando das Repúblicas, seja presidenciais seja parlamentares, que possuem, umas e outras, a função e a pessoa de presidente da República. Entretanto, devemos considerar que não infringe, de modo nenhum, a forma republicana, baseada na eleição e na temporariedade do Poder Executivo, aquêle sistema de govêrno no qual não exista um indivíduo provido das funções de chefe de Estado. Há, com efeito, Repúblicas que, ou não têm presidente ou atribuem a êste funções tão irrelevantes, que nem chegam a ser cerimoniais, cabendo a chefia do Estado a órgãos colegiados.

292. As situações acima referidas, se bem que pareçam anômalas, não determinam, quando aplicadas, conseqüências graves se se trata de governos parlamentares ou diretoriais. Na Constituição de Weimar, as Províncias (*Länder*) eram governadas de acôrdo com o sistema parlamentar e republicano, mas com a peculiaridade de não possuírem um presidente, ou chefe do Executivo, estranho ao gabinete. O primeiro ministro (chamado ministro presidente) fazia as vêzes de presidente da Província.

A Constituição da República da Estônia (1920) também não previa um presidente separado do ministério. Estipulava a existência de um govêrno, eleito e destituível pela Assembléia, no qual a função de chefe de Estado era atribuída a um dos membros, cujo mandato não prevalecia diante de um voto de desconfiança. Hoje conhecemos situações semelhantes. Nas Constituições da Iugoslávia (1946), Rumânia (1948) e Bulgária (1948) não existe o pôsto de presidente da República nem, especialmente, o de chefe de Estado, porque, nelas, prevalece um sistema de govêrno convencional, onde um órgão coletivo, o Presidium (imitado da Constituição soviética), exerce, quando necessário, o papel de chefe do Executivo. A experiência brasileira também pode ser recordada, no particular, se bem que em plano inferior. Com efeito, no regime municipal republicano, vigente entre nós antes de 1930, não existia, no Estado de Minas Gerais, a figura do prefeito municipal, a não ser para a capital do Estado e para os municípios sedes de estâncias hidrominerais, nos quais havia prefeitos nomeados pelo govêrno. Nos demais municípios havia o chamado agente executivo, que era um dos vereadores da Câmara Municipal.

293. Se há Repúblicas sem presidentes, outras há, como as da Suíça e do Uruguai, onde a função presidencial é muito insignificante. Na Suíça, o presidente preside apenas o Conselho Federal, ou diretório governativo. O seu mandato é de um ano, e pouco mais lhe incumbe do que presidir as sessões do Conselho. Não é raro que um cidadão suíço, medianamente informado, ignore o nome do seu presidente do ano em curso. Quando se redigiu a Constituição suíça de 1848 (ainda vigente, embora modificada em alguns pontos), o relator do capítulo do Poder Executivo deu as razões pelas quais aquela República não adotava a forma presidencial, quando em outros pontos se inspirou no modêlo americano. Assim se manifestou o relator: "Sem " desconhecer as vantagens que adviriam de uma presidência... " a comissão não poderia propor a criação de um cargo tão " contrário às idéias e aos hábitos da Suíça, que poderia ver, nêle, " a marcha para a Monarquia ou a ditadura".[5] Como se vê, desde as suas seculares origens, a Constituição helvética não considerava

---

[5] O convencional suíço parecia estar prevendo o que, logo depois, ocorreria na vizinha França, onde a Presidência da República de 1848 evoluiu para a ditadura e o Império do segundo Bonaparte.

o presidente do Conselho Federal como presidente da República e, pràticamente, excluía esta função. A Constituição uruguaia de 1952 reproduz, neste capítulo, as disposições suíças. Também, na República meridional, o diretório executivo (Conselho Nacional) elege, cada ano, o seu presidente, e êste representa o govêrno como chefe do Estado.

294. Podemos, em conclusão, voltar à noção de MADISON, para definir o regime republicano: República é o sistema de govêrno no qual o Chefe de Estado e o Poder Executivo (qualquer que seja o número de seus componentes), são eletivos e exercem mandatos temporários.

BIBLIOGRAFIA

E. GIBBON, *The Decline and Fall of the Roman Empire*, Benton, Londres, 2 vols., vol. I.
WOODROW WILSON, ob. cit., vol. II.
CARRÉ DE MALBERG, ob. cit.
GEORGES BURDEAU, ob. cit., vol. II.
PAUL LABAND, *Das Staatsrecht des Deutschen Reiches*, Mohr, Leipzig, 1901, 4 vols., vol. I.
AMARO CAVALCÂNTI, *Regime Federativo e a República Brasileira*, Imprensa Nacional, 1900.
P. CALAMANDREI e A. LEVI, *Comentario Sistematico alla Costituzione Italiana*, Barbera, Florença, 1950.
CHARLES DURAND, *Les États Fédéraux*, Sirey, Paris, 1930.
BISCARETTI DI RUFFIA, *Lo Stato Democratico Moderno*, Giuffrè, Milão, 1946.
C. ZAVALIA, *Derecho Federal*, Cia. Argentina, Buenos Aires, 1941, 2 vols., vol. I.
JIMENEZ DE ASÚA, *La Constitución de la Democracia Española y el Problema Regional*, Losada, Buenos Aires, 1946.
MONTESQUIEU, ob. cit., vol. I.
MARCEL PRÉLOT, "Montesquieu et les Formes de Gouvernement", *in Montesquieu. Sa Pensée Politique et Constitutionnelle*, Sirey, Paris, 1952.
A. HAMILTON, J. MADISON e J. JAY, ob. cit.
D. WATSON, ob. cit., vol. II.
CHARLES BEARD, *An Economic Interpretation of the Constitution of the United States*, Macmillan, Nova Iorque, 1946.
EMILE GIRAUD, *Le Pouvoir Exécutif dans les Démocraties d'Europe et d'Amérique*, Sirey, Paris, 1938.
MIRKINE GUETZÉVITCH, obras citadas.
CARLOS OLLERO, *El Derecho Constitucional de la Postguerra*, Bosch, Barcelona, 1949.
WILLIAM RAPPARD, *La Constitution Fédérale de la Suisse*, Baconnière, Neuchâtel, 1948.
D. HUGO MARTINS e H. GROS ESPIEL, *La Constitución Uruguaia de 1952*.
JELLINEK, ob. cit.

CAPÍTULO IX

Direitos e garantias individuais; fundamentos. Caracterização. Evolução da doutrina dos direitos individuais. Projeção internacional dos direitos individuais. Conclusão.

Direitos e garantias individuais; fundamentos

295. O problema dos direitos e garantias individuais, de transcendente importância na teoria geral do Direito Constitucional democrático, envolve aspectos que devem ficar esclarecidos, antes que procedamos à sua análise imediata. Entre tais aspectos permitimo-nos considerar, como mais relevante, a sua colocação preliminar na Filosofia do Direito, pois foi desta que a matéria evoluiu, doutrinàriamente, para a Teoria do Estado e, legislativamente, para o Direito Constitucional.

296. A idéia de que a justiça pode estar acima da lei, e que há regras objetivas que se impõem à elaboração formal do direito, é uma afirmação filosófica de todos os tempos. De certa maneira, esta afirmação se confunde com a história das doutrinas do Direito Natural, mas não fica confinada a elas. Com efeito, teorias sôbre a gênese do Direito (inclusive modernas, como a de KELSEN, por exemplo), podem ser tidas como racionalistas, mas nunca como jusnaturalistas, no verdadeiro sentido desta expressão.

297. Mesmo na Antiguidade, podemos distinguir duas correntes de pensamento quanto ao ponto que nos interessa. Uma, que relacionava a fonte objetiva do Direito com uma espécie de espontaneidade ou de automatismo da natureza, em geral, e da natureza humana, em particular, e era, portanto, jusnaturalista. Outra, que procurava filiar o Direito a uma fonte abstrata (não natural) que era a justiça, sendo, assim, uma corrente racionalista. CÍCERO, no seu tratado sôbre o Estado (a República) parece distinguir bem as duas correntes. Comentando PLATÃO e ARISTÓTELES, êle mostra como a noção de uma justiça abstrata e racional era precária, desde que se não baseasse em algo de concreto. E êste fator concreto, para CÍCERO, parece ser a *razão natural,* ou melhor, *a razão funcionando segundo a natureza do homem e das coisas.*

298. Fluindo, através dos tempos, paralelas ou confundidas, o certo é que essas duas correntes de pensamento, a que colocava a justiça acima do Direito e a que punha a natureza na mesma posição, transpuseram a Filosofia do Direito e integraram-se na Teoria do Estado, de onde passaram, por sua vez, para Direito Constitucional positivo, através do princípio dos chamados direitos públicos subjetivos, que são, afinal, os mesmos direitos e garantias individuais.

299. Para o jurista, o problema só interessa nas últimas duas fases. Como Teoria do Estado, porque focaliza a possibilidade da existência de um direito do indivíduo contra o Estado. Como Direito Constitucional, porque estabelece, em benefício particular, limitações à soberania do poder.

300. A idéia da lei instituir, em favor do indivíduo, um direito oponível ao Estado, pareceria estranha aos hábitos mentais das democracias antigas. Com efeito, o Direito público na Grécia e, mesmo, em Roma, não era de fundo individualista. A liberdade era concebida como a integração na capacidade de decisão do grupo. Livre era, pois, quem se integrava no Estado. Há, aí, de certa forma, uma aproximação com a tese de HEGEL, segundo a qual a liberdade é a compreensão da necessidade (do inelutável). Portanto, para HEGEL, ser livre é integrar-se conscientemente no inevitável. Mais ou menos esta, era a noção do Direito antigo. Ser livre era pertencer à comunidade.

301. Já vimos que o valor político atribuído ao homem fora da *polis,* ou comunidade estatal, é, na opinião geral dos autores que se demoram sôbre êste assunto, um resultado da concepção cristã do homem, e do seu destino sôbre a Terra.[1] Se, como sustentavam os cristãos, o destino final do homem estava assegurado pela certeza de uma vida eterna, além da morte, então tornava-se indiscutível a existência de certos valôres da vida

---

[1] Cap. III, ns. 68 e 69.

humana, que precisavam ser garantidos em vista do cumprimento dêsse destino eterno, sendo, também, indisputável, que os valôres da "Cidade de Deus" (segundo a expressão de S. AGOSTINHO) tinha primazia sôbre aquêles da *polis* humana, ou Estado. Esta distinção básica entre os setores da vida individual, que podiam ser sujeitos à tutela do Estado, e os outros, que dela deviam ser independentes, se exprime na palavra já citada de Jesus Cristo, segundo a qual se deve dar a César (ao Estado) apenas o que é de César, reservando para Deus o que a Êle pertence. Foi, portanto, a doutrina cristã, que revelou ao homem a necessidade de ser uma parte da sua vida inviolável ao poder do Estado.

302. Estas idéias, tão justas eram e tão conformes ao senso imanente da dignidade humana, cedo se transportaram, da doutrina religiosa, para a jurídica. Na Idade Média adquirem tal vigor que o problema jurídico fundamental dessa fase da História foi o encontro de um equilíbrio entre o Império e o Papado, símbolos dos podêres temporal e espiritual. Com o Renascimento e o Estado moderno, deparamos a presença da tese na teoria do Direito Natural, geradora do princípio chamado das "leis fundamentais do Reino", que eram aquelas regras objetivas de Direito, garantidas pela tradição, e que, teòricamente, se sobrepunham ao poder legislativo da Coroa. Finalmente, a Revolução Francesa incorporou o sistema dos direitos individuais à Delegação dos Direitos Humanos e a todo o Direito Constitucional moderno.

303. A teoria do antigo Direito Constitucional dividia os direitos humanos em naturais e civis. Os direitos humanos naturais eram correspondentes a um hipotético estado pré-social, ou natural, e se limitavam apenas pelas faculdades da natureza. Desde que, porém, o homem, pelo Contrato Social, passou a viver em sociedade, a liberdade natural transformou-se em liberdade civil, que ficou limitada pelos mesmos direitos dos outros homens, mas não pelo poder do Estado. Esta é, com variações, a tese dos escritores clássicos, a partir de LOCKE, sendo BLACKSTONE (1765) o seu primeiro expositor sistemático, no terreno pròpriamente jurídico.

304. Pode-se, porém, considerar como a primeira manifestação legislativa da teoria jurídica dos direitos individuais, a

Declaração de Direitos inglêsa, de 1689: Esta declaração seguiu-se, como é sabido, à "petição de direitos" apresentada pelo Parlamento aos príncipes de Orange, depois soberanos, com os nomes de William (Guilherme) III e Maria. A Declaração de Direitos versa quase tôda sôbre matéria política, mas contém algumas importantes disposições sôbre direitos individuais, mais tarde incorporadas a tôdas as declarações do mesmo gênero existentes nas Constituições demográficas. Entre elas, o direito de petição, a liberdade religiosa e as garantias de defesa, em matéria de processo criminal.

305. A declaração de Direitos do Homem, da Revolução Francesa, é mais ampla. Nela são definidos e garantidos os direitos à segurança, à liberdade e à propriedade individuais. A segurança dizia respeito à preservação da integridade física; a liberdade se distribuía nas suas várias manifestações — liberdade corporal, de opinião, de palavra ou de religião, e, finalmente, a propriedade, declarada "inviolável e sagrada", só era limitada pela desapropriação no interêsse público, mediante justa e prévia indenização. Adiante voltaremos a êsses três grupos de direitos. A Constituição dos Estados Unidos não continha, a princípio, Declaração de Direitos. WATSON fêz um exaustivo histórico da adoção das primeiras 10 emendas constitucionais, que compõem a Declaração de Direitos americana. Depois de largos debates, dentro e fora do Congresso, essas emendas, apresentadas e aprovadas em 1789, tiveram a indispensável ratificação de dois têrços dos Estados da União, em 1791. Elas incorporam os princípios assentados nos direitos inglês e francês. Daí por diante, como dissemos, os direitos individuais, dentro dos três grupos acima referidos, entram definitivamente na teoria e na prática do Direito Constitucional.

Caracterização

306. O que distingue o corpo de normas jurídicas, de que estamos nos ocupando, é a circunstância de que elas são, ao mesmo tempo, públicas e individuais. E assim se apresentam, porque relacionam o indivíduo diretamente com o poder público, tomado como tal, e porque a sua finalidade exclusiva é a capacidade de pôr em movimento normas jurídicas no interêsse individual. Expliquemo-nos melhor. As normas jurídicas, habitualmente, funcionam para fixar o direito de um indivíduo: *a)* em relação a outro

indivíduo; b) em referência a fatos ou situações concretas, *estranhas a ambos*, tais como bens e direitos disputados. O Direito público individual funciona: a) em relação ao Estado e *não a outro* indivíduo; b) em referência *a certos princípios abstratos que não são estranhos ao indivíduo, mas inerentes à sua personalidade* e cuja observância se impõe ao próprio Estado.

307. O sistema dos Direitos públicos individuais compreende os direitos individuais pròpriamente ditos e, também, as suas garantias. A êste respeito, escreve RUI BARBOSA: "Uma coisa são garantias constitucionais, outra coisa os direitos de que essas " garantias traduzem, em parte, a condição de segurança, política " ou judicial Os direitos são aspectos, manifestações da persona- " lidade humana em sua existência subjetiva... As garantias " constitucionais *strictu sensu* são as solenidades tutelares de que " a lei circunda alguns dêsses direitos, contra os abusos do poder". Exemplificando a afirmação de RUI, diremos que a liberdade individual é o direito de que o *habeas-corpus* é a garantia.

Evolução da doutrina dos direitos individuais

308. No século passado, a teoria dos direitos individuais se apresentava solidária com as concepções gerais do liberalismo. Tão arraigadas eram essas convicções, que chegavam ao ponto de negar o caráter constitucional aos sistemas de govêrno que as não aplicassem. Com efeito, a Declaração de Direitos francesa, no art. 16, afirma, enfàticamente, que tôda sociedade na qual a " garantia dos direitos não é assegurada, nem a separação de " podêres determinada, *não tem Constituição*".

309. Hoje, é claro, não levamos tão longe o exclusivismo ideológico. Verificamos que há sistemas constitucionais, como os de base marxista, que têm dos direitos individuais concepção inteiramente diferente da nossa, sem que, com isso, deixem de representar um corpo de normas jurídicas. O mais que podemos, justamente, fazer, é negar a tais sistemas o caráter democrático, pelo menos no que respeita à concepção cristã de democracia.

310. O que nos parece evidente, da observação das doutrinas e práticas constitucionais dos Estados totalitários recentes (Rússia, Alemanha nazista, Itália fascista ou Repúblicas Populares),

é que o abandono, por êles, das garantias referentes à segurança e à liberdade do indivíduo, representa um processo mais geral e profundo do que o interêsse imediato das ditaduras. Representa o abandono da teoria dos direitos públicos individuais por uma outra que seria a *teoria dos direitos sociais do indivíduo*. Segundo nossa interpretação, tais direitos não seriam oponíveis ao Estado *mas à sociedade,* e garantiriam o indivíduo, não em função dos atributos da sua personalidade, *mas como parte integrante do grupo social.* Neste sentido é que devem ser entendidos, a nosso ver, os direitos ao trabalho, à educação, ao salário justo, à habitação, ao repouso, enfim todo o conjunto dos direitos vulgarmente chamados sociais.

311. Não há dúvida que a reivindicação de tais direitos se assenta na justiça. O grande problema da nossa geração está, porém, em garantir-se o Direito social individual, sem sacrifício do que existe de verdadeiramente básico no Direito público individual. Problema, em verdade, formidável, mas que precisa ser resolvido, porque só a sua solução pode assegurar o equilíbrio entre justiça e liberdade. Para nós, esta solução deve ser procurada nos rumos traçados pela democracia cristã, únicos capazes de enfrentar os males do câpitalismo, sem cair nos riscos do comunismo.

312. A articulação satisfatória dos direitos públicos individuais com os direitos sociais do indivíduo deve ser feita mediante uma revisão que, de resto, já se processa, nos fundamentos teóricos do direito de propriedade. Já vimos que êste direito era considerado pela declaração revolucionária como "inviolável e sagrado", seguindo-se aqui o pensamento de LOCKE, que identifica a propriedade com a liberdade.[2] Essa conceituação, que nos parece, hoje, extrema, explicava-se, no entanto, na época, dadas as condições históricas vigentes. Quando se declarava inviolável e sagrada a propriedade, o que se tinha em vista era proteger êste direito *contra os abusos do poder estatal.* A experiência das classes trabalhadoras, então representadas principalmente pela burguesia ("Terceiro Estado") em ascensão, era a da falta absoluta de garantias dos bens econômicos em face do arbítrio da Coroa e da classe privilegiada, que era a nobreza. Por isto mesmo é que a

---

[2] V. cap. III, n.º 82.

Revolução, burguesa e liberal, emprestou ao conceito de propriedade, no Direito privado, uma significação e uma amplitude que faziam lembrar as que tinha a noção de soberania, no Direito Público. BARASSI, no seu tratado sôbre a propriedade, lembra com todo cabimento: "A propriedade era a expressão mais viva da inde-
" pendência do cidadão proprietário: ser dono era o mesmo que
" ser livre. A propriedade era sinônimo de liberdade, era um
" aspecto da soberania. Propriedade queria dizer autonomia, no
" sentido etimológico. O proprietário era o homem que ditava a si
" mesmo a lei (autolei) na soberania da vontade. No seu raio de
" ação êle era um legislador, tal como o Estado legislava em maté-
" ria de Direito público". Por isso mesmo — lembramos nós — todo
" o direito ligado à propriedade era um direito contratual, e, portanto, submetido à soberania da manifestação da vontade individual. Voltando, ainda, ao tema, ao referir-se diretamente à filosofia do Direito Natural do século XVIII, que preparou a Revolução Francesa, BARASSI afirma: "Êsses escritores consideravam a pro-
" priedade, não como algo subordinado ao domínio do soberano,
" *como se supunha no tempo da Monarquia absoluta, mas como*
" *um direito individual inato,* como o florescimento de uma larga
" autonomia individual, como um direito absoluto que não podia
" tolerar limitação alguma".

313. Fatôres notórios da evolução social e econômica, que é ocioso rememorar aqui, alteraram completamente, durante o correr do século passado, aquêle quadro de valôres ideológicos. O aparecimento da grande indústria, a criação de uma classe operária e a concentração capitalista foram tornando o antigo direito de propriedade, extensivamente compreendido, de instrumento de defesa da liberdade individual contra as ameaças do poder, em arma assecuratória da dominação de uma classe social sôbre as outras. Em vez de meio de libertação, a propriedade passou a ser mecanismo de opressão. Em vez de poder pôr em risco a propriedade, esta é que pôs em risco a justiça. A inquietante realidade foi apreendida, pelos filósofos e pensadores, desde bem cedo, no século passado, sobretudo na Inglaterra, onde o desenvolvimento industrial mais precoce produzia maiores desmantelos na vida das classes trabalhadoras. Mas a penetração da mesma realidade no meio jurídico foi mais vagarosa. Data do fim daquele século e começo do atual.

314. Tornou-se patente que o trabalho e a propriedade se desvinculavam do indivíduo e passavam a se exercitar por grupos e em benefício de grupos. A grande indústria exige trabalho coletivo e capital coletivo. Portanto a propriedade só é individual até certo ponto, e é nesta medida que ela deve ser considerada como ligada à independência do indivíduo e garantida como direito individual.

315. Houve, por tudo isso, como lembra PAULO DUEZ, uma mudança na concepção dos direitos individuais, tal como vinha da Revolução Francesa. Esta mudança — lembra, ainda, o professor de Lille — pode ser observada em três direções: limitação, negação e alteração. A limitação é decorrente do intervencionismo do Estado, que não confunde interêsse geral com o livre exercício das atividades individuais. Amplia-se a ordem pública e diminui o alcance dos direitos dos indivíduos. As doutrinas chamadas de negação pelo professor DUEZ, são as dos Estados totalitários. O traço definidor dessas doutrinas é que, para elas, o direito não pode ser considerado como uma limitação ao poder. E, como o Direito público individual só existe se fôr aceita essa idéia, é claro que êle desaparece quando o princípio em que se funda é recusado. Deve-se, aliás, acentuar, que as Constituições de origem marxista substituem os direitos individuais pelos direitos sociais e possuem, a respeito dêstes últimos, verdadeiras declarações. Mas a amputação dos direitos individuais elimina delas o caráter democrático. Finalmente as doutrinas de alteração, que DUEZ vê muito bem representadas na Constituição de Weimar, são as que tendem a transformar os direitos individuais em funções sociais. Esta expressão serve para definir uma situação de reciprocidade entre o indivíduo e o Estado, na qual existem direitos e deveres recíprocos. A Constituição brasileira de 1934 parece ter seguido esta norma, no que toca ao direito de propriedade, que ela considerava função social. De fato, no art. 113, n.º 17, ela dispunha que "é garantido o direito de propriedade *que não poderá ser exercido contra o interêsse social, ou coletivo*".

316. Apreciando, comparativamente, o Direito Constitucional contemporâneo, observamos que as Constituições democráticas tendem, em geral, a incluir declarações de direitos sociais nos seus textos, ao lado das declarações de direitos individuais, enquanto os

Estados totalitários não agem de forma correspondente: muito significativa, neste particular, é a Constituição francesa de 1946. Berço da primeira grande declaração constitucional dos direitos humanos, a França de hoje não a reproduz, no corpo da sua lei fundamental. A Constituição, no preâmbulo, limita-se a "reafirmar, solenemente, os direitos e liberdades do homem e do cidadão, "consagrados pela Declaração de Direitos de 1789, e os princípios fundamentais, reconhecidos pelas leis da República". Em seguida, e especificadamente, a Constituição passa a enumerar os *direitos sociais*, entre os quais o direito ao trabalho, à sindicalização, à greve e à instrução.

317. A orientação da atual Constituição francesa marca, melhor do que qualquer digressão doutrinária, a linha do pensamento democrático moderno. Os direitos políticos individuais, definidos segundo o modêlo clássico, são considerados pressupostos da organização democrática. Basta que sejam reafirmados, sem necessidade de nova definição. Ao lado dêles, porém, novas situações — as dos direitos sociais — precisam ser definidas e incorporadas à legislação constitucional positiva.

318. Resumindo as noções expostas, sôbre a evolução constitucional da teoria dos direitos públicos individuais, concluímos: 1) ela surgiu da idéia da limitação jurídica do poder do Estado e atingiu ao apogeu com o predomínio do individualismo liberal; 2) a partir principalmente da Revolução Russa, que aprovou, em 1918, uma "Declaração de Direitos das Massas Laboriosas e Exploradas" surgem, ao lado dos direitos públicos individuais, os direitos públicos sociais, que representam interêsses coletivos, oponíveis mais à sociedade do que ao Estado; 3) a consciência dêsses direitos sociais penetra visivelmente a legislação constitucional dos países democráticos; 4) o mesmo não se pode dizer sôbre a penetração dos princípios dos direitos individuais nas Constituições dos países totalitários, que continuam, pela voz dos seus melhores juristas (como Vyshinsky, por exemplo) a negar enfàticamente tais direitos; 5) a vida jurídica e social só terá a ganhar, se os países da "Cortina de Ferro" fizerem, no sentido do reconhecimento dos direitos individuais, a mesma marcha que as democracias empeendem, no sentido do reconhecimento dos direitos sociais.

Projeção internacional dos direitos individuais

319. A mais forte contradita que se pode oferecer aos arautos de uma pretendida decadência dos princípios formadores da teoria dos direitos públicos individuais é o texto do art. 55, letra c, da Carta das Nações Unidas, que os transfere para o plano internacional. Diz aquêle inciso que "com o fim de criar condições de estabilidade " e bem-estar, necessárias às relações pacíficas e amistosas entre as " nações, baseadas no respeito ao princípio da igualdade de direitos " e da autodeterminação dos povos, as Nações Unidas favorecerão *"o respeito universal e efetivo aos direitos do homem e às liberdades " fundamentais para todos,* sem distinção de raça, sexo, língua " ou religião".

320. Como salienta o acatado internacionalista LAUTERPACHT, essa disposição da Carta representa uma inovação da mais profunda significação, de que não cuidou a antiga Liga das Nações, e é devida à tese, cada vez mais aceita, de que também o indivíduo e não exclusivamente o Estado — é sujeito de Direito Internacional.

321. A Carta não definiu os direitos humanos, cuja garantia recomenda, no plano internacional. Contudo, no encerramento da Conferência de S. Francisco, o presidente TRUMAN prometeu que, no mais breve prazo, seria preparada uma Declaração Universal dos Direitos do Homem. Esta declaração ficou a cargo de uma comissão especial, nomeada pelo Conselho Econômico e Social das Nações Unidas. Depois de vencer inúmeros óbices e resistências, explicáveis em matéria tão nova no Direito Internacional, e, por isso mesmo, capaz de suscitar melindres e desconfianças nos Estados ciosos de preservar, a todo custo, as suas soberanias, a Declaração Universal dos Direitos do Homem pôde, enfim, ser adotada em dezembro de 1948, pela Assembléia Geral das Nações Unidas, reunida em Paris.

322. A Declaração, que não pretende ser uma exposição teórica, mas a simples enumeração de medidas de proteção compatíveis com o estado atual do Direito Internacional, se divide em quatro partes principais. A primeira contém as disposições referentes à liberdade e segurança das pessoas. A segunda estabelece os direitos individuais em relação aos grupos sociais, nos quais os indivíduos se integram. A terceira diz respeito às liberdades espirituais e políticas e, finalmente, a quarta enumera os direitos públicos sociais, cujo reconhecimento constitucional já salientamos.

323. A Declaração — diz RENÉ CASSIN, em substancioso estudo a ela dedicado — "não foi sòmente saudada como um ato "histórico pelos delegados que a redigiram e votaram... Ela " ganhou uma real autoridade junto aos governos, mesmo aquêles " que a não votaram, junto a tôdas as Igrejas, junto aos grupos " cívicos e filosóficos mais variados... De uma ponta à outra do " mundo, nos altos e baixos da escala social, trabalhadores em " greve, grupos vítimas da discriminação racial e da perseguição " religiosa, intelectuais perseguidos invocam, com esperança, esta " Declaração Universal".

324. Sem dúvida, a eficácia de um conjunto de normas dêsse tipo, ainda que adotado oficialmente por quase todos os Estados, depende muito da penetração dos seus princípios na consciência coletiva dos povos, e, através dela, nas diretrizes dos governos. Mas a receptividade favorável, a que se refere o professor CASSIN, é o sinal de que o despertar da consciência dos povos está se processando. Aliás, as recentes alterações de rumo na política soviética, anunciadas ruidosamente por um dos seus dirigentes, são outra demonstração do mesmo fato.

325. A execução dos princípios formulados na Declaração Internacional é, sem dúvida, muito mais difícil e precária do que quando se trata dos direitos consignados nos sistemas constitucionais internos e submetidos à Justiça nacional de cada país. O Conselho Econômico e Social, que seria o órgão das Nações Unidas incumbido da matéria, pela sua própria composição, recrutada entre delegados dos governos, não possui isenção nem independência bastantes para atuar com eficiência. Entretanto, a Assembléia Geral, neste como em outros casos, tem mostrado maior capacidade de esposar as doutrinas progressistas, o que se explica, igualmente, pela sua formação, que é mais livre das injunções diretas dos governos. A Côrte Internacional de Justiça já teve, por seu lado, oportunidade de se manifestar, ainda que indiretamente,

e o fêz de forma a prestigiar a Declaração. A Assembléia Geral consultou a Côrte sôbre o cumprimento, por parte de certos governos, das disposições relativas aos direitos humanos, contidas em tratados vigentes. Os governos em questão recusaram competência à Côrte para opinar, alegando a aplicação do art. 2.º da Carta das Nações Unidas, que impede a êste organismo de intervir nos negócios da competência exclusiva dos Estados. A Côrte, porém, em aviso de 30 de março de 1950, decidiu que o fato de a Assembléia havê-la consultado sôbre a matéria, não feria a competência privativa dos Estados, visto que "a Carta também obriga as Nações Unidas a promover o respeito universal e efetivo aos direitos humanos e às liberdades fundamentais". Está, assim, o problema dos direitos públicos individuais lançado no campo internacional. Êle não perde, com esta expansão, as suas linhas definitivas. Continua a ser um direito do homem, oponível ao Estado, embora apreciado por uma organização interestatal.

Conclusões

326. A importância dos direitos e garantias individuais no quadro do Direito Constitucional não pode ser exagerada. As Constituições democráticas, já o dissemos, se dividem habitualmente em três partes mais importantes: uma, que fixa certas normas jurídicas fundamentais e distribui as competências dos diversos órgãos; outra, que estabelece a estrutura política do Estado, definindo os podêres e os órgãos constitucionais; e uma última, que traça os direitos individuais e assegura as suas garantias.

327. A natureza e o conteúdo especial dos direitos individuais variam de uma Constituição para outra. Apesar disto, sempre se encontram certos núcleos comuns: segurança e liberdade da pessoa; liberdade intelectual e religiosa; liberdade profissional e política; propriedade particular. Modernamente a lista vem sendo acrescida, como vimos, com os chamados direitos sociais. Na parte especial do Curso, quando tratarmos diretamente do sistema dos direitos individuais adotado na Constituição brasileira, estudaremos cada um dêles, analisando a sua origem e evolução.

328. Finalmente, queremos deixar consignada a nossa convicção de que não se pode separar o reconhecimento dos direitos

individuais da verdadeira democracia. Com efeito, a idéia democrática não pode ser desvinculada das suas origens cristãs e dos princípios que o Cristianismo legou à cultura política humana: o valor transcendente da criatura, a limitação do poder pelo Direito e a limitação do Direito pela Justiça. Sem respeito à pessoa humana não há justiça, e sem justiça não há Direito. Resta apenas, no território político, o poder injusto, abandonado às terríveis fôrças que acabam por destruí-lo, depois de destruir tantos sêres e tantas coisas dignas de perdurar. A experiência histórica recente nos tem mostrado, com implacável monotonia, a marcha inexorável dêsse processo de sucessivas destruições.

329. Como bem diz e demonstra Jacques Maritain, a existência dos direitos fundamentais do homem provém do reconhecimento da superioridade do homem sôbre o Estado, fato evidente, desde que se parta da indiscutível consideração de que o Estado é uma categoria histórica, criada pelo homem. A transcendência da personalidade humana sôbre o Estado é uma verdade que não diminui a nenhum homem ou grupo de homens, nem os exalta indevidamente, visto que a todos se estende. Além disto, como lembra, ainda, Maritain, a crença em um destino humano independente, até certo ponto e em certos setores, das leis do Estado, não decorre da ideologia liberal ou de qualquer outra ideologia política, nem mesmo, de qualquer crença religiosa. É, por assim dizer, o conteúdo imparcial de um estado de consciência histórico. Uma vez adquirido não há fôrça material, não há fanatismo ideológico, não há rigorismo doutrinário que impeça o florescimento renascido do mesmo anseio e da mesma esperança de dignidade e liberdade, no coração dos homens.

BIBLIOGRAFIA

Cícero, ob. cit.
F. Engels, *Philosophic, Economie Politique, Socialisme*, Girard, Paris, 1911.
M. Waline, *L'Individualisme el le Droit*, Domat, Paris, 1945.
Blackstone, ob. cit., vol. I.
G. Jellinek, *Sistema di Diritti Pubblici Subiettivi*, Libraria, Milão, 1912.
Rui Barbosa, *Comentários*, cit.
P. Wighny, *Droit Constitutionnel*, Bruylant, Bruxelas, 1952, 2 vols., vol. I.
F. Maitland, ob. cit.
L. Duguit, H. Monnier e R. Bonnard, *Les Constitutions de la France depuis 1789*, Pichon, Paris, 1943.
D. Watson, ob. cit.

L. Barassi, *Proprietà e Comproprietà*, Giuffrè, Milão, 1951.

P. Duez, "Esquisse d'une définition réaliste des droits publics individuels", in *Mélanges Carré de Malberg*, Sirey, Paris, 1933.

Georges Burdeau, ob. cit., vol. III.

H. Lauterpacht, "The International Protection of Human Rights", in *Académie de Droit International. Recueil des Cours*, Sirey, Paris, vol. 70, 1947.

S. Bastid, "La Jurisprudence de la Cour Internationale de Justice", ob. cit., vol. 78, 1951.

R. Cassin, "La Déclaration Universelle et la Mise en Oeuvre des Droits de l'Homme", ob. cit., vol. 79, 1951.

Jacques Maritain, *Humanisme Intégral*, Aubier, Paris, 1936; idem, *Os Direitos do Homem*, José Olímpio, Rio, s.d.

CAPÍTULO X

Direito Constitucional e ordem internacional; colocação do problema. As teses dualista e monista. Primazia da ordem interna ou internacional. Situação de fato.

Direito Constitucional e ordem internacional; colocação do problema

330. Ao mesmo tempo em que o Estado nacional subsiste, com a sua estrutura tradicional e dentro de um sistema de normas e conceitos que pouco evoluiu, tendo, apenas, aumentado o seu poder e influência, as imposições do progresso humano, em todos os setores, levam a política e, com ela, o Direito Público a se tornarem cada vez mais internacionais. Expressões tais como esplêndido isolamento" ou "isolacionismo" que, há poucos lustros, definiam a linha política de duas das mais importantes nações do mundo, Inglaterra e Estados Unidos, não têm, hoje, nenhum sentido e mostram, apenas, como é rápida a mudança na conduta dos povos.

331. Antigamente, podemos dizer, a aproximação entre os povos era buscada pelas doutrinas dos juristas-filósofos — GROTIUS, VITÓRIA, VATTEL, GUSMÃO —, mas dificultada pelos fatos naturais e históricos. Hoje é um pouco o contrário que se dá. A natureza foi e está sendo domada; a velocidade reinou no mundo; as trocas, a solidariedade econômica, o intercâmbio cultural marcam a História. No entanto os povos se dividem em grupos mais hostis do que nunca, porque alguns homens de grande poder buscam e justificam essa divisão. Antes, assistimos ao isolamento dos Estados fortes. Hoje vemos a divisão do mundo em blocos liderados por êles.

332. A era atômica, com todo o seu cortejo de perspectivas ameaçadoras, deve, entretanto, dissipar êste contraditório isolamento coletivo. Ante os riscos, que a todos ameaçam por igual,

só há um remédio: a união e o entendimento, ainda que forçados e suspicazes. Tão triste otimismo faz parte da nossa pobre esperança. Os fatos, até certo ponto, a corroboram. Numa atmosfera explosiva e carregada, entre ameaças e lampejos de armas, o caso de Suez, apesar da sua delicadeza e brutalidade, não levou à guerra. No entanto, a morte de um arquiduque ou a posse de uma cidade já serviram de pretexto à deflagração de duas conflagrações.

333. O professor CHARLES DE VISSCHER acentua, e com razão, a importância dos fatôres que levam à coesão nacional e à dispersão internacional "É ao contato com o meio externo" — escreve " êle — "que o grupo social se diferencia e toma consciência de si " mesmo; sua solidariedade não se afirma integralmente senão em " relação ao "estrangeiro." E conclui: "A comunidade internacio- " nal não se beneficia dêsse fator decisivo de coesão social. Ela " não subsiste senão através do apêlo, infinitamente menos forte, " a sacrifícios consentidos em benefício de um bem comum super- " nacional, cuja percepção, fonte de todo progresso, continua pouco " acessível à imensa maioria dos homens". Ocorre, porém, que, no enunciado de suas afirmações pouco animadoras, o mestre de Louvain não tomou na devida conta a formidável influência que a arma atômica trouxe à vida internacional. O impulso que êle identifica como reunindo os grupos sociais divergentes e até hostis, no interior dos Estados, em face do perigo comum externo, é exatamente o mesmo que pode aproximar os grupos nacionais, divididos em soberanias diferentes, e colocados diante de um perigo muito maior e que a todos atinge. Podemos dizer que a solidariedade pela divisão do trabalho, fonte de coesão indicada por DURKHEIM e aproveitada por DUGUIT, na construção do Direito interno, é sucedida por uma espécie de solidariedade na distribuição do terror, mais rápida, perceptível e forte do que a outra. Por mais tristes e espúrias que sejam essas bases, o certo é que elas apóiam a construção do nôvo Direito externo.

O ilustre Visconde de CHATEAUBRIAND, no *Génie du Christianisme*, ao falar do dilúvio universal, já observa êste impulso de união causado pelo mêdo: *"Em ce temps là la race humaine fut presque anèantie; toutes les querelles des nations finirent, toutes les révolutions cessèrent. Rois, peuples, armées ennemies, suspendirent leurs haines sanglantes et s'embrassèrent, saisis d'une mortelle frayeur"*. Sem dúvida, a fôrça de contenção, com que agora contamos, é muito mais negativa do que positiva. Ou melhor, o impulso destruidor é contido muito mais pela certeza de que as suas conseqüências serão fatais aos fortes, do que pela ação do Direito, representado pelas organizações internacionais. Mas isso não impede e, antes, torna necessário, que os juristas trabalhem, colocando a sua ciência entre os fatôres propícios à união.

334. Dentro do quadro do trabalho jurídico, que se desenvolve com aquêle objetivo, um dos temas preliminares é o do assentamento, teórico e prático, das relações entre o Direito Público interno (Constitucional) e o Direito Público Internacional. A solução dêste difícil problema não depende, é claro, do mais perfeito desenvolvimento das teses, levado a efeito pelos juristas. A solução só se tornará efetiva, com o êxito das gestões pacíficas, no campo político e diplomático. Mas a fixação das teses científicas tem, no caso, duas vantagens: contribui para a formação de uma mentalidade mais esclarecida nos meios da política internacional, e procede à coordenação técnica dos resultados práticos já obtidos.

335. Na técnica jurídica, o que interessa é estudar convenientemente as relações entre as órbitas jurídicas interna e externa, examinando as possibilidades da sua integração em um só sistema global. O assunto deve ser abordado de dois lados, um teórico e outro prático. Teòricamente, acompanharemos, em largos traços, as conclusões das duas correntes opostas de opinião; a que sustenta que o Direito evolui para a formação de um só sistema de normas (monismo) e a que pretende ser irredutível a separação das duas áreas de ação jurídica (dualismo). Pràticamente, observamos como o Direito positivo reage a essas necessidades, acompanhando, no Direito Constitucional comparado, os aspectos principais do processo de integração dos princípios internacionais na esfera do Direito interno.

As teses dualista e monista

336. O dualismo, também chamado paralelismo, sustenta, como vimos, a coexistência de duas ordens jurídicas autônomas, sendo também levado, lògicamente, a rechaçar a possibilidade da interpretação entre elas. Para os dualistas (entre cujos representantes encontramos as fortes personalidades de TRIEPEL e ANZILOTTI), o Direito interno e o Direito externo nunca poderão

se unir, porque diferem essencialmente nos elementos principais. Diferem quanto à substância, porque o Direito interno tem como sujeito o indivíduo e disciplina as relações individuais, ao passo que o Direito externo tem como sujeito os Estados e procura disciplinar as relações interestatais. Diferem quanto às fontes, porque o Direito interno se funda, ou nos costumes nacionais, ou nas leis emanadas das autoridades competentes; em vez disso, o Direito externo se abebera nos costumes internacionais e nos tratados livremente consentidos pelos diferentes Estados. Diferem, ainda, quanto ao valor das normas porque as leis, no Direito interno, são aplicadas coercitivamente, enquanto, no Direito externo, a aplicação dos tratados depende, principalmente, quaisquer que sejam as afirmações em contrário, da vontade dos Estados coobrigados. Alega-se, em complemento, que as doutrinas da autolimitação da vontade do Estado não previnem os casos da sua própria infração.

337. Os dualistas chamam, também, a atenção para a diferença que existe na formação da vontade, no Direito interno e no externo. Naquele, a vontade estatal se apura mediante os processos legais em vigor, que levam, contudo, afinal, ao resultado de uma vontade única. Neste, a vontade única não existe, por falta de um organismo central a que possa ser imputada, e o que resta é o recurso da coordenação da série de vontades independentes, expediente a que TRIEPEL chamou, por eufemismo, a "vontade comum" (*Vereinbarung*). Para os dualistas o tratado internacional, ainda que produto da vontade do Estado, não cria, pròpriamente, Direito interno. Êle constitui uma espécie de convite à criação do Direito interno, mas esta só se verifica quando o Estado legisla em conseqüência, adotando o tratado, o que constitui um ato específico e decisivo da sua vontade, diferente daquele que o levou a celebrar o tratado, no campo internacional. Neste particular, TRIEPEL é irredutível. "Insistimos sôbre a tese" — escreve " êle — "de que a fonte do Direito interno é a vontade de um único " Estado; e, como fonte do Direito externo é a vontade comum de " vários ou numerosos Estados, trata-se de sistemas jurídicos " diferentes".

338. A tais premissas e postulados, os monistas respondem, e a nosso ver com vantagem, através dos argumentos que a seguir resumiremos. Antes de fazê-lo, convém salientar que a corrente monista se subdivide entre os que asseguram o primado do Direito

interno sôbre o externo, e os que defendem a superioridade dêste sôbre aquêle. Na prática, nós veremos que se pode concluir por uma espécie de acomodação entre as duas subcorrentes. Vejamos, agora, os argumentos principais, com que os monistas encaram as teses dualistas, acompanhando, na exposição, a ordem em que as últimas foram enumeradas.

339. Em primeiro lugar, não é exato que o Estado seja o sujeito, ou pelo menos, o único sujeito de Direito Internacional. Com efeito, tôda a linha moderna desta ciência se inclina no sentido de considerar o indivíduo como sujeito de Direito Internacional, e o problema dos direitos humanos levado ao plano internacional, já focalizado no capítulo anterior, é o sintoma mais marcante dessa tendência. Alguns autores sustentam, mesmo, que o indivíduo é o *único e verdadeiro sujeito de Direito Internacional*, sendo que a diferença que se estabelece na ordem jurídica externa é puramente formal e não substancial e vem a ser a de que, nela, *as conseqüências da ação individual são atribuídas ao Estado*. De resto, nós podemos encontrar, na História recente, uma contraprova desta última afirmação. Com efeito, o julgamento dos grandes criminosos de guerra (já aceito, pela doutrina, desde o Tratado de Versalhes, mas praticado, depois da última guerra, na Alemanha e no Japão) *veio de certa forma personalizar e individualizar a responsabilidade de atos que haviam sido cometidos pelo poder de Estados beligerantes*. Portanto, se a doutrina reconhece a responsabilidade penal de certos homens, no campo do Direito Internacional, não pode deixar de aceitar, também, a proteção dêles, como fim da mesma ciência.

340. A questão das fontes é, por sua vez, colocada em outros têrmos, pelos monistas. Na verdade, se partirmos da origem costumeira do Direito, veremos que ela é uma só, no que toca ao seu desenvolvimento, quer se trate de costume nacional ou internacional. Êste fato ainda mais se acentua, se considerarmos o Direito costumeiro de Estados que compreendem no seu seio diversas nações, como é, por exemplo, o caso da Suíça. Então temos, em tais casos, uma espécie de costume que é meio de acomodação entre raças e culturas diversas, mas que se elabora no âmbito interno de um único Estado. Quanto à lei feita segundo a vontade única do Estado, de que TRIEPEL faz tão grande cabedal, um monista

como BOURQUIN começa por não acreditar muito nela. Em primeiro lugar, observa o professor belga, a vontade do Estado não cria o Direito, visto que ela própria não é senão a vontade de alguns indivíduos *aos quais uma ordem jurídica preexistente atribuiu a qualidade de órgãos estatais.* Além disso, e o que é mais importante, é que a Sociologia e a História não confirmam tais concepções. Escreve, a respeito, BOURQUIN: "Se a formação do Direito Internacional obedece a certas condições peculiares, ela obedece, por outro lado, às mesmas leis gerais que regem as outras disciplinas jurídicas... A ciência moderna, através de um estudo aprofundado da atividade jurídica em todos os meios sociais, pôs fortemente em relêvo o êrro a que certas aparências podiam arrastar e que consiste, precisamente, em representar o Direito como uma criação (exclusiva) do Estado... Produto necessário da vida social, o Direito encontra, sem dúvida, um coadjuvante preciso na organização estatal, mas a sua existência não está a ela indefectivelmente ligada, nem nela se deixa absorver, mesmo nos momentos mais perfeitos da evolução política".

341. Resta a diferença fundada no valor jurídico das normas. Devemos reconhecer que, neste ponto, a diferença é, ainda hoje, bastante acentuada. A norma jurídica de Direito interno é irresistível, porque o Estado tem, para obrigar a sua observância, o poder de coerção, inclusive material. Tal não se verifica, pelo menos em grau compatível, com a norma de Direito externo. Mas, se examinarmos a questão um pouco mais de perto, veremos que a diferença existente, embora considerável, *é de grau de eficácia e não de natureza intrínseca das normas.*

342. Com efeito, não podemos deixar de aceitar a existência de um certo valor coercitivo na norma de Direito Internacional. Só por aproximação se pode dizer que a sua execução depende exclusivamente da vontade dos Estados. Realmente, ao lado das várias formas de pressão moral, política e econômica, que não são mais do que processos abrandados de coerção, é indubitável que o Direito Internacional moderno encara e prepara um sistema de coação material que obrigue aos Estados faltosos no cumprimento dos seus compromissos com a comunidade internacional. Aliás, sendo certo que uma das características essenciais da norma jurídica é o de ser ela coercitiva, a negação dêste caráter à norma de

Direito Internacional vai mais longe do que o ponto de afirmar à sua diferença da norma de Direito interno. Vai, lògicamente, até negar o seu caráter de norma jurídica. É, assim, um argumento que prova demais.

343. Temos de admitir uma maior e, mesmo, muito maior eficácia na norma de Direito interno, mas isso não elide o fato de que existe, também, eficácia coercitiva na norma internacional. O problema é, pois, como dissemos, estranho à natureza da norma, pois só diz respeito a algo que lhe é, até certo ponto, externo, ou seja, o seu grau de eficácia.

344. Outro argumento convincente no sentido da interpenetração das duas ordens jurídicas, é o de que os atos internacionais repercutem sôbre os interêsses regulados pelo Direito interno. Se fôssem duas esferas impenetráveis uma pela outra, então tal fato, que é corriqueiro, não poderia ser explicado. Em certos casos, como também é notório, o tratado internacional reage sôbre o próprio direito da Constituição interna, que é a mais importante das leis nacionais. E esta observação é mais que secular. Nos Estados Unidos, por exemplo, a norma constitucional segundo a qual a Suprema Côrte pode declarar inconstitucional as leis dos Estados-membros, foi devida à necessidade de se fazer respeitar, pelas legislaturas estaduais, o tratado de paz com a Inglaterra. Dir-se-á que o tratado ficaria inexeqüível, pelos Estados-membros, se não fôsse a disposição constitucional (interna). Mas a êste argumento respondemos com a série de preceitos nìtidamente de Direito Internacional que aparecem nas Constituições modernas.

Primazia da ordem interna internacional

345. A questão que se desenvolve dentro da teoria monista do primado do Direito Constitucional sôbre o Internacional, ou o contrário, não interessa aos fins a que se propõe êste Curso. É mais uma questão de teoria pura do Direito, enquanto os nossos propósitos, muito mais elementares e modestos, se satisfazem com a indicação do estado de fato em que se encontra, atualmente, o assunto e das perspectivas que se oferecem ao seu desdobramento futuro. Se aprofundarmos, pois, o problema da primazia, vamos ver em que têrmos êle se apresenta.

346. A supremacia do Direito Internacional sôbre o Constitucional é a posição representada principalmente pela poderosa construção lógico-jurídica do professor KELSEN. A característica da teoria de KELSEN é ser eminentemente anti-histórica e anti-sociológica. Ela se escuda em razões puramente conceituais, cujo ponto de partida — aliás, como vimos, já sugerido por BENJAMIN CONSTANT[1] é o de que o Direito não é uma ciência positiva, mas normativa, não é uma ciência do ser, mas do dever. A teoria começa, portanto, por repelir, voluntàriamente, o fato histórico e social. Encarecendo a distinção entre ordem natural e ordem jurídica, KELSEN escreve, em uma das várias exposições, que fêz, da sua doutrina: "É impossível que, na natureza, um corpo infrinja " ou viole uma lei natural. Tal proposição seria um contra-senso " completo. Se, em determinada hipótese, um corpo se comporta " de forma diferente da que determinava uma pretendida lei natu-" ral, isso prova apenas que a ciência dera, desta lei, uma forma " inexata... A palavra ordem, tomada em outro sentido, designa " um sistema, não mais de leis naturais, mas de normas, de regras. " Uma norma ou regra não exprime o que se passa de fato, e deve " se passar necessàriamente e sem exceção: uma norma determina " aquilo que, em Direito, deveria se passar sempre, mesmo que " aconteça, algumas vêzes, que tal situação não ocorra de fato". O Direito é o conjunto de tais normas e a atribuição dêle à responsabilidade do Estado (a sua imputação ao Estado, segundo a expressão de KELSEN) responde tão-sòmente ao princípio de unificação, que deve presidir, lògicamente, à eficácia de qualquer sistema de normas. Partindo dêsse princípio de unicidade, KELSEN chega ao campo internacional para mostrar, primeiro, que a criação, pelo Estado, dos órgãos executores da política internacional corresponde ao reconhecimento da existência de um Direito externo ao lado da existência de ordens jurídicas nacionais, peculiares a cada Estado, não se devendo esquecer que êstes são, todos, soberanos e jurìdicamente iguais. Ficam, então, de pé, as duas hipóteses que KELSEN declara igualmente procedentes, *do ponto de vista lógico*: ou prevalece a ordem interna, ou a externa, a qual, mediante uma revisão do conceito tradicional da sabedoria do Estado,[2]

---

[1] V. cap. II, n.º 53.
[2] Em outro trabalho, *La Paz por Medio del Derecho*, KELSEN indica como se poderá dar essa transformação da soberania sem perda para o Estado: "O Estado é soberano desde que está sujeito sòmente ao Direito

é a hipótese capaz de unificar o sistema global de normas, imputando-as a um organismo internacional, que se coloque acima dos Estados. Eis, em resumo muito tôsco, a teoria monista de KELSEN, que conclui pela supremacia do Direito Internacional.

347. A concepção monista com o primado do Direito interno, defendida, principalmente, por WENZEL, teve menos repercussão. Ela sustenta que, sendo a Constituição do Estado a lei reguladora da sua participação na vida internacional, é lógico que o Direito externo dela derive. Mas a tal tese foram levantadas sérias objeções. As principais são as de que há muitas normas de Direito Internacional que nascem do costume internacional, e não das regras do Direito interno, e que as obrigações contraídas pelos Estados, de acôrdo com o Direito Constitucional, ordinàriamente subsistem apesar da mudança e, mesmo, da destruição revolucionária das Constituições, e, portanto, delas não dependem.

Situação de fato

348. A situação de fato, no que concerne às relações entre os Direitos interno e externo, pode ser resumida no reconhecimento de duas tendências do Direito positivo, que se completam nos seus propósitos, e na sua ação. São tendências que poderíamos chamar de internacionalização do Direito Constitucional e da constitucionalização do Direito Internacional. A primeira é visível na inclusão, em tôdas as Constituições modernas, de verdadeiros preceitos de Direito Internacional. A segunda se revela pela criação de organismos políticos, a que todos os Estados juridicamente organizados aderem, organismos êstes que adotam, à guisa de tratados de fundadores, verdadeiras Constituições internacionais, providas de órgãos que muito lembram os existentes nas instituições internas dos Estados.

349. Em outro trabalho [3] já mostramos que não é fenômeno recente a incorporação, à ordem constitucional, de preceitos inter-

---

[3] *Estudos de Direito Constitucional.*

"Internacional e não ao Direito nacional de qualquer outro Estado. A sobe-
"rania do Estado, sob o Direito Internacional, representa a independência
"jurídica do Estado, em relação a outros Estados".

nacionais, tanto nos países de Direito costumeiro, como nos de Direito escrito. A propósito da Inglaterra, assim nos referimos, no mencionado trabalho, ao pensamento de BLACKSTONE, jurista do século XVIII, sôbre o assunto: "No quadro da Constituição "Costumeira, que é a inglêsa, o jurista estabelecia uma norma "constitucional, que era a aplicação judicial dos princípios do "Direito das Gentes, nos casos abrangidos por êle e não previstos "na lei inglêsa". Tratava-se, assim, da incorporação ao Direito interno, por via judicial, da norma costumeira externa. O pensamento de BLACKSTONE neste particular, como em tantos outros pontos, foi absorvido pelos redatores da Constituição dos Estados Unidos, a qual consigna o princípio de que a norma internacional (tratado) integra, juntamente com a Constituição e as leis federais, o direito superior do país (*supreme law of the land*).

350. Depois do Direito anglo-saxônico, também o Direito francês setecentista incluiu disposições internacionais. MIRKINE-GUETZÉVITCH, em estudo especial sôbre a influência da Revolução Francesa no desenvolvimento do Direito Internacional, mostra como ela foi importante, inclusive na criação do princípio da renúncia à guerra de conquista, firmado por decisão da Assembléia Nacional, em 1790, repetido na Constituição republicana francesa de 1848, e que entrou na tradição constitucional brasileira desde 1891, nela se mantendo até hoje.

351. Mas é modernamente, sobretudo a partir da Primeira Guerra Mundial e do Tratado de Versalhes, que observamos, melhor, o fenômeno de integração das duas ordens jurídicas. Passos da maior importância nessa direção, foram dados pela Constituição alemã de 1919 e pela Constituição republicana espanhola de 1931. A primeira, no art. 4.º declarava que "as regras do Direito das Gentes, geralmente reconhecidas, fazem parte integrante e obrigatória do direito do Reich". A segunda, no art. 7.º, dispunha que "o Estado espanhol acatará as normas universais do Direito Internacional incorporando-as ao seu Direito positivo".

352. Depois da última grande guerra, o movimento de integração se manteve. Várias são as constituições atuais, e numerosos os dispositivos nelas insertos, que adotam a integração

das duas esferas do Direito. Em alguns casos há uma norma geral expressa, de aplicação abrangente e indiscriminada, como a contida no art. 25 da Constituição da República Federal da Alemanha, de 1949: "As regras gerais do Direito Internacional "fazem parte integrante do Direito federal. *Elas se sobrepõem à* "*lei e geram diretamente direitos e obrigações*" (*Sie gehen den Gesetzen vor und erzeugen Rechte und Pflichten unmittelbar*). A Constituição francesa de 1946 determina, no art. 26, a mesma coisa: "Os tratados diplomáticos regularmente ratificados e " publicados têm fôrça de lei, mesmo nos casos de serem contrários " às leis internas francesas, sem que seja necessário, para assegu- " rar-lhes aplicação, qualquer outra disposição legislativa".

353. Podemos considerar as disposições constitucionais alemã e francesa como as mais avançadas do Direito moderno. Com efeito, os autores costumam salientar que, dentro do processo de aproximação entre o Direito Constitucional e o Internacional, o caminho mais correto é aquêle que permite, tanto quanto possível, *a integração automática* dos dois sistemas. Por integração automática se entende a disposição auto-aplicável da Constituição, a qual incorpora a norma internacional, sem necessidade de que haja uma lei complementar ordinária que venha fazê-lo. Como vimos, é êste, precisa e rigorosamente, o caso das Constituições alemã e francesa. A disposição nem sempre resolve, porém, o problema dos tratados inconstitucionais. Esta complexa questão, das mais árduas do Direito Constitucional e do Direito Internacional, não pode ser desenvolvida neste capítulo, de per si. Na prática constitucional, o que se observa é a aceitação da competência dos órgãos internos para declarar a incompatibilidade entre o tratado e a Constituição, com a anulação conseqüente daquele, visto que a doutrina predominante é a de que o tratado se equipara, em importância e, às vêzes (como nos casos expressos da França e da Alemanha) se sobrepõe à lei nacional, *mas não à Constituição*.

354. Na França, entretanto, a situação parece se apresentar de forma especial. Com efeito, naquele país, a lei interna declarada inconstitucional pelo tribunal competente, não tem a sua aplicação vedada, *mas, apenas, suspensa*, pois se ela, submetida novamente ao Parlamento, é por êste ratificada, a conseqüência é a reforma

da Constituição, no ponto incompatível com a mesma, de maneira que a Constituição é que se adapta à lei (art. 93 da Constituição). Parece fora de dúvida que êste princípio deve ser também aplicado aos casos de incompatibilidade entre o tratado e a Constituição, visto que aquêle é colocado acima da própria lei, como ficou dito acima.

355. Na Constituição brasileira, a matéria é regulada pelo art. 4.º, assim redigido: "O Brasil só recorrerá à guerra se não " couber ou se malograr o recurso ao arbitramento ou aos meios " pacíficos de solução do conflito, regulados por órgão internacional " de segurança, de que participe; e em caso nenhum se empenhará " em guerra de conquista, direta ou indiretamente, por si ou em " aliança com outro Estado".

356. Se as intenções do constituinte de 1946 eram de manter, simplesmente, as disposições constitucionais de repulsa à guerra de conquista, originárias, como vimos, da Revolução Francesa, e tradicionais no nosso Direito republicano, o certo é que a redação do art. 4.º levou o preceito constitucional muito além daquele simples propósito. Com efeito, ao obrigar ao cumprimento dos meios de solução dos dissídios internacionais "regulados por órgão internacional de segurança de que o Brasil participe", a Constituição federal procedeu precisamente ao que chamamos, acima, de incorporação automática dos princípios do Direito Internacional ao Direito interno. E mais: não incorporou sòmente os princípios gerais costumeiros, pois, seguindo a trilha aberta pelas Constituições de Weimar e da República espanhola, e alargada pelas recentes leis fundamentais francesa e alemã, a Constituição brasileira adotou a integração, no complexo de normas vigentes, daquelas *regras escritas* de Direito, originárias da Organização das Nações Unidas (ONU), da Organização dos Estados Americanos (OEA) e de outras do mesmo gênero, a que pertença ou venha a pertencer o nosso país. A única restrição, que se deve fazer, a esta conclusão é a da adesão expressa do Brasil, nos têrmos dos estatutos das organizações, às decisões adotadas. Não estamos, assim, obrigados a observar as soluções que não tenhamos aprovado antecipadamente, por meio do nosso voto, nas organizações de que façamos parte e também, quando fôr o caso, por meio da ratificação, pelo Congresso, do ato internacional em questão.

357. Nossa conclusão vai ainda mais longe. Pensamos que a regra do art. 4.º é limitativa do Poder Legislativo, no sentido de que o Direito interno não pode dispor de maneira diversa, sôbre assunto que haja sido objeto de regulamentação anterior, feita com o nosso assentimento, por órgão internacional a que pertençamos. A posterioridade da norma nova de Direito interno não prevalece, em face do princípio do *pacta sunt servanda*.

358. Analisando, em conjunto, os fatos até aqui expostos, podemos, com êles, chegar a algumas conclusões teóricas, a respeito dos movimentos paralelos de internacionalização do Direito Constitucional e de constitucionalização do Direito Internacional.

359. Na primeira fase (séculos XVIII e XIX), as necessidades *da organização jurídica interna* é que prevaleceram. A Inglaterra procurava adaptar a velha estrutura às novas condições do industrialismo nascente e da sua elevação a primeira nação marítima do mundo, dois fatôres que a obrigavam a regular jurìdicamente as relações com outros povos, mas sempre em função das suas transformações internas. A França, arrastada pela Revolução a fazer uma espécie de guerra européia, precisava estabelecer, por seu lado, princípios internacionais que viessem consolidar a situação política interior. Os Estados Unidos, finalmente, achavam-se interessados no cumprimento das condições de paz com a Inglaterra para poderem prosseguir na obra interna de consolidação da nova Federação. Foram, portanto, sempre, razões de Direito interno, que levaram êsses três países precursores a trazer, para dentro dos seus sistemas constitucionais, algumas normas de Direito Internacional.

360. Hoje é o contrário que se dá. O grande problema não é mais consolidar a ordem jurídica interna dos Estados, mas colaborar na organização jurídica da comunidade internacional, dando-lhe, tanto quanto possível, uma estrutura estável.

361. Reconhecidas essas premissas, as conseqüências são claras. Na primeira fase, a tendência era trazer para o Direito interno alguns princípios do Direito externo: era a internacionalização do Direito Constitucional. Hoje visa-se dar ao Direito

externo uma estabilidade que se traduz, inclusive, na criação de órgãos permanentes, que, não sendo superados, procuram, indubitàvelmente, imitar, na estrutura e no funcionamento, as Constituições estatais. Define-se, desta forma, o período a que chamamos da constitucionalização do Direito Internacional. Por isso mesmo aparecem os estudos que levam, do Direito Constitucional comparado e geral (no fundo simples métodos de verificação e observação) a um verdadeiro Direito Constitucional internacional, o que já representa um processo de construção teórica perfeitamente definido.

362. A partir da Liga das Nações, a última tendência tomou impulso maior que a primeira, embora o seu sucesso efetivo não seja dos mais animadores. As condições da vida internacional não permitindo, ainda, a criação de um verdadeiro Direito Constitucional internacional, o que se deu é que as organizações mundiais, oriundas das duas grandes guerras, só formalmente imitavam as Constituições internas. Os órgãos apareciam e aparecem distribuídos nas três funções tradicionais da Assembléia geral (Parlamento), Conselho (Ministério) e Côrte de Justiça (Judiciário). Mas faltam o espírito de coesão, o poder centralizador de um Direito realmente obrigatório, que façam viver aquêles corpos sem alma. E esta falta ainda se fará sentir por muito tempo.

363. O choque com a realidade, na vida das Nações Unidas, está, felizmente, propiciando a criação de uma espécie de Direito costumeiro, que, seguindo as lacunas substanciais da Carta, em matéria de Direito substantivo, e mesmo derrogando tàcitamente as normas escritas, no que toca à competência dos órgãos vai, aos poucos, criando situações de fato que, em breve, evoluem para novas situações jurídicas. Os pontos em que tais transformações mais claramente se acentuam são a atenuação do direito de veto das grandes potências, no Conselho de Segurança da ONU, e o alargamento da competência geral da Assembléia em detrimento da do mesmo Conselho. Tais ocorrências são salientadas pelos mais recentes e acurados estudos dedicados às Nações Unidas.

364. Uma coisa é certa. A crise mundial exige o aprimoramento da organização jurídica, como único meio eficaz de tornar

o progresso humano imune dos possíveis horrores da idade atômica. E aquela organização será enormemente facilitada se a experiência que os povos adquiriram penosa e longamente, na construção do Direito Constitucional, puder ser utilizada em proveito da comunidade internacional.

BIBLIOGRAFIA

C. DE VISSCHER, *Théories et Réalités en Droit International Public*, Pedone, Paris, 1953.
L. OPPENHEIM e H. LAUTERPACHT, *International Law*, Longwans, Londres, 1952, 2 vols., vol. I.
MIRKINE-GUETZÉVITCH, *Droit Constitutionnel International*, cit.
H. TRIEPEL, "Les Rapports entre le Droit Interne et le Droit International" *in Recueil des Cours*, vol. I, 1925.
H. KELSEN, Les Rapports de Système entre le Droit Interne et le Droit International Public", ob. cit. vol. 14, 1926.
MIRKINE-GUETZÉVITCH, "Influence de la Révolution Française dans le Developpement du Droit International", ob. cit. vol. 22, 1928.
M. BOUQUIN, "Règles Générales du Droit de la Paix", ob. cit., vol. 35, 1931.
C. DE VISSCHER, "International Tendencies of Modern Constitutions", ob. cit., vol. 80, 1952.
H. KELSEN, *La Paz por Medio del Derecho*, Losada, Buenos Aires, 1946.
AFONSO ARINOS DE MELO FRANCO, "Poder Legislativo e Política Internacional", *in Estudos de Direito Constitucional*, Revista Forense, Rio, 1957.
Grundgesatz fur die Bundesrepublik Deutschland, Beck, Munich, 1953.
Constitution de la République, ed. da Assembléia Nacional, Paris, 1947.
STANLEY HOFFMANN, *Organisations Internationales et Pouvoirs Politiques des Etats*, Armand Colin, Paris, 1954.
H. KELSEN, *The Law of the United Nations*, Stevens, Londres, 1950.
H. ACCIOLY, *Tratado de Direito Internacional Público*, 2.ª ed., vol. I, Rio, 1956.

AFONSO ARINOS DE MELO FRANCO

Catedrático de Direito Constitucional da Faculdade Nacional de Direito da Universidade do Brasil e da Faculdade de Direito da Universidade do Distrito Federal

Curso de Direito Constitucional Brasileiro

VOLUME II

FORMAÇÃO CONSTITUCIONAL DO BRASIL

FORENSE

RIO

CAPÍTULO I

Aspectos histórico e teórico do constitucionalismo. O constitucionalismo liberal. Situação especial do Brasil. Antecedentes ibéricos. Antecedentes brasileiros. Repercussão, no Brasil, da revolução portuguêsa.

Aspectos histórico e teórico do constitucionalismo

1. Para que se possa ter uma impressão geral e fiel do ambiente em que se iniciou o Direito Constitucional brasileiro, é indispensável que empreendamos uma rápida observação do panorama das idéias políticas e jurídicas existentes nos países que nos precederam na senda do constitucionalismo liberal, e que influíram diretamente na nossa formação.

2. O aspecto mais marcante do pensamento jurídico-constitucional do princípio do século XIX é a sua relativa uniformidade, quando considerado no plano internacional. Realmente, se acompanharmos as idéias e teorias dominantes nos processos de organização política das várias nações do Velho e do Novo Mundo, processos que se seguiram às revoluções americana e francesa do século XVIII, encontraremos, em todos êles, uma base comum de princípios e de doutrinas.

3. A explicação disso se prende a várias causas, sendo a primeira delas o caráter forçadamente racionalista e apriorístico que tomou a luta revolucionária, vitoriosa na Europa Ocidental e na América, contra a Monarquia absoluta. As idéias políticas, na fase da chamada *Época das Luzes,* que precedeu e preparou as grandes revoluções setecentistas, eram muito pouco historicistas e quase exclusivamente racionalis-

tas. Aliás, isto se tornava forçado pela natureza revolucionária do movimento. Se êle visava, justamente, à transformação da História, eliminando as instituições vigentes, muito pouco natural seria que baseasse as suas teorias naqueles fatos mesmos que procurava transformar. O alçamento da razão humana ao plano anteriormente reservado à providência divina, de fonte da justiça terrena; a presunção de que a razão deveria ser muito mais que a História, a fôrça originária do Direito Político, eis duas convicções profundamente arraigadas em todos os grandes pensadores do século XVIII. Os moderados as exprimiam com cautelas, os exaltados de forma vigorosa, mas elas dominam, mais ou menos visìvelmente, as suas obras.

4. Ora, se as idéias dos homens exprimem, indubitàvelmente, até certo ponto, as condições históricas do meio em que surgem, dúvida também não há de que elas, no campo das ciências não exatas nem concretas, tendem ou podem tender para uma certa generalização conceitual, criando princípios que, correspondendo embora a inegáveis necessidades sociais, se desenvolvem, muito para além destas necessidades, em sistemas de conceitos gerais, uniformes e abstratos.

5. Foi o que se deu com o Direito Constitucional, na fase inaugural da sua formação. Já vimos que êsse Direito, tomado como disciplina jurídica independente, é contemporâneo das primeiras Constituições escritas,[1] e, conseqüentemente, começou a sistematizar-se no primeiro quartel do século passado. Já então ressalta, bem clara, a diferença de evolução jurídica entre a Inglaterra e os Estados Unidos, de um lado — países que podemos caracterizar como de Constituição histórica — e os Estados continentais europeus, bem como os da América Latina — países de Constituição teórica.

6. Apesar da orientação diferente que seguiram na organização dos respectivos sistemas constitucionais, Inglaterra

---

[1] Vol. I, cap. II.

e Estados Unidos apresentam pontos de contato importantes no espírito com que encaram os problemas constitucionais e na maneira pela qual os enfrentam e resolvem. Por isso, podem ser reunidos na designação de *países de Constituição histórica,* ou seja, aquêles nos quais a evolução constitucional se processa casuística e interpretativamente, tendo em vista, sobretudo, a solução de problemas concretos. Já as nações latinas, inclusive o Brasil, adotam de preferência a técnica da formulação de princípios gerais e abstratos, na evolução dos seus sistemas políticos, podendo por isso ser chamados *países de Constituição teórica.* Nestes últimos, cujo antepassado espiritual mais conspícuo é a França, se observa naturalmente, com maior nitidez, o fenômeno da generalização — ou da internacionalização — dos princípios constitucionais, encarados que são como matéria dependente da razão doutrinária, e não da experiência social.

7. Êsses princípios constitucionais, na época acima referida, procuravam apresentar, nos textos, a formulação jurídica do liberalismo. A doutrina jurídica do liberalismo consistia no coroamento de todo um sistema de valores que as vitoriosas revoluções setecentistas tinham conseguido transportar, do campo especulativo da filosofia da Época das Luzes, para o terreno vivo das relações econômicas e sociais. Esta transformação se processava como conseqüência do grande movimento chamado da *Revolução Industrial,* que tão magna importância teve no assentamento vitorioso do capitalismo e da filosofia liberal. Tais precedentes econômicos e intelectuais é que se encontram na base do constitucionalismo liberal, sob cuja orientação racionalista e generalizadora se operou a constitucionalização do Brasil, como a de todos os países do mundo ocidental.

O constitucionalismo liberal

8. A Independência do Brasil e a sua formação constitucional se confundem, assim, até certo ponto, em um mesmo processo histórico. Observada politicamente, essa fase corres-

ponde ao liberalismo. Juridicamente, ela se integra no que costumamos chamar de *constitucionalismo*.

9. O constitucionalismo é a doutrina jurídica do liberalismo político. "No Brasil, — escrevi eu em outro trabalho, — como de resto em tôda a América Latina, o processo de constitucionalização desenvolvido no primeiro quartel do século XIX obedeceu rigorosamente à orientação de fundir a organização jurídica do Estado com um certo tipo de ideologia política, a ideologia liberal. No nosso Continente a situação se apresentava ainda mais marcada do que na Europa. De fato, no Velho Mundo, o liberalismo visava apenas à eliminação dos entraves à Monarquia absoluta. Era, assim, um problema restrito à política externa de cada país. Enquanto isso, na América Latina, o liberalismo se achava estreitamente vinculado ao processo de emancipação nacional das antigas Colônias e assumia, portanto, além do caráter de luta pela liberdade política do povo, também o sentido de fundação da própria personalidade nacional. Era, portanto, um movimento ao mesmo tempo interno e internacional, que abrangeu todo o Continente." Estas palavras têm inteiro cabimento no início do presente volume, que pretende delinear a formação constitucional brasileira. Para que bem a compreendamos, nos seus primórdios, não devemos nunca perder de vista que ela se processou sob a influência do liberalismo político e do constitucionalismo jurídico, entendido êste como a expressão racional daquele, no campo do Direito Público.

10. O constitucionalismo era uma orientação exclusivista, no sentido de que não admitia nenhuma organização constitucional fora dos quadros do liberalismo, originário das lições de LOCKE e MONTESQUIEU e cristalizado na experiência franco-americana de fins do século XVIII. Para os juristas do início da centúria passada, tôda a organização política que se situasse fora dos cânones liberais não deixava apenas de ser liberal, perdia também a qualidade de ordem constitucional. Bem expressivo dêste pensamento é o art. 16 da *De-*

claração de Direitos do Homem e do Cidadão, adotado pela Assembléia Nacional francesa, o qual estava assim redigido:

"Tôda sociedade na qual a garantia dos direitos não se acha assegurada, nem a separação de podêres determinada, *não possui Constituição*."

Vejamos como êste preceito ecoa no pensamento de dois dos mais representativos pensadores do constitucionalismo liberal.

11. BENJAMIN CONSTANT, que tão forte influência exerceu sôbre os redatores da Constituição brasileira de 1824, escreve em um dos seus trabalhos precursores do Direito Constitucional liberal:

"Uma Constituição é a garantia da liberdade de um povo; por conseqüência, tudo o que se refere à liberdade é constitucional, e, por conseqüência também, nada é constitucional que à liberdade não se refira. Estender a Constituição a tudo é fazer de tudo perigos para ela; é criar escolhos para cercá-la. Existem grandes bases nas quais as autoridades nacionais não podem tocar... Entre nós, por exemplo, essas bases são: uma representação nacional em duas Casas, a independência dos tribunais, a manutenção inviolável da propriedade garantida pela Constituição, a segurança de não ser detido arbitràriamente, de não ser subtraído ao juiz competente, de não ser atingido por leis retroativas, e alguns outros princípios em muito pequeno número."

12. Em outro escrito, denominado *Esbôço de Constituição* e publicado em 1814, antes da Carta de Luís XVIII, o ilustre romancista e pensador político precisa, em boa síntese, o mesmo pensamento:

"Tudo o que não se refere aos limites e às atribuições respectivas dos podêres, aos direitos políticos e aos direitos individuais não faz parte da Constituição e pode ser modificado pelo concurso do Rei e das duas Câmaras."

Quando tratarmos da Constituição do Império, abordaremos, de forma geral, o problema da influência das idéias de BENJAMIN CONSTANT sôbre a geração dos juristas da Independência. Mas consideramos interessante, quanto ao trecho transcrito, cotejá-lo com o art. 178 da Carta de 1824, a fim de darmos um exemplo concreto da penetração da mais pura doutrina liberal, provinda da *Declaração de Direitos do Homem,* através da obra de CONSTANT, na grande lei imperial brasileira. Dizia, com efeito, o art. 178, citado, que dispunha sôbre as emendas à Constituição:

"É só constitucional o que diz respeito aos limites e atribuições respectivas dos podêres políticos, e aos direitos políticos e individuais dos cidadãos; tudo o que não é constitucional pode ser alterado, sem as formalidades referidas, pelas legislaturas ordinárias."

13. Outro representante bem típico do constitucionalismo liberal foi SISMONDI. Vejamos como êle, também, limita o Direito Constitucional àquele praticado pelos governos liberais. Em seus *Estudos sôbre as Constituições dos Povos Livres,* SISMONDI observa:

"Nós não temos, nem podemos ter, o propósito de propor ao estudo e à meditação dos homens, senão as Constituições liberais, aquelas cujo móvel é o amor, aquelas que se propõem como fim a felicidade e o aperfeiçoamento dos homens. São as únicas cuja combinação pode ser o objeto de uma ciência. As outras, estabelecidas pela violência e mantidas pelo mêdo, as outras, que não respeitam as mais preciosas atribuições da natureza humana, que só conseguem conter na obediência sêres degradados, viciosos e infelizes, devem ser consideradas como acidentes, que nos advertem de riscos que devemos evitar."

14. Conforme salientamos acima, o constitucionalismo liberal, embora com o mesmo acervo de idéias básicas, apresentou-se de duas maneiras diferentes, nos países da Europa e da América, em princípios do século XIX. A primeira apre-

sentação foi a verificada nos dois países do grupo saxônico, apresentação cujos traços gerais foram por nós indicados. A segunda se estendeu a todo o grupo de nações que praticam o Direito Constitucional que chamamos de *teórico*, fundado em princípios racionais e genéricos, os quais se transmitem no espaço, de Constituição para Constituição, em uma época determinada. Entre tais países, conforme também já acentuamos, encontra-se o nosso.

15. Vamos acompanhar, agora, os episódios mais relevantes da História política vista principalmente do ângulo da História das idéias, episódios que compõem o processo de transplantação dos princípios gerais do constitucionalismo liberal, das suas fontes européias para o nascente Império brasileiro. Ao fazê-lo, tenderemos, antes, para reduzir do que para ampliar a exposição, limitando-nos a salientar aquêles acontecimentos históricos e aquelas idéias que mais de perto se relacionem com o evolver da nossa formação constitucional. Para isso, no campo da História das idéias, procuraremos distinguir, dentro da complexa herança do século XVIII, que configura a fisionomia intelectual brasileira e dos demais países latino-americanos na fase da Independência do Continente, apenas os traços que dizem respeito às idéias políticas e, mais particularmente, àquelas que se acomodaram nas fórmulas jurídicas do constitucionalismo liberal. Estas serão, ùnicamente, as influências que vão interessar ao nosso estudo, o qual não se preocupará, portanto, — nem teria motivos para fazê-lo, — com outros aspectos da História intelectual, relativos à Literatura, à ciência, à religião, às artes plásticas ou à Filosofia.

Situação especial do Brasil

16. Uma primeira observação, de ordem geral, se impõe, a quem procura analisar a constitucionalização do Brasil no quadro geral do Continente latino: a posição até certo ponto especial e solitária do nosso país. A linha seguida pela História das nossas idéias políticas só coincide, nos rumos, com

a que prevalecia entre os outros povos da América do Sul, até a invasão da Península Ibérica pelos exércitos napoleônicos. Mas, a partir de então, e em virtude da diferença completa que separou os acontecimentos da Espanha dos de Portugal, também as idéias políticas vieram a se apresentar de forma diversa, nas antigas colônias espanholas e lusitanas, situadas na América. Os princípios liberais eram comuns, mas a sua aplicação seguiu dois caminhos: o monárquico para nós, e o republicano para os outros.

17. O pensamento mais avançado do Brasil, no final do século XVIII, era republicano, tendendo, conseqüentemente, para um govêrno de fundo burguês-popular, anti-aristocrático e favorável ao livre jôgo das fôrças capitalistas. Poderemos encontrar êsses traços nìtidamente marcados na Inconfidência Mineira, ocorrida entre 1788 e 1789. Em estudo que fizemos sôbre os aspectos ideológicos da Inconfidência, ressaltamos, precisamente, o seu sentido republicano, inspirado principalmente no exemplo dos Estados Unidos, bem como o caráter econômico do movimento, que correspondia também à ideologia burguesa e capitalista, proveniente da filosofia da Enciclopédia, da Independência Americana e da transformação verificada nos métodos de produção econômica, conseqüentemente à chamada *revolução industrial*.[2] Características muito assemelhadas possuiu o movimento que poderia ser chamado de Inconfidência Carioca (1794), surgido no Rio de Janeiro poucos anos depois da conspiração de Vila-Rica e que, na capital do Vice-Reinado, colheu também, nas suas malhas, alguns dos intelectuais mais prestigiosos de tôda a Colônia.[3]

A malograda revolta de Vila-Rica era, nos seus aspectos ideológicos, menos radical do que o movimento do Rio, igual-

---

[2] "As idéias da Inconfidência", *in Terra do Brasil*, Cia. Editôra Nacional, São Paulo, 1939.

[3] V. "Devassa ordenada pelo Vice-Rei Conde de Resende", *in Anais da Biblioteca Nacional*, vol. LXI.

mente sufocado antes de qualquer manifestação material. A primeira tinha diante de si apenas a Independência dos Estados Unidos, na qual a implantação da República se tinha processado a considerável distância da sede da Monarquia inglêsa, não tendo assumido o caráter de extrema violência revolucionária imposta pela derrubada do trono francês, naufragado nas ondas de sangue de uma guerra civil, que sacrificou o próprio soberano e a sua família. Com efeito, depois da Constituição revolucionária de 1791, ainda formalmente realista, a Convenção, em setembro de 1792, tinha abolido a Monarquia e proclamado a República, e Luís XVI havia subido à guilhotina em janeiro de 1793. Era natural, portanto, que a conspiração carioca, que se seguia à guilhotina de Paris, esposasse um republicanismo mais radical do que a mineira, cujo principal ponto de atração era a Constituinte de Filadélfia. O estudante Maia, um dos iniciadores intelectuais da Inconfidência Mineira, pede a orientação de TOMÁS JEFFERSON. O TIRADENTES, principal articulador político da mesma, procura pôr-se a par dos ensinamentos da Constituição americana. Já na Inconfidência Carioca é o figurino francês que mais atrai. Textos de escritores políticos franceses eram lidos em reuniões e debates, na sede da *Sociedade Literária,* à rua do Cano (atual 7 de Setembro), de que participavam, entre outros, o poeta SILVA ALVARENGA e MARIANO DA FONSECA, o futuro marquês de MARICÁ. O vice-rei, conde de RESENDE, no ofício com que abre a devassa, acentua que os acusados sustentavam "que as leis por que hoje se governa a nação francesa são justas, e que o mesmo que naquela nação se praticou se devia praticar neste Continente". Tais idéias se achavam tão difundidas na cidade, que uma das testemunhas da devassa, o padre JOSÉ DE OLIVEIRA, organista da Sé, costumava dizer que "meio Rio de Janeiro estava perdido; que estavam libertinos", entendendo-se por esta designação aquêles que falavam "a respeito da religião ou da liberdade dos franceses".

18. A verdade é que, mais moderadas, como as da Inconfidência Mineira, ou mais radicais, à feição das da Incon-

fidência Carioca, as idéias constitucionais que predominavam nos meios cultos do Brasil, ao fim da era setecentista, eram republicanas, sendo os modelos preferidos as Constituições americana de 1787 e francesa de 1793. A transferência da Côrte lusa, em 1808, veio, porém, alterar completamente os dados do problema, conferindo ao Brasil, dentro do panorama americano, a situação especial a que já nos referimos.

19. A difícil tarefa da construção de uma Monarquia constitucional, em terras da América, impôs às classes dominantes brasileiras uma orientação distinta da que prevalecia entre os outros povos do Continente. Êstes, dirigindo-se para a solução republicana, procuraram adaptar os princípios hauridos nas Constituições dos Estados Unidos e da França revolucionária, enquanto que nós, ainda que na letra escrita do projeto constitucional de ANTÔNIO CARLOS, em 1823, e na Constituição imperial, do ano seguinte, houvéssemos também colhido elementos nas Constituições republicanas, a verdade é que, na prática das instituições, fomos levados, sem dúvida, a obedecer mais aos modelos costumeiro inglês e escrito da Carta monárquica francesa de Luís XVIII, outorgada em 1814. Enquanto a luta pela Independência se confundia no Brasil (tal como aconteceu em tôda a América) com a luta contra a Monarquia, o pensamento constitucional era, entre nós, republicano. Mas, — caso único no Novo Mundo, — a Côrte metropolitana para cá se transferiu em 1808, a conselho da Inglaterra, que desejava salvaguardar precisamente o princípio monárquico em alguma parte do Continente de Colombo. E, em conseqüência disso, o carát≀r da luta brasileira pela Independência tornou-se outro. Deixou de ser republicano e radical, para se apresentar monarquista e moderado, na medida em que pudesse aqui fixar a Coroa. Esta situação é de capital importância e não pode ser esquecida por quem deseje compreender os traços verdadeiros do constitucionalismo liberal no Império brasileiro...

Antecedentes ibéricos

20. Os acontecimentos ligados à nossa História constitucional e ocorridos no Brasil antes da partida de D. João VI para a Europa — ou seja, quando o Brasil era ainda sede da Monarquia lusitana — não podem ser bem compreendidos se não os filiarmos aos seus antecedentes peninsulares imediatos.

21. O documento fundamental do constitucionalismo ibérico é a Constituição de Cadiz, terminada, depois de longa elaboração, em março de 1812. Esta lei, baseada na Constituição francesa de 1791, embora conservasse muitos aspectos que correspondiam à formação política e religiosa do povo espanhol, influiu consideràvelmente nas idéias da revolução portuguêsa de 1820 e, através desta, repercutiu no Brasil. De resto, não foi, apenas, aqui, que a Constituição espanhola se viu jurada como lei interna. Em outros países da América Latina deu-se o mesmo e extravagante fato. A conquista da Espanha por NAPOLEÃO e a subida ao trono de JOSÉ BONAPARTE, em 1808, coincidiram com a outorga da chamada *Constituição de Baiona*, que visava apenas consolidar jurìdicamente a conquista militar dos franceses. Em lugar de fugir para a América, como D. João VI, o rei espanhol FERNANDO VII deixou-se prender, destronar e exilar na França, o que lhe fêz perder a direção do movimento de emancipação e constitucionalização do seu próprio país, o qual se processou pelo levantamento espontâneo do povo contra o invasor. O insucesso das armas francesas na Península, determinado pelo auxílio inglês à tenaz resistência interna das nações invadidas, culminou, na Espanha, com a reunião das Côrtes Constituintes de Cadiz, em 24 de setembro de 1810, as quais, sòmente em 18 de março de 1812, terminavam a sua obra, aprovando o texto, em 384 artigos, da nova e minuciosa Constituição. [4]

---

[4] A Constituição de Cadiz se acha publicada, na íntegra, inclusive com as assinaturas de todos os deputados, no *Digesto Constitu-*

22. O fato da ausência e impedimento do rei, se não autorizou os constituintes de Cadiz a adotarem a forma republicana (excesso que, seguramente, provocaria a oposição da Inglaterra, protetora da luta pela independência peninsular, mas hostil à implantação de repúblicas na Europa), pelo menos permitiu-lhes delinear um texto que, embora monárquico, incorporava as garantias constitucionais do mais avançado pensamento liberal. Com efeito, os dogmas principais da doutrina democrática clássica, vitoriosos desde as obras de LOCKE e MONTESQUIEU, se encontram na Constituição de Cadiz. O art. 3.º declarava que "a soberania residia essencialmente na nação, e portanto competia exclusivamente a esta o direito de estabelecer as suas leis fundamentais". O art. 14 dispunha que o govêrno espanhol era "uma Monarquia moderada" (portanto, do tipo inglês, e não absoluta, tal como a anterior, da Espanha). O art. 371 determinava que "todos os espanhóis tinham a liberdade de escrever, imprimir e publicar suas idéias políticas, sem necessidade de licença, revisão ou qualquer aprovação anterior à publicação, e sob as restrições e responsabilidades estabelecidas na lei". Como se vê, a liberdade de pensamento era garantida nos mais latos têrmos, que são os ainda hoje vigentes, têrmos que se chocavam frontalmente com tôda a tradição absolutista e inquisitorial da Espanha. Outros princípios da ideologia liberal triunfante se encontram expressos. Releva, ainda, notar, que as Côrtes de Cadiz se constituíram não sòmente com deputados reinóis, mas, também, com representantes das Colônias, inclusive as americanas. Entre os signatários da Constituição encontramos mais de 30 dêsses deputados de além-mar, entre êles os da Argentina (então chamada Buenos Aires), Uruguai (colônia de Montevidéu), Equador (Guaiaquil), Venezuela, Chile, Peru, Colônia (Nova Granada), Cuba (Havana), Panamá, São Salvador, Costa Rica, Pôrto Rico e México. Êste exemplo

---

cional de Guatemala, Tipografia Nacional, Guatemala, 1944. Foi traduzida para o português por MELO MORAIS, que a publicou na sua *História do Brasil-Reino e do Brasil-Império*, Rio, 1871, 2 vols.

foi seguido, também, pela revolução portuguêsa, que, para as Côrtes de Lisboa, convocou os representantes das Províncias (já eram então assim chamadas as antigas Capitanias) brasileiras.

23. O declínio napoleônico, conseqüente à campanha da Rússia, chegou ao comêço da desagregação do Império em fins de 1813. O fraco e traiçoeiro FERNANDO VII pôde voltar, então, à Espanha, onde, logo em princípios de 1814, restaurou o govêrno absoluto e revogou a Constituição de Cadiz. Ao período da Restauração e da Monarquia moderada, na França, que sucedeu à queda do Império, e ao retôrno dos Bourbons, correspondeu, na Espanha, um retrocesso ao absolutismo, também pela mão de outro Bourbon. De 1814 a 1820 o detestado FERNANDO VII governou sem lei, porém naquele ano o primeiro *pronunciamento* militar da História espanhola (seguido depois por tantos outros em Portugal e nos países da América) aterrorizou o rei, que se apressou a reviver, por decreto, a validade da Constituição de Cadiz, convocando as Côrtes ordinárias e restaurando as liberdades públicas. Foi o período democrático do longo reino de FERNANDO VII, que vai apenas de 1820 a 1823. Mas êste período, embora curto, é importante para o Brasil, pois, durante êle, o exemplo da Espanha influiu poderosamente nos acontecimentos do nosso País, através do que ia ocorrendo em Portugal.

24. De fato, o pronunciamento espanhol, verificado logo no comêço de 1820, e que obrigou a Coroa a voltar ao regime democrático, está nas raízes da chamada *Revolução do Pôrto*, havida em Portugal em agôsto do mesmo ano. OLIVEIRA LIMA, grande conhecedor da História européia daquela fase do século XIX, informa, mesmo, que os democratas espanhóis vitoriosos incumbiram ao seu representante diplomático em Lisboa de preparar, em Portugal, um movimento semelhante ao que dominara a tirania de FERNANDO VII. Escreve, a propósito, OLIVEIRA LIMA:

"Da Espanha mais e mais se atiçava, por meios ostensivos e secretos, a rebelião, constitucional muito embora, porque ela própria continuava sendo uma Monarquia, pôsto que ultraliberal."

Mostra, ainda, o historiador brasileiro, que o general inglês BERESFORD, verdadeiro governante de Portugal, por cima da frágil Regência, veio ao Rio de Janeiro abrir os olhos de D. João VI sôbre os riscos de propagação do movimento espanhol de constitucionalização, e sôbre a conveniência de ser mandado o princípe D. PEDRO para tomar a si a chefia da evolução dos acontecimentos, mas que o rei não se decidiu a agir, tendo BERESFORD, na sua volta a Lisboa, encontrado já vitoriosa a Revolução do Pôrto. Impedido de desembarcar em Lisboa, BERESFORD retornou à Inglaterra.

25. A revolução espanhola de 1820 encontrava em Portugal um terreno francamente favorável à sua germinação. A fuga da Côrte para o Brasil e a invasão do Reino, em 1807, pelos franceses, comandados pelo general JUNOT, despertaram os brios nacionais e comprometeram a confiança popular no govêrno, meio absoluto, meio patriarcal, dos Braganças. Começaram a proliferar, entre os intelectuais, as associações maçônicas, liberais e revolucionárias, tão típicas da época. Em 1817 (ano da revolução de Pernambuco), verificou-se a conspiração chamada de *Gomes Freire,* por cuja causa o então portador dêste nome ilustre padeceu morte na fôrca. Mas, como sempre, a repressão tirânica estimulou ainda mais os ímpetos liberais. Já em 1818 homens que tiveram papel tão importante nos acontecimentos imediatos, como FERNANDES TOMÁS, FERREIRA BORGES, SILVA CARVALHO e outros, fundavam a associação secreta *Sinédrio,* que deveria urdir e deflagrar a revolução vitoriosa no Pôrto, a 24 de agôsto de 1820. Formou-se, logo, uma Junta que substituísse a Regência no govêrno do país e foi convocada, a exemplo da Espanha em 1810, a Assembléia Constituinte (Côrtes). A 15 de setembro, Lisboa adere ao movimento, desautorando definitivamente o Conselho da Regência, estabelecido por D. João e formando outro,

novo. Tal como se daria, em breve, no Rio, o povo da capital portuguêsa, unido aos militares, exigia nas ruas que fôsse, desde logo, jurada a Constituição de Cadiz, para ser, posteriormente, adaptada às circunstâncias do Reino, pelas Côrtes Constituintes. Não se chegou, entretanto (como aconteceu no Brasil em mais de um lugar), a êste absurdo, mas adotou-se o sistema eleitoral espanhol para apressar a convocação das Côrtes, estimulada pelo liberal duque de PALMELA. A êste respeito escreve MARNOCO e SOUSA:

"Triunfou o sistema das eleições segundo a Constituição espanhola, sendo dadas, neste sentido, instruções que não eram mais do que a cópia dos artigos respectivos daquela Constituição, não se alterando nem sequer a numeração dos artigos, acrescentando-se, apenas, em seguida, a alguns, em caracteres itálicos, o que se julgou indispensável para a sua aplicação até nós."

Como veremos adiante, esta legislação eleitoral foi, pouco depois, aplicada, também, no Brasil.

26. Vitoriosa a revolução e convocadas as Côrtes Constituintes (que vieram a se reunir em janeiro de 1821), um dos membros da Junta do Govêrno revolucionário, o ilustre frei FRANCISCO DE SÃO LUÍS, foi encarregado de escrever um manifesto aos povos e soberanos da Europa, expondo os objetivos da revolução.[5] Nesse documento se encontram, reunidas, as teses principais do constitucionalismo liberal, com que a revolução era justificada e explicada às demais nações. Com ela os portuguêses desejavam criar "um trono firme sem poder ser injusto"; reclamavam a existência de uma Constituição que limitasse o poder político; propugnavam por "instituições

---

[5] Sôbre o beneditino frei FRANCISCO DE SÃO LUÍS, historiador, crítico literário, teólogo, jurista e homem público, e sôbre a sua copiosa obra, veja-se INOCÊNCIO FRANCISCO DA SILVA, *Dicionário Bibliográfico*, vol. 2, págs. 423 e segs. O manifesto sôbre a Revolução do Pôrto se acha parcialmente publicado por TOBIAS MONTEIRO, *História do Império. A Elaboração da Independência*, pág. 247.

corrigidas e aplicadas segundo as luzes do século e as circunstâncias do mundo civilizado".

Antecedentes brasileiros

27. Assim como os movimentos ibéricos de 1820 foram precedidos de uma preparação ideológica, também a sua repercussão, no Brasil, não seria tão imediata e viva se o terreno não se achasse semeado, desde bastante tempo, com as novas doutrinas liberais. Por menos que o desejasse a Côrte do fino e tolerante D. João VI, o constitucionalismo liberal impregnava tôda aquela geração intelectual. Se o espavento do sacrifício do TIRADENTES não tinha podido refrear o progresso das idéias (como vimos na Inconfidência Carioca), não seriam as hesitantes repressões do brando rei que lograriam aquêle resultado. A marcha para a liberdade prosseguia, derrubando os frágeis obstáculos que se lhe antepunham. Numa terra balda de imprensa, de escolas e de outros meios de livre debate das idéias, estas cresciam à sombra das sociedades secretas, principalmente da maçonaria. Vários são os estudos especiais que mostram a importância que teve esta seita, entre nós, no desenvolvimento das doutrinas políticas e do Direito Público. A ela aderiam muitas das principais mentalidades da Colônia, inclusive as recrutadas entre os eclesiásticos, podendo-se dizer que, até certo ponto, dentro das lojas e sociedades, observado o ritual romântico, meio ingênuo e meio ridículo, floresceu a revolução intelectual no Brasil pré-independente.

28. Em 1809, segundo relata o historiador MUNIZ TAVARES, começaram, em Pernambuco e na Bahia, a surgir as lojas maçônicas. Na primeira daquelas regiões a seita libertária progrediu especialmente, contando, em 1816, com várias seções reunidas em uma Grande Loja Provincial. A insurreição pernambucana de 1817, que pode ser considerada a primeira e violenta manifestação externa do liberalismo e

do constitucionalismo no Brasil do século XIX, tem inegáveis conexões maçônicas. A ela se achavam ligadas as lojas locais e dela foram vultos proeminentes José Mariano Carneiro da Cunha e Antônio Carlos Ribeiro de Andrada, ambos membros, segundo informa Melo Morais, da loja *Distintiva*, fundada em 1812 em São Gonçalo, junto à Praia Grande (Niterói).[6]

29. A Maçonaria foi a causa próxima do rompimento da Revolução de 1817. Logo depois da sua eclosão, quando dominada a capitania de Pernambuco pelos rebeldes, a junta revolucionária que tomou o nome de Govêrno Provisório escreveu ao presidente dos Estados Unidos (que era, então, Monroe), declarando que o govêrno do rei queria oprimir centenas de famílias pernambucanas "debaixo do frívolo pretexto de ser subversiva da ordem pública a sociedade framaçônica". Por aí se vê como era difundida a seita nas classes altas da capitania.

30. No breve período em que foi vitoriosa, a Revolução de 1817 demonstrou a sua direta filiação aos ideais da época. O Govêrno Provisório incumbiu a Antônio Carlos Ribeiro de Andrada de elaborar um projeto de Constituição, que servisse de lei fundamental à nova República. O futuro redator do projeto de 1823 — que a justo título deve ser considerado o fundador do nosso Direito Constitucional, pois a êle se devem os dois primeiros ensaios de Constituição no Brasil — redigiu, no mês de março de 1817, dias depois de verificado o movimento, o documento que chamou de *projeto de lei orgânica*,

---

[6] O grande romance de Tolstoi, *Guerra e Paz*, cuja ação principal se passa durante a campanha napoleônica de 1812, mostra a ação da maçonaria russa no progresso das idéias liberais dentro do Império czarista. É interessante observar como em dois grandes países tão distantes, e ambos tão atrasados, como a Rússia e o Brasil de 1812, a maçonaria funcionava como veículo do liberalismo.

dividido em 28 artigos. Êste projeto foi aprovado por decreto do Govêrno Provisório revolucionário.[7]

31. Já o preâmbulo, que contém a aprovação, demonstra o apoio do Govêrno Provisório às mais adiantadas fórmulas constitucionais da época. Ali se declara que a soberania reside sòmente no povo; que a segurança individual é "fim e alvo" da vida social e que as leis constitucionais devem ser "regras fixas e distintas", isto é, escritas e diferentes das outras leis. Essas idéias vinham das Constituições revolucionárias européias, principalmente a de Cadiz, que ANTÔNIO CARLOS tinha, sempre, em mente. A lei orgânica de Pernambuco estabelecia ainda a divisão tripartida dos podêres, a inamovibilidade da magistratura, a liberdade de imprensa, e outros princípios liberais. Prometia, também, convocar uma Assembléia Constituinte, que viesse estruturar definitivamente a República. Em matéria de religião, a lei de ANTÔNIO CARLOS era mais liberal do que a Constituição espanhola. Esta dispunha, no art. 12, que a religião oficial era a católica, "única verdadeira", ficando proibido o exercício de qualquer outra. Já a lei brasileira, declarando embora ser a religião católica a oficial, ajuntava que "tôdas as demais seitas cristãs, de qualquer denominação, eram toleradas", ficando permitido "a cada um dos ministros defender a verdade da sua comunhão". Era, sem dúvida, um avanço significativo.[8]

Pelos exemplos colhidos nos princípios que nortearam a Revolução de 1817, podemos constatar como as revoluções espanhola e portuguêsa de 1820 vinham encontrar, no Brasil,

---

[7] Esta interessante lei constitucional revolucionária se acha publicada nos *Documentos Históricos* da Biblioteca Nacional, vol. CIV, págs. 16 e segs.

[8] No projeto de 1823 ANTÔNIO CARLOS vai, ainda, mais longe. Por êle "tôdas as comunhões cristãs" seriam livres, embora a católica fôsse a oficial. As outras religiões (não cristãs) é que passavam a ser toleradas (arts. 14, 15 e 16). Finalmente, a Constituição do Império, no art. 5.º, deu a forma definitiva. A religião católica era sempre a oficial. Mas tôdas as outras eram livres.

campo propício à adaptação dos seus dogmas de Direito Constitucional.

Repercussão, no Brasil, da revolução portuguêsa

32. Notícias da revolução portuguêsa, vitoriosa em setembro, chegaram pela primeira vez à Côrte do Rio de Janeiro a 17 de outubro, por um brigue de guerra lusitano. Censuradas as informações, ficaram limitadas ao círculo mais íntimo do palácio. Mas, já no dia seguinte, outro navio de guerra, êste britânico, entrava na Guanabara com as novidades, e não foi mais possível esconder à população o que estava ocorrendo na distante Metrópole. Dez dias depois, a 27 de outubro, o rei expede uma carta-régia na qual, declarando embora ilegais as Côrtes reunidas por um movimento subversivo e sem a sua convocação, autoriza contudo, *a posteriori*, a sua reunião, permitindo que elas funcionem e apresentem as sugestões de reformas governativas, as quais promete sancionar "como convier, segundo os usos, costumes e leis fundamentais da Monarquia".

Tinha-se notícia do movimento liberal, mas ignorava-se, ainda, a sua vitória, representada pela adesão de Lisboa. Esta só veio a ser conhecida, no Rio, a 12 de novembro, pelos tripulantes de um brigue português, que deixara o Tejo em fins de setembro. O rei não podia mais duvidar. Eram informações oficiais, trazidas por marinheiros fiéis. Terminava para D. João VI a fase de indecisão (que nêle era antes contemporização) em que se arrastara nas últimas semanas, hesitando ou fingindo que hesitava entre os pareceres dos diversos ministros, validos e conselheiros.

33. A ação do rei, como sempre hábil, inclinava-se a seguir a corrente que se apresentasse como mais forte, salvando, contudo, o que pudesse das prerrogativas do trono. A isto estava o soberano forçado pelas circunstâncias. Com efeito, em todo o vasto Brasil ecoava favoràvelmente o movimento português de libertação. No Pará, a 1 de janeiro de

1821, houve um levante que instalou no poder uma Junta Revolucionária, a qual se apressou em jurar fidelidade às Côrtes que logo iam se reunir, e à Constituição portuguêsa que por elas ia ser elaborada. Fatos semelhantes ocorreram na Bahia, a 10 de fevereiro. Ali a Junta insurgente, aclamada pelo povo, jurou a Constituição futura de Portugal, bem como, interinamente, a espanhola de 1812. É interessante observar que, tanto na Junta paraense quanto na bahiana, aparecem representantes das classes produtoras (agricultura e comércio), o que dá a feição econômica e burguesa do movimento, que correspondia, assim, aos traços gerais da democracia política nascente em todo o mundo, com a ascensão das classes médias e produtoras.

34. Em novembro de 1820 espalhava-se na Côrte, como dissemos, a notícia da revolução constitucional da Metrópole. Em dezembro chegava ao Rio o conde de PALMELA, antigo embaixador de Portugal em Londres, ex-plenipotenciário ao Congresso de Viena, conhecido e interlocutor de BENJAMIN CONSTANT, homem ilustre que, pela sua formação e experiência intelectual, representava o que havia de mais avançado no liberalismo português. Sua chegada ao Rio foi um verdadeiro "choque elétrico" na cidade, como diz com graça o também ilustre SILVESTRE PINHEIRO, nas cartas em que descreve o ambiente a um amigo, e que estão entre os mais interessantes documentos daqueles agitados dias.

PALMELA era um adepto fervoroso da Monarquia constitucional de modêlo britânico e da sua implantação no Império luso mediante uma Carta outorgada, tal como tinha acontecido da França de LUÍS XVIII. Espírito fino e esclarecido, parecia-lhe evidente que o rei só conseguiria manter a sua autoridade em face das Côrtes revolucionárias se lhes tomasse a frente e lhes dirigisse os passos para uma solução constitucional que fôsse, ao mesmo tempo, monárquica e liberal. Tal solução poderia manter, ainda, a precária união política do Brasil com Portugal. Durante as últimas semanas de 1820 e as primeiras do ano seguinte, desenvolveu tôda sua argúcia e tenacidade de experiente negociador diplomático para trazer o rei à solução que lhe parecia ser a mais acertada, na delicada conjuntura. Os historiadores dessa fase, principalmente VARNHAGEN, OLIVEIRA LIMA, TOBIAS MONTEIRO e OTÁVIO TARQUÍNIO, mostram-nos a luta constante de PALMELA, para conseguir do rei, por bem, o que em breve lhe seria arrancado pelo terror da tropa e da turba. Contra o civilizado diplomata encastelava-se a resistência obtusa e empedernida do honrado porém estreito ministro TOMÁS ANTÔNIO DE VILANOVA PORTUGAL, que vetava, no ânimo tíbio do rei, tôdas as prudentes e inovadoras sugestões daquele, em favor da instauração de um regime constitucional.

35. O princípe de METTERNICH, campeão do absolutismo monárquico e, sem dúvida, o maior adversário do liberalismo e do constitucionalismo europeus no início do século XIX, considerava PALMELA (que êle tinha conhecido no Congresso de Viena) um perigoso liberal. Nas suas copiosas e importantes *Memórias,* em data de 20 de julho de 1823 (quando PALMELA já se encontrava em Portugal e o rei D. João VI havia aceito e jurado a Constituição de 23 de setembro de 1822), escreve o estadista austríaco sôbre o seu colega lusitano:

"Uma carta de PALMELA me anuncia que o seu rei é adorado pelos povos fiéis, e que êle deseja recompensá-los dando-lhes uma Carta à francesa. O que PALMELA conta fazer amanhã, o que êle talvez já começou ontem, *êle já o havia tentado no Brasil.* O que êle quis e o que faz hoje consiste simplesmente em empregar a panacéia que a nossa engraçada geração soube descobrir. Eis a sua receita: tu vês a morte diante de ti; para evitá-la, toma veneno. Nossos pais, ao contrário, diziam: tu estás envenenado, toma contraveneno. Hoje êste meio curativo parece demasiado simples, sobretudo para uma geração sôbre a qual se derramaram torrentes de luz."

36. Os conselhos de PALMELA ao rei, baseados na consideração de que nada deteria os povos do Ocidente europeu

na senda dos governos representativos, preconizava a outorga de uma Constituição, a modernização das instituições governativas, em Portugal e na Metrópole, e a ida do príncipe D. PEDRO para Lisboa, a fim de representar o rei, orientando as Côrtes Constituintes e todo o movimento liberal. Desconfiado de tudo e de todos, inclusive do seu próprio filho, D. João VI adiava qualquer solução. Mas, a 17 de fevereiro chegou ao Rio, sempre por via inglêsa, a notícia do motim, ocorrido uma semana antes, na Bahia. Logo o rei se tomou de susto, e decidiu agir segundo o aviso de PALMELA. No dia seguinte foram convocados ao Paço os ministros e alguns conselheiros para deliberar sôbre a situação. Resolveu-se em primeiro lugar que o príncipe D. PEDRO iria a Portugal assistir e orientar a feitura da Constituição, a qual, oportunamente, seria submetida à aprovação do rei e por êste sancionada. Em seguida, ficou decidido que se convocassem, em Junta de Côrtes, os procuradores eleitos pelas Câmaras das principais cidades e vilas do Brasil e ilhas (Açôres, Cabo Verde e Madeira) a fim de estudarem as adaptações que a Constituição portuguêsa deveria sofrer para ser aplicada naqueles diferentes lugares. Para apressar êste trabalho deliberou-se criar uma comissão de homens notáveis do Brasil, para ir encaminhando os assuntos até que se reunisse a Junta de Côrtes. As decisões acima foram expedidas por decreto datado do dia 18, mas de fato assinado pelo rei e publicado sòmente a 23. Neste mesmo dia 23 outro decreto nomeia a comissão especial, da qual faziam parte homens eminentes como o barão (depois marquês) de SANTO AMARO, PEREIRA DA CUNHA (depois marquês de Inhambupe), CARVALHO E MELO (depois visconde da Cachoeira), MACIEL DA COSTA (depois marquês de Queluz), MARIANO DA FONSECA (depois marquês de Maricá) e NOGUEIRA DA GAMA (depois marquês de Baependi). [9]

37. Um projeto com as bases da organização brasileira foi enviado ao rei por PALMELA, no dia 21, e, segundo VAR-

---

[9] Os decretos referidos se acham publicados nas *Coleções das Leis do Brasil*, volume referente aos anos de 1820-1821.

NHAGEN, tal projeto estabelecia os seguintes princípios constitucionais: divisão de podêres, igualdade de direitos, liberdade de imprensa, segurança individual e de propriedade e responsabilidade dos ministros. Como se vê, estava delineada, no documento, tôda a estrutura de uma Constituição liberal, marcando o plano de PALMELA um sensível avanço sôbre o de ANTÔNIO CARLOS, em 1817. Mas a tropa, despertada por oficiais revolucionários, e o povo, insuflado por agitadores democráticos, não se satisfizeram com as meias-medidas reais, decretadas a 23 de fevereiro, como, aliás, profetizara PALMELA. A 26, depois de três dias de ansiosa perplexidade, vendo a fôrça armada em atitude rebelde, reunida na praça pública e confraternizada com o povo, o rei submeteu-se ao que já era uma verdadeira e aberta rebelião.

38. Não podemos acompanhar todos os miúdos episódios em que se enlearam o rei, o príncipe real (D. PEDRO) e os membros principais do govêrno naqueles angustiosos dias. Aqui nos interessa principalmente a marcha das idéias constitucionais e não a seqüência dos acontecimentos ou das atitudes pessoais. O fato é que o decreto de 23 não satisfez à opinião do povo, que era então a camada esclarecida da população, visto que a grande massa de escravos e mestiços analfabetos se achava totalmente divorciada dos problemas políticos. Êste povo encontrava seus elementos de vanguarda nos militares da divisão portuguêsa, solidários com a tropa reinol que levara a efeito a revolução democrática, e certos agitadores civis, que SILVESTRE PINHEIRO chama, com irritado desprêzo, "os paisanos da rua da Quitanda".

39. No dia 25 a polícia informava que a situação da cidade era ameaçadora. O govêrno pensou, então, em afirmar fidelidade à Constituição que se estivesse elaborando em Lisboa, ou à Constituição de Espanha, cujo prestígio democrático era indiscutível. Mas essas medidas hesitantes e retardatárias, se teriam sido úteis antes, já agora (como sempre acontece em transes tais) não mais satisfaziam. A tropa se

deslocava durante a madrugada para o Rocio (atual praça Tiradentes) e o povo a elas se juntara, insuflado por agitadores e demagogos, entre os quais se destacavam o façanhudo padre MACAMBOA e um jovem de 20 anos, o estudante DUPRAT, que foi um verdadeiro líder popular naqueles dias. Estava iniciada, entre nós, a era dos pronunciamentos militares, a exemplo dos que haviam ocorrido na Espanha e em Portugal. Dela não mais nos afastaríamos, principalmente na República. O rei, ao raiar do dia, mandou o filho mais velho ao Rócio, com o original do decreto em que prometia, diz SILVESTRE PINHEIRO, "adotar para o Reino do Brasil a Constituição que as Côrtes de Portugal fizessem, salvas as modificações que as circunstâncias locais tornassem necessárias". Esta reserva não agradou aos amotinados do Rócio, que exigiram a Constituição portuguêsa sem adaptações e, também, a mudança do govêrno, com a nomeação dos ministros e outras autoridades cujos nomes foram indicados na ocasião, em praça pública. Note-se que fato idêntico, restrito naturalmente ao âmbito local, ocorrera na recente revolta da Bahia. Torna D. PEDRO a São Cristóvão e obtém do transido pai imediato assentimento a tudo o que lhe propunham, ou antes que lhe impunham, voltando logo o árdego mancebo à reunião, onde publica solemente o juramento do pai, o próprio e o do irmão D. MIGUEL à lei inexistente. Tudo ficou sacramentado com os juramentos e assinaturas dos ministros nomeados e dos milhares de pessoas que tinham participado da revolta.[10] Depois dêsses sucessos veio o rei para o paço da cidade (na atual praça da República) onde, de uma janela, ratificou para o povo os atos praticados em seu nome pelo herdeiro da Coroa. Tão pouco participara dêles que a SILVESTRE PINHEIRO confessou que "por fortuna" os ministros que nomeara "eram muito da sua aprovação e estima".

40. Os sucessos de 26 de fevereiro, longe de aplacar, excitaram ainda mais a opinião constitucionalista. Acentuava-

---

[10] MELO MORAIS publica a ata da concentração popular, na sua *História do Brasil-Reino e do Brasil-Império*.

-se a onda revolucionária no Rio, a qual tomava o colorido de verdadeira conspiração republicana. Dias depois dos acontecimentos do Rocio, uma deputação do povo julgou-se bastante forte para ir à presença do rei e exigir dêle a formação de um Conselho sem o qual nenhuma medida importante de govêrno poderia ser tomada. A maioria dos nomes indicados para êsse órgão era, segundo SILVESTRE PINHEIRO, de homens conhecidos pelos seus pendores extremistas. O rei, como sempre evasivo e dilatório, não rechaçou a sugestão, mas adiou-a para melhor oportunidade. Sob a pressão das circunstâncias, expediu a 2 de março um decreto que estabelecia a liberdade de imprensa, não total mas muito superior à existente, pois suspendia a censura, e isto fazia, ajuntava o decreto, "enquanto pela Constituição cometida às Côrtes de Portugal não se acharem reguladas as formalidades que devem preencher livreiros e editôres". Logo após, a 7 de março, é expedido outro importante decreto. Por êle, o rei, depois de reconhecer que as Côrtes estavam preparando para Portugal e Brasil "uma Constituição política conforme aos princípios liberais que, pelo incremento das luzes, se acham geralmente recebidos por tôdas as nações", e depois de recordar, em seu nome e no da sua família, a "expressa, absoluta e decisiva aprovação dada àquela Constituição", comunica a sua partida para a Europa, a fim de acompanhar o trabalho constitucional. Da mesma data de 7 de março é o decreto que manda proceder à eleição dos deputados brasileiros às Côrtes de Lisboa, observadas as instruções eleitorais que o acompanham e que eram, como já dissemos, as próprias disposições da Constituição espanhola, adotadas por sua vez para a convocação das Côrtes portuguêsas. A eleição era indireta, em quatro graus. Os cidadãos residentes nas freguesias designavam os compromissários que, por sua vez, indicavam os eleitores de paróquia, os quais escolhiam os eleitores de comarca que, finalmente, elegiam os deputados. No dia 28 de março outro decreto real ratificava solenemente os resultados da revolta baiana de fevereiro. Tôdas essas medidas visavam sofrear a onda ameaçadora do constitucionalismo extremista.[11]

41. Com o processo eleitoral em vários graus, verificava-se uma série de depurações que iam elevando o nível social dos escolhidos. Recrutava-se, assim, a classe dos eleitores paroquiais entre os grupos mais seletos da população. Seguro da moderação, prudência e governismo de tais cavalheiros, entre os quais se achavam, como eleitores ou auxiliares da reunião, homens como NOGUEIRA DA GAMA (Baependi), MARIANO DA FONSECA (Maricá), SILVA LISBOA (Cairu), GONÇALVES LÊDO, cônego JANUÁRIO BARBOSA e JOSÉ CLEMENTE PEREIRA, o ministro SILVESTRE PINHEIRO propôs fôssem êles convocados para tomarem conhecimento das instruções deixadas pelo rei ao príncipe real, para o exercício da Regência. O plano do ministro era de proceder à reunião em recinto fechado, com a só presença dos eleitores conspícuos e qualificados. O ouvidor da Comarca, porém, incumbido de presidir à sessão, resolveu torná-la pública, decidindo que ela se realizaria no salão da Bôlsa, ou Praça do Comércio (atual edifício da Alfândega, então um dos maiores recintos fechados da cidade) e com a presença do povo. Êste rasgo de demagogia deu lugar a um dos episódios ao mesmo tempo mais dramáticos, cômicos e instrutivos de tôda a História do Brasil-Reino. A reunião, em poucos minutos, tornou-se anárquica, com a invasão do povo, e depois tirânica, com o domínio absoluto dos líderes populares sôbre os *notáveis* aterrados. O desenvolto padre MACAMBOA, intitulando-se *procurador do povo;* o estudante DUPRAT, filho de um alfaiate francês, e outros mais, afogueados pelo vinho adrede distribuído por um comerciante da rua do Sabão (depois General Câmara e hoje desaparecida), conduziram a turba revôlta a atos de coação e violência a que se submeteram dòcilmente os graves eleitores paroquiais. A "plebe ébria e facciosa", como a qualificou o futuro MARICÁ, tomou conta das decisões, levada pelos seus líderes, numa

---

[11] *Coleção de Leis do Brasil*, vol. cit.

demonstração de consciência política que ainda hoje nos admira. As instruções, motivo da convocação, nem chegaram a ser ouvidas, no meio do vozerio ameaçador. Os nomes indicados para constituírem o govêrno regencial foram recusados afrontosamente, no meio de insultos e apupos de que não escapava a própria autoridade real, enquanto outros nomes eram apresentados pelo povo à sanção régia. Finalmente, a assembléia impôs, sob pressão e debaixo de iminente ameaça de morte, que os eleitores paroquianos jurassem a Constituição espanhola, como se êles tivessem autoridade para tanto, e como se tal juramento significasse qualquer coisa. Dessas decisões inconseqüentes e temerárias lavrou-se têrmo, que foi submetido à dócil assinatura dos varões transidos, e constituiu-se uma comissão dêles para levar as deliberações aos paços de São Cristóvão, comissão que seguiu acoelhada para desincumbir-se do mandato trazendo a reboque, como sentinelas à vista, um grupo de elementos exaltados.

42. No palácio da Quinta não era menor o desconcêrto, nem menos acentuado o pânico. O depoimento do ministro SILVESTRE PINHEIRO, testemunha e participante do episódio, é bem claro a êsse respeito. Diz êle que, enquanto a deputação não chegava ao paço da Boa-Vista, D. PEDRO se mostrava "justamente receoso de que após ela se abalançasse a vir, como em cortejo, mas que seria, na realidade, uma assuada, aquela parte do povo que, em semelhantes casos, se costuma pôr em movimento e que as mais das vêzes passa a excessos". D. PEDRO pensava, talvez, nas multidões que se dirigiam às Tulhérias, no início da Revolução Francesa, para exigir do rei medidas coatas, ou simplesmente para escarnecer da sua autoridade. E êle, tal como pensara em Paris o jovem general BONAPARTE, depois seu concunhado, propôs, no Rio, o imediato deslocamento de batalhões de infantes e parques de artilharia que fôssem, no caminho da cidade, barrar a marcha aos insurgentes. Não ousaram atender ao fogoso príncipe real. A deputação foi recebida por el-rei, que logo se dispôs a lavrar decreto adotando a Constituição de Espanha, apesar

das prudentes admoestações de S‍ILVESTRE P‍INHEIRO, de que ela, em muitos pontos, era literalmente inaplicável ao Brasil. D. João a nada quis atender, preferindo se limitar à adoção pura e simples da Constituição espanhola.

"Nessa conformidade — ajunta o ministro — se lavrou o decreto de que remeto um exemplar impresso; pois, para se satisfazer à impaciência dos chefes de partido, entenderam as autoridades, a quem isso competia, que deviam fazê-lo imprimir ontem à noite mesmo, pôsto que poucas horas faltassem para nascer o sol."

Êste vergonhoso diploma, extorquido pela violência a uma realeza apavorada, diz que "havendo tomado em consideração o têrmo de juramento que os eleitores paroquiais desta comarca, a instâncias e declaração unânime do povo dela, prestaram à Constituição espanhola... sou servido ordenar que, de hoje em diante, fique estrita e literalmente observada neste Reino do Brasil a mencionada Constituição espanhola, até o momento em que se ache inteira e definitivamente estabelecida a Constituição deliberada e decidida pelas Côrtes de Lisboa".

43. Continuavam, enquanto isso, as sediciosas resoluções na praça do Comércio. Foi enviada deputação intimando a que se não transportassem valores na frota que devia seguir com o rei e procedeu-se à eleição dos componentes de um Govêrno Provisório, que ficaria assistindo ao príncipe. Dentro da confusão e do acovardamento geral, D. P‍EDRO era o único que sustinha a sua energia e poder de decisão. No emaranhado das ordens vacilantes e das concessões extorquidas, tudo indica ter sido êle quem tomou, afinal, a única providência cabível: usar a tropa para jugular materialmente a insurreição. Os excessos que então se cometeram, as violências praticadas, as mortes provocadas — mortes que levaram ao abandono da praça do Comércio pelos comerciantes e fizeram o povo colocar, no edifício fatídico, uma tabuleta com a inscrição *Açougue dos Bragança* — foram, embora lamentáveis, o resultado dos desmandos anteriores. O certo é que, no dia seguinte, 22 de abril, o rei, com mão menos trêmula, assinou três novos decretos. O primeiro declarava nulo o ato de adoção da Constituição de Cadiz. O segundo determinava que o Govêrno Provisório (até a entrada em vigor da Constituição Portuguêsa) seria exercido por D. PEDRO, não se falando mais em ministros eleitos pelo povo. O terceiro, depois de aludir ao "horroroso atentado praticado por perversos sediciosos e amotinadores", mandava abrir devassa contra os mesmos. Assim, a Constituição de Espanha, como a rosa do poeta, floriu apenas o tempo de uma madrugada.

44. Com a partida do rei, D. PEDRO assume a regência a 27 de abril, lançando ao povo uma proclamação, na qual manifesta sua incondicional adesão ao regime constitucional que se estava criando em Portugal. O fervor constitucionalista do jovem regente se ajustava, lògicamente, a um vivo sentimento de apêgo à união entre a Metrópole e o Brasil-Reino. Em outras palavras, o constitucionalismo de D. PEDRO tornava-o necessàriamente hostil à Independência, naquele ano de 1821, visto que a Constituição vinha das Côrtes, e estas não admitiam que se falasse sequer em autonomia brasileira. Por isso é que, na proclamação de 5 de outubro, dirigida aos habitantes do Rio, o príncipe-regente usava expressões como estas:

"Eu nunca serei perjuro, nem à religião, nem ao rei, nem à Constituição. Sabei o que eu vos declaro em nome da tropa e dos filhos legítimos da Constituição, que vivemos todos unidos; sabei mais, que declaramos guerra desapiedada e crudelíssima a todos os perturbadores do sossêgo público, a todos os anticonstitucionais."

Menos de um ano depois o homem que isto escrevia, levado pela fôrça dos acontecimentos, lançava o brado do Ipiranga.

45. Sensível às idéias do tempo, apesar da sua deficiente formação intelectual, o príncipe, logo que investido da Regência, expediu leis bem condizentes com as mais novas e vitoriosas teses do constitucionalismo liberal. A propriedade pri-

vada tinha sido erigida pela Revolução Francesa em princípio
consectário da liberdade individual. Por isto mesmo era ela
declarada "inviolável e sagrada". Ao espírito da nossa geração, saturada de socialismo e de estatismo, tais idéias parecem estranhas. Mas é que não atentamos nas suas origens.
Hoje, o direito de propriedade, desvirtuado pelo sistema de
acumulação capitalista, pode representar o predomínio injusto de uma classe social. Mas, na época de que estamos
tratando, a propriedade privada era o símbolo da liberdade e
da autonomia individual, porque representava um limite sério
ao arbítrio da Monarquia absoluta. Com efeito, a confusão
entre os bens públicos e os bens da Coroa e a falta de garantias individuais faziam com que os soberanos pudessem se
apoderar dos bens particulares dos indivíduos, fôsse a pretexto
de incorporá-los ao patrimônio público, fôsse em punição de
supostos crimes ou de simples suspeitas de infidelidade.
Assim sendo, a inviolabilidade da propriedade era uma reivindicação social que se impunha, não apenas para garantir a
elevação da burguesia à posição de classe dominante, mas,
ainda, como processo de limitação do arbítrio dos monarcas.
Daí a importância que tomou, desde a primeira Constituição
francesa, o assunto da desapropriação por utilidade pública.
O bem particular não poderia mais ser confiscado pelo Estado,
porém apenas desapropriado, e isto com tôdas as garantias
jurídicas. Era uma questão intimamente ligada à liberdade.
Sentindo isto é que o príncipe-regente, bem homem do seu
tempo, expediu o decreto de 21 de maio, no qual dizia:

"Sendo uma das principais bases do pacto social entre os
homens a segurança de seus bens; e constando-me que, com
horrenda infração do sagrado direito de propriedade, se cometem os atentados de tomar-se, a pretexto de necessidades
do Estado e Real Fazenda, efeitos de particulares, contra a
vontade dêstes e muitas vêzes para se locupletarem aquêles
que os mandam violentamente tomar... determino que, da
data dêste em diante, a ninguém possa tomar-se, contra sua
vontade, coisa alguma de que fôr possuidor, ou proprietário...

sem que primeiro, de comum acôrdo, se ajuste o preço que lhe deve pela Real Fazenda ser pago no momento da entrega."

Esta importante lei firma, no Brasil, uma das garantias da liberdade democrática, em têrmos jurídicos bastante aproximados dos ainda vigentes. Dois dias depois, ou seja, a 23 de maio, D. PEDRO estabelece em novo decreto outra grande medida constitucional, que era a garantia da liberdade pessoal. A nova lei constitucional estabelecia que, a partir de sua data, "nenhuma pessoa livre no Brasil podia jamais ser prêsa sem ordem, por escrito, do juiz ou magistrado criminal" competente, salvo caso "de flagrante delito", e que nenhum juiz poderia expedir tal ordem "sem preceder culpa formada pela inquirição sumária de três testemunhas". Através dessas garantias processuais, de fato se assegurava um dos mais indispensáveis postulados democráticos — o relativo à liberdade pessoal.

46. Tentativa do maior interêsse para a história do nosso Direito Constitucional é a que inicia com o decreto de 5 de junho, com que o príncipe criou uma espécie de Conselho ou Junta, composta de nove membros, perante a qual os ministros da Regência eram responsáveis pelos atos que praticassem no exercício das suas funções. A responsabilidade dos ministros do rei tinha sido declarada a 10 de março, em forma de decreto legislativo, pelas Côrtes Constituintes. Êste artigo dizia:

"O rei é inviolável na sua pessoa. Os ministros são responsáveis pela falta de observância das leis, especialmente pelo que obrarem contra a liberdade, segurança e propriedade dos cidadãos e por qualquer dissipação ou mau uso dos bens públicos."

Esta disposição era reprodução fiel e quase textual do art. 21 da Constituição francesa de abril de 1814, chamada *Constituição senatorial*, por ter sido feita pelo próprio Senado napoleônico, quando da abdicação do imperador, disposição depois adotada com modificações na Carta constitucional do mesmo ano, outorgada pelo rei Luís XVIII. Não existindo no

Brasil, como havia na França e em Portugal, um Poder Legislativo perante o qual se pudesse tornar efetiva a responsabilidade dos ministros, o decreto de 23 de maio criou a Junta a que nos referimos, incumbida de tal mister. No dia 5 de junho foram nomeados os nove membros dela, homens respeitados e representantes de diversos setores da população. No dia 7 instalou-se a Junta, e, a 16, lançou uma proclamação ao povo, assinada por todos os componentes, na qual traça as diretrizes da sua ação. Com as expressões enfáticas do tempo, a Junta assegura que "a Constituição política que se está organizando na muito nobre e leal cidade de Lisboa, obra da sabedoria coletiva da nação, será o paládio e baluarte inexpugnável da honra, das vidas e fazendas de todos". Assim se instalou, entre nós, o embrião do contrôle do Executivo por um órgão coletivo de fiscalização, que fazia as vêzes de um pequeno Parlamento.

47. Enquanto isso, o movimento de constitucionalização prosseguia o seu curso impetuoso. No dia 8 de junho, o príncipe assinou decreto no qual comunica haver jurado as Bases da Constituição portuguêsa, nos têrmos do decreto de 10 de março das Côrtes, e deu ordens para que o mesmo se fizesse em todo o Brasil. Basta que se diga que elas representavam a reunião dos princípios essenciais do Direito Constitucional vigentes no tempo, anteriormente fixados nas várias Constituições democráticas da Europa, princípios adaptados, quando necessário, às condições peculiares do pequeno reino peninsular. Deve-se observar ainda, que alguns dêsses princípios, como já vimos, tinham sido espontâneamente convertidos em leis brasileiras por D. PEDRO, antes que aqui chegassem as Bases portuguêsas.

Completam o ciclo de medidas constitucionais tomadas em benefício do Brasil, durante o ano de 1821, mais dois decretos, êstes, porém, das Côrtes de Lisboa. O primeiro, de 12 de julho, trata da liberdade de imprensa, e o segundo, de 1 de outubro, determina que as Províncias brasileiras não mais seriam governadas por governadores ou capitães-generais nomeados, mas por Juntas Provisórias, eleitas pelos eleitores de paróquia, nos têrmos da já referida legislação eleitoral espanhola. Como se vê, são atos da maior importância, pois inauguram em nosso país dois pressupostos do regime democrático: a liberdade de pensamento e o govêrno escolhido pelo povo. [12]

BIBLIOGRAFIA

PIERRE DUCLOS, *L'Evolution des Rapports Politiques dépuis 1750*, Presses Universitaires de France, Paris, 1950.

PAUL HAZARD, *La Pensée Européenne au XVIII Siècle*, Boivin, Paris, 1946.

LUIS SANCHEZ AGESTA, *Historia del Constitucionalismo Español*, Instituto de Estudios Políticos, Madri, 1955.

BENJAMIN CONSTANT, *Cours de Politique Constitutionnelle*, Guillaumin, Paris, 1872, 2 vols.

SIMONDE DE SISMONDI, *Etudes sur les Constitutions des Peuples Libres*, Treuttel, Paris, 1836.

ADOLFO POSADA, *Tratado de Derecho Político*, Suarez, Madri, 1894, 2 vol:.

MARNOCO E SOUSA, *Direito Político*, Amado, Coimbra, 1910.

MELO MORAIS, *História do Brasil-Reino e do Brasil-Império*, Rio, 1871, 2 vols.

OLIVEIRA LIMA, *D. João VI no Brasil*, José Olímpio, Rio, 1945, 3 vols.

TOBIAS MONTEIRO, *História do Império. A Elaboração da Independência*, Briguiet, Rio, 1927.

OTÁVIO TARQUÍNIO DE SOUSA, *A Vida de D. Pedro I*, José Olímpio, 3.ª ed., Rio, 1957, 3 vols.

MUNIZ TAVARES, "História da Revolução em Pernambuco em 1817", in *Revista do Instituto Histórico*, vol. 60 (1897); "Revolução de 1817", in *Documentos Históricos*, Rio, vols. CI, CII, CIII, CIV, CV, CVI e CVII.

VARNHAGEN, "História da Independência", in *Revista do Instituto Histórico*, vol. 79.

Coleção de Leis do Brasil (1820-1821), Imprensa Nacional, Rio, 1889.

---

[12] Todos os decretos referidos, inclusive os das Côrtes, se acham na *Coleção de Leis*, citada.

CAPÍTULO II

A convocação da Assembléia Constituinte e seus antecedentes. Reunião da Constituinte, seu funcionamento. A dissolução.

A convocação da Assembléia Constituinte e seus antecedentes

48. Inaugura-se o ano de 1822 — o ano da Independência — com novos e importantes atos do príncipe-regente, nos setores legislativo e administrativo, visando à constitucionalização do Brasil. Aos poucos ia se tornando evidente que o desligamento entre as duas Coroas era inevitável. O jovem príncipe sentia que o seu destino lhe indicava o papel de fundador de um Império e preparava-se para tanto, apoiado na experiência e na sabedoria de JOSÉ BONIFÁCIO.

49. Logo no princípio do ano, em janeiro, decidiu o Govêrno regencial que as leis votadas pelas Côrtes de Lisboa não teriam execução no Brasil sem a sanção do príncipe real. [1] Ainda no mesmo mês ficou decidido que tôdas as Províncias se uniriam sob a autoridade do mesmo regente, até que, "reunidos todos os deputados do Brasil, se ultime, pelas Côrtes Nacionais, a Constituição Política da Monarquia". De par com a constante preocupação de dar forma constitucional ao govêrno luso-brasileiro, observa-se nesta decisão também o intento de não aceitar qualquer Constituição que não viesse ratificada pelo voto dos representantes da Regência americana.

---

[1] As leis, decretos, decisões, proclamações e requerimentos citados no capítulo constam todos da *Coleção das Leis do Brasil*, vol. 1822-1823.

50. De resto, a referida preocupação de constitucionalismo chegava a ser, no príncipe real, quase uma mania. Tem-se a impressão de que êle procurava, a todo transe, tranqüilizar o ânimo suspicaz dos seus novos patrícios, duvidosos talvez da sinceridade democrática daquele mancebo, em cujas veias corriam velhos sangues autocráticos. Numerosas, enfáticas e, por vêzes, pueris são naquela fase as declarações de constitucionalismo de D. PEDRO, expressas em tôda sorte de atos oficiais. Vejamos alguns exemplos. Em 2 de março manda que o antigo largo do Rocio passe a se chamar praça da Constituição, em memória do juramento ali levado a efeito a 26 de fevereiro do ano anterior. Em abril, tendo ido em visita a Minas Gerais, para vencer as resistências de certos grupos influentes, que se dizia serem adeptos das Côrtes de Lisboa, D. PEDRO exige, antes de entrar em Vila Rica, que lhe reconheçam a autoridade de *regente constitucional*. Em seguida, ao entrar na capital da Província, expede proclamação em que se lê:

"Sois livres. Sois constitucionais. Uni-vos comigo e marchareis constitucionalmente..."

Ainda em Vila Rica, declarando as atribuições da Junta de Govêrno, diz que ela "devia observar religiosamente as leis existentes... pois só assim se podia cada vez mais consolidar o sistema constitucional". Logo depois da Independência sucedem-se as demonstrações no mesmo sentido. A 12 de outubro, na cerimônia em que é aclamado, D. PEDRO declara aceitar o título de imperador constitucional, e a ata de aclamação consigna que, terminada a cerimônia, foi levantado pelo presidente da Câmara Municipal do Rio de Janeiro um viva "ao povo constitucional do Brasil". A 13 de outubro, já aclamado imperador, o novo soberano se atribui, por decreto, o título oficial de "Imperador Constitucional e Defensor Perpétuo do Império do Brasil". Em violenta decisão de 11 de novembro seguinte, que abre devassa "sôbre os agentes e emissários do partido dos demagogos", o ministro JOSÉ BONIFÁCIO acusa os "temerários que, com o maior maquiavelismo, ousavam caluniar a indubitável constitucionalidade do nosso augusto Imperador e dos seus mais fiéis ministros, incutindo nos cidadãos incautos mal fundados receios do velho despotismo, que nunca mais tornará". Finalmente, a 21 de dezembro, o imperador expediu decreto estabelecendo os dias de festa nacional. Entre éles achava-se o 26 de fevereiro, "dia em que S. M. Imperial proclamou, no Rio de Janeiro, o sistema constitucional".

51. Essas disposições não eram apenas afirmadas em palavras; viam-se, também, consubstanciadas em atos inequívocos e importantes. Pode-se dizer que o processo da Independência, durante todo o ano de 1822, se confunde com a marcha para a constitucionalização do Brasil.

52. O primeiro de tais atos é o decreto de 16 de fevereiro, que cria o Conselho de Procuradores-Gerais das Províncias do Brasil. O Conselho se comporia de representantes das diversas Províncias, em número proporcional às respectivas populações. Seus membros eram eleitos pelos eleitores paroquiais, deviam reunir-se no próprio Paço e tinham como atribuições aconselhar o príncipe-regente, opinar sôbre os projetos de reforma política e administrativa, propor medidas e planos de interêsse público e defender os interêsses das Províncias pelas quais houvessem sido eleitos. Era, como se vê, um embrião de Poder Legislativo.

53. Foi exatamente êste caráter legislativo que provocou, em alguns círculos, reações e reservas contra a criação do Conselho. A Junta de Govêrno de Pernambuco, por exemplo, entendeu que as atribuições do mesmo entravam em conflito com as das Côrtes de Lisboa, o que levou JOSÉ BONIFÁCIO a expedir o aviso de 27 de maio, no qual sustentava que o Conselho tinha sido formado "não para fazer leis, porque estas são da competência exclusiva da Assembléia dos Representantes da Nação, mas para julgar das que se fizessem nas Côrtes de Lisboa, onde por desgraça sobejas vêzes se entende que, sem distinção, pode servir no Brasil a legislação acomodada ao terreno de Portugal, e para promover, dentro dos limites do Poder Executivo, tôdas as reformas e melhoramentos de que tanto

precisa êste vasto território". Na verdade, a explicação não satisfazia e isto se depreende dos seus próprios têrmos. Se o Conselho tinha podêres para sustar a aplicação de leis das Côrtes, e para promover reformas, era uma espécie de Legislativo informal, incluído no Executivo.

54. A situação geral da política bem como o estado de espírito dominante na parte mais esclarecida da população exigiam, porém, soluções mais avançadas do que a criação daquele modesto Conselho consultivo. Os exemplos da América e da Europa, incluindo Portugal, indicavam o caminho lógico a ser trilhado, que era a convocação de uma Assembléia Constituinte, eleita pelo povo. Segundo TOBIAS MONTEIRO, as aspirações vagas por uma Constituinte começaram a ser concretizadas graças à ação de JOSÉ CLEMENTE PEREIRA, "que mostrou a LÊDO e JANUÁRIO [2] os perigos da situação e lembrou, como remédio para conjurá-los, a convocação de uma Assembléia Constituinte". Ajunta o historiador:

"Decidiu-se pedi-la solenemente ao príncipe e as bases do escrito para redigir foram concertadas entre os três e o brigadeiro NÓBREGA, o padre LESSA e SOARES LISBOA, proprietário do *Correio do Rio de Janeiro*."

55. O Conselho de Procuradores foi convocado por decreto de 1 de junho e instalado no dia seguinte, com uma fala de D. PEDRO. A certo momento do seu discurso, dizia o príncipe que a reunião daquele órgão perdia, até certo ponto, o seu objeto, "visto ter-se manifestado sobremaneira a vontade dos povos de que haja uma Assembléia Geral Constituinte e Legislativa como me foi comunicado pelas Câmaras". O regente aludia, nesta passagem, à representação que lhe havia sido dirigida no dia 23 de maio pela Câmara Municipal do Rio (Senado da Câmara), da qual era presidente JOSÉ CLEMENTE PEREIRA, no sentido de "convocar nesta Côrte uma Assembléia Geral das Províncias do Brasil". A representação foi entregue

---

[2] GONÇALVES LÊDO e JANUÁRIO DA CUNHA BARBOSA.

ao príncipe pela Câmara incorporada, em grande cerimonial, na sala de audiências do Paço da cidade. D. PEDRO respondeu que ficava ciente do desejo do povo do Rio, e tão logo soubesse da opinião das mais Províncias "ou pelas Câmaras ou pelos procuradores-gerais", providenciaria a convocação da Assembléia.

56. Foi em seguimento a esta solicitação que os procuradores, no primeiro dia em que se reuniram, a 3 de junho, requereram ao príncipe a convocação. O requerimento (redigido da forma indicada por TOBIAS MONTEIRO) é vazado em têrmos enérgicos e até violentos contra as Côrtes de Lisboa, que acusa de estar tramando e promovendo a perdição do Brasil. A certa altura dizia o documento:

"A salvação pública, a integridade da nação, o decôro do Brasil e a glória de V. A. Real instam, urgem e imperiosamente comandam que V. A. Real faça convocar, com a maior brevidade possível, uma Assembléia Geral de Representantes das Províncias do Brasil."

O requerimento é assinado pelos membros do Conselho GONÇALVES LÊDO, AZEREDO COUTINHO e LUCAS OBES, êste último procurador da Província Cisplatina (Uruguai), então anexada ao Brasil. No fecho, os ministros da Regência, que eram JOSÉ BONIFÁCIO, CAETANO MIRANDA MONTENEGRO, OLIVEIRA ÁLVARES e MANUEL ANTÔNIO FARINHA, declaravam concordar com a solicitação.

57. Do mesmo dia 3 de junho é o decreto convocatório da Assembléia Constituinte. O ato, além de ousado, dados os laços que ainda nos prendiam a Portugal, aonde estavam funcionando as Côrtes, era de difícil execução. Por isto mesmo o decreto é contraditório, pois, ao mesmo tempo em que reconhece a necessidade do estabelecimento de bases em que se assente a independência do Brasil, declara desejar cordialmente "a sua união com tôdas as outras partes integrantes da grande família portuguêsa". Premido pela contradição, o decreto declara ainda que a Assembléia seria "Luso-Brasiliense" e investida sòmente "daquela porção da soberania que essencialmente reside no povo dêste grande e riquíssimo Continente". Tais equívocos e subterfúgios não poderiam, evidentemente, perdurar. Nada mais podia impedir a marcha dos acontecimentos, que desfecharia na separação completa entre os dois países.

58. Grande foi o júbilo despertado pela convocação, como se depreende da sessão extraordinária que a Câmara do Rio de Janeiro realizou a 10 de junho, para comemorar a iniciativa de D. PEDRO. Ali se tratou com grandes encômios da futura "Assembléia Geral Brasílica Constituinte e Legislativa", e a Câmara foi mais uma vez incorporada ao Paço cumprimentar o príncipe-regente.

59. As instruções para a eleição da Assembléia, que correspondiam a uma verdadeira lei eleitoral, foram baixadas por JOSÉ BONIFÁCIO, em aviso de 19 de junho.[3] Examinemo-las, nos seus pontos mais importantes. A Assembléia devia compor-se de 100 deputados, eleitos pelas Províncias proporcionalmente às respectivas populações. A maior bancada era a de Minas Gerais, com 20 deputados, seguida pelas de Pernambuco e Bahia, com 13, depois pela de São Paulo, que não tinha mais do que 9, e assim sucessivamente até as Províncias menos populosas, que não davam mais do que um representante.[4] A eleição era indireta, mas apenas em dois graus. No primeiro, o povo das freguesias escolhia os eleitores paroquiais, e, no segundo, êstes eleitores elegiam os deputados. Os eleitores de freguesia eram indicados na proporção de um para cada 100 fogos (casas) ou fração de mais de 50. Podiam ser

---

[3] As instruções eleitorais de JOSÉ BONIFÁCIO foram, em parte, colhidas nas disposições a êsse respeito contidas na Constituição francesa de 5 frutidor do ano III (22 de agôsto de 1795). JOSÉ BONIFÁCIO escreveu que essa Constituição era a "mais livre" de tôdas.

[4] Êste número de deputados, com alterações insignificantes, permaneceu depois da Independência, durante todo o Império.

analfabetos, caso em que comunicavam verbalmente a sua escolha aos membros da Mesa, assinando as listas de cruz, mas não podiam ser salariados. Os eleitores de paróquia deviam ser alfabetizados e tinham a obrigação de se reunir, no prazo marcado, nas vilas indicadas pela lei como sedes dos distritos eleitorais, a fim de procederem à eleição dos deputados. O ato eleitoral era presidido pelo presidente da Câmara Municipal, com assistência do pároco da freguesia, autoridades que também compunham a Mesa apuradora e escrutinadores, auxiliados por secretários. A eleição era feita por meio de listas, nas quais os votantes escreviam os nomes dos que deveriam compor o futuro colégio eleitoral. É de se notar que os analfabetos podiam votar nessas eleições primárias. "Os que não souberem escrever — esclareciam as instruções — chegar--se-ão à Mesa e, para evitar fraudes, dirão ao secretário os nomes daqueles em quem votam; êste formará a lista competente que, depois de lida, será assinada pelo votante com uma cruz." Os eleitores escolhidos deviam se reunir nas vilas que fôssem cabeças de distrito dentro de 15 dias. Essas vilas distritais variavam de número segundo as Províncias. A Bahia possuía 11; Minas Gerais e Pará, 9; Pernambuco, 8; São Paulo, 6, e assim sucessivamente. Para a eleição dos deputados à Constituinte, dispunham as instruções que os eleitores de freguesia reuniam-se na sede do distrito onde, presididos pela autoridade local mais graduada, elegiam desde logo o presidente da Mesa eleitoral, em escrutínio secreto. No dia seguinte, obedecidas as formalidades prescritas, procedia-se ao pleito. A eleição secundária se fazia por cédulas, assinadas pelo eleitor (que não podia ser, assim, analfabeto) e tantas vêzes repetidas quantos fôssem os deputados a serem eleitos na Província. As cédulas de tôda a Província eram remetidas à respectiva capital, onde eram apuradas pela Câmara Municipal, sendo eleitos os nomes que contassem maior número de votos nas diversas listas. A proclamação era feita pelo presidente da Câmara da capital da Província.

Reunião da Constituinte, seu funcionamento

60. Dada a extensão do País, era natural que a operação eleitoral fôsse demorada. Sendo de junho de 1822 as instruções, sòmente a 3 de maio do ano seguinte, já depois de proclamada a Independência, reuniu-se no Rio a Assembléia Constituinte do Império, com a presença da maioria absoluta de seus membros, ou seja, 52 deputados. Dos 100 constituintes eleitos tomaram assento na Assembléia, entre 3 de maio e 12 de novembro (data da dissolução), apenas 83, ao que informa o barão HOMEM DE MELO, no seu conhecido estudo *A Constituinte perante a História*.[5] Seguindo os dados biográficos fornecidos pelo sábio cronista da Assembléia, poderemos observar que, do total dos deputados que tomaram parte nos trabalhos, 47 eram doutôres de Coimbra (na maioria bacharéis em direito, havendo alguns médicos e bacharéis em ciências matemáticas); 19 eram padres, dos quais um bispo; e 6 oficiais das fôrças armadas, sendo um da Marinha e cinco do Exército.

61. Pode-se assegurar, assim, que a Assembléia se compunha, na sua grande maioria, de representantes da classe mais elevada da sociedade. Isto era natural. Nossa estrutura social, na época da Independência, não autorizava representação política mais democrática. A massa escrava não tinha direitos políticos. Os homens livres das camadas mais profundas (artesãos, escassos operários urbanos e mais pequenos comerciantes e pequenos proprietários) só tinham condições legais para serem eleitos (censo econômico e alfabetização) em número muito reduzido. Por outro lado, a população eleitoral era exígua, e o sistema de eleições centralizador e censitário. Daí o grupo de representantes exprimir direta ou indiretamente os interêsses dos senhores de tera ou dos grandes

---

[5] "Não houve eleição nas Províncias do Pará, Maranhão, Sergipe e Cisplatina, que deixaram de ser representadas na Constituinte" (HOMEM DE MELO, ob. cit.).

proprietários. Não devemos esquecer, entretanto, que esta situação histórica não impedia um certo progresso nas idéias. E isto por várias razões. Em primeiro lugar, a feitura da nossa primeira Constituição se processava em plena fase ascendente do liberalismo e, conseqüentemente, da grande abstenção do Estado no terreno dos problemas econômicos e sociais. O Direito Constitucional era, então, predominantemente político, situação que se refletia nos textos das leis constitucionais. Portanto, o fato de uma Assembléia espelhar interêsses específicos de determinadas classes não dava às leis por ela elaboradas um conteúdo necessàriamente reacionário, visto que a matéria sôbre a qual se estabeleceriam as lutas e reivindicações era tècnicamente excluída do seu seio. O mais que se pode dizer é que tais leis eram reacionárias por omissão. Mas tal crítica abrangeria tôdas as Constituições da mesma época e não apenas a brasileira. Por outro lado, a democracia política se encontrava perfeitamente configurada, naquele tempo em que a democracia econômica e social ensaiava apenas os primeiros passos, no terreno científico. Assim, o progresso constitucional se processava, em especial, pelo bom acolhimento às reivindicações da democracia política. E, neste terreno, não se pode negar que os juristas da geração da Independência se colocavam em posição satisfatória. Em muitos pontos, tanto o projeto ANTÔNIO CARLOS como a Constituição de 1824 exprimiam o que havia de mais atual e liberal, no Direito Político.

62. Reunida debaixo de grandes esperanças, no dia 3 de maio de 1823, não tardou a Assembléia a tomar um ritmo normal de trabalho, facilitado pela experiência parlamentar dos deputados que, como ANTÔNIO CARLOS (líder de fato da mesma), tinham participado das Côrtes de Lisboa. Eram êles: ARAÚJO LIMA (depois marquês de Olinda), VERGUEIRO e JOSÉ DE ALENCAR (depois senadores, sendo o último pai do grande romancista), AGUIAR DE ANDRADA, MUNIZ TAVARES e FERNANDO PINHEIRO (depois visconde de São Leopoldo). Compulsando

os *Anais da Constituinte,* temos um interessante panorama das idéias jurídicas do tempo. [6]

Três dias depois de inaugurada, ou seja, a 6 de maio, a Assembléia, por proposta de PEREIRA DA CUNHA, designou a Comissão especial incumbida de elaborar o projeto de Constituição. [7] Era ela composta de JOSÉ BONIFÁCIO, ANTÔNIO CARLOS (relator e membro mais votado), PEREIRA DA CUNHA, FERREIRA DA CÂMARA, ARAÚJO LIMA, AGUIAR DE ANDRADA e MUNIZ TAVARES. Como se vê, da Comissão participavam sumidades da Assembléia. Além dos ilustres irmãos ANDRADA e do seu sobrinho AGUIAR DE ANDRADA, jurista experiente, integravam-na dois elementos destacados da administração pública, desde o tempo do Brasil-Reino (PEREIRA DA CUNHA e o intendente CÂMARA), sem contar o futuro OLINDA e o escritor MUNIZ TAVARES, principal cronista da Revolução de 1817, de que, como ANTÔNIO CARLOS, participara. Vejamos, agora, as idéias de alguns dos seus componentes.

63. JOSÉ BONIFÁCIO, espírito amplo e amadurecido no estudo das ciências naturais, era muito mais um estadista do que um teórico de Direito Constitucional. Suas idéias a êste respeito, além das intervenções escassas e sêcas que teve da tribuna, se acham compendiadas em um trabalho escrito antes da reunião da Constituinte e que se encontra publicado na *Revista do Instituto Histórico.* Essas sugestões para a organização nacional são um amálgama confuso de leituras incoerentes. Nelas se revelam influências da História Romana e das Constituições revolucionárias francesas, principalmente a de 22 frimário do ano VIII (13 de dezembro de 1799), que fêz BONAPARTE primeiro cônsul. No meio dessas noções mis-

---

[6] Tôdas as referências aos debates da Assembléia foram colhidas diretamente nos *Anais* da mesma, publicados em 5 volumes, entre 1876 e 1880.

[7] O barão HOMEM DE MELO consigna, por equívoco, a data de 5 de maio para a formação da Comissão Constitucional. Mas foi no dia seguinte, como se verifica da ata da respectiva sessão, publicada nos *Anais.*

turadas e inaplicáveis do deficiente teórico político surgem, porém, de vez em quando, os lampejos precursores, devidos à inteligência do estadista, como, por exemplo, a criação de uma universidade em São Paulo, a abertura de estradas internas e, principalmente, a transferência da capital para o interior do Brasil, que só veio a ser estabelecida na lei constitucional da primeira República.

Falando na sessão de 15 de julho, JOSÉ BONIFÁCIO traça um curioso panorama das idéias políticas brasileiras, tais como elas se apresentavam na sua opinião. Para êle a divisão preliminar, e de maior importância, era entre os partidários e adversários da Independência, que êle chamava, respectivamente, *separatistas* e *não-separatistas*. Os últimos, sem maior importância, eram os "fanáticos, chamados vulgarmente *pés de chumbo*, que ainda suspiram pelas cebolas do Egito. Quanto aos partidários da Independência, êles se dividiam em quatro classes: 1.ª) os que querem a separação, mas não a liberdade, pois preferem o antigo govêrno, e são chamados *corcundas;* 2.ª) os republicanos, a que chamarei *prognósticos*... êste partido é hoje miserável e abandonado por todo homem sensato; 3.ª) os monárquico-constitucionais; êstes fitam suas vistas na felicidade do Estado, não querem democracias nem despotismo, querem liberdade, mas liberdade bem entendida e com estabilidade; êste partido forma a maioria da nação; 4.ª) os federalistas, ou bispos sem papa, a que eu também chamarei os *incompreensíveis;* êstes que não querem ser monárquico-constitucionais, que não podem ser *corcundas* e que não querem ser republicanos de uma só República, querem um govêrno monstruoso, um centro de poder nominal, e cada Província uma pequena República, para serem nelas chefes absolutos, *corcundas* despóticos." Esta lúcida definição não mostra, apenas, os grupos políticos dos absolutistas ou contrários ao govêrno constitucional (*corcundas*), dos republicanos ou *exaltados*, dos monárquico-constitucionais ou *moderados*, e dos federalistas (ou melhor dito, dos secessionistas), partidários de uma divisão do Brasil semelhante à que ocorrera na América espanhola, grupos cujos principais aderentes poderiam ser fàcilmente nomeados. A definição de José Bonifácio mostra, também, ao leitor experiente, a sua familiaridade com a História constitucional dos Estados Unidos e não sòmente com a dos países europeus. Com efeito, o sentido que empresta à palavra *democracia*, como sinônimo de anarquia, era bem da terminologia americana de então, que dava à democracia um conteúdo pejorativo de liberdade sem ordem jurídica. Por outro lado, a hostilidade de José Bonifácio ao federalismo era a mesma que separava a escola de Alexandre Hamilton da de Tomás Jefferson.

64. Antônio Carlos foi, sem dúvida, como já salientamos, o líder de fato da Assembléia. Suas qualidades oratórias, sua bravura e o natural senso de autoridade o indicavam para tanto, qualidades pessoais a que se vinha juntar a adquirida, de uma vasta leitura em matéria política. Êle não era o maior especialista em Direito Público, na Constituinte. Neste particular é inegável que Carneiro de Campos (Caravelas) lhe era superior. Mas, nos assuntos de Ciência Política, que tão de perto tocam o Direito Constitucional, Antônio Carlos aparecia como dos mais versados. Um dos seus melhores discursos, dentro desta ordem de idéias, foi o pronunciado na sessão de 21 de maio. Nêle, o grande orador traça um rico e largo panorama da evolução de certas instituições políticas, indo da Grécia clássica ao Portugal bragantino. A variedade de suas leituras se demonstra pela citação que faz de Guizot, então autor e estadista jovem, a quem êle, contudo, já chama célebre, e cujas idéias comenta.

Apesar da oratória arrebatada e do liberalismo ardente, Antônio Carlos era, no fundo, partidário da Monarquia Constitucional moderada, à maneira do visconde de Chateaubriand. Era, pois, um conservador evolucionista. Seu monarquismo se patenteia, por exemplo, na discussão que teve com o exaltado padre Custódio Dias, deputado por Minas, na sessão preparatória de 2 de maio. Naquele pórtico da Constituinte, Antônio Carlos deixa claro o que seria a sua atuação dentro dela. Referindo-se a vários estadistas inglêses, cujos nomes cita, considera-os "políticos dessa nação célebre que primeiro deu a única solução prática do problema da liberdade sem licença". E prossegue, respondendo sempre a Custódio Dias:

"Cuidará que a Assembléia é soberana, e soberana do imperador? Se o pensa, saiba que podêres delegados e independentes não podem ser senão iguais, e que um poder como o imperador, que é igual como executor, exerceu sôbre nós superioridade, com o convocar-nos e que, por necessidade, há de influir sôbre os podêres delegados todos, visto ser esta influência da essência da Monarquia Constitucional... Talvez venha o nobre preopinante com a arenga de Assembléia Constituinte que em si concentra os podêres todos; advirto, porém, que não podemos concentrar podêres que existiam antes de nós e dimanaram da mesma origem e não foram destruídos pelo ato da nossa criação."

65. Outro monarquista moderado e conservador era o ilustre Silva Lisboa, depois visconde de Cairu. Profundamente religioso, não hesitou em ajoelhar-se em pleno recinto, na sessão de 15 de setembro, dia em que se iniciou a discussão do projeto, com os debates sôbre o preâmbulo, no qual havia alusão à Santíssima Trindade. Êste homem, das mais notáveis culturas de seu tempo, era um devoto admirador do gênio inglês, ao passo que detestava e temia a sangrenta tradição da Revolução Francesa. Suas intervenções nos debates se cingiam, via de regra, aos assuntos de economia e administração, nos quais dava, contudo, provas de excelente preparo clássico, levado ao ponto de entremear nos discursos trechos de longas citações latinas. Em 1818 Silva Lisboa havia escrito uma espécie de panegírico a D. João VI, sob o título de *Memória dos Benefícios Políticos do Govêrno de El-Rei Nosso Senhor*, no qual manifestava pontos de vista como êstes:

"Bom sistema de legislação é um dos maiores benefícios políticos que se possa fazer a qualquer país. Sendo conforme ao prol comum, constitui e consolida a verdadeira liberdade civil. Esta não consiste na libertinagem de fazer cada indivíduo o que lhe dá na vontade, ofendendo à razão e aos regulamentos do Estado, mas na imunidade da opressão contra a fôrça que se não derive de autoridade legítima, sendo certos os recursos aos superiores competentes para desagravo dos ofendidos e prevenção dos abusos. Havendo bom sistema de legislação e administração da Justiça, preenche-se o voto da comunidade, e se pode dizer que, no país, predomina o império das leis e não o arbitrário poder dos homens."

Como se vê, era a exposição certa da regra britânica do *rule of the law*. Cinco anos mais tarde, em discurso na sessão de 20 de outubro, assim se manifestava SILVA LISBOA:

"Tenho sempre em vista a regra de MONTESQUIEU no seu *Espírito das Leis*, que o genuíno espírito de liberdade não se acorda com o capricho de uma liberdade extrema. O pacto social é um contrato sinalagmático, em que o govêrno se obriga à proteção do súdito e êste se obriga à obediência e subordinação. É, portanto, injusta e inadmissível a liberdade da pessoa de cada cidadão... Tal liberdade contém o arbitrário e o absurdo de converter-se o contrato bilateral em unilateral, de sorte que o govêrno não pode, nunca, deixar de dar proteção ao súdito, mas êste pode, quando quiser, subtrair-se à devida obediência."

66. O principal constitucionalista da Assembléia era JOSÉ JOAQUIM CARNEIRO DE CAMPOS (Caravelas), que foi, em seguida, o mais destacado redator da Constituição do Império. Seus discursos, ponderados e sólidos, são sempre cheios de substância jurídica, versando com igual proficiência vários departamentos do Direito. Os nomes de autores estrangeiros vinham-lhe naturalmente à memória; as teses mais liberais e modernas do Direito Público eram-lhe familiares. Merece menção a defesa que faz da instituição do Poder Moderador, vulgarizado por BENJAMIN CONSTANT e que encontrou aplicação, como se sabe, na Carta de 25 de março, de cuja redação CARNEIRO DE CAMPOS participou em grau tão eminente.

Na sessão de 20 de junho, assim se pronuncia, a respeito, o futuro marquês de CARAVELAS:

"O monarca, pôsto que seja o chefe do Poder Executivo, não tem o seu exercício; os seus ministros são os que exercem êste poder e por isso êles são responsáveis e não o monarca. A sanção não pertence ao Poder Executivo, como inculcou o ilustre membro: é uma atribuição do poder vigilante ou Moderador, que nas Monarquias representativas só o monarca pode exercer."

67. Sôbre o Poder Moderador — assunto ao qual voltaremos quando tratarmos da Constituição de 1824 — encontram-se outras referências nos *Anais da Constituinte*. ANTÔNIO CARLOS, por exemplo, em discurso proferido na sessão de 29 de julho (notável peça oratória, em que define com acêrto as características jurídicas daquele período de transição em que se encontrava o Brasil, depois da Independência mas antes da Constituição), ao indicar as funções que deviam competir ao imperador, declara:

"Procurei a origem desta influência e a encontrei na necessidade de um poder vigilante e moderador nos governos representativos. Mostrei que êste poder, que, como atalaia da liberdade e direito dos povos, inspeciona e contrabalança todos os demais podêres, para que se contenham nos limites marcados por sua mesma natureza e não se tornem danosos à nação, não fôra desconhecido dos mais sábios legisladores da Antiguidade. Que nas Repúblicas êle devia estar separado do chefe da Nação; mas que, nas Monarquias Constitucionais, era dêle inseparável, para o conservar na alta preeminência em que esta forma de govêrno necessàriamente o coloca."

68. ANTÔNIO CARLOS estava, aqui, repetindo a lição bem aprendida de BENJAMIN CONSTANT, mestre do constitucionalismo liberal, que todos os constitucionalistas da Assembléia seguiam com devota confiança. A idéia do Poder Moderador ou neutro, que se veio acrescentar, como uma quarta fôrça,

aos tres podêres clássicos que MONTESQUIEU e os seus seguidores haviam desentranhado da observação da prática constitucional inglêsa, não era, originàriamente, de BENJAMIN CONSTANT. Êle próprio, em um dos trabalhos em que procurou delinear a teoria jurídica da sempre fugidia e obscura inovação, nos diz que a sugestão da tese se achava "nos escritos de um homem muito esclarecido, morto nas nossas revoluções como quase todos os homens esclarecidos". Êste autor era CLERMONT TONNERRE, deputado aos Estados-Gerais, cedo desiludido da Revolução e preocupado em restabelecer a autoridade régia. Em dois livros que tiveram grande voga, BENJAMIN CONSTANT traçou as linhas gerais da teoria do Poder Moderador: o *Cours de Politique Constitutionnelle,* publicado em 1814, e os *Principes de Politique,* impresso no ano seguinte. Em ambos êsses escritos aparece o Poder Moderador (que CONSTANT chamava *Real*) como um poder neutro, investido na pessoa do monarca e incumbido de estabelecer o equilíbrio entre os demais podêres. Pensando, talvez, no papel que, já no seu tempo, estava exercendo a Suprema Côrte dos Estados Unidos, BENJAMIN CONSTANT, em certa passagem, diz que o Poder Real seria uma espécie de Poder Judiciário entre os demais podêres. É curioso observar-se que, nos dois trabalhos acima referidos, CONSTANT se serve da mesma imagem para exprimir a idéia que forma do Poder Moderador. Segundo tal imagem, êle seria a chave de tôda organização política (*"la clef de toute organisation politique"*). [8] Pois bem, na sessão de 28 de julho, CARNEIRO DE CAMPOS, defendendo o direito de sanção do imperador aos projetos de lei votados pela Assembléia, assim se exprime:

"Portanto, é necessária uma certa alusão sensível, brilhante e majestosa, que fielmente mostre a preeminente dignidade *daquele que é a chave da abóbada do edifício social.*"

E a Constituição de 1824, redigida em parte principal pelo mesmo CARNEIRO DE CAMPOS, no art. 98, dispunha:

---

[8] *Cours de Politique Constitutionnelle,* cap. I; *Principes de Politique,* cap. II.

"O Poder Moderador é a chave de tôda organização política e é delegado privativamente ao imperador, como chefe supremo da Nação e seu primeiro representante." [9]

69. O prestígio intelectual de BENJAMIN CONSTANT, dentro daquela geração e mais tarde, se manifesta em várias passagens dos *Anais*, e também em outros documentos. Na referida sessão preparatória de 2 de maio, ANTÔNIO CARLOS, com o seu fogoso orgulho, revidava ao truculento padre CUSTÓDIO DIAS, que o acusara de antiliberal. E o faz, já vimos, citando "os Russel, os Burke, os Fox" e outros políticos daquela Inglaterra que praticava a "liberdade sem licença". Mas, ao explicar o que era esta liberdade, é ainda a BENJAMIN CONSTANT que recorre. "Aí se sabe — exclama ANTÔNIO CARLOS — que sendo o monarca a chave que fecha a abóbada social, é, de certo modo, superior a todos os outros podêres."

Na sessão de 15 de julho o deputado CRUZ GOUVEIA, paraibano, antigo participante da Revolução de 1817, que tinha vivido na Inglaterra, ao divergir do projeto ANTÔNIO CARLOS, declara:

"Eu sigo a opinião do célebre BENJAMIN CONSTANT, publicista muito elogiado pelos mais ilustres deputados desta Assembléia."

PEREIRA DA SILVA, na *História da Fundação do Império*, tratando da feitura da Constituição, declara que CONSTANT "passava pelo publicista mais ilustrado e entendido da época". Não devemos ainda esquecer que VASCONCELOS DRUMMOND, exilado com os Andradas pelo seu liberalismo, conta-nos na sua autobiografia que, chegando à França, foi procurar contato pessoal com o ilustre escritor. E ainda em 1861, em longo

---

[9] Observe-se, de passagem, que a tradução do francês fixada na Constituição do Império tornou-se defeituosa, com a mutilação do texto original. CARNEIRO DE CAMPOS, no seu discurso, dá bem o sentido da expressão de BENJAMIN CONSTANT. Êste se referia ao fecho da abóbada, imagem com que equiparava o Poder Moderador à cúpula do govêrno. Em vez disso, o texto constitucional dá a impressão de se referir à chave de porta, o que não deixa de ser ridículo.

discurso sôbre temas de Direito Constitucional, na Câmara, o conselheiro FURTADO invocava a opinião de BENJAMIN CONSTANT sôbre o Poder Moderador.

70. Mas a demonstração cabal da influência do grande liberal suíço na mentalidade da Constituição de 1823 se encontra no próprio texto do projeto de Constituição que a Comissão especial apresentou à discussão do plenário. O tom geral dêsse projeto, as idéias que o norteiam, as soluções que preconiza, exprimem, em muitos pontos, as opiniões de CONSTANT. Para não nos alongarmos nesta matéria, vamos transcrever apenas dois artigos, que continham uma das disposições mais importantes do projeto, a qual foi mantida pela Constituição de 1824.

Art. 267: "É só constitucional o que diz respeito aos limites e atribuições respectivas dos podêres políticos e aos direitos políticos e individuais."

Art. 268: "Tudo o que não é constitucional pode ser alterado pelas legislaturas ordinárias, concordando dois terços de cada uma delas."

71. A idéia de que havia nas Constituições uma parte intangível e outra reformável, sendo aquela a única pròpriamente constitucional, é típica de BENJAMIN CONSTANT, conforme deixamos indicado anteriormente, embora já houvesse sido expressa, antes dêle, por outros escritores, inclusive JEAN BODIN. Foi aproveitando e flexibilizando a sugestão do projeto da Constituinte, que a Constituição de 1824, no seu artigo 178, admitiu o verdadeiro alcance da tese do escritor, indo muito além do projeto ANTÔNIO CARLOS, pois permitiu que tôdas as matérias não consideradas constitucionais, embora contidas no texto da Constituição, pudessem ser alteradas sem as formalidades exigidas para as emendas pròpriamente constitucionais. Isto deu à nossa Constituição imperial aquêle curioso e raro caráter de lei meio rígida e meio plástica, que permitiu reformas de discutível validade jurídica, como, por exemplo, a da chamada *Lei de Interpretação*, de 1840, que

veio circunscrever os efeitos do Ato Adicional, e que, com tanta procedência, provocou os reparos dos juristas liberais durante tôda a vida do Império.

72. Embora não pertencendo diretamente à Assembléia, era natural que o imperador, jovem inteligente, ambicioso e hábil, também exercesse influência sôbre ela. E isto se deu. Os biógrafos de PEDRO I, inclusive o maior dêles, OTÁVIO TARQUÍNIO DE SOUSA, têm salientado as marcantes contradições, não apenas temperamentais, como também intelectuais, que tornam ao mesmo tempo complicada e fascinante a análise da personalidade do jovem monarca brasileiro. D. PEDRO era um liberal, na medida em que a sua sensibilidade e a sua juventude o levavam a se enquadrar no sistema de valores ideológicos predominantes no seu tempo, e, igualmente, na medida em que a sua ambição de poder o convencia de que, para alcançar a êste, indispensável se tornava não remar contra a corrente do pensamento progressista. Mas, por outro lado, D. PEDRO era um antiliberal, na proporção em que influíam sôbre o seu comportamento o temperamento arrebatado e voluntarioso, os preconceitos de uma formação dinástica absolutista e, também, — convém não esquecer, — o fato mesmo de êle ir-se tornando o chefe de uma espécie de campanha popular e militar revolucionária, que foi o movimento da Independência.

73. Com efeito, no Brasil daquele tempo, a aspiração popular era mais pela Independência do que pela democracia. Faltavam ao que podia ser considerado o povo uma consciência cívica e uma informação conveniente sôbre o funcionamento das então novas instituições políticas, que o levassem a um apêgo sincero às práticas democráticas, recentemente vitoriosas na Europa e nos Estados Unidos. Sobravam, entretanto, a êsse mesmo povo, consciência nacional e intuição dos seus interêsses, fôrças que o impeliam a desejar ardentemente a nossa separação de Portugal. Independência com democracia, se possível, sem ela, se necessário, tal parece ser

o resumo do estado de espírito predominante numèricamente. Posições marcadas em sentido diferente, como, por exemplo, a de EVARISTO DA VEIGA, indicavam mais o sentimento das elites cultas, a que pertencia o grande jornalista. Enquanto a organização do novo Império dependesse dessas altas camadas mais cultas, era certo que a mentalidade liberal-conservadora, dominante na Assembléia, prevaleceria nas soluções. Foi a parte por assim dizer escrita e formal das instituições, expressa no sistema de Monarquia-constitucional-limitada, constante da Carta de 1824. Mas a profunda revolução política que se processava não poderia ser feita sòmente com apoio nas idéias e preferências das elites cultas. A marcha da História incorpora, também, a pressão dos anseios das camadas populares mais amplas, anseio que repercute na forma pela qual são ou podem ser aplicadas as instituições jurídicas constantes de textos escritos.

74. PEDRO I era obrigado a seguir uma resultante dessas duas fôrças até certo ponto contraditórias: o constitucionalismo liberal, que se tornou vitorioso no texto da Constituição, e uma espécie de rude nativismo, que gerou a ditadura virtual de 1822 a 1826 e continuou durante a Regência. O constitucionalismo se esforçava por organizar o Brasil jurìdicamente. O nativismo queria emancipá-lo totalmente de Portugal, ao mesmo tempo que exprimia confusas mas profundas reivindicações econômicas e sociais. Dava-se, então, mais ou menos, o que, atualmente, se verifica no choque entre as correntes políticas que pretendem restaurar a solidez da democracia, comprometida com os longos anos de ditadura, e o movimento nacionalista popular, menos interessado na segurança jurídica do que na emancipação econômica do País. Resolvido a se manter à tona dos acontecimentos, portador da intuição do próprio destino, — fator sempre presente nas personalidades de relêvo histórico, — PEDRO I se equilibrava entre as idéias liberais, como chefe de Estado, e as aspirações populares, como líder revolucionário.

Funcionamento da Constituinte

75. O discurso com que inaugurou, a 3 de maio, os trabalhos da Constituinte, demonstra bem esta espécie de ambigüidade de sentimentos e pontos de vista. Devemos conjeturar que tal discurso não é, todo, da redação pessoal do imperador, sendo provável uma larga colaboração do seu principal ministro, que era José Bonifácio. Mas, como bem observa Otávio Tarquínio de Sousa, no seu livro sôbre Pedro I, a colaboração do Andrada deve ter sido limitada ao fornecimento de elementos teóricos e idéias gerais, pois D. Pedro sabia muito bem aquilo que queria e o que poderia interessar às suas ambições. As teses imperiais, uma vez feitas as indispensáveis barretadas ao liberalismo triunfante, se inclinavam, como era natural, no sentido de um nítido fortalecimento da autoridade da Coroa. Esta era, mesmo, a linha marcante da Fala do Trono. Bem expressivo é o seguinte trecho:

"A felicidade [10] geral... nunca pode ser grande, sem que esta Constituição tenha bases sólidas, bases que a sabedoria dos séculos tenha mostrado que são as verdadeiras, para darem uma justa liberdade aos povos e *tôda a fôrça necessária ao Poder Executivo*. Uma Constituição em que os três podêres sejam bem divididos, de forma que não possam arrogar direitos que lhes não compitam, mas que sejam de tal modo organizados e harmonizados que se lhes torne impossível, ainda pelo decurso do tempo, fazerem-se inimigos e cada vez mais concorram, de mãos dadas, para a felicidade geral do Estado; afinal, uma Constituição que, pondo barreiras inacessíveis ao despotismo, quer real quer aristocrático, quer democrático, afugente a anarquia e plante a árvore daquela liberdade, a cuja sombra deva (*sic*) crescer a união, a tranqüilidade e a Independência dêste Império, que será o assombro do Mundo Novo e Velho. Tôdas as Constituições que, à ma-

---

[10] Os *Anais* contêm, por evidente equívoco, a palavra *fidelidade*, em vez de *felicidade*. Os grifos são nossos.

neira das de 1791 e 92, têm estabelecido suas bases e se têm querido organizar, a experiência nos tem demonstrado que são totalmente teoréticas e metafísicas e, por isso, inexequíveis; assim o prova (*sic*) a França, a Espanha e, ùltimamente, Portugal. Elas não têm feito, como deviam, a felicidade geral; mas sim, *depois de uma licenciosa liberdade*, vemos que, em uns países, já apareceu e em outros ainda não tarda a aparecer o despotismo em um, depois de ter sido exercitado por muitos, sendo conseqüência necessária ficarem os povos reduzidos à triste situação de presenciarem e sofrerem todos os horrores da anarquia."

76. Estas linhas exprimem bem as opiniões conservadoras de José Bonifácio, juntamente com as convicções monárquicas e veladamente autoritárias do moço imperador. A teoria conservadora se revela no ideal de uma Monarquia limitada à inglêsa, com os podêres políticos independentes, porém harmônicos, conforme a clássica sugestão de Locke, aprimorada por Montesquieu e seus seguidores. Mas, nesta construção mental e abstrata, aparecia, bem concreta, a reivindicação de um Executivo forte, ao mesmo tempo que surgia, enérgica, a condenação dos excessos liberais. Exemplos recentes eram citados, como advertência, nos quais a ditadura ("o despotismo de um") não deixava de ser insinuado como resposta e remédio aos excessos anárquicos da liberdade (o despotismo de "muitos").

77. O discurso terminava com uma declaração que não deixava dúvidas sôbre o papel que o soberano se reservava na constitucionalização do Império:

"Espero que a Constituição que façais, mereça a minha imperial aceitação."

Esta sêca recomendação vinha se somar à famosa frase pronunciada pelo imperador, de uma sacada do Paço, no dia da sua coroação, a 1 de dezembro anterior:

"Juro defender a Constituição que está para ser feita, se fôr digna do Brasil e de mim."

Não satisfeito com essas duas advertências meio provocadoras, D. PEDRO ainda lançou uma terceira, no dia 9 de maio, quando respondeu, no Paço, a ANTÔNIO CARLOS, orador da deputação da Assembléia que lhe fôra apresentar o Voto de Graças pela sua fala, quando da abertura dos trabalhos. O bravio, porém prudente, ANDRADA, no seu discurso, ainda tentou disfarçar o mal-estar causado pela arenga imperial do dia 3, interpretando-a, forçadamente, de forma benévola. Disse êle:

"Insensatos e injustamente prevenidos nos mostraríamos se não descortinássemos nas francas e leais expressões de V. M. Imperial os sentimentos de verdadeira constitucionalidade... Como não se penetraria de respeito, como se não encheria de ternura a Assembléia dos pais da pátria à vista de um jovem príncipe que voluntàriamente provocou a reunião de uma Assembléia, que deve dividir e diminuir o poder que, indiviso e em tôda a sua totalidade, possuíam de fato os seus predecessores ? Muito seria isto para qualquer príncipe, pouco é para V. M. Imperial, cuja conduta magnânima nos tem acostumado a maravilhas."

Como se vê, debaixo da linguagem mesureira e cortesã, ANTÔNIO CARLOS recomendava ao imperador moderação nas atitudes, e conformidade com o princípio de soberania da Assembléia.

78. Mas foi tudo em vão. Na curta resposta ao Voto de Graças, D. PEDRO reiterou, nìtidamente e com as mesmas palavras, a sua posição anterior:

"Eu me lisonjeio muito vendo que os serviços que prestei em benefício da nossa cara pátria são louvados pela nação representada na Assembléia Geral Constituinte e Legislativa dêste Império... Igualmente agradeço sobremaneira à Assembléia a deliberação em que está de fazer uma Constituição digna de mim, digna de si e digna da nação brasileira."

O absurdo e a presunção agora se patenteavam, intoleráveis. Absurdo, porque o imperador reconhecia expressamente que a Assembléia representava a nação, e entendia se sobrepor a ambas. Presunção porque, na ordem das conveniências, colocava-se em primeiro lugar, antes da Assembléia e da própria nação.

79. As três imprudentes declarações, que se agravavam com a circunstância de haverem sido proferidas antes mesmo de que a Assembléia começasse a deliberar sôbre a futura Constituição, foram, sem dúvida, o ponto de partida do insolúvel desencontro entre os dois ramos da soberania nacional: a Constituinte e a Coroa. Era incontestável que a impertinente atitude de D. PEDRO, reivindicando o direito de supervisionar a feitura da Constituição, feria todos os princípios já então assentes da doutrina democrática. Desde o fim do século anterior que a teoria do Poder Constituinte estava definida juridicamente, e não sofria contestação o princípio de que êle se impunha hieràrquicamente, como manifestação direta e originária da soberania nacional, aos demais podêres políticos, inclusive o Executivo monárquico e hereditário. A tese, sustentada pela ala conservadora da Assembléia, de que a Coroa tinha precedido a representação popular, era uma tese histórica e não jurídica. Juridicamente era indiscutível que, uma vez constituída a soberania em corpo eleito, para o efeito da estruturação do Estado, ou tal corpo prevalecia sôbre os demais podêres, ou estaria subvertido o regime democrático. O precedente em que se poderia apoiar D. PEDRO, para se reservar a última palavra sôbre a Constituição, era o de Luís XVI e, por isto mesmo, não convencia. Sabe-se, de fato, que o rei francês, ao receber, a 4 de setembro de 1791, a delegação de deputados que lhe levava o texto aprovado na véspera, havia declarado que "ia examinar a Constituição que a Assembléia Nacional lhe fazia presente", e que "faria conhecer a sua resolução no espaço mais curto permitido pelo exame de assunto tão importante". Mas também é sabido que Luís XVI se apressou, dias depois, a declarar a aceitação do texto sem qualquer reserva. Além disso, a declaração do rei de França havia sido prudente e posterior à feitura da lei, e não antes dela e quase em forma de ameaça,

como era o caso de Pedro I. De resto, o triste fim do soberano francês mostrava que a luta entre os dois podêres só poderia terminar com o esmagamento de um pelo outro. E foi o que ocorreu, também, no Brasil, embora com resultado contrário ao da França.

80. A reação de desconfiança da Assembléia contra os pontos de vista de D. Pedro se fêz sentir com brevidade, como era natural. Na sessão de 6 de maio, o padre Andrade Lima, deputado por Pernambuco, propôs uma moção na qual se declarava que a Assembléia "não podia deixar de fazer uma Constituição digna do imperante e do Brasil". No discurso com que a encaminha, Andrade Lima diz, entre outras coisas, que na fala imperial havia "palavras ambíguas, cujo sentido não era talvez bem claro", e acentua que o imperador parecia querer erigir-se "juiz em causa própria", e "por si só julgar da bondade da Constituição". Estas reservas foram vivamente apoiadas pelo inquieto deputado José Custódio Dias, também padre, avançado democrata, que já fôra representante por Minas Gerais às Côrtes de Lisboa. Custódio Dias coloca diretamente em debate a questão da preeminência da Assembléia sôbre o imperador. Disse o padre:

"Eu me considero, e a todos nós, em críticas circunstâncias, logo que se suscita a questão se Sua Majestade Imperial merece mais amor ao público e tem mais influência na opinião geral do que a Assembléia, pois, em tal caso, poderá êle dar uma Constituição mui conforme aos seus sentimentos, donde se segue que, depois de nos têrmos exposto a muitos incômodos e perigos, talvez teremos a sorte que quase sempre cabe aos defensores da liberdade."

Carneiro da Cunha, deputado por Pernambuco, ainda vai mais longe. Alude frontalmente à República, embora sob protestos do recinto. Outros deputados ocuparam a tribuna, condenando ou apoiando as palavras imperiais. Mas a moção final que foi aprovada mostra o ressentimento da Assembléia, pois coloca o imperador em terceiro lugar na ordem dos valores. Declara a moção:

"A Assembléia confia que fará uma Constituição digna da nação brasileira, digna de si mesma e digna do imperador."

81. A posição do imperador foi defendida por vários deputados, principalmente por Antônio Carlos e José Bonifácio. O primeiro, que sempre andava às turras com Custódio Dias, desenvolve a tese clássica da Monarquia moderada:

"Se representarmos, pois, o espírito popular, se exprimirmos a vontade geral, se cumprirmos com os nossos deveres fazendo uma Constituição em que nada abandonemos dos direitos da Nação, antes lhe asseguremos as liberdades a que tem direito, mas, ao mesmo tempo, não levemos as coisas ao cabo, invadindo e aniquilando as legítimas prerrogativas da Coroa, que, garantindo a existência da Monarquia, garantem também a ordem social, sem dúvida uma tal Constituição merecerá o agrado e a aceitação do imperador."

Afora o delicado problema da supremacia do Poder Constituinte, que Antônio Carlos finge esquecer, êste trecho do seu discurso desenha bem o ideal do liberalismo burguês da época. José Bonifácio, menos preparado para as divagações teóricas, em matéria política, profere discurso em que define a sua posição de homem de Estado, afeito à prática dos negócios públicos e, também, a prudência conservadora do seu espírito. Foi a prudência de homens como José Bonifácio que permitiu, no Brasil, apesar do meio adverso, a construção de um Estado excepcionalmente equilibrado como o Império Brasileiro, prodígio histórico, apesar de tôdas as suas deficiências, no meio da anarquia continental. Leiamos atentamente as seguintes palavras de José Bonifácio e vejamos como elas se aplicam bem ao Brasil daquele tempo:

"Queremos uma Constituição que nos dê aquela liberdade de que somos capazes, aquela liberdade que faz a felicidade do Estado e não a liberdade que dura momentos e que é sempre causa e fim de terríveis desordens. Que quadro nos apresenta a desgraçada América! Há 14 anos que se dilaceram os povos que, tendo saído de um govêrno monárquico, pretendem estabelecer uma licenciosa liberdade e, depois de terem nadado em sangue, não são mais que vítimas da desordem, da pobreza e da miséria."

82. Vejamos, agora, as etapas principais do andamento do projeto de Constituição. A Comissão de sete membros, eleita pela Assembléia a 5 de maio para redigir o projeto, ficou constituída dos seguintes nomes: ANTÔNIO CARLOS, JOSÉ BONIFÁCIO, PEREIRA DA CUNHA (Inhambupe), ARAÚJO LIMA (Olinda), COSTA AGUIAR, FERREIRA DA CÂMARA [11] e MUNIZ TAVARES. Na sessão de 16 de agôsto, ANTÔNIO CARLOS comunica que os membros da Comissão "tinham acabado a grande obra do projeto da Constituição", e o haviam eleito redator. Pedia, por isso, 15 dias para apresentar o trabalho à Assembléia. Com efeito, a 1 de setembro o padre ALENCAR, deputado pelo Ceará (pai de JOSÉ DE ALENCAR), anuncia que ANTÔNIO CARLOS tinha pronto para apresentar "o projeto da Constituição redigida pela Comissão". Na mesma sessão foi lido o trabalho, cujos aspectos principais analisaremos no capítulo seguinte.

83. Neste ponto convém avançar duas palavras sôbre a autoria do projeto. Tradicionalmente êle é atribuído a ANTÔNIO CARLOS, porque, de fato, o fogoso Andrada foi a figura dominante na Comissão que o preparou. Na sua comunicação de 16 de agôsto vimos que êle fôra designado para *redator* (hoje diríamos relator) da Comissão. Por outro discurso seu, muito posterior aos fatos que vimos narrando, ficamos sabendo que êle foi também presidente do órgão, e que de sua lavra é o principal do trabalho apresentado. Com efeito, falando na Câmara durante a sessão de 24 de abril de 1840, disse o deputado ANTÔNIO CARLOS:

---

[11] Tratava-se do antigo intendente-geral dos diamantes, no tempo da Colônia.

"Todo mundo sabe que, na Assembléia Constituinte, ajuntamo-nos sem plano. Não havendo sôbre que discutir, nomeou-se uma Comissão para tratar da Constituição; eu tive a honra de ser um dos nomeados, o atual regente,[12] meu falecido irmão, o finado marquês de INHAMBUPE,[13] o Sr. TAVARES,[14] meu sobrinho COSTA AGUIAR e outros. Eu tive a honra de ser nomeado presidente desta Comissão que, em pouco tempo, me apresentou os seus trabalhos e eu tive a sem-cerimônia de dizer que não prestavam. Um copiou a Constituição portuguêsa, outro pedaços da espanhola. Em vista da minha declaração, a nobre Comissão teve a bondade de incumbir-me da redação da nova Constituição. Que fiz eu? Depois de assentar nas bases fundamentais, fui examinar o que havia em todos os Códigos constitucionais, comparei-os, aproveitei aquilo que me pareceu aplicável e coordenei o trabalho. Mas 15 dias sòmente para um trabalho tão importante! Era impossível que saísse perfeito. Eu mesmo o disse, quando o apresentei à Assembléia Constituinte, mas lembrei que, na discussão, se podia ir emendando e melhorando."

84. A narrativa de ANTÔNIO CARLOS é interessante por dois motivos. Primeiro, porque esclarece o problema da autoria intelectual. Depois, porque mostra que a Constituição do Império não foi redatada num espírito de generalização apriorística. ANTÔNIO CARLOS marca bem a diferença entre a sua concepção de lei constitucional e a dos demais companheiros de Comissão. Os outros eram levados por uma espécie de imitação jurídica. Copiavam as Constituições estrangeiras, como se a lei maior não fôsse, antes de tudo, o plano de estruturação de um Estado nacional. Êle, porém, usara de outra técnica: assentou as *bases fundamentais* brasileiras e, só depois, foi ver o que havia de aplicável nas Constituições dos outros países. Era o espírito sociológico prevalecendo sôbre o jurídico.

---

[12] O marquês de OLINDA.
[13] PEREIRA DA CUNHA.
[14] MUNIZ TAVARES.

85. Além do preparo do projeto de Constituição, a Assembléia exerceu importantes funções legislativas, no campo do Direito Público. As leis que elaborou, em número de seis, foram, tôdas, promulgadas pelo imperador no dia 20 de outubro, menos de um mês antes da dissolução e quando já era visível o afastamento entre a Assembléia e a Coroa. Deve-se observar que D. PEDRO promulgava mas não sancionava os decretos legislativos da Assembléia, o que conferia à sua intervenção, no ato, o aspecto secundário de chancela oficial, sem que chegasse a ser uma colaboração. É sabido, com efeito, que a promulgação é uma espécie de declaração oficial da existência do ato legislativo, mas não tem a fôrça da sanção, que é a aprovação do ato pelo Executivo e pressupõe o direito complementar da negativa da sanção, ou veto. Em suma, D. PEDRO estava impedido de vetar as decisões da Assembléia. A lei aprovada a 20 de agôsto, que estabelecia o processo de promulgação pelo imperador (e que foi, ela própria, uma das promulgadas no dia 20 de outubro), declarava expressamente, no art. 3.º, que "os decretos da presente Assembléia serão promulgados sem preceder sanção imperial". O relator desta lei foi ARAÚJO LIMA (Olinda).

86. As outras leis eram também, como já avançamos, de inegável importância. ANTÔNIO CARLOS foi o autor de duas: uma, aprovada a 30 de agôsto, revogava o decreto de 1822, que criara o Conselho de Procuradores das Províncias, órgão tornado anacrônico com o aparecimento da própria Assembléia, e estabelecia a responsabilidade dos ministros; e outra, de 14 de outubro, que abolia as Juntas de Govêrno nas Províncias, instituindo nelas um govêrno constituído por um presidente nomeado, assistido pelo Conselho Provincial eleito, situação que vigorou até a criação das Assembléias Provinciais pelo Ato Adicional de 1834.[15] ARAÚJO VIANA, depois marquês de SAPUCAÍ, tomou iniciativa de grande valor, ao re-

---

[15] VASCONCELOS DRUMMOND lembra que os Conselhos Provinciais foram imitados da Constituição da Suécia.

digir a lei aprovada pela Assembléia, que estabelecia a incompatibilidade do mandato de deputado com qualquer outra função pública, exceto a de ministro de Estado, para os que estivessem nesta função. Era um passo consciente na direção do sistema parlamentar de govêrno. RODRIGUES DE CARVALHO propôs a lei que revogou o alvará colonial que proibia as sociedades secretas, propiciando uma longa e interessante discussão sôbre a Maçonaria no Brasil e, finalmente, PEREIRA DA CUNHA fixou em lei qual o critério de aproveitamento da antiga legislação reinol, providência indispensável e da maior importância.

87. A atividade específica da Constituição não a impedia de debater com veemência os assuntos de caráter político, e foi neste terreno que ela provocou o conflito com o imperador e o grupo reacionário que, aos poucos, principalmente depois da demissão dos Andradas do Ministério, o cercava e envolvia. Foi em conseqüência dêsse conflito que a Assembléia soçobrou.

A dissolução

88. TOBIAS MONTEIRO mostra, na primeira parte da sua *História do Império*, como a idéia da dissolução da Assembléia Constituinte sempre estêve presente nos conselhos da Coroa. Antes mesmo dela se reunir, já o enviado diplomático da Áustria, MARESCHAL, escrevia ao príncipe de METTERNICH que, se não fôsse possível ao Trono manter a Constituinte dentro da linha das suas conveniências, o imperador a dissolveria pela fôrça e outorgaria uma Carta. Exatamente o que sucedeu.

89. O desentendimento entre D. PEDRO e os Andradas e a retirada de JOSÉ BONIFÁCIO e MARTIM FRANCISCO do Ministério, em meados de julho, foram fatôres importantes no agravamento da crise e no seu desfecho. O choque entre o imperador e a trindade andradina, desprezados os pormenores que não interessam à História Constitucional, era uma conseqüência forçada da evolução mesma do processo da Independência.

À separação proclamada no Ipiranga seguiu-se, como era de se esperar, um movimento nativista, que visava entregar a orientação geral da política a brasileiros natos, ao mesmo tempo que mantinha em atmosfera de desconfiança os portuguêses que haviam ficado fiéis à causa brasileira, muitos dos quais participavam da roda íntima do Paço. D. PEDRO, português de nascimento, não poderia se entregar totalmente a tais excessos jacobinos. Desta situação decorriam conseqüências fàcilmente imagináveis, que se manifestavam em vários setores da Assembléia, da Imprensa e da opinião popular.

90. Além das divergências relativas ao tratamento concedido aos brasileiros de adoção, existiam outras, que separavam o imperador dos Andradas, ligadas estas a idéias políticas e constitucionais. Escreve, a respeito, PEREIRA DA SILVA:

"Dizia-se, todavia, no público, que D. PEDRO se desgostava de ver prèviamente tratadas e decididas no Apostolado [16] as questões que tinham de ser decididas pelo Govêrno, ou sujeitas à Assembléia, de modo que estas autoridades se mostravam chancelarias dos planos do Apostolado... Pôsto que houvesse o imperador sido aclamado grão-mestre do Apostolado, raras vêzes assistia às sessões; e quando mesmo presente, eram amiúde desprezados os seus pareceres, sempre que contrariavam os Andradas."

91. A imprensa era, então, não apenas livre, mas desabridamente violenta. As pequenas fôlhas governistas e oposicionistas trocavam-se doestos e calúnias, de que não ficavam imunes altas personalidades, inclusive o imperador; falseavam fatos, mantinham o povo do Rio em atmosfera de permanente e excitada irritação. Do lado oposicionista, dois jornais se destacavam pela agressividade: o *Sentinela da Praia Grande* e o *Tamoio*, redigido por VASCONCELOS DRUMMOND e ostensivamente ligado aos Andradas, que nêle colaboravam oca-

---

[16] Associação maçônica onde dominavam os Andradas, e para a qual o imperador insistira em entrar como chefe ostensivo.

sionalmente. Uma publicação do primeiro, na qual eram nominalmente insultados dois oficiais portuguêses passados ao Exército brasileiro, deu em resultado o revide dos ofendidos que, no dia 5 de novembro, agrediram, na sua loja do largo da Carioca, o boticário Daví Pamplona, suposto (embora sem fundamento) autor da verrina. Como o agredido passasse por brasileiro (o que também não era seguro), e fôsse oposicionista, logo a nova da agressão açulou as iras da oposição na Assembléia e no *Tamoio*.

92. Comentando o incidente na edição de 8 de novembro, o jornal simpático aos Andradas estampa os seguintes conceitos:

"Na Côrte são êles (os portuguêses) que nos espancam a nós, êles são os que provocam os cidadãos inocentes em seus lares, êles são os que espalham o susto e o terror em tôda esta Província. Que desgraça, que infâmia para seus filhos. Ah! patrícios meus, se isto fica assim, direi abertamente que sois incapazes de liberdade, que sois a escória da Nação Brasileira, que sois escravos..."

93. A sessão de 10 de novembro, na Assembléia, transcorreu em clima de borrasca. Sentia-se que era o comêço do fim. Logo na abertura dos trabalhos, estando as galerias populares superlotadas, o padre ALENCAR propôs que o povo viesse para dentro do recinto, assistir aos debates. Êste gesto demagógico foi logo apoiado por ANTÔNIO CARLOS, apesar das prudentes admoestações de SILVA LISBOA (Cairu), o qual chegou a recordar o sangrento precedente do episódio da praça do Carmo.[17] Mas o plenário, cedendo à demagogia ou à coação, concedeu a invasão do recinto, o que desde logo tirou à Assembléia a sua independência e serenidade. MARTIM FRANCISCO e ANTÔNIO CARLOS exploram o incidente Pamplona com discursos sediciosos, tão aplaudidos pelo povo comprimido nas galerias e misturado na sala com os deputados, que o presi-

---

[17] V. cap. I, ns. 41 a 43.

dente MACIEL DA COSTA (Queluz) resolveu suspender aquela sessão de que perdera o comando. No dia seguinte, o presidente justifica a suspensão da véspera, com estas palavras que são um relato do que ocorreu na sessão:

"Afogueados espíritos interromperam o orador e levantou-se um motim tal que ninguém se entendia e apenas ouvi as vozes de alguns dos senhores deputados que pediam fortemente a execução do regimento. Neste estado de coisas e depois de ordenar repetidas vêzes silêncio inùtilmente, que tinha mais que esperar?... Eu penso que ninguém negará ter havido, não simples inquietação, mas um motim e tal que ninguém se entendia, nem se ouvia, nem eram atendidos o orador e outros senhores que pediam silêncio e atenção."

De fato, a Assembléia, antes de dissolvida pelos canhões imperiais, já se dissolvia a si mesma na desordem.

94. No dia seguinte, 11, parecia selada a sorte da Constituição. Com efeito, no decorrer da noite, tôda a guarnição da cidade fôra retirada dos quartéis e concentrada no parque da Boa Vista, em frente ao palácio imperial. D. PEDRO retirava a máscara do liberalismo constitucional e aparecia com ameaçadora catadura bonapartista, vivendo uma espécie de Brumário tropical. Diante da ameaça imediata, a Assembléia, que tantas vêzes oferecera o flanco à crítica, pela sua parolagem inconseqüente, o seu despreparo e a sua ingênua demagogia, procedeu, até o fim, com circunspeção e incontestável dignidade.

95. No início da sessão, MARTIM FRANCISCO propôs que a Assembléia ficasse reunida em permanência e que se interpelasse o Govêrno sôbre os suspeitos movimentos de tropas havidos no decorrer da noite. Estava sendo a proposta discutida, ou melhor, defendida pelo autor e ainda por MONTESUMA e ANTÔNIO CARLOS, quando se anuncia a presença de um oficial portador de ofício enviado pelo Ministro VILELA BARBOSA (Paranaguá), considerado geralmente como um dos maiores áulicos do imperador e adversário da Constituinte. O

ofício era capcioso. Dava notícia da inquietação da tropa, veladamente justificada pelos "insultos que os militares tinham sofrido" no que dizia respeito à sua honra particular, e a "falta de decôro que era devida à augusta pessoa" do soberano, "sendo origem de tudo certos redatores de periódicos e seu incendiário partido", isto é, a oposição na imprensa e na Assembléia, focalizada principalmente nos Andradas. Depois de acentuar que a tropa se achava aquartelada no campo de São Cristóvão, o ofício terminava, maliciosamente, pedindo que a Assembléia, coata e inerme, "desse as providências que tanto importavam à tranqüilidade pública".

96. A atmosfera, na pequena cidade que era o Rio de então, parecia, já, de pânico e desconcêrto. Boatos fervilhavam, as ruas se agitavam, as famílias fugiam para arrabaldes mais protegidos. Em face do ofício cominatório, resolveu a Assembléia nomear uma Comissão que examinasse a situação e propusesse as medidas convenientes, ficando a mesma composta de JOSÉ BONIFÁCIO, ARAÚJO LIMA (Olinda), VERGUEIRO, CALDEIRA BRANT (Barbacena) e ÁLVARES DE ALMEIDA (Santo Amaro). Reunida imediatamente, a Comissão especial apresentou com brevidade um parecer e uma espécie de projeto de resolução, ambos aprovados. O parecer era prudente, porém firme. Constatava a contradição do Govêrno, que, ao mesmo tempo em que proclamava a subordinação e disciplina da tropa armada, dava notícia dos seus movimentos e reclamações coletivas, o que se revestia (embora o parecer não o diga claramente) do caráter de motim. Terminava pedindo informações ao Govêrno sôbre as ocorrências. O projeto de resolução previa a manutenção da sessão permanente, até o recebimento das informações solicitadas, deixando-se para depois delas qualquer deliberação. Em conseqüência, foi expedido ofício a VILELA BARBOSA, no qual a Assembléia acentuava o seu pesar pela inquietação trazida pela tropa ao povo da capital, embora reconhecesse o acêrto das medidas de ordem tomadas pelo Govêrno. Quanto aos insultos e desrespeitos vagamente alegados, a Assembléia declarava desconhecê-los e pedia a sua indicação precisa. Em conclusão, e muito judiciosamente, a Assembléia ponderava que ao Govêrno, que conhecia a situação de fato, competia propor medidas à Assembléia e a esta, como poder deliberante, cabia apreciar as providências solicitadas e dar ao Govêrno os meios necessários à reconquista da tranqüilidade. Como ficara assentado, permaneceu a Assembléia em sessão permanente, que entrou pela noite a dentro. Pela uma hora da madrugada do dia 12, VILELA BARBOSA enviou outra palavra dúbia e ameaçadora do Govêrno. Dizia o ministro, no novo ofício, que o imperador sentia muito que a Assembléia desconhecesse a crise notória em que se achava a cidade, a qual tinha repercutido inclusive no seu próprio recinto, "a ponto de suspender, ontem, a mesma Assembléia os seus trabalhos extemporâneamente". Terminava dizendo que os jornais sediciosos eram o *Sentinela da Praia Grande* e o *Tamoio*, os quais estariam obedecendo à orientação dos três irmãos Andradas, que eram nominalmente citados.

97. A resposta do Govêrno equivalia a um rompimento claro com a Assembléia, e isto não escapou aos mais ardorosos deputados. Em vez de explicar o alarme militar e propor medidas ao exame do Legislativo, o Govêrno se limitava a repetir as acusações da tropa insurreta, como se fôsse o seu submisso porta-voz. A ameaça, portanto, tornava-se, por assim dizer, oficial. Começava, para aquêle grupo de homens, o que se chamou, depois, românticamente, *a noite de agonia*.[18] Nada disso entibiou os bravos representantes da oposição. MARTIM FRANCISCO, ANTÔNIO CARLOS, MONTESUMA (Jequitinhonha), CARNEIRO DA CUNHA, o padre ALENCAR, todos êstes deram imediatamente a palavra de repulsa à intimidação. O velho JOSÉ BONIFÁCIO, em serena mas enérgica in-

---

[18] O padre MARINHO, ainda em 1844, no seu livro sôbre a revolução mineira, adota a expressão *noite de agonia*, referindo-se à dissolução.

tervenção, desmascara a hipocrisia oficial. Lembra que o ofício ministerial fala em excessos da imprensa oposicionista, mas silencia sôbre excessos equivalentes, senão piores, de que se faziam veículos jornais estipendiados pelos dinheiros públicos, como o *Diário do Govêrno* e o *Correio do Rio de Janeiro*, nos quais os escribas oficiosos não se cansavam de investir contra a Assembléia e de pregar a volta à Monarquia absoluta. Atitudes cujo escândalo, diga-se de passagem, já havia sido objeto de críticas e condenações na Constituinte. Em conclusão, a Assembléia decidiu manter-se em sessão permanente e acompanhar os acontecimentos, que se sucediam vertiginosamente na calada da noite.

98. Como José Bonifácio pedisse demissão da Comissão especial incumbida de examinar a situação, visto que era nominalmente citado como um dos responsáveis pela mesma, e como o barão de Santo Amaro se ausentasse, foram substituídos por Ferreira da Câmara e Carneiro de Campos (Francisco). Enviada à Comissão a resposta do govêrno, reuniu-se ela e, perto das quatro horas da madrugada, ofereceu o seu parecer, que, como o antecedente, teve como relator o futuro senador Vergueiro.

99. O novo parecer, talvez pelo cansaço em que já se achavam os deputados, reunidos em angustiosa sessão havia tantas horas, talvez por uma sombra de temor que se houvesse insinuado no ânimo dos componentes da Comissão, em face do agravamento constante das ameaças que pairavam sôbre a Assembléia, está longe de ter a firmeza e a compostura do primeiro. Depois de uma breve síntese dos fatos, o documento declara que a Comissão "nada tem que propor" quanto à representação dos oficiais, visto que "o Govêrno assegura ter sido feita com submissão e não consta que excedesse os limites de petição". Ora, isto, manifestamente, não era verdade, e o contrário havia sido implicitamente observado no primeiro parecer. Em seguida vem a parte mais lamentável do documento, que é esta:

"Quanto ao abuso da liberdade de imprensa, reconhece a Comissão ter havido excesso nos periódicos apontados pelo ministro e em alguns outros, o que, de certo modo, tem provindo de falta de legislação própria que os contenha, o que a Assembléia já reconheceu preferindo a discussão da lei sôbre tais abusos a outras matérias;[19] e a Comissão é de parecer que suspenda a discussão sôbre o projeto de Constituição até se concluir a referida lei, o que parece será suficiente para restabelecer o sossêgo em vista da certeza, afirmada pelo ministro, da subordinação da tropa... Entretanto, se o Govêrno julga que a presente crise é de tal magnitude que possa ainda perigar a segurança pública, com a demora que é indispensável na discussão da lei, declarando-o assim, parece à Comissão que se façam algumas restrições à liberdade de imprensa, até que se ponha em execução a lei que a deve regular."

100. O recuo expresso pelo novo parecer era deplorável por vários motivos. Em primeiro lugar, porque, reconhecendo os excessos de imprensa alegados pelos militares, justificava indiretamente o atentado contra Pamplona e, o que era mais sério, desguarnecia a defesa dos deputados tidos por responsáveis pelos mesmos excessos. Assim, num momento de ameaça premente, a Comissão entregava membros da Assembléia à sanha das vinganças. Outro aspecto importante era, também, o açodamento com que a Comissão propunha que a Constituinte abandonasse o seu mister principal, que era o preparo da Constituição, para discutir, sob pressão, a lei de imprensa interrompida com a apresentação do projeto Antônio Carlos. Pode-se bem imaginar que lei sairia de uma elaboração levada a efeito em tais condições. Porém, o mais grave era o tópico final, em que a Comissão propõe que o Go-

---

[19] A Constituinte estava discutindo, nas vésperas da dissolução, um projeto de lei sôbre a liberdade de imprensa. Fazia-o nos momentos em que o projeto de Constituição não se achava na pauta dos trabalhos.

vêrno proceda, discricionàriamente, a restrições provisórias à liberdade de imprensa. Isto seria, devemos reconhecê-lo, uma verdadeira capitulação diante da fôrça. Infelizmente o parecer da Comissão especial não honra as tradições de bravura com que, tantas vêzes, a oposição legislativa do Brasil, no Império e nas diversas fases da República, tem enfrentado situações semelhantes.

101. Para salvação da assembléia, logo se levantaram vozes vigorosas, divergindo daquele momento de fraqueza de VERGUEIRO e seus colegas de Comissão. A primeira foi a de MARTIM FRANCISCO, que, para o leitor dos debates da sessão, aparece como um dos maiores homens, na batalha daquele dia. Eis alguns trechos expressivos do seu discurso:

"Todavia sempre agradeço ao Govêrno o escolher-me para alvo de seus tiros (honra que eu não esperava), como fêz a outros meus colegas, iguais a mim em sentimentos de liberdade, pois em todos considero a aversão devida à escravidão.[20] Sei que posso desagradar, que me comprometo, que não tenho segurança apesar do título de deputado, mas em minha consciência devo falar com imparcialidade e então digo: Que liberdade temos nós? Que somos nós aqui? Quanto ao caráter de deputado, diz-se que sou perturbador, apontam-me como assassino e autor de bernardas e pede-se a minha cabeça e a de outros deputados. E por que serão os nossos nomes escolhidos? É porque se deseja que não tenhamos assento aqui, porque somos contra abusos e contra a escravidão. Julgo, pois, Sr. presidente, o parecer manco e, como deputado desta Assembléia, digo francamente que não temos segurança, que a Assembléia está coata e que não podemos deliberar assim, porque nunca se delibera debaixo de punhais de assassinos. Por conseqüência, quero que se acrescente e se diga ao Govêrno... que ainda que somos

---

[20] MARTIM FRANCISCO refere-se aqui, claramente, aos seus dois irmãos, como êle nomeados no ofício de VILELA BARBOSA.

obrigados a morrer pelo povo brasileiro, isto se entende quando esta morte fôr útil, quando servir para aniquilar a escravidão."

102. Depois dêste desassombrado discurso, MARTIM FRANCISCO mandou à Mesa uma emenda às conclusões do parecer da Comissão, na qual declarava que os militares é que eram sediciosos, que a Assembléia se achava coata e que cumpria ao Govêrno ordenar o deslocamento das tropas para uma distância que protegesse a Assembléia e a população. VERGUEIRO logo se manifestou contra a proposta de MARTIM FRANCISCO. CARNEIRO DA CUNHA, ANTÔNIO CARLOS e MONTE-SUMA também apresentaram emendas ao parecer, sendo que o primeiro lembrava a remoção, para fora da cidade, não das tropas, mas da própria Assembléia. No meio da confusão ocorre a VERGUEIRO um expediente: propõe a convocação do ministro do Império, VILELA BARBOSA, a fim de que a Assembléia se inteirasse melhor sôbre a situação. Esta sugestão aplacou as divergências e reuniu a unidade dos votos.

103. Deliberada a convocação, a Assembléia, já na manhã do dia 12, expediu ofício a VILELA BARBOSA, solicitando-o a que comparecesse às 10 horas da manhã. Às 11 chega êle, e é introduzido no recinto. Logo na entrada dá-se um pequeno incidente, que bem denota o estado dos ânimos. Como o ministro não se houvesse desarmado da espada, houve protestos, ao que redargüiu o futuro marquês de PARANAGUÁ:

"Esta espada é para defender a minha pátria e não para ofender os membros desta augusta Assembléia; portanto, posso entrar com ela."

Entrou armado e sentou-se, mas o presidente, que era MACIEL DA COSTA (depois marquês de Queluz), lembrou-lhe que devia falar de pé, e o ministro ergueu-se. Pouco adiantaram as explicações ministeriais, visto que, na parte substancial, repetiam o texto dos ofícios enviados à Assembléia. O mais importante é que VILELA BARBOSA, inquirido por

Montesuma, declarou francamente as exigências dos militares, dizendo: "primeiro, que se coibisse imediatamente a liberdade de imprensa; segundo (já que me obrigam a referir nomes de pessoas que aliás prezo), que fôssem expulsos da Assembléia os senhores Andradas, como redatores do *Tamoio* e colaboradores do *Sentinela*". O próprio ministro, de resto, ajuntava que o imperador considerava esta última exigência como descabida, por inconstitucional. Seguiram-se algumas interpelações, sem importância, de deputados ao ministro, até que êste se retirou.

104. Passou, então, a Assembléia a discutir o relato do que acabara de ocorrer na presença do ministro, relato preparado pelos secretários da Mesa. Depois começaram outras sugestões e outros discursos incoerentes, como era natural, dentro de uma Assembléia sem rumo e que se via em face de risco iminente. Alguns, como o velho Silva Lisboa (Cairu), tentavam ainda, em palavras prudentes, acomodar as coisas. Outros, jovens e árdegos, como Alencar e Antônio Carlos, atiravam lenha à fogueira. No meio desta inútil oratória chega à Casa a notícia de que a tropa marchava em sua direção. De fato marcha sob o comando pessoal do imperador que, não querendo levá-la até o episódio final, estacionou no campo de Sant'Ana, com alguns contingentes, enviando outros às proximidades do largo do Paço, junto ao qual se achava o edifício da Assembléia. Já então, e como sempre ocorre, a massa popular irresponsável cercava o jovem monarca com aplausos a êle e apupos à oposição. Haveria motivos para pânico na Assembléia. Com efeito, era recente e estava ainda fresco na memória de todos o episódio da praça do Comércio, no qual D. Pedro, então príncipe real, também no comando da tropa fiel, dissolveu a coice d'armas o ajuntamento reunido no edifício, com tal violência, que houve mortes em meio às tentativas de fuga. O padre Marinho, contemporâneo dos acontecimentos, conta que esta sinistra recordação se achava presente no espírito dos deputados, e que alguns chegaram a se confessar aos padres constituintes. Mas, honra lhe seja, a Assembléia recebeu com calma a notícia da aproximação da tropa. ANTÔNIO CARLOS ainda teve um último rasgo de desafio:

"Sr. presidente, o nosso lugar é êste. Se Sua Majestade quer alguma coisa de nós, mande aqui e a Assembléia deliberará."

Mas já se anunciava que o edifício estava cercado. O próprio imperador descera de São Cristóvão, acompanhando as tropas e se recolhera ao Paço da Cidade, vizinho à Assembléia. O presidente observa a propósito:

"O que me dá grande satisfação, no meio de tudo, é ver a tranqüilidade da Assembléia."

Pela uma hora da tarde chega o aviso que um oficial esperava à porta do recinto, com um papel enviado pelo imperador. O secretário MANUEL ANTÔNIO GALVÃO, deputado por Goiás, vai receber a mensagem e procede à sua leitura. Era o decreto de dissolução.

BIBLIOGRAFIA

JOSÉ BONIFÁCIO, "Organização Política do Brasil", in *Revista do Instituto Histórico*, vol. 58 (1888).

VISCONDE DE CAIRU, *Memória dos Benefícios Políticos do Govêrno de El-Rei Nosso Senhor*, ed. fac-similar do Arquivo Nacional, Rio, 1940.

BENJAMIN CONSTANT, ob. cit.

BARÃO HOMEM DE MELO, *Escritos Históricos e Literários*, Laemmert, Rio, 1868.

LÉON DUGUIT, HENRI MONNIER e ROGER BONNARD, *Les Constitutions et les Principales Lois Politiques de la France*, Librairie Générale de Droit, Paris, 1943.

TOBIAS MONTEIRO, ob. cit.

OTÁVIO TARQUÍNIO DE SOUSA, ob. cit.

JOÃO CAMILO DE OLIVEIRA TÔRRES, *A Democracia Coroada*, José Olímpio, Rio, 1957.

AURELINO LEAL, *História Constitucional do Brasil*, Imprensa Nacional, Rio, 1915.

AGENOR DE ROURE, *Formação Constitucional do Brasil*, Jornal do Comércio, Rio, 1914.

GOMES DE CARVALHO, *Os Deputados Brasileiros nas Côrtes Gerais de 1821*, Chardron, Pôrto, 1912; *O Tamoio*, ed. fac-similar de Zélio Valverde, Rio, 1944.

Anais da Assembléia Constituinte de 1823, Rio, 1876-1884, 6 vols.

BARÃO SMITH DE VASCONCELOS, *Arquivo Nobiliárquico Brasileiro*, Lausanne, 1918.

Coleção das Leis do Império do Brasil (1822-1823).

TITO FRANCO DE ALMEIDA, *O Conselheiro Francisco José Furtado*, Laemmert, Rio, 1867.

JOSÉ ANTÔNIO MARINHO, *História do Movimento Político da Província de Minas Gerais*, Cabral, Rio, 1844.

PEREIRA DA SILVA, *História da Fundação do Império Brasileiro*, Garnier, Paris, 2.ª ed., 1877, 3 vols.

VASCONCELOS DRUMMOND, "Anotações a sua biografia", *in Anais da Biblioteca Nacional*, vol. XIII (1888).

CAPÍTULO III

O imperador outorga a Constituição. Análise da Constituição de 1824. O Poder Moderador. Os Podêres Legislativo, Executivo e Judiciário. Direitos individuais. O Conselho de Estado. Emendas à Constituição. O Ato Adicional. A lei de interpretação. Considerações finais.

O imperador outorga a Constituição

105. Dissolvida a Constituinte, o imperador, com o seu dinamismo habitual, entrou logo a tomar as medidas políticas mais urgentes, que viessem completar o ato de fôrça que praticara, evitando conseqüências maléficas ao govêrno. A primeira foi a prisão e exílio dos Andradas. ANTÔNIO CARLOS e MARTIM FRANCISCO foram detidos, juntamente com outros deputados, à saída da Assembléia. JOSÉ BONIFÁCIO foi prêso em casa, para onde se havia retirado, antes de formalizada a dissolução. D. PEDRO, ao mandar para a Europa os três irmãos, bem como alguns poucos oposicionistas da Assembléia, não exercitava, pròpriamente, uma vingança pessoal. A prova disso é que, por decreto de 18 de novembro referendado pelo futuro MARICÁ, o imperador estabeleceu a pensão anual de um conto e duzentos para os seus mais ferrenhos oposicionistas da Assembléia, que eram os três Andradas e ainda JOSÉ JOAQUIM DA ROCHA e MONTESUMA, todos exilados para a Europa. O que D. PEDRO fazia era dar um hábil golpe político, pois impedia o reagrupamento da oposição (que seria fatal, passado o impacto dos primeiros dias) em tôrno dos seus mais ativos e prestigiosos chefes. Em seguida, através de várias providências, o imperador procurou consolidar a sua posição sem colocar-se frontalmente contra a corrente que sabia dominante na opinião, a qual era, sem dúvida, constitucionalista e liberal.

106. Com efeito, nos dias seguintes à dissolução da Assembléia, D. PEDRO reorganiza o Ministério e cria um Conselho de Estado, incluindo nos dois órgãos vários antigos constituintes. Dois resultados alcançava êle com esta providência: estabelecia uma espécie de continuidade entre a Assembléia dissolvida e a Constituição a ser outorgada pelo seu govêrno e diminuía a antipatia do ato da dissolução, visto que demonstrava contar com o apoio de membros respeitados do poder desaparecido. Para o Ministério entraram os seguintes deputados: MACIEL DA COSTA (marquês de Queluz), na pasta do Império; CARVALHO E MELO (visconde da Cachoeira), nos Negócios Estrangeiros, e SILVEIRA MENDONÇA (marquês de Sabará), na Guerra. Logo no dia 13 é criado, por decreto imperial, o Conselho de Estado, incumbido de elaborar a futura Constituição. Compunha-se êle de dez membros, dos quais seis eram os ministros do govêrno: MACIEL DA COSTA, CARVALHO E MELO, FERREIRA FRANÇA (marquês de Nazaré), MARIANO DA FONSECA (marquês de Maricá), SILVEIRA MENDONÇA e VILELA BARBOSA. Os quatro nomeados tinham sido todos constituintes: ÁLVARES DE ALMEIDA (marquês de Santo Amaro), PEREIRA DA CUNHA (marquês de Inhambupe), CARNEIRO DE CAMPOS (marquês de Caravelas) e NOGUEIRA DA GAMA (marquês de Baependi). Assim, dos dez redatores da Constituição de 1824, sete haviam pretencido à Assembléia dissolvida.

107. Criado por decreto de 13 de novembro, menos de um mês depois, ou seja, a 11 de dezembro, o Conselho de Estado dava prova do seu zêlo e diligência apresentando o trabalho que trazia o seguinte e extenso título: "Projeto de Constituição para o Império do Brasil, organizado no Conselho de Estado sôbre as Bases apresentadas por Sua Majestade Imperial o Senhor D. PEDRO I, Imperador Constitucional e Defensor Perpétuo do Brasil". O Conselho reunia-se quase que diàriamente, sob a presidência do próprio imperador, o qual, assim, procurava seguir o exemplo do concunhado Napoleão Bonaparte, que, como se sabe, presidiu também às reuniões da Comissão do Código Civil que tomou o seu nome.

108. No decreto de dissolução da Assembléia, D. Pedro prometia que a nova Constituição seria "duplicadamente mais liberal" do que a que estava sendo preparada. E, se estas eram as intenções do imperador, encontravam elas terreno fértil na consciência do escolhido grupo de homens incumbidos de redigir o texto. Eram êles, por formação e temperamento, bem representantes do seu tempo, isto é, mentalidades predominantemente liberais. A princípio o imperador parecia inclinar-se a considerar o trabalho do Conselho de Estado como um estudo prévio, e não como texto definitivo a ser outorgado. Tanto assim que, a 17 de novembro, cinco dias depois da dissolução, expediu decreto mandando tomar providências para a eleição de nova Assembléia Constituinte e Legislativa, sendo do referido documento a observação de que "era necessário que se instalasse quanto antes" a mesma Assembléia. Aliás, o próprio decreto de dissolução alude expressamente à breve convocação de um novo corpo deliberante. Ainda no manifesto de 16 de novembro, peça composta em estilo declamatório e campanudo, na qual se justifica perante o povo do ato da dissolução, transferindo a responsabilidade dêle para supostos agitadores oposicionistas, o monarca acentua o seu vivo desejo de reunir outra Constituinte. Mas todos êsses ardores se foram amortecendo, esfriados pelo sôpro mais forte das conveniências políticas.

109. Por decisão de 17 de dezembro, expedida pelo ministro Maciel da Costa (Queluz), que fôra o último presidente da Assembléia, declarando-se "fiel à promessa que fêz de oferecer às Câmaras do Império um projeto de Constituição", D. Pedro manda remeter ao Senado da Câmara do Rio de Janeiro alguns exemplares dêle, fazendo expedir portarias, na mesma conformidade, a tôdas as demais Câmaras Muni-

cipais do País. Dadas a sua extensão e a escassez demográfica, não era de se esperar que as Câmaras pudessem, em tempo hábil, proceder a um exame ponderado do projeto e enviar à Côrte o resultado das suas observações.

110. Por isso mesmo, raras foram as restrições oferecidas ao texto do projeto, apesar da dissolução da Assembléia ter cavado fundos ressentimentos em tôdas as Províncias, especialmente nas da Bahia e Pernambuco. Nesta última, a ala esquerda liberal agitou-se sob a liderança do bravo frei CANECA, que, em páginas enérgicas, condena perante a Câmara do Recife a dissolução e diverge de tópicos do novo projeto. Aliás, a inconformidade do liberalismo pernambucano com a Constituição outorgada está na raiz da próxima e sangrenta revolução separatista de 1824, na qual frei CANECA vai encontrar heróico fim. A Bahia, igualmente, se inquietou, em face dos acontecimentos. Houve, na Câmara da Capital, severos reparos à atitude do imperador, e foi necessária muita influência de homens moderados e respeitados, inclusive de FELISBERTO CALDEIRA BRANT (que D. PEDRO tinha mandado à Província exatamente a fim de convencê-la da necessidade do juramento do projeto), para que a Câmara baiana votasse o seu assentimento. Outro Município no qual as resistências apareceram consideráveis, foi o de Itu. Nesta cidade paulista, a exemplo de frei CANECA no Norte, outro padre, DIOGO FEIJÓ, colaborou em fundada crítica ao projeto de Constituição. A Câmara de Itu recusou o alvitre de aprovar imediatamente o projeto do Conselho de Estado, alvitre que havia sido sugerido pela Câmara do Rio, e nomeou uma comissão de notabilidades locais para examinar o texto e apresentar sugestões. Desta comissão foi relator FEIJÓ, e o resultado dos seus esforços está compendiado numa série de modificações liberais que propôs, e que ainda hoje nos surpreendem pelo seu acertado descortino. Propunha o relatório de FEIJÓ, entre outras, medidas como a temporariedade parcial do Senado, e a restrição das faculdades políticas conferidas ao Poder Moderador. Estas reivindicações foram, depois, as

mais constantes da doutrina liberal, em tôda a vida do Império. Como se vê, elas acordaram precocemente na consciência dos liberais ituanos, e, provàvelmente, se achavam presentes em outros pensamentos em todo o Pais.

111. Mas a decisão de transformar o projeto em uma Carta outorgada se achava amadurecida no espírito de D. PEDRO e dos seus colaboradores. Como arauto desta nova linha surge o Senado da Câmara do Rio (Senado da Câmara era o título conferido a poucas corporações municipais mais importantes), o qual, em edital passado a 20 de dezembro, partindo do princípio de que não havia restrições sérias contra o projeto, e de que a reunião de uma nova Constituinte implicaria em delongas prejudiciais à própria organização constitucional do País, tomou uma original deliberação: colocar dois livros abertos à disposição do público, na sala de sessões, devendo ser lançadas, num dêles, as assinaturas dos cidadãos favoráveis à imediata transformação do projeto em Constituição e, no outro, as dos que fôssem contrários a tal providência. Menos de duas semanas depois, ou seja, a 2 de janeiro, deu-se por encerrada a coleta de assinaturas. O livro favorável à outorga da Constituição tinha quarenta e duas páginas de firmas. O livro contrário estava em branco.

112. O imperador, que ainda a 20 de dezembro, para atender à decisão de cidadãos da Côrte, mandara sustar, por decreto, as providências referentes à eleição da Constituinte, tomou logo aquela manifestação local, na qual possìvelmente influiu, como se fôsse um plebiscito nacional. Esta presunção ficava facilitada pela adesão da maioria das Câmaras do sul do País, com as quais as comunicações eram mais fáceis, à tese do juramento imediato. O imperador anunciou a decisão de jurar desde logo a Constituição no decreto de 11 de março, no qual, considerando que o projeto havia sido aprovado "por tantas Câmaras do Império que formavam já a maioridade (maioria) do povo brasileiro", as quais lhe "pediam instantemente que o jurasse e mandasse jurar"; e con-

siderando que "eram justas estas instâncias do leal povo brasileiro pelas incontrastáveis vantagens que se seguiam de possuir quanto antes o seu código constitucional", resolveu jurar e mandar jurar desde logo o projeto como Constituição, fixando a data de 25 de março para a cerimônia do juramento na Côrte. Êste decreto foi remetido às Câmaras do interior no dia 13. No dia 17 o imperador convidou o Senado da Câmara carioca, que tanto influíra nos acontecimentos, a jurar a Constituição na data anteriormente fixada. Finalmente, a 25 de março, realiza-se o juramento com grande pompa, na igreja-catedral, tendo jurado após a missa pontifical e a leitura do texto, o imperador, sua espôsa, o bispo e os componentes do Senado da Câmara.

Análise da Constituição de 1824

113. Independentemente de qualquer análise crítica, uma observação preliminar pode ser tranqüilamente feita a propósito da Constituição brasileira de 1824: ela foi um grande Código político, dos maiores produzidos pela ciência e experiência políticas do século XIX. Não precisamos, a rigor, demonstrar juridicamente esta opinião, porque ela se impõe, desde logo, como fato histórico. Não poderia deixar de ser uma grande lei, aquela que, vencendo óbices e dificuldades sem conta, propiciou a consolidação da Independência e da unidade nacionais, e tornou possível, durante 65 anos, o desenvolvimento geralmente pacífico do Império brasileiro, oásis de ordem, equilíbrio e relativa civilização, em comparação com o drama circundante da anarquia sul-americana. Com todos os seus defeitos e insuficiências, o Império é uma página de glória na vida do Brasil e a sua Constituição, flexível, moderada, liberal e prudente, praticada por uma série de verdadeiros estadistas, se inscreve, repetimos, entre os mais felizes documentos políticos do século passado.

114. Muitas vêzes se tem procedido a análise da Constituição do Império. Historiadores, políticos e juristas têm rea-

lizado êste trabalho, com mais ou menos desenvolvimento, situando-se em vários pontos de observação. Também diversos escritores, em épocas diferentes, compararam a Constituição de 25 de março com o projeto da Constituinte, que lhe serviu de antecessor e modêlo.

115. Um dos mais antigos julgamentos sôbre a Constituição imperial, interessante por provir de um europeu atento aos fatos da nossa vida, foi o emitido pelo historiador inglês JOHN ARMITAGE, que, no seu livro, publicado em 1836, depois de fornecer amplo e exato resumo sôbre o texto da lei constitucional, assim se exprime sôbre ela:

"Em conjunto, a Constituição era um documento satisfatório e bastante mais liberal nas suas disposições do que o caráter dos seus compiladores teria permitido ao público prever. Felizmente êles eram monarquistas, despreparados para avaliar as últimas conseqüências ou mesmo os imediatos resultados das garantias que estavam conferindo. Êles tinham sido instruídos para elaborar um documento que criasse popularidade e, além disto, o período concedido pelo imperador para a realização dos seus trabalhos ficara restrito a 40 dias. Êles estavam, assim, por dois motivos, compelidos a confiar mais nas autoridades do que nos resultados do raciocínio ou da reflexão."

116. Não tinha razão, nesta parte final do seu julgamento, o autor da primeira e excelente História do Brasil independente, como, aliás, não a tivera no trecho em que emite severa opinião sôbre a composição da Constituinte. O Direito Constitucional, principalmente o daquele tempo, era essencialmente doutrinário e racionalista e, assim, não se pode estranhar que uma nova Constituição incorporasse muito das existentes em outros países. O que surpreende, ao contrário, na Constituição imperial, e, mais especialmente, na sua prática pelos estadistas de então, foi como ela soube atender, graças a instituições específicas e a interpretações constitutivas, às condições singulares do novo Império sul-americano,

criado sob influências tão novas e contraditórias. A Constituição brasileira de 1824 não podia ser um texto original, que refletisse as aquisições de uma ciência política brasileira que, de resto, não tínhamos própria, nem a podíamos ter. Ela se tornou original, isto sim, nas suas virtudes e defeitos, pela maneira como foi sendo compreendida e aplicada, nos longos e frutuosos anos de sua vigência.

117. Ao iniciarmos uma análise sucinta, como se impõe em trabalho como o presente, da Constituição imperial brasileira, convém salientar que o seu texto definitivo não coincide exatamente com o do projeto do Conselho de Estado, publicado pelo Govêrno imperial e enviado ao conhecimento das Câmaras. Várias foram as modificações introduzidas, as mais das vêzes simples alterações de linguagem, mas, em certos casos, implicando emendas ao texto, embora nenhuma destas de importância estrutural. [1]

118. A Constituição do Império era filha do Direito Constitucional geral do início do século XIX, principalmente do Direito continental europeu, visto que o anglo-americano era de mais difícil aplicação às nossas necessidades. O Direito inglês não nos convinha por corresponder a um tipo de tradição jurídica e histórica empírica e casuísta, diferente da nossa formação latina e racionalista. O americano também não, por ser um Direito que correspondia às necessidades da Federação e da República, os quais só vieram se firmar mais fortemente, entre nós, nos fins da centúria.

119. A Constituição era dividida em títulos e êstes em capítulos que, por sua vez, se distribuíam em artigos e parágrafos. Já na forma se aproximava mais das Constituições

---

[1] Alguns exemplos de alterações: no art. 137 da Constituição, suprime-se a faculdade de o imperador nomear "livremente" os conselheiros de Estado, que constava do projeto; no art. 141, os conselheiros de Estado ficaram livres da obrigação de "guardar segrêdo inviolável" das suas funções, a qual também se achava expressa no mesmo documento.

européias do que da congênere norte-americana. A parte inicial tratava de definir o Estado brasileiro como um Império unitário, cujo território ficava dividido em Províncias não jurìdicamente autônomas. Governava-se o Estado pelo sistema monárquico, hereditário e representativo, sob a dinastia dos Braganças, representada por D. PEDRO I e seus descendentes. A religião oficial era a católica romana.

120. Os capítulos seguintes dispunham sôbre a cidadania brasileira e sôbre a definição e harmonia dos podêres políticos. O ponto mais interessante dessas matérias era o que dizia respeito ao Poder Moderador.

O Poder Moderador

121. Já vimos no capítulo II dêste volume (ns. 66 a 68) a gênese doutrinária dessa instituição e como ela repercutiu na Assembléia Constituinte. A influência pessoal do imperador na inserção do Poder Moderador, que tanto interessava ao seu apetite de mando, no texto da Constituição de 1824 — quando êle não figurava no projeto da Constituinte — já proclamada no Império, entre outros, por ALVES BRANCO e o visconde do URUGUAI, foi definitivamente esclarecida e confirmada por OTÁVIO TARQUÍNIO, na sua biografia de PEDRO I. Quanto à natureza e limites do Poder Moderador (para nos servirmos da expressão que constitui um dos mais famosos estudos sôbre o assunto, que é o livro de ZACARIAS DE GÓIS E VASCONCELOS), foram objeto de largos debates, tanto mais eruditos quanto menos precisos e objetivos. Devemos, aliás, reconhecer, de boa-fé, que não era tarefa fácil expor e discutir o problema do Poder Moderador com precisão e objetividade. Não era êle, como os outros três podêres políticos, um fato histórico, que viesse evoluindo empìricamente, desde os tempos imemoriais em que o Estado se foi definindo como instituição social. O Judiciário, o Executivo e o Legislativo são, de certa forma, elementos que surgem naturalmente dentro dos sistemas governativos. A diferenciação dos três

poderes clássicos em órgãos distintos e autônomos, a sua competência e os limites da sua ação, a teoria, enfim, do seu funcionamento é que foram se aprimorando, com o progresso do Direito Público. Mas não se pode conceber um Estado, no qual as funções de criação e aplicação da norma de direito, bem como a de gestão dos negócios públicos, não existam, qualquer que seja a forma de que se revistam. Por isto mesmo é que a precisão e a objetividade são de regra na exposição e debate das matérias relacionadas com os três poderes políticos clássicos. Já o Poder Moderador aspirava a ser, nos têrmos mesmos em que o procurava definir sutilmente BENJAMIN CONSTANT, uma espécie de materialização do equilíbrio, no funcionamento das instituições. Ora, o equilíbrio entre fôrças não é em si mesmo uma fôrça, é antes o registro de uma situação. Sem dúvida pode haver órgãos que tenham por finalidade gerar ou manter essa situação, mas, se se trata de equilíbrio político, duas observações se impõem. A primeira é a de que muito difìcilmente tal órgão de equilíbrio pode ser investido numa só pessoa, como era no imperador do Brasil, principalmente quando esta pessoa acumulava as funções de chefe do Poder Executivo, porque o resultado seria, como foi, a incoercível tendência do fator de equilíbrio para a ação pessoal. A segunda observação é a de que os limites e natureza de um poder tão complexo e indefinível seriam, como também foram, objeto de incessantes e árduas controvérsias, as quais mais serviam para obscurecer do que para esclarecer a questão. Um poder de impossível definição legal (como o reconheciam publicistas imperiais) teria a sua competência difìcilmente fixada.

122. De uma maneira geral pode-se afirmar que as diversas opiniões de oradores e publicistas que, durante o Império, se ocuparam do assunto, eram distribuídas em duas grandes correntes: a do pensamento conservador e a do pensamento liberal. É quase escusado acrescentar que os representantes de cada uma destas correntes se inscreviam, quando na atividade política, respectivamente nos partidos dos mesmos nomes. Tratava-se, portanto, não apenas de atitudes doutrinárias, mas de posições políticas definidas, como geralmente acontece nesses domínios de Direito Constitucional.

123. Os juristas conservadores, como PIMENTA BUENO (São Vicente) ou PAULINO DE SOUSA (Uruguai), sustentavam, via de regra, estas proposições: *a*) necessidade da existência de um Poder Moderador, separado dos outros três podêres; *b*) conveniência da autonomia do mesmo, de forma que êle não ficasse, como o Executivo, prêso ao referendo dos ministros de Estado para validade das suas decisões e, finalmente, *c*) unificação das suas atribuições nas mãos do imperador.

124. Os liberais se dividiam, na apreciação da matéria, em duas correntes. Uma entendia que o Poder Moderador era necessário, mas que o mesmo não devia ser pessoal e sim funcionar em Conselho de Ministros, como sustentaram FEIJÓ e PAULA SOUSA, antes do Ato Adicional, e como mais tarde brilhantemente expôs e defendeu ZACARIAS, no apogeu do Império, em 1862. Estas opiniões correspondiam à corrente do liberalismo moderado. Aliás, a audiência prévia do Conselho de Estado para as decisões do Poder Moderador era exigida pelo art. 142 da Constituição, exceto quanto à nomeação dos ministros de Estado, a qual era, como já vimos, atribuição livre do imperador. Essa audiência foi mantida no art. 7.º, § 1.º, da lei que restaurou o Conselho. Mas, tratando-se de órgão puramente consultivo, a participação dos conselheiros de Estado não constituía um verdadeiro contrapêso às decisões pessoais do imperador, e, por isto, nunca foi considerado, pelos liberais, solução satisfatória. Êles exigiam a co-responsabilidade dos ministros, pois o Conselho de Ministros não era órgão consultivo, mas político, o qual, embora formado livremente pelo imperador, foi se tornando, com o tempo, responsável perante a Assembléia Geral. Houve, porém, durante todo o Império, uma ala radical do liberalismo, que preconizava, simplesmente, a abolição do Poder Moderador,

como inútil ou prejudicial à verdadeira democracia. No princípio do Império esta tese foi defendida por VERGUEIRO e ANTÔNIO CARLOS, e chegou a ser, como veremos em breve, uma das reivindicações liberais no projeto do Ato Adicional. Nos últimos anos da era imperial, o Poder Moderador era ainda atacado, por exemplo, em um dos mais vivos e vigorosos panfletos de TOBIAS BARRETO, que não via nêle senão uma fôrça reacionária e uma ridícula reminiscência de noções superadas.

125. De fato, era uma exceção a existência de um quarto poder constitucional. As duas únicas Constituições que adotaram o Poder Moderador orgânico e autônomo (ambas por influência de D. PEDRO I) foram a brasileira de 1824 e a portuguêsa de 1826, esta redigida, como se sabe, no Palácio Imperial. Mas, se o Poder Moderador era uma instituição muito mais livresca do que histórica, a verdade é que êle funcionou a contento durante o período de expansão e consolidação do Império, conforme observa, em livro recente, JOÃO CAMILO DE OLIVEIRA TÔRRES. E funcionou porque, em uma democracia imatura como era o Brasil imperial, não deixava de ser feliz o expediente de se colocar certas importantes atribuições políticas numa situação que se aproximava do arbítrio legal. Quando o detentor destas funções arbitrárias era um homem da moderação e das virtudes de PEDRO II, era de se esperar uma boa execução delas. Mas muito duvidoso seria tal resultado quando as atribuições estivessem enfeixadas nas mãos de um PEDRO I, por exemplo. Aliás, no seu curto reinado, o primeiro imperador mostrou bem a diferença de comportamento entre êle e o filho. Nas democracias mais evoluídas as atribuições moderadas são habitualmente exercidas por órgãos coletivos, representantes de outros podêres. Um exemplo de Executivo Moderador é o Conselho de Ministros inglês. Exemplo de Judiciário nas mesmas condições é a Suprema Côrte americana. Podemos, assim, concluir que, apesar de não ter sido um estôrvo, no Brasil, graças, em boa parte, às qualidades pessoais de PEDRO II, o Poder Moderador era uma excrescência constitucional, porventura arriscada.

126. Entre as atribuições do Poder Moderador, pela Constituição do Império, achavam-se as de nomear os senadores, escolhendo-os numa lista tríplice de nomes eleitos pelas Províncias; convocar extraordinàriamente a Assembléia Geral (reunião da Câmara e Senado); sancionar as leis; dissolver a Câmara dos Deputados e "nomear livremente" (esta era a expressão constitucional) os ministros de Estado. As duas últimas faculdades, de dissolução da Câmara e de nomeação livre dos ministros, concentradas nas mãos do imperador, que por elas não era responsável perante ninguém, é que tiravam à Constituição brasileira qualquer caráter de sistema parlamentar de govêrno. O fato de ser uma Constituição escrita, e rígida nesta parte,[2] ainda acentuava mais o caráter antiparlamentar do nosso regime imperial, se o analisarmos do ponto de vista exclusivamente jurídico, tal como já procurei demonstrar em outro trabalho.[3] Mas o certo é que a prática política foi adaptando a Constituição *sui generis* do Brasil ao sistema parlamentar, e êste funcionava, no fim do Império, senão de forma perfeita, pelo menos de maneira a evitar as crises que a República nos trouxe depois.

Os Podêres Legislativo, Executivo e Judiciário

127. O Poder Legislativo era exercido pela Assembléia Geral, com sanção do imperador (que intervinha, aqui, como Poder Moderador, podendo opor o veto suspensivo). A Assembléia Geral era dividida em Câmara dos Deputados e Senado, êste vitalício e aquela temporária, durando a legislatura quatro anos. O Senado vitalício era constituído por um sistema misto: eleição de três nomes para cada vaga que ocorrêsse, competindo ao imperador a escolha. Diferia, assim, o Senado brasileiro das Câmaras aristocráticas européias (Câ-

---

[2] V., a respeito, vol. I, ns. 84 a 89.

[3] *Estudos de Direito Constitucional*, ed. Revista Forense, Rio, 1957.

mara dos Lords inglêsa ou Câmara dos Pares francesa), nas quais o provimento era feito pelo princípio hereditário ou por escolha da Coroa, em todo caso sem eleição prévia. O número de senadores, por Província, correspondia à metade do respectivo número de deputados.

128. Além do Senado e Câmara do Império, que constituíam a Assembléia Geral, havia os Conselhos de Província, também eletivos, com funções deliberativas, mas não legislativas. Os Conselhos de Província podiam fazer projetos de lei sôbre os negócios provinciais, mas êsses projetos eram enviados à Assembléia Geral, ou ao imperador, no caso daquela se achar em recesso. Pelo Ato Adicional os Conselhos de Província foram extintos, criando-se, em lugar dêles, as Assembléias Provinciais. O mandato de membro do Conselho de Província não era incompatível com o de deputado à Câmara do Império.

129. As eleições para o Senado, Câmara e Conselhos de Província eram indiretas, em dois graus, segundo o critério censitário. O sistema eleitoral, várias vêzes modificado, foi sempre uma espécie de calcanhar-de-aquiles do regime. A eleição indireta e a pressão do poder desvirtuavam os pleitos. Só no fim do Império, com a chamada *lei Saraiva*, adotou-se a votação direta.

130. Quanto às atribuições, as do Poder Legislativo imperial se aproximavam das dos órgãos congêneres nas democracias parlamentares do tempo. Eram elas de natureza especìficamente legislativa, mas também se estendiam ao campo político, fiscalizando a conduta e a administração dos governos e, até certo ponto (embora isto não fôsse previsto pela Constituição), determinando a formação dêles, segundo o sistema parlamentar.

131. O Poder Executivo, no Império, tratado no título V, era exercido constitucionalmente pelos ministros de Estado,

sob a chefia do imperador. Mas como êste é quem nomeava "livremente" os seus ministros, segue-se que, jurìdicamente, o Executivo era também exercido por êle, embora indiretamente. JOAQUIM NABUCO, no largo painel do *Estadista do Império*, e principalmente no capítulo intitulado "A linha política do reinado", nos mostra até onde ia a influência de PEDRO II em todos os principais assuntos governativos, internos e externos, políticos ou administrativos. A teoria européia, segundo a qual reinar não era governar, nunca foi aceita por D. PEDRO, e sempre se viu combatida pelos melhores juristas imperiais.

132. Depois de dispor sôbre a família imperial e sua dotação, sôbre as diversas causas de impedimento do ocupante do trono, inclusive a minoridade e sôbre a organização dos governos regenciais provisórios, e também sôbre atribuições e responsabilidades dos ministros de Estado, a Constituição estabelecia o Conselho de Estado e dava as normas principais do seu funcionamento. Como veremos abaixo, êsse Conselho de Estado, órgão sempre combatido pelos liberais, foi suprimido em 1834 pelo Ato Adicional, mas ficou restaurado, embora com feição diferente, pela lei de 23 de novembro de 1841.

133. O Poder Judiciário (ou Judicial, segundo a Constituição) era único em todo o Império, não havendo magistraturas provinciais. Havia, é verdade, os juízes de paz, mas êstes eram eleitos como os vereadores das Câmaras Municipais e constituíam uma espécie de jurisdição voluntária e facultativa, destinada à tentativa prévia de conciliação das partes antes do início dos processos perante a jurisdição pública.

134. O princípio constitucional brasileiro reconhecia que o Judiciário era um poder político, no sentido de que era distinto e independente dos demais podêres, segundo a clássica e ainda hoje insuperável tradição democrática. Com efeito, os regimes totalitários modernos, fascistas ou comunistas, ne-

gam expressamente a independência do Judiciário, considerando-o mero órgão de aplicação de uma política estatal definida. Mas a verdade é que tais doutrinas não são mais do que anteparos teóricos do simples despotismo. Ainda dentro da tradição democrática, existe a posição francesa, segundo a qual o Judiciário é um ramo do Executivo. Mas a doutrina imperial não acolhia esta tese, e afirmava enfàticamente, no próprio texto constitucional, a personalidade política e a independência do Judiciário.

135. Como delegação direta da soberania nacional, o Poder Judiciário, pela Constituição, se distribuía em juízes e jurados, tanto no cível como no crime. Os juízes, ou eram singulares (juízes de direito, juízes municipais) e tinham jurisdição nas comarcas e têrmos das Províncias, ou se reuniam em tribunais, que eram as Relações das Províncias e o Supremo Tribunal de Justiça, com sede na Côrte. As Relações, compostas de desembargadores, eram os tribunais de segunda instância, e, embora a Constituição previsse a existência de uma ou mesmo de mais de uma delas em cada Província (artigos 158 e 166), nem tôdas estas chegaram a possuir a sua Relação, até o fim do regime. O Supremo Tribunal de Justiça tinha competência limitada e prevista na Constituição. Procedia às revistas das causas, conforme o disposto na lei processual, julgava os crimes de responsabilidade dos seus próprios membros, bem como os dos desembargadores das Relações, dos funcionários diplomáticos e dos Presidentes de Província e decidia os conflitos da jurisdição e competência dos órgãos judiciários subordinados. Tôda esta competência é minuciosamente estudada no tratado clássico de PIMENTA BUENO. Os membros do Supremo Tribunal, que eram chamados ministros, tinham o título de conselho, sendo, portanto, também conselheiros (o que não queria dizer que fôssem membros do Conselho de Estado). Podiam ser eleitos para o Poder Legislativo, o que não estava previsto na Constituição, mas foi expressamente permitido pela lei de 18 de setembro de 1828.

136. Eram, sem dúvida, importantes as atribuições do Supremo Tribunal de Justiça, como salienta PIMENTA BUENO, pois êle, através da revista, interpretava as leis e unificava a jurisprudência, bem como exercia a delicada função de julgar a responsabilidade de altos funcionários judiciais, administrativos e políticos O julgamento das revistas, conforme demonstra o douto jurista, devia ser feito de acôrdo com os princípios do direito europeu, principalmente o francês. Isto é, a revista visava à defesa da lei e não ao reexame das provas. O Supremo Tribunal só podia reformar as sentenças em função da ofensa ao direito expresso, mas nunca com fundamento na matéria de fato. PIMENTA BUENO é exaustivo, a êste respeito. Mas a verdade é que a principal função política do Judiciário, que é a defesa da Constituição em face do Poder Legislativo, por meio da revisão da constitucionalidade das leis, o Judiciário imperial não a possuía. E isto, apesar dos encômios de PIMENTA BUENO, tirava muito da fôrça política do Judiciário do Império, fôrça que só lhe veio a ser atribuída pela República, que adotou plenamente o princípio norte-americano, como veremos adiante.

137. Como dissemos acima, o aparelho judicial do Império englobava juízes e jurados. Os primeiros aplicavam a lei e os segundos se pronunciavam sôbre a matéria de fato, tanto no crime quanto no cível. Como era natural, foi principalmente no terreno criminal que adquiriram importância os juízes de fato, através dos Tribunais do Júri. No cível êles se limitavam à função de testemunhas, ou auxiliares da prova.

Direitos individuais

138. No capítulo dos direitos e garantias individuais, ou, conforme terminologia mais recente, dos direitos públicos subjetivos, a Constituição de 1824 atinge aos mais altos níveis da cultura jurídica do tempo. Não nos devemos esquecer de que êsse tempo era o da ascensão liberal e da Revolução Industrial; a época do apogeu do individualismo no Direito. As

garantias asseguradas pelo Estado, os direitos oponíveis pelo homem ao Estado, visavam precìpuamente à proteção do indivíduo, à segurança da sua liberdade individual. Longe estava, ainda, o Direito Constitucional da etapa hodierna da democracia, na qual, ao lado da defesa dos direitos verdadeiramente fundamentais do homem, o Estado tomou a si, também, o encargo de assegurar certos direitos sociais, postos em risco pela competição capitalista.[4]

139. No século passado, os autores costumavam dividir os direitos públicos individuais em três classes: os direitos individuais naturais, os civis e os políticos. Os primeiros se relacionavam com a existência natural do ser humano, e eram o direito à vida, à liberdade corpórea e moral e à propriedade. Os segundos diziam respeito à atividade do indivíduo em sociedade, excluída a sua participação na vida política. Por isto eram chamados civis, pois funcionavam sob a égide das leis civis (não criminais, nem constitucionais). Os terceiros, por fim, eram concernentes à ação do indivíduo como componente da massa de cidadãos ativos, isto é, daquele setor da população que toma parte, principalmente através dos atos eleitorais, nas deliberações políticas do Estado.

140. Nesta conformidade, PIMENTA BUENO analisa as disposições constitucionais garantidoras dos direitos individuais, mostrando, com razão, que nos três setores êles se achavam plenamente assegurados. Havia, contudo, uma lacuna na Constituição do Império em comparação com as republicanas, no tocante às garantias. Esta lacuna era a do recurso do *habeas corpus,* o qual não se achava previsto no texto constitucional. A falha, aliás, se explica pela própria unidade teórica que presidiu à confecção do documento. A Constituição do Império — já o temos dito mais de uma vez — foi redigida sob a influência do Direito Constitucional europeu continental. Conseqüentemente, não são importantes as contri-

---

[4] V., a respeito, o cap. IX do vol. I dêste *Curso.*

buições a ela oferecidas pelo direito anglo-americano. E o *habeas corpus* era, precisamente, uma aquisição da experiência britânica. Os constitucionalistas imperiais seguiram a tradição francesa, de incluir as garantias contra as prisões ilegais, não no texto constitucional, mas no corpo da lei ordinária (Código de Processo Criminal de 1832, arts. 340 e seguintes; Código Criminal de 1830, arts. 183 e segs.). Em 1872, pelo decreto de 6 de agôsto, que consolida disposições sôbre o processo civil e criminal, foram ampliadas as garantias do *habeas corpus*.

141. Também no que se refere à suspensão das garantias individuais da Constituição, a Lei Magna imperial seguiu a tradição francesa, com a adoção da figura do estado de sítio, embora não o mencione expressamente com êste nome. Pimenta Bueno, ao tratar da suspensão das garantias constitucionais, regulada no art. 179, §§ 34 e 35, fá-lo nos seguintes têrmos:

"É útil examinar-se a legislação francesa *paralela à nossa a êste respeito*, constante das disposições de 8, 26 e 27 de julho de 1791, 10 Frutidor ano V, 24 de dezembro de 1811, 10 de abril de 1831, e 9 de agôsto de 1849; e muito especialmente em relação às praças de guerra, ou postos militares, cujo estado é classificado segundo três hipóteses diferentes: estado de paz, de guerra e *de sítio*."

É sabido, com efeito, que a suspensão das garantias constitucionais correspondia, no direito francês, à transferência da manutenção da ordem à jurisdição militar, tal como se dava numa praça sitiada. E foi esta a tradição que se incorporou ao nosso direito, na sua primeira fase.

O Conselho de Estado

142. Um dos mais importantes órgãos constitucionais da Monarquia foi o Conselho de Estado. Devemos, aliás, distinguir as diversas instituições que, no Direito Constitucional do Império, tiveram esta denominação. A primeira foi, como

já vimos, o próprio Conselho de Ministros de PEDRO I, que recebeu o título ao ser incumbido de redigir o projeto de Constituição, em seguida promulgada como Lei Magna imperial.[5] O segundo Conselho de Estado foi criado no texto constitucional (arts. 137 e segs.) com audiência obrigatória "em todos os negócios graves e medidas gerais da pública administração; principalmente sôbre a declaração da guerra e ajustes de paz, negociações com as nações estrangeiras, assim como em tôdas as ocasiões em que o imperador se proponha exercer qualquer das atribuições próprias do Poder Moderador", excetuadas as nomeações de ministros de Estado.

143. O visconde do URUGUAI, jurista e estadista conservador, e, pois, insuspeito, escreve a respeito do Conselho de Estado, criado pela Constituição:

"Êste Conselho tinha senões consideráveis. Era, ao mesmo tempo, político e administrativo, mas preponderava nêle, em demasia, a côr política. Como órgão administrativo era manco, porque era sòmente ouvido em negócios graves e medidas gerais, de modo que, ou se havia de criar outro Conselho para as medidas não graves e gerais, que avultam, ou ficaria a administração privada de auxílio para desbastar a massa enorme de negócios administrativos, de negócios secundários, mas também importantes, que sôbre ela pesa... Êste Conselho de Estado nunca foi desenvolvido por uma lei regulamentar, na parte administrativa. Nunca funcionou como Tribunal Administrativo. Nem para êle havia recursos marcados."

144. A reação liberal que se seguiu ao 7 de abril levou de roldão o Conselho de Estado, considerado pelos liberais ins-

---

[5] O Conselho de Procuradores das Províncias, criado por D. PEDRO em 1821, era às vêzes chamado, em documentos oficiais, Conselho de Estado. Mas não o consideramos antecessor do verdadeiro Conselho de Estado Imperial, porque aquêle era, antes, um embrião do Poder Legislativo, ao passo que êste foi sempre ligado ao Executivo, como nos outros países.

tituição reacionária. Com efeito, o art. 32 e último do Ato Adicional dispunha:

"Fica suprimido o Conselho de Estado de que trata o título 3, capítulo 7, da Constituição."

145. Os excessos da guinada liberal foram, aos poucos, sendo contidos a partir de 1837. Em 1840 foi apresentado ao Senado, embora sem êxito, um projeto de criação de novo Conselho. Na Fala do Trono com que abriu a sessão legislativa de 1841 (a primeira que se inaugurava depois da Maioridade), dizia o imperador PEDRO II:

"Devo chamar a vossa atenção sôbre a necessidade de um Conselho de Estado, que eu possa ouvir em todos os negócios graves e principalmente nos relativos ao exercício do Poder Moderador."

Como se vê, o Govêrno imperial voltava a pleitear um órgão mais ou menos com as mesmas atribuições do que havia sido suprimido. Correspondendo a êsse desejo, ainda na sessão de 1841, a 14 de junho, LOPES GAMA e outros apresentaram no Senado o projeto de restauração do Conselho de Estado.

"Ninguém na discussão — lembra o visconde do URUGUAI — contestou a idéia e a necessidade da criação de um Conselho de Estado... A divergência foi tôda sôbre o modo de organização".

146. No Senado, a discussão foi aprofundada e brilhante, nela se destacando, a favor ou contra, os senadores BERNARDO DE VASCONCELOS, ALVES BRANCO e PAULA SOUSA. Na Câmara, o projeto quase não mereceu debates. Considerando a larga discussão havida no Senado, a renovação do Conselho de Estado teve, na Câmara, apenas uma discussão, e tramitou sem maiores impecilhos, em regime de urgência. A 12 de novembro foi o projeto adotado, tal como viera do Senado. O radicalismo liberal não aceitou, contudo, de bom grado, a volta do órgão que havia sido eliminado pelo Ato Adicional, sob fundamento de que êle entronizaria no poder a chamada *oli-*

garquia do Partido Conservador, visto que se receava fôssem os seus membros, assim efetivos como suplentes (todos vitalícios), nomeados pelo govêrno conservador, que levara a efeito a restauração do órgão. Boa parte da agitação política que precedeu e determinou a revolução liberal de 1842, ocorrida nas Províncias de Minas e São Paulo, estava ligada à criação do novo Conselho de Estado.[6]

147. Com o passar do tempo, as prevenções contra o Conselho imperial foram diminuindo, embora nunca cessassem completamente, e constituíssem assunto obrigatório nas lutas partidárias. De uma maneira geral, devemos reconhecer, no Conselho de Estado, um órgão que prestou incontestáveis serviços à estabilidade política e jurídica do Império. Escritores antigos e modernos não vacilam em proclamar esta verdade. São VICENTE escreve:

"Êle é o corpo permanente, ligado por seus precedentes e princípios, que conserva as tradições, as confidências do poder, a perpetuidade das idéias; é, portanto, quem pode neutralizar os inconvenientes resultantes da passagem, muitas vêzes rápida, da instabilidade dos ministros, depositários móveis da autoridade."

JOAQUIM NABUCO acentua:

"A instituição era admirável, e quando tudo (exceto a dinastia) se tinha vulgarizado, o Conselho de Estado, antes de vulgarizar-se também, guardou por muito tempo o sabor, o prestígio de um velho Conselho áulico, conservando no meio da nova estrutura democrática, depositário dos antigos segredos de Estado, da velha arte de governar, preciosa herança do regime colonial, que se devia gastar pouco a pouco."

---

[6] A Assembléia Geral entendeu que poderia ser criado o novo Conselho de Estado sem que se tornasse necessária emenda à Constituição. Fundou êsse entendimento na consideração de que nada na Constituição impedia a criação de novo órgão, desde que suas atribuições não fôssem idênticas às daquele que constava do texto constitucional e que tinha sido designado expressamente no artigo supressivo do Ato Adicional.

E João Camilo de Oliveira Tôrres sintetiza:

"Tratava-se, pois, de uma instituição que tinha finalidades políticas: orientar o imperador no exercício de suas funções, fazer da oposição participante nas decisões do govêrno; administrativas: órgão de consulta e estudos, no gênero das muitas instituições e assessorias que hoje existem; judiciárias: tribunal administrativo de amplas atribuições."

Emendas à Constituição

148. Examinadas, assim, ràpidamente, as disposições principais da Constituição de 1824, encerraremos a matéria com algumas palavras sôbre o processo de alteração ou emenda do seu texto, que ela própria previa. Já dissemos acima (capítulo II, n.º 71) que os constituintes de 1824 seguiram o princípio exposto por Benjamin Constant, segundo o qual, no texto de uma Constituição, nem tôda a matéria devia ser considerada como juridicamente constitucional. Daí se seguia, lògicamente, que certos capítulos ou artigos da Constituição exigiam cautelas especiais para sua reforma, enquanto outros, não.

149. A êste propósito, o art. 178 era, como lembramos no trecho acima citado, taxativo. Dispunha êle:

"Só é constitucional o que diz respeito aos limites e atribuições respectivas dos podêres políticos, e aos direitos políticos e individuais dos cidadãos; tudo o que não é constitucional pode ser alterado, sem as formalidades referidas, pelas legislaturas ordinárias."

150. A matéria constitucional só poderia ser emendada com grandes cautelas. A primeira etapa consistia na elaboração de uma lei ordinária, a qual devia dispor que os eleitores dos deputados da legislatura seguinte confeririam, aos seus eleitos, podêres para reformar a Constituição nos pontos determinados pela mesma lei prévia. A reforma seria, então, proposta, discutida e adotada na legislatura subseqüente. Esta complicação no processo de reforma constitucional era deliberada, e correspondia a uma das teses dominantes naquela fase do Direito Constitucional, tese segundo a qual o texto da lei básica devia ter a máxima estabilidade, dificultando-se a todo transe sua alteração.

151. Aliás, esta regra correspondia, também, à concepção tradicional do Direito Constitucional francês, desde o século XVI, com JEAN BODIN.[7] A Constituição francesa de 1791, que deve ter servido de modêlo à redação do texto brasileiro, só autorizava a reforma "quando três legislaturas consecutivas houvessem emitido um voto uniforme pela mudança de algum artigo da Constituição" (título VII, art. 2.º). Como se vê, o sistema adotado pela Constituição brasileira correspondia a uma forte atenuação do processo exigido para a emenda. E foi de acôrdo com êsse sistema que se levou a têrmo a grande reforma da Constituição do Império, a qual tomou o nome de Ato Adicional.

O Ato Adicional

152. Em conseqüência da abdicação de PEDRO I, em 1831, determinada, em parte, pela Revolução francesa de 1830, que acendeu, no Brasil, a chama liberal, sucederam-se as iniciativas de reforma da Constituição. Os ideais reformistas se orientavam no sentido de uma rígida linha liberal, e isso era compreensível, pois, sendo a Constituição uma Carta outorgada com base na média do sentimento moderado, ou conservador, o pensamento liberal considerou a queda do soberano que a promulgara como a oportunidade para introduzir, nas instituições do País, aquêles elementos que não haviam sido aproveitados pelas fôrças dominantes, depois da dissolução da Constituinte.

---

[7] A propósito do pensamento de JEAN BODIN sôbre o ponto em referência, v. o vol. I do presente *Curso* (Teoria Geral), n.º 73.

153. Muitas das reivindicações reformistas correspondiam às aspirações de setores exaltados e careciam, por isso mesmo, de maior base. Outras, porém, representavam realmente a generalidade dos anseios da opinião liberal. Entre tais pontos os mais importantes eram a supressão do Poder Moderador, e do Conselho de Estado, a eliminação da vitaliciedade do Senado, e uma relativa descentralização política, que, sem chegar à Federação de tipo norte-americano, reconhecesse, no entanto, maior autonomia às Províncias.

154. Acompanhemos ràpidamente a preparação do Ato Adicional.[8] As primeiras providências foram tomadas logo depois da abdicação de PEDRO I, ao inaugurar-se, em maio de 1831, a sessão legislativa. Vários foram os projetos de reforma constitucional que afluíram à mesa da Câmara, sem que, no entanto, tivessem seguimento. Um requerimento teve conseqüências: apresentado a 6 de maio pelo deputado MIRANDA RIBEIRO (depois visconde de Uberaba), pedindo a nomeação de uma comissão especial que, nos têrmos da Constituição, indicasse os artigos passíveis de emenda. Composta a comissão de MIRANDA RIBEIRO, SOUSA PARAÍSO e PAULA SOUSA, a 9 de julho apresentou o projeto. Entrando o mesmo em discussão, foi esta encerrada a 12 de outubro e remetido ao Senado. As disposições principais dêste projeto, algumas verdadeiramente revolucionárias, eram as seguintes: transformação do Império em *Monarquia Federativa;* supressão do Poder Moderador; diminuição da duração das legislaturas (período de duração dos mandatos da Câmara dos Deputados), as quais passariam a dois anos; temporariedade e elegibilidade (sem intervenção da Coroa) do Senado, cujos membros se renovariam pelo têrço, em cada eleição da Câmara, durando, assim, o mandato senatorial seis anos; atenuação do poder de veto do Executivo; supressão do Conselho de Es-

---

[8] O nome *Ato Adicional* foi sugerido pessoalmente pelo imperador NAPOLEÃO, para designar a reforma constitucional de fundo liberal com que êle pretendeu firmar o seu poder no breve reinado dos Cem Dias.

tado; criação das Assembléias Legislativas provinciais; Regência de um só membro (em vez de três), eleito pelas Assembléias provinciais.

155. A influência da Constituição dos Estados Unidos é patente nesse projeto, e por ela vemos como a mentalidade da segunda geração de homens públicos evoluía no Império brasileiro, da tradição monárquica européia, herdada da geração da Independência, para as práticas republicanas e americanas. Federação, Câmara com mandato de dois anos e Senado com mandato de seis, tudo isto se achava na Constituição dos Estados Unidos. A própria figura de regente único e eleito lembrava a do presidente da grande nação do Norte. Foi com razão, pois, que JOAQUIM NABUCO apelidou a Regência de *República de fato* e *República Provisória*. Os apelidos são especialmente justos quando se referem à Regência una, decorrente do Ato Adicional.

156. No Senado, o projeto de reforma demora até julho de 1832, sendo nêle introduzidas várias emendas, entre as quais as seguintes: manutenção do Poder Moderador, do Conselho de Estado e da vitaliciedade do Senado; restabelecimento da legislatura de quatro anos, e da Regência trina. Em lugar da criação de Assembléias Provinciais, o Senado preferiu a ampliação da competência dos Conselhos Gerais das Províncias, previstos na Constituição.

157. As grandes restrições impostas pelo Senado causaram fundo descontentamento na maioria liberal da Câmara. FEIJÓ, ministro da Justiça, colocou-se na linha avançada dos descontentes. E foi então que se tramou o frustrado golpe de Estado concebido para impor a chamada *Constituição de Pouso Alegre,* por ter sido redigida, naquela cidade mineira, pelo deputado padre JOSÉ BENTO. A Constituição de Pouso Alegre restabelecia algumas reivindicações liberais cortadas pelo Senado, entre elas a supressão do Poder Moderador. Também instituía o referendo obrigatório dos ministros, para

validade dos atos do Executivo, o que conduzia a uma verdadeira prática parlamentar. O movimento, que envolveu os principais grupos políticos, inclusive a própria Regência, que com êle se mancomunou, foi abortado, como se sabe, pela reação da maioria da Câmara, conduzida pelo prudente e enérgico HONÓRIO HERMETO CARNEIRO LEÃO (Paraná), que teve neste episódio o primeiro grande momento da sua luminosa carreira. Encerrada a referência a êste episódio, voltemos ao projeto de reforma.

158. De volta à Câmara, vindo do Senado, foi êle restituído à sua forma inicial. Tôdas as mais importantes sugestões repelidas, foram restabelecidas. Urgia uma composição. Foi esta conseguida pela reunião das duas Casas em sessões conjuntas, sugestão de EVARISTO DA VEIGA levada a efeito no decorrer do mês de setembro. Dêste acôrdo surgiu um projeto que dava podêres à futura legislatura para realizar uma reforma cujos contornos coincidem com os do futuro Ato Adicional. Foi êsse projeto que se transformou na lei de 12 de outubro de 1832, autorizativa da reforma da Constituição de 1824. [9]

159. Reunida a nova legislatura em 1834, foi, a 6 de maio, nomeada a comissão especial da Câmara, incumbida de elaborar o projeto de reforma. Era ela constituída de BERNARDO VASCONCELOS, PAULA ARAÚJO e LIMPO DE ABREU (Abaeté). A comissão apresentou o seu projeto a 7 de junho, sendo êle discutido apenas pela Câmara, durante aquêle mês e o seguinte. A discussão foi tumultuosa e a votação das numerosas emendas confusa e mesmo caótica. [10] A 12 de agôsto estava terminado o Ato Adicional sem que o Senado tivesse participado da fase final da sua elaboração. A legalidade de tal procedimento da Câmara, ressentida com a resistência que

---

[9] V. *supra*, n.º 150.

[10] A tradição diz que BERNARDO VASCONCELOS, o grande liberal já então em trânsito para a transformação conservadora, teria dito ao apresentar o texto do Ato Adicional: "Entrego o Código da Anarquia."

o seu espírito renovador encontrara na outra Casa, era, pelo menos, duvidosa. Poder-se-ia dizer que a reforma se cingira aos pontos permitidos pela lei de 1832, de que participara o Senado, mas tal explicação não satisfazia, pois nada na Constituição excluía a revisão final da Câmara Alta. O certo é que o Senado, cônscio da sua fraqueza no momento, resolveu aderir ao golpe de fôrça da Câmara, aceitando o Ato Adicional como válido, embora o fizesse declaradamente por causas políticas e não por motivos legais.

A lei de interpretação

160. Passados os primeiros tempos de fraqueza e acomodação, o espírito moderado e conservador voltou a se inquietar com os possíveis excessos do Ato Adicional. Desde 1836 começa a fazer-se sentir, no meio político, a conveniência da limitação dos seus efeitos, muitas vêzes atentatórios à segurança do Estado e à coesão do Império. Nota-se, por outro lado, a organização do elemento conservador em forma de partido. De certa maneira os liberais dominam a situação com o 7 de abril e atingem o auge do poderio no Ato Adicional. Mas as desconfianças que provocara o lusitanismo de PEDRO I e dos seus auxiliares mais próximos ia desaparecendo com o tempo; a agitação frenética das facções, servidas por uma imprensa apasquinada, ia fatigando os espíritos; a movimentação política da Côrte e de uma ou outra das maiores cidades do Império não tinham, no interior do País, repercussão correspondente à sua intensidade; finalmente, a situação econômica ia se alterando, graças à transformação da lavoura do café em atividade predominante.

161. Êste último aspecto, o econômico, teve conseqüências marcantes na formação do Partido Conservador. O café, transposta a fase inicial e rudimentar da sua cultura, nos arredores do Rio de Janeiro, começara, na era da Independência, a se espalhar pela bacia fluvial do Paraíba. A expansão das lavouras não vitalizava sòmente a economia interna, mas

começava a contribuir fortemente para o nosso sistema cambial, através da exportação. O câmbio brasileiro caíra a extremos de anemia, com o prático esgotamento das minas e a queda da exportação do nosso açúcar de cana, suplantado, no mercado europeu, pelo de beterraba, de recente descobrimento e fabricação. Com a entrada do café na nossa pauta de exportações, contudo, a situação começa a melhorar. Em 1830 já saíram pelo pôrto do Rio de Janeiro quase 400.000 sacas de café. Dez anos depois a exportação do produto ia muito além de um milhão de sacas, anualmente. Era o Império cafeeiro que se consolidava.

162. A progressiva consolidação econômica ia concorrendo para estabilizar, também, a situação política. Os episódios que se sucedem são convincentes. Em 1837, os antigos liberais moderados, juntamente com os restauradores devolvidos à legalidade, formam o gabinete *regressista* de que BERNARDO VASCONCELOS foi a grande figura, e cuja linha política o ilustre mineiro traça no famoso discurso com que fulmina os excessos liberais. Em 1838, inaugura-se a legislatura que, na opinião de vários historiadores, assiste à arregimentação do Partido Conservador. Em 1840 dá-se a Maioridade, esperança frustrada do liberalismo exaltado, porque o menino imperante, prêso a princípio à influência de próximos e familiares, vai, aos poucos, se orientando na direção moderada e conservadora. A revolução liberal de 1842, reação confessada contra a lei de interpretação do Ato Adicional, a restauração do Conselho de Estado e a frustração de Maioridade, é jugulada. CAXIAS, o vencedor dos *luzias*, em breve se tornaria no vitorioso dos *farrapos*, movimento de federalismo radical. O ambiente tornava-se, assim, favorável à ordem e à moderação. Compreende-se, pois, perfeitamente, a feitura da lei de 12 de maio de 1840, que teve por finalidade, no início dêsse processo de consolidação conservadora, interpretar o Ato Adicional, tornando-o compatível com a ordem e a unidade do Império.

163. O projeto da Lei de Interpretação foi apresentado no ano de 1837, que marca o início do movimento conservador,

ou *regressista*, por três ilustres representantes dêsse partido: PAULINO DE SOUSA (Uruguai), HONÓRIO HERMETO (Paraná) e MIGUEL CALMON (Abrantes). Em 1838 foi aprovado na Câmara e passou ao Senado, onde ficou até o ano seguinte. Teve, finalmente, a sua elaboração ultimada em reunião conjunta dos dois ramos da Assembléia Geral, sendo promulgada a lei a 12 de maio de 1840.

164. A Lei de Interpretação se fundava em dois dispositivos constitucionais, o do art. 15, n.º 8, que incluía entre as atribuições da Assembléia a de "fazer leis, interpretá-las, suspendê-las e revogá-las", e o do art. 179, segundo o qual, tudo o que não fôsse matéria especìficamente constitucional, na Constituição, poderia ser alterado por simples lei ordinária. Desta forma, a Assembléia Geral entendeu de, por meio de lei ordinária, interpretar alguns artigos do Ato Adicional, tornando-o compatível com os interêsses da política conservadora.

165. O pensamento dos juristas e estadistas do antigo regime quanto à Lei de Interpretação era, na sua grande maioria, favorável. Como exemplo, citaremos um trecho de discurso de NABUCO DE ARAÚJO, cujo pensamento liberal era notório, pronunciado na Câmara, no ano de 1843:

"Quando a letra do Ato Adicional, pelos absurdos a que dava lugar, ameaçava o País por causa dos desmandos das Assembléias Provinciais, quando a letra do Ato Adicional era oposta ao seu espírito e incompatível com a existência da Monarquia, essa tendência centralizadora me parecia necessária, como um dique impôsto à torrente dos desvarios das Assembléias Provinciais."

Por outro lado, JOSÉ CARLOS RODRIGUES, nos seus comentários à Constituição do Império, nos fornece extensa relação de avisos ministeriais declarando inconstitucionais leis das Assembléias Provinciais. Estas, segundo o mesmo autor, "legislavam sôbre objetos de sua inteiramente estranha competência" (*sic*).

Considerações finais

166. Mais de uma vez temos insistido na necessidade de se distinguir a História política da jurídica. Esta última deve se ater, para os efeitos de um *Curso* como o nosso, tanto quanto possível, à evolução do direito positivo, expresso nas Constituições e nas leis sôbre matéria de Direito Constitucional. Nessas condições, e seguindo a orientação traçada, não nos compete acompanhar a evolução da prática constitucional do Império, pois tal tarefa melhor se enquadraria num trabalho de História política. Com a Lei de Interpretação do Ato Adicional e a criação do segundo Conselho de Estado em 1841, à qual fizemos referência no momento oportuno,[11] esgotam-se as alterações textuais da Carta de 25 de março. Daí por diante, os dados e fatôres da evolução histórica foram condicionando as alterações impostas à prática da Constituição e aos costumes constitucionais em geral, sem que, no entanto, houvesse necessidade de outras modificações no seu texto. Ao expormos, no capítulo seguinte, os aspectos mais relevantes da preparação da Constituição de 1891, procuraremos indicar, resumidamente, as causas da decadência do sistema constitucional do Império que mais pròximamente se relacionam com a grande transformação sofrida, na República, pelo Direito Constitucional positivo do Brasil.

BIBLIOGRAFIA

TOBIAS MONTEIRO, *História do Império. O Primeiro Reinado*, Briguiet, Rio, 1939, vol. I.

OTÁVIO TARQUÍNIO DE SOUSA, ob. cit.; *idem, Bernardo Pereira de Vasconcelos*, 3.ª ed., José Olímpio, Rio, 1957.

J. C. OLIVEIRA TÔRRES, ob. cit.

PIMENTA BUENO, *Direito Público Brasileiro*, Villeneuve, Rio, 1857.

JOAQUIM RODRIGUES DE SOUSA, *Análise e Comentário da Constituição Política do Império do Brasil*, Matos, São Luís, 1867, 2 vols.

VISCONDE DO URUGUAI, *Ensaio sôbre o Direito Administrativo*, Tip. Nacional, Rio, 1862; *Estudos Práticos sôbre a Administração das Províncias*, Garnier, Rio, 1865.

---

[11] V. *supra*, ns. 142, 143 e 144.

Projeto de Constituição para o Império do Brasil, etc., Tipografia Nacional, Rio, 1823.

JOSÉ CARLOS RODRIGUES, *Constituição Política do Império do Brasil*, Laemmert, Rio, 1863.

ZACARIAS DE GÓIS, *Da Natureza e Limites do Poder Moderador*, Laemmert, Rio, 1862.

Coleção das Leis do Brasil, ano de 1824, Imprensa Nacional, Rio, 1886.

Falas do Trono, de 1823 a 1889, Imprensa Nacional, Rio, 1889.

AURELINO LEAL, ob. cit.

AGENOR DE ROURE, ob. cit.

VALDEMAR FERREIRA, *História do Direito Constitucional Brasileiro*, Limonad, São Paulo, 1954.

CAPÍTULO IV

Fatôres iniciais da República. Movimento de idéias. Da reforma constitucional à revolução militar. Do Govêrno Provisório à Constituinte. A obra da Constituinte. A prática das instituições.

Fatôres iniciais da República

167. O movimento republicano, considerado no quadro da nossa evolução jurídica, correspondeu à ação das mesmas fôrças que determinaram a transformação política do Brasil em 1889. Apenas, como é natural, as fôrças históricas, quando consideradas no campo restrito da evolução do Direito, oferecem aspectos peculiares que precisamos pôr em evidência.

168. Os fatôres predominantes na implantação da República foram, a nosso ver, os seguintes:

1.º) A transformação da economia agrária determinando ou concorrendo para acontecimentos importantes como a libertação dos escravos, a importação do colono estrangeiro, a migração geográfica das áreas cultivadas, o ressentimento de grupos de proprietários de terra e conseqüente abalo nos partidos (principalmente o Conservador) que serviam de alicerce político à Coroa.

2.º) O aparecimento do exército como fôrça política influente, em substituição aos partidos em declínio, passando, aos poucos, a ser fôrça decisiva e quase dominadora. Deve-se reconhecer que o problema militar se colocava desde a Guerra do Paraguai, em cujo longo transcurso o sofrimento das nossas tropas de terra e o seu convívio com os meios militares platinos determinaram profunda mutação de mentalidade, com o enquadramento do Exército brasileiro no ambiente sócio-político continental, do qual se conservara mais ou menos afastado durante a maior parte do Império.

3.º) A aspiração federalista, que, perceptível desde a Constituinte de 1823, foi se desenvolvendo gradativamente durante o Império. Os liberais foram os analistas políticos e os sistematizadores jurídicos do federalismo nessa fase da vida brasileira. Depois de 1868, com a queda do Gabinete Zacarias e a dissolução da Câmara, que levou a uma nova maioria conservadora, os liberais, até então cindidos em duas alas, voltaram a se reunir, ampliando e aprofundando os seus temas prediletos, inclusive o federalismo. Em 1870 aparece o livro de TAVARES BASTOS, *A Província*, que é a suma do pensamento federalista sob o Império. Do federalismo de TAVARES BASTOS à Federação republicana a marcha foi contínua e tomou caráter revolucionário quando defrontou a obstinada resistência do Gabinete Ouro Prêto em ceder ao movimento incoercível para a Federação.

4.º) Certas influências culturais, principalmente o positivismo. A participação do movimento positivista na implantação da República tem sido exagerada por alguns escritores e negligenciada por outros. Na verdade ela existiu e foi sensível. Deve-se, contudo, observar que ela se impôs muito mais na formação do ambiente histórico do que no encontro das soluções políticas e constitucionais. [1]

5.º) O isolamento em que se achava o Brasil como única Monarquia continental e, graças ao mais estreito intercâmbio internacional, uma natural tendência ao enquadramento no sistema americano predominante, que era o da República presidencialista.

6.º) O envelhecimento do imperador e seu relativo afastamento de um cenário político novo, cujos líderes êle não

---

[1] V., adiante, ns. 178 e 179.

conhecia bem; a ausência de herdeiro masculino da Coroa e a falta de popularidade do príncipe-consorte estrangeiro.

Outros fatôres poderiam ser, ainda, mencionados, mas, na nossa opinião, os referidos são os mais importantes, para justificar o declínio e a queda do Império.

169. No terreno da História Constitucional, os fatôres acima enumerados tiveram as seguintes conseqüências: evolução do liberalismo para o republicanismo e fundação do Partido Republicano (1870); transformação do problema militar na chamada *questão militar* e, finalmente, na revolução militar de 15 de novembro; abandono do unitarismo monárquico e adoção do federalismo republicano. Finalmente, a substituição da Constituição de 1824 pela de 1891 foi o coroamento e a cristalização, em têrmos jurídicos, de todo êsse processo histórico.

170. Entre a dissolução da Câmara em 1868, e o lançamento do manifesto republicano, em 1870, a marcha da transformação do regime progride ràpidamente. Em março de 1869, o Centro Liberal (órgão do partido) publica no *Jornal do Comércio* da Côrte o manifesto famoso, em que colocava a situação do Império na alternativa entre reforma profunda das instituições ou revolução. Êsse documento proclamava expressamente as seguintes conclusões:

"Ou a reforma, ou a revolução. A reforma para conjurar a revolução. A revolução como conseqüência necessária da natureza das coisas, da ausência do sistema representativo, do exclusivismo e oligarquia de um partido."

O mais importante é que o manifesto vinha firmado pela mais lúzida plêiade intelectual e política do Partido Liberal, homens prudentes e experimentados, incapazes de agitação demagógica e que figuravam, com alguns conservadores, na primeira linha dos estadistas do Segundo Reinado. Homens como NABUCO, SOUSA FRANCO, ZACARIAS, CHICHORRO, FURTADO, DIAS DE CARVALHO, PARANAGUÁ, TEÓFILO OTÔNI, FRANCISCO OTAVIANO. O Manifesto Liberal de 1869 foi, sem dúvida, o primeiro passo sério na direção da República.

171. A ala radical do Partido Liberal, os positivistas e a geração militar prestigiada pela Guerra do Paraguai formaram, em conjunto nem sempre coeso, o elemento humano de que se constituiu o Partido Republicano. A doutrinação política e jurídica era mais de cunho liberal. A doutrinação sociológica e filosófica foi o campo preferido pelos positivistas. O impulso revolucionário foi dado pelos militares.

172. Em novembro de 1870, sob a influência direta da recente queda do Segundo Império e proclamação da República em França, fundou-se no Rio de Janeiro o Clube Republicano, sob cujos auspícios foi publicado, a 3 de dezembro seguinte, o manifesto inaugural do novo partido, no primeiro número do jornal *A República*, órgão de propaganda aparecido na capital do Império. O manifesto republicano, tão celebrado nos tempos heróicos do regime, é, no fundo, um documento muito mais de análise histórica do que de construção jurídica ou política. Além das críticas habituais ao poder pessoal, aos vícios eleitorais, à centralização administrativa e a algumas outras falhas proclamadas e reconhecidas da Constituição imperial, suas idéias são poucas e nada originais, mesmo na época. O que talvez fôsse até uma vantagem, por corresponder à média das opiniões. As principais sugestões do manifesto republicano — além da primeira e mais importante, que era a implantação da República por via de uma Assembléia Constituinte, sem revolução — cingiam-se à indissolubilidade da Câmara, temporariedade do Senado e Federação. A Federação, aliás, era defendida em têrmos estremados, como se verifica do seguinte trecho:

"O regime da Federação, baseado, portanto, na independência recíproca das Províncias, elevando-as à categoria de Estados próprios, ùnicamente ligados pelo vínculo da mesma nacionalidade e da solidariedade dos grandes interêsses da representação e da defesa exterior, é aquêle que adotamos no nosso programa, como sendo o único capaz de manter a comunhão da família brasileira."

O problema da Abolição, já então agudo, foi ladeado, pelas contradições existentes nos grupos agrícolas.

173. Percorrendo a lista dos signatários do manifesto republicano, encimada pelo nome de SALDANHA MARINHO, podemos observar que todos êles pertenciam às classes médias e superiores da sociedade, principalmente às profissões liberais. Eram, assim, na sua grande maioria, homens que representavam, no meio social, o mais alto nível de instrução. É de se notar a ausência, no manifesto republicano nacional, dos nomes de fazendeiros, que surgem, no entanto, em percentagens expressivas, nos movimentos de São Paulo e Minas Gerais. A razão será, provàvelmente, porque o manifesto do Rio de Janeiro recrutou os republicanos residentes na Côrte, aonde predominavam, como é natural, as profissões urbanas. Mas é inegável que, nas classes médias e elevadas que iniciaram a propaganda da República, foi importante a contribuição dos fazendeiros de café das zonas então cultivadas de São Paulo (Campinas e adjacências) e de Minas (Zona da Mata). A razão disso estava na aliança da nova lavoura com o trabalho livre, e na aliança da Abolição com a República.

174. Entre os signatários do manifesto da Côrte poderemos identificar 15 advogados, nove médicos, quatro engenheiros, quatro jornalistas e três funcionários públicos, ao lado de apenas sete negociantes e um fazendeiro. Não se encontra (nem seria natural que se encontrasse) nenhum operário ou trabalhador manual. Apesar disso, a República representava um progresso, mobilizando as classes médias e os intelectuais interessados na transformação das instituições constitucionais.

175. Já em São Paulo, por exemplo, a situação se apresentou, como dissemos, de forma diferente. Como resultado da convenção de Itu, realizada em abril de 1873, constituiu-se o chamado *Congresso Republicano Provincial*, integrado pelos representantes individuais de 29 Municípios. Dêstes, 14 eram

advogados e nove fazendeiros. Eleita a primeira comissão executiva, verificou-se que ela era composta de três advogados (AMÉRICO BRASILIENSE, AMÉRICO DE CAMPOS e CAMPOS SALES) e quatro fazendeiros (JOÃO TIBIRIÇÁ, TOBIAS DE AGUIAR, MARTINHO PRADO e AUGUSTO DA FONSECA).

Movimento de idéias

176. Os propósitos dos republicanos civis, especialmente dos juristas que integravam o movimento, resumiam-se, no fundo, em atingir, pela transformação da Monarquia em República, aquelas reformas constitucionais que o liberalismo não tinha conseguido dentro do Império. Entre elas avultavam: a Federação, a temporariedade do Senado, a extinção do Poder Moderador (pondo-se têrmo ao poder pessoal do chefe do Estado) e, também, a Abolição.

177. Quanto a êste último tópico, a Abolição, os republicanos da primeira hora pretendiam ensejá-la em têrmos mais moderados do que foi, afinal, concedida pelo Govêrno imperial, pois o Partido Republicano, nos seus primórdios, não admitia a libertação do elemento servil sem indenização prévia aos proprietários. Foi aos poucos, graças ao trabalho de RUI BARBOSA e outros, que a idéia da Abolição sem indenização firmou-se nos espíritos e conquistou o favor oficial. E a prova de que o assunto não era pacífico foi o profundo ressentimento que a Abolição causou em correntes políticas tradicionalmente fiéis ao Trono.

178. Essas intenções moderadas do bacharelismo republicano — simples acentuação da linha radical do liberalismo monárquico — foram, contudo, superadas por fôrças novas, principalmente por aquêles que já indicamos do positivismo comtista e da politização do Exército.

179. O positivismo exerceu uma ação estimulante em favor da República, tanto no meio civil quanto no militar. Entre

os positivistas fardados destacou-se BENJAMIM CONSTANT, que, embora não ortodoxo, foi o mais acatado pregador da doutrina entre as gerações que se formaram nos seus longos anos de magistério militar. Os positivistas civis se dividem entre os do apostolado pròpriamente religioso (MIGUEL LEMOS, TEIXEIRA MENDES, e outros) e os que se lançaram francamente na vida política, como DEMÉTRIO RIBEIRO, JÚLIO DE CASTILHOS ou JOÃO PINHEIRO.

180. Não devemos esquecer, no terreno das idéias, a transformação sofrida pelos estudos sociais a partir da época do manifesto republicano (1870), através da ação de homens como TOBIAS BARRETO e seus seguidores. A década de 1870 é capital na história do pensamento jurídico-político brasileiro. Ela representa, com o manifesto republicano, o coroamento e o fim do exclusivismo francês. Daí surgem, aplicadas ao direito e à política, as idéias monistas e transformistas traduzidas do alemão por TOBIAS. Além disso, o federalismo atinge ao seu amadurecimento no livro de TAVARES BASTOS.

181. Todo êste movimento de idéias filosóficas, políticas e jurídicas, não encontrando ressonância nos quadros envelhecidos das instituições imperiais, foi convergindo direta ou indiretamente para a única solução renovadora, que era a República.

182. Um elemento importante na difusão da propaganda foi a imprensa. A partir do aparecimento, na Côrte, do jornal *A República*, a imprensa republicana toma grande incremento no Rio e nas Províncias. Vários periódicos são fundados com o mesmo expressivo nome da fôlha carioca, outros com o nome de *Federação* ou assemelhado, e ainda alguns trazendo francamente o título *A Revolução*. Embora de circulação limitada, êsses jornais propagavam a idéia republicana nas capitais e nos Municípios do interior, mantendo viva a flama republicana nos círculos dirigentes da política de então, que eram os capazes de ler jornais.

Da reforma constitucional à revolução militar

183. A princípio, a marcha foi simplesmente reformista. A única inovação verdadeira do manifesto de 1870 era a reivindicação da República como instrumento capaz de realizar reformas no fundo, preconizadas desde muito. Mas um dado novo veio trazer o fermento revolucionário próprio para forçar a decisão: a questão militar. Com êste nome genérico poderemos designar o conjunto de fatos, e opiniões, que, encadeados, vieram desfechar o golpe de 15 de novembro.

184. Desde o fim da Guerra do Paraguai o prestígio do Exército como instituição política deliberante foi se afirmando. A crise parlamentar de 1868, de que saiu, indiretamente, o Partido Republicano, foi, no fundo, uma crise militar. Progressivamente, à medida que o ideal republicano se concretizava na propaganda e no campo eleitoral, com indicação de líderes do movimento para as Assembléias Legislativas Provinciais e Geral, ia êle, também, se consolidando dentro do Exército. As associações de classe passaram a discutir os problemas políticos e a enfrentar a hierarquia dos podêres civis. A chamada *questão militar,* iniciada pela rebeldia dos coronéis CUNHA MATOS e MADUREIRA contra o ministro civil da pasta da Guerra e os deputados que procuravam manter a soberania do poder civil, em breve empolgou o espírito de classe e serviu de lenha para a fogueira dos republicanos.

185. A situação se agravou quando DEODORO, herói do Paraguai e comandante da guarnição do Rio Grande, tomou pùblicamente a defesa de MADUREIRA, que servia naquela Província, desafiando a autoridade do Govêrno e do próprio imperador. DEODORO, MADUREIRA, VASQUES, JOSÉ SIMEÃO, eis alguns dos oficiais que se destacaram no incidente e que seriam dos nomes em foco do grupo militar que instaurou a República. Em princípios de 1887, DEODORO tornou-se o líder proclamado da classe. Escrevendo ao imperador, aliás seu amigo, não titubeava em afirmar:

"Senhor. Só quem não foi soldado, só quem não tiver ou compreender (sic) a menor noção de brio e dignidade militar, só quem julgar que a farda do soldado é a libré do servilismo e da baixeza, poderá ver, sem corar de vergonha, sem estremecer de indignação, uma tal procedimento, [2] que já não é um desacato à autoridade, mas um insulto à classe militar."

Estas demonstrações de desafiadora indisciplina foram se agravando e amiudando. Às vésperas do 15 de novembro, tomaram, mesmo, caráter afrontoso, no incidente provocado por BENJAMIM CONSTANT na Escola Militar. Durante a visita feita àquela Escola por oficiais da esquadra chilena então em visita ao Brasil, BENJAMIM articulou, na presença do ministro da Guerra, críticas acerbas ao Govêrno monárquico. Solidários com o prestigioso professor, elementos militares fizeram-lhe uma manifestação, pela atitude rebelde assumida, na qual se exprimiram sôbre os homens e as coisas do tempo da maneira mais desenvolta e provocadora. Ao visconde de OURO PRÊTO, presidente do Conselho, chamaram "aventureiro ousado e atrevido", ao imperador, "um espectro de rei", ao Império, "uma banca de jôgo, onde têm cotação a consciência, o caráter, a honra, últimos vestígios de passadas grandezas". Não era possível ir-se mais longe na senda do desrespeito dos militares ao poder constituído.

186. Só a fraqueza do poder constitucional explicava a possibilidade de episódios semelhantes. Era evidente que o trono cambaleante não resistiria por muito tempo ao impacto de tais acontecimentos. A República se aproximava, congregando, na sua vitória incruenta, os fatôres positivos e negativos que causaram a queda do Império: a aspiração federalista; o ideal presidencialista das novas gerações civis sem compromissos com a Coroa; o sectarismo positivista; o ressentimento dos senhores de escravos; o envelhecimento do imperador sem herdeiro masculino; a crescente arrogância militar.

---

[2] Referia-se à repreensão imposta pelo ministro da Guerra, nos têrmos precisos dos regulamentos e leis militares.

Do Govêrno Provisório à Constituinte

187. Proclamada a República a 15 de novembro de 1889, cuidou logo o Govêrno Provisório de lhe delinear um estatuto constitucional de emergência. Para isso expediu o importante decreto n.º 1, do mesmo dia 15, redigido por RUI BARBOSA, o qual deve ser considerado, assim, o autor da primeira lei constitucional republicana. Êste decreto proclama a República, institui a Federação e delineia as normas que deviam reger os governos dos Estados.

188. Na redação desta lei básica já se insinua a questão que deveria suscitar os mais acesos e importantes debates da Constituinte: o limite jurídico da autonomia estadual. Com efeito, cedendo ao radicalismo federalista e à influência da teoria norte-americana, o decreto alude à "legítima soberania" dos Estados (art. 2.º), expressão que, se realmente seguida pelos fatos, levaria a nascente República a uma provável desagregação política. Mas, nos artigos subseqüentes, a concessão feita à moda por aquelas palavras encontra corretivo em disposições mais equilibradas e prudentes. É assim que a fôrça pública (Exército e Armada) ficou firmemente mantida nas mãos do Govêrno Provisório da União, sendo lícito a êste utilizá-la para intervir nos Estados recalcitrantes (art. 6.º). Por outro lado, o art. 4.º dava perfeita noção do equilíbrio jurídico que prevalece nas verdadeiras Federações. Com efeito, êste artigo distinguia entre "nação brasileira", ou seja a comunidade política nacional, e os "governos dos Estados", que o texto parece considerar como meros órgãos administrativos. A "nação brasileira" seria regida pelo Govêrno Provisório da República.

189. Essa orientação moderada e prudente é confirmada pelo decreto n.º 7, de 20 de novembro. Se é verdade que nêle foram concedidos aos governos estaduais franquias e podêres mais tarde restringidos pela Assembléia Constituinte, menos exato não é que tais podêres e franquias ficavam severamente contidos pela autoridade permanente e imediata do Govêrno central. Com efeito, se, por um lado, o art. 2.º do decreto n.º 7 entrega ao Govêrno dos Estados a instrução pública (§ 2.º); a desapropriação (§ 3.º); a imposição de tributos sem discriminação (§ 4.º), por outro, a organização da fôrça pública estadual seria feita "de acôrdo com o Govêrno Federal" (§ 8.º); os empréstimos estaduais ficariam dependendo de autorização federal — restrição que não figurou no texto de 24 de fevereiro — (§ 10). A norma decisiva da superioridade da União no concêrto federativo era, porém, a do art. 3.º do decreto, o qual dispunha:

"O Govêrno Federal Provisório reserva-se o direito de restringir, ampliar e suprimir quaisquer das atribuições que, pelo presente decreto, são conferidas aos Governadores Provisórios dos Estados, podendo outrossim substituí-las conforme melhor convenha."

O decreto n.º 12, de 23 de novembro, veio completar a supremacia do Govêrno Federal. Por êle ficaram dependendo de nomeação do mesmo govêrno os mais importantes postos das administrações estaduais, como fôssem os próprios Governadores Provisórios, os comandantes de armas, os secretários de govêrno (êstes em primeiro provimento). Ficava também dependendo de autorização federal a nomeação, pelos Governadores, dos administradores dos Correios dos Estados.

190. A 3 de dezembro — data que recordava, ao mesmo tempo, o lançamento do manifesto republicano e o aparecimento do jornal *A República,* em 1870 — o Govêrno Provisório constituiu, pelo decreto n.º 29, uma comissão especial incumbida de elaborar o anteprojeto da Constituição. Era ela composta de cinco (5) membros (de onde o seu nome de "Comissão dos Cinco") dos quais dois, SALDANHA MARINHO e RANGEL PESTANA, eram signatários do manifesto de 1870, enquanto os três outros, AMÉRICO BRASILIENSE, SANTOS WERNECK e MAGALHÃES CASTRO, pertenciam também ao grupo dos republicanos históricos.

191. SALDANHA MARINHO foi o presidente da Comissão, a qual, iniciando seus trabalhos em janeiro de 1890, elaborou a princípio três projetos, um de AMÉRICO BRASILIENSE, outro de MAGALHÃES CASTRO e outro feito de parceria, por RANGEL PESTANA e SANTOS WERNECK.

192. Transcrevemos aqui a síntese comparativa que GOMES RIBEIRO faz dêsses trabalhos preliminares:

"O projeto WERNECK-PESTANA atribuía ao Poder Judiciário a competência para conhecer e decidir, mas sempre em espécie, de tôda e qualquer infração da Constituição; além dos Estados admitia Províncias e Territórios como entidades administrativas, em casos especiais; os Estados que recorressem ao auxílio da União passariam à categoria de Províncias, com direito de representação restringida e inabilitação para intervir na eleição presidencial, o mesmo se dando com os Territórios; a mudança da Capital Federal; a discriminação sensata das rendas federais e estaduais; eleição indireta do presidente e vice-presidente da República, formando os Estados circunscrições eleitorais e tendo cada qual tantos votos diretos quantos senadores e deputados enviasse ao Congresso; intervenção federal de acôrdo com a atual Constituição. [3] O projeto AMÉRICO BRASILIENSE admitia a intervenção federal nos mesmos casos do projeto WERNECK-PESTANA; eleição indireta do presidente e do vice-presidente da República, dando cada Estado 20 eleitores presidenciais; comparecimento facultativo dos ministros ao Congresso e intervenção nos debates; responsabilidade dêles; Poder Judiciário com competência em matéria constitucional; organização judiciária generalizada; mandava rever e fixava, dentro do mais breve prazo, os limites dos Estados. O projeto MAGALHÃES CASTRO propunha a mudança da Capital Federal; intervenção federal nos casos do projeto WERNECK-PESTANA; os Estados sem renda própria para se manter como tais seriam considerados Territórios e sujeitos à administração do Govêrno Federal, caso

---

[3] O autor refere-se à Constituição de 1891.

não quisessem incorporar-se a outro Estado; proibia os contratos, compromissos e condições incompatíveis com a liberdade, independência ou natureza humana, quaisquer que fôssem a forma, a causa ou pretexto, inclusive o voto de religião; ingresso facultativo dos ministros no recinto das Câmaras, quando convidados para isso; atribuição expressa do Congresso de providenciar sôbre a civilização dos índios; eleição de senadores pelas Assembléias dos Estados e, no Distrito Federal, pela forma que a lei determinar; audiência facultativa do Supremo Tribunal de Justiça, pelo presidente da República, sôbre a constitucionalidade dos projetos de lei, antes da sanção; eleição do presidente e vice-presidente da República pelas Câmaras Municipais, num só dia, em sessão solene e perante o juiz de direito e o tabelião da comarca; responsabilidade dos ministros; eleição dos membros do Supremo Tribunal pelo Congresso; os juízes das Relações eleitos pelo Supremo Tribunal; competência dêste para decidir questões de caráter constitucional; entrega aos Estados de uma área limitada de terras devolutas, com a condição de povoá-la e colonizá-la."

193. Preparados os três anteprojetos, ocupou-se a Comissão dos Cinco em fundi-los num substitutivo geral. O sistema presidencial de govêrno desde logo se impôs, visto que os três anteprojetos, sem discrepância, o haviam proposto. [4] Passou, assim, a Comissão, a comparar os três trabalhos e a discuti-los em conjunto, eliminando, conservando ou substituindo disposições de cada qual. RANGEL PESTANA foi incumbido de relatar o vencido, conformando-se assim o texto final, que, em data de 24 de maio, a Comissão entregou ao Govêrno Provisório, que reviu o projeto e enviou-o, emendado, à Assembléia Constituinte.

194. Dentro do Govêrno Provisório, o elemento dominante na revisão e reforma do projeto da Comissão dos Cinco

---

[4] Projeto BRASILIENSE, art. 27; projeto WERNECK-PESTANA, art. 112; projeto MAGALHÃES CASTRO, art. 71.

foi, com era aliás de esperar, o ministro da Fazenda, RUI BARBOSA. Em mais de uma passagem da sua obra êle reivindica a participação eminente que teve na confecção do trabalho. A mais expressiva e conhecida é esta:

"Comecei então, desde logo, a redigir a Constituição; à tarde os meus colegas de Ministério [5] jantavam comigo, ouviam o que eu havia escrito, concorriam com as suas idéias e emendas, discutíamos, e, depois, íamos ao Itamarati [6] ler os artigos ao Marechal. Assentaram os colegas que eu fôsse o único a defender e explicar ao chefe do Govêrno as disposições do futuro estatuto."

195. Escritores menos informados ou hostis a RUI BARBOSA contestaram a importância da sua colaboração. A partir, porém, do estudo de HOMERO PIRES, no prefácio aos *Comentários* do ilustre jurista, o assunto ficou devidamente esclarecido. Mais recentemente a publicação dos diversos textos sucessivos em que se desdobrou o projeto, feita pela Casa de Rui Barbosa com prefácio esclarecedor de PEDRO CALMON, veio trazer novas provas à controvérsia, por meio dos textos fotografados, que contêm as emendas do punho de RUI, adotadas nas reuniões dos ministros. Enumera PEDRO CALMON no seu estudo os pontos principais que, na forma ou no fundo, o projeto ficou devendo ao emérito constitucionalista: a definição da República Federativa; a transformação do Rio de Janeiro em Estado, depois da transferência da capital; o melhor tratamento do instituto da intervenção federal; a vedação das leis retroativas; a proibição dos impostos de trânsito entre os Estados; os têrmos de fixação das imunidades parlamentares; a definição do *impeachment;* as disposições sôbre instrução pública entre as atribuições do Congresso; a situa-

---

[5] Os ministros do Govêrno eram os seguintes, além de RUI BARBOSA: BENJAMIM CONSTANT, Instrução Pública; EDUARDO WANDENKOLK, Marinha; FLORIANO PEIXOTO, Guerra; QUINTINO BOCAIÚVA, Exterior; CAMPOS SALES, Justiça; CESÁRIO ALVIM, Interior; FRANCISCO GLICÉRIO. Agricultura.

[6] O Itamarati era, então, sede do Govêrno da República.

ção constitucional dos ministros de Estado; o estabelecimento definitivo da competência constitucional do Supremo Tribunal Federal; a definição dos crimes de responsabilidade do presidente da República; numerosas e importantes cláusulas da declaração de direitos; a definição dos podêres implícitos; a formalização do estado de sítio; a proibição das reformas constitucionais no que tocasse à Federação e à República.

É claro que essas teses não provinham de idéias pessoais de RUI BARBOSA. Eram doutrina corrente no Direito Constitucional federal e presidencialista. Mas RUI era o melhor conhecedor da ciência no seu tempo, exímio cultor da língua e parlamentar de larga experiência, apesar de relativa juventude. Êsses precedentes tornaram, de fato, primacial a sua influência no chamado *projeto do Govêrno Provisório*, sendo, a êsse respeito, as provas coligidas conformes às reiteradas afirmações que fêz e que foram injustamente contestadas.

A obra da Constituinte

196. A 22 de junho de 1890, concluída a revisão, dá-se a assinatura solene, pelo Govêrno Provisório, do projeto de Constituição. No mesmo dia é expedido o decreto n.º 510, por meio do qual o Govêrno Provisório convoca a reunião da Assembléia Constituinte, cuja eleição foi regulada pelo decreto n.º 511, do dia seguinte.

197. O pleito foi fixado para o dia 15 de setembro, e as condições de elegibilidade, as inelegibilidades, bem como o processo de eleição e de apuração foram regulados pelo decreto acima citado.

198. Procedida a eleição (cuja lei, o chamado *regulamento Alvim*, do nome do ministro do Interior, foi muito criticada na época), reuniu-se a Assembléia a 10 de novembro, em sessões preparatórias no edifício do *Cassino Fluminense*, [7]

---

[7] Atual Automóvel Clube.

à rua do Passeio. A instalação solene deu-se a 15 do mesmo mês, primeiro aniversário da República, no antigo palácio imperial da Quinta da Boa-Vista, onde ficou a Constituinte até o têrmo dos seus trabalhos.

199. A Assembléia se compunha de 205 deputados e 63 senadores. A bancada mais numerosa de deputados era a de Minas, com 37 representantes, seguindo-se São Paulo e Bahia, com 22, e assim em ordem decrescente até o Amazonas e Mato Grosso, que não contavam mais de dois cada um. Os senadores eram três por Estado. Dos 268 constituintes apenas 223 assinaram a Constituição, a 24 de fevereiro. Eram os constituintes homens muito diversos pela formação. Predominavam entre êles os representantes das profissões liberais — bacharéis, médicos e engenheiros — sendo também numerosos (mais de 40) os militares. As correntes se acentuavam mais no campo das tendências políticas do que nas convicções doutrinárias. Havia os republicanos radicais, em geral recrutados entre os jovens militares do movimento de 15 de novembro, os positivistas, os liberais e também os conservadores. Havia alguns poucos que vinham da política imperial, como o ilustre conselheiro SARAIVA.

200. As alterações sofridas pelo projeto do Govêrno Provisório na Assembléia Constituinte foram relativamente irrelevantes, e, seguramente, em escasso número. PEDRO CALMON observa que, comparados os dois textos, verifica-se que 74 artigos do projeto "se incluem intatos, ou apenas ligeiramente alterados", nos 90 artigos da Constituição aprovada.

201. O problema principal com que se defrontou a Constituinte foi o da Federação, ou melhor, foi de equilibrar as correntes que se chocavam no seu seio no que tocava à amplidão relativa das competências da União e dos Estados. No trato dos problemas concretos que surgiam, colocavam-se forçosamente as três soluções de ordem geral: ou a competência predominante da União, ou a competência predominante dos Estados, ou a competência concorrente de uma e outros. Fora de uma dessas três soluções não havia saída.

202. AGENOR DE ROURE, no seu vasto e consciencioso trabalho sôbre a Constituinte Republicana, estudou pormenorizadamente a marcha do conflito entre as duas correntes, a que poderíamos dar os nomes de *unionistas* e *federalistas*. A vitória ficou, sem dúvida, com a primeira, a dos partidários da supremacia da União, embora a segunda tivesse obtido vantagens importantes, algumas das quais, aliás, foram sendo eliminadas na marcha do nosso Direito Constitucional, até a Constituição vigente. RUI BARBOSA foi, ainda aqui, figura primacial nos debates. Êle encarnou e chefiou — principalmente quando, como ministro da Fazenda, discutiu a distribuição das rendas federais e estaduais — as reivindicações unionistas. Seu principal opositor naquela emergência, como na concepção teórica do federalismo, foi JÚLIO DE CASTILHOS, que juntava no espírito o particularismo gaúcho à formação ortodoxa positivista, que, como se sabe, é contrária às grandes centralizações políticas.

203. Entre os unionistas poderemos incluir UBALDINO DO AMARAL, JOSÉ HIGINO, J. J. SEABRA, JUSTINIANO DE SERPA, AMARO CAVALCÂNTI e outros. Ao lado de CASTILHOS, pugnando por um mais largo federalismo, batiam-se BORGES DE MEDEIROS, LAURO MÜLLER, EPITÁCIO PESSOA e CAMPOS SALES. Devemos acentuar que êstes partidários de mais extensas franquias federativas o eram por motivos diferentes e em graus também diferentes.

204. AGENOR DE ROURE assim resume o aspecto mais importante da luta que se travou, no seio da Constituinte, sôbre o equilíbrio de podêres entre a União e os Estados:

"O debate sôbre a organização federativa girou principalmente em tôrno da discriminação de rendas. [8] Vários sis-

---

[8] Deve-se observar que os projetos WERNECK-PESTANA e MAGALHÃES CASTRO já possuíam esboços de discriminação de rendas entre a União e os Estados. (Nota do autor.)

temas foram lembrados, quase todos visando favorecer os Estados. O projeto do Govêrno Provisório adotou o sistema de dar um certo número de rendas à União, especificar as que deviam caber aos Estados e deixar as restantes à competência cumulativa da União e dos Estados... O projeto só foi alterado para favorecer os Estados, entregando-lhes quatro novas fontes de receita... Foi difícil conseguir que os Estados parassem aí no desejo de obter mais, de vencer sempre, de reduzir a União "ao estritamente necessário para viver", como dizia o Sr. JOÃO BARBALHO, embora se lhe desse a responsabilidade de tôda a dívida pública interna e externa, contraída ao tempo do Império. De todos os sistemas propostos para a discriminação de rendas apenas dois estiveram verdadeiramente em luta: o do projeto e o da bancada rio-grandense, que visava discriminar as rendas pertencentes à União, deixando tôdas as outras aos Estados, sem os impostos de competência cumulativa, mas tornando possível o auxílio dos Estados à União, quando necessário. JÚLIO DE CASTILHOS bateu-se por êste sistema no seio da Comissão dos Vinte e Um e a bancada sustentou-o no plenário, tendo quase conseguido torná-lo vitorioso... RUI BARBOSA sustentou o sistema do projeto, defendendo a União."

Venceu, afinal, o sistema preconizado pelo projeto do Govêrno, sendo rejeitadas em plenário algumas emendas adotadas pela própria Comissão dos Vinte e Um.[9]

205. Outro assunto cuja discussão, na Constituinte, demonstrou as tendências históricas do nosso federalismo foi o da divisão territorial. O decreto institucional n.º 1, de 15 de novembro, estatuía, no art. 2.º:

"As Províncias do Brasil, reunidas pelo laço da Federação, ficam constituindo os Estados Unidos do Brasil."[10]

---

[9] A luta entre RUI BARBOSA e JÚLIO DE CASTILHOS chegou a oferecer lances dramáticos, como na sessão de 22 de dezembro, que foi suspensa por PRUDENTE DE MORAIS, porque os partidários do ministro da Fazenda não permitiam que o representante gaúcho falasse.

[10] O nome *Estados Unidos do Brasil* foi sugerido ao Govêrno Provisório por RUI BARBOSA.

O Império, sendo unitário, não reconhecia o direito das Províncias ao próprio território, o que é peculiar aos regimes federativos e à sua concepção da autonomia política dos Estados federados. Assim, a passagem das Províncias imperiais à categoria de Estados federados e republicanos não foi uma simples mudança de nomes, mas uma transformação jurídica de primacial importância, que se refletia, inclusive, no direito que os novos Estados passaram a ter quanto aos próprios territórios, de acôrdo com o pensamento dominante no regime jurídico das Federações.

206. Era natural, portanto, que a Assembléia Constituinte reconhecesse tal direito e subordinasse à competência dos próprios Estados quaisquer tranformações a serem introduzidas na geografia política do País. Nesta ordem de idéias, a Constituinte manteve, em caráter definitivo, a tradicional divisão territorial do País, o que foi uma atitude acertada e correspondente ao pensamento quase unânime dos seus membros. Algumas vozes discordantes — como a do sergipano FELISBELO FREIRE ou a do mato-grossense PINHEIRO GUEDES — não encontraram repercussão significativa. O problema da fusão ou desmembramento dos Estados recebeu, também, solução adequada, ao ser entregue, em primeiro passo, à deliberação das Assembléias Legislativas estaduais interessadas e aprovação posterior do Congresso Nacional. Esta é a solução mantida até hoje, havendo a Constituição vigente introduzido ainda uma nova garantia da liberdade, que é a manifestação direta, por plebiscito, das populações interessadas (art. 2.º).

207. Ainda sôbre o problema da Federação, merece referência a questão da competência legislativa do Congresso.

Pelo projeto da Comissão dos Cinco (art. 33, n.º 13), o Congresso Nacional deveria organizar, no prazo de cinco anos, o sistema legal civil, comercial e criminal, mas os Estados poderiam, por suas legislaturas, alterar essas leis federais substantivas e adaptá-las às "suas condições peculiares". Se acaso o sistema legislativo federal não estivesse feito no prazo marcado, então ficava livre aos Estados o campo do direito substantivo.

208. Era, como se vê, uma solução média entre a tradição imperial da legislação unitária e o sistema da Constituição dos Estados Unidos, que atribui aos Estados ampla competência legislativa. O Govêrno Provisório, contudo, estabeleceu a competência exclusiva do Congresso Nacional para legislar em matéria de direito substantivo, no que foi seguido, afinal, pela Assembléia, que inseriu texto proposto na Constituição, com insignificantes alterações de forma.

209. Além do problema da Federação, que acima resumimos, poucos foram os assuntos fundamentais que mereceram debates ou emendas importantes, na Assembléia Constituinte. Um dêles, naturalmente, foi o sistema de govêrno adotado, ou seja, o presidencialismo.

210. A presença constante da organização político-jurídica dos Estados Unidos no pensamento dos principais responsáveis pela Constituição de 1891 se manifesta com mais vigor através das duas teses básicas do federalismo e do presidencialismo. A reação contra a Monarquia envolvia não só a superação do Estado unitário como, também, a repulsa ao sistema parlamentar. Teòricamente era convicção generalizada que a Federação não se compunha com o govêrno de gabinete (embora houvesse, desde o tempo do Império, vozes divergentes a êsse respeito) e, também, de que a verdadeira República era sòmente a presidencial, visto que as Repúblicas parlamentares, de tipo francês, pareciam, antes, à geração de 1889, uma simples acomodação das instituições monárquicas.

211. Todos os projetos que antecederam ao do Govêrno Provisório estabeleciam o sistema presidencial. Percorramo--los.

O de AMÉRICO BRASILIENSE dispunha: "Art. 27. O exercício do Poder Executivo da Federação será confiado a uma única pessoa, que terá o título de Presidente dos Estados Unidos do Brasil; o mandato durará quatro anos."

O projeto WERNECK-PESTANA determinava: "Art. 112. O Poder Executivo será exercido exclusivamente e com plena e rigorosa responsabilidade, por um cidadão eleito pela forma determinada nesta Constituição, com o título de Presidente da República Brasileira."

O projeto MAGALHÃES CASTRO estabelecia: "Art. 71. O Poder Executivo da União é confiado a um cidadão, sob a denominação de Presidente da República Federal dos Estados Unidos do Brasil, o qual o exercitará por si e por auxiliares seus, denominados ministros e secretários do Govêrno."

Finalmente, o projeto do Govêrno Provisório ordenava: "Art. 42. O Poder Executivo será confiado exclusivamente a um cidadão, que terá o título de Presidente dos Estados Unidos do Brasil." [11]

212. Era natural que, formada sob a influência dessas idéias, a Assembléia Constituinte fôsse maciçamente presidencialista. Maciçamente, mas não totalmente. Com efeito, algumas vozes se levantaram no seu seio, em defesa do sistema parlamentar e, entre elas, as de homens que tiveram, depois, um grande destino na República presidencial, como ROSA E SILVA e NILO PEÇANHA. CÉSAR ZAMA, que vinha do Império, declarou mesmo a sua qualidade de "parlamentarista ardente", ajuntando que "não compreendia forma de govêrno livre sem ministros responsáveis e interpeláveis". De qualquer maneira, pode-se assegurar que a implantação do re-

---

[11] Merece referência o fato de haver sido a eleição direta do presidente da República uma das alterações — das mais importantes — introduzidas pela Assembléia no projeto. Todos os projetos previam formas diversas de eleição indireta. O sistema oficial adotado foi votado em grande confusão, o que deu lugar a dúvidas sôbre a legitimidade de sua aprovação.

gime presidencial não sofreu impugnação séria na Assembléia, nem correu risco um só instante. Apenas o constituinte LUÍS MURAT, futuro acadêmico, simbolizou o seu protesto deixando de assinar a Constituição que instituía o sistema presidencial de govêrno. Pouco depois da República, em 1896, ASSIS BRASIL publicou um livro, *Do Govêrno Presidencial na República Brasileira*, no qual estudou os aspectos teóricos principais da forma de govêrno adotada, defendendo-a contra os partidários remanescentes do parlamentarismo e apresentou sugestões interessantes e precoces, inclusive algumas que muito mais tarde foram adotadas pelo nosso Direito Constitucional, como, por exemplo, o voto proporcional nas eleições e a presença dos partidos oposicionistas nas comissões permanentes do Congresso.

A prática das instituições

213. Na história do nosso Direito Constitucional — como, de resto, na de qualquer outro país — é difícil dissociar, no exame da prática das instituições, o elemento político do pròpriamente jurídico. A teoria constitucional é mais jurídica; a sua prática mais política. Assim, sairíamos dos limites naturais dêste livro, que são limites jurídicos, se nos detivéssemos para examinar amplamente a aplicação da lei constitucional de 1891, entre a sua promulgação e a reforma pròfunda que sofreu em 1926. Nossa função será, apenas, a de apresentar a evolução dos fundamentos teóricos e jurídicos da reforma, desde as suas primeiras manifestações e sua lenta maturação, até a vitória do reformismo no govêrno ARTUR BERNARDES, abstraindo de qualquer narrativa ou consideração de ordem política. É o que faremos no capítulo seguinte.

BIBLIOGRAFIA

Os Programas dos Partidos e o Segundo Império, São Paulo, 1878.
Constituição da República dos Estados Unidos do Brasil acompanhada das leis orgânicas, Rio, Imprensa Nacional, 1891.

LAUDELINO FREIRE, *História Constitucional da República*, Rio de Janeiro, vols. I e II, 1894; vol. III, 1895.

AGENOR DE ROURE, *A Constituinte Republicana*, 2 vols., Rio, Imprensa Nacional, 1920.

JOÃO COELHO GOMES RIBEIRO, *A Gênese Histórica da Constituição Federal*, Rio, 1917.

RUI BARBOSA, *Comentários à Constituição Federal Brasileira*, coligidos e prefaciados por HOMERO PIRES, Saraiva, São Paulo, 6 vols.

Obras Completas de Rui Barbosa. A Constituição de 1891, Ministério da Educação, Rio, 1946.

JOÃO BARBALHO, *Constituição Brasileira*, Rio, 1902.

ASSIS BRASIL, *Do Govêrno Presidencial na República Brasileira*, Lisboa, 1896; *Democracia Representativa*, 4.ª ed., 1931.

JOSÉ MARIA BELO, *História da República*, Cia. Editôra Nacional, Rio, 1957.

HERMAN JAMES, *The Constitutional System of Brazil*, Carnegie, Washington, 1923.

Anais da Constituinte (ed. da Câmara dos Deputados), 3 vols., Rio, 1890-1891.

CAPÍTULO V

Tentativas revisionistas da Constituição de 1891. A revisão de 1926. O conteúdo da reforma.

Tentativas revisionistas da Constituição de 1891

214. No primeiro volume dêste *Curso* já fornecemos as noções essenciais sôbre as razões teóricas que justificam o princípio jurídico da superioridade das Constituições sôbre as leis ordinárias. Êste princípio é inerente ao conceito mesmo de Constituição e, por conseguinte, aplica-se tanto às Constituições escritas como às não-escritas, embora, como é natural, seja mais sensível no que toca ao primeiro grupo.

215. Uma das conseqüências formais mais importantes da supremacia constitucional reside em que a alteração da lei básica é, habitualmente, cercada de cautelas especiais e garantias maiores do que as exigidas para a alteração do sistema legal ordinário, visto que os preceitos constitucionais são destinados, presumìvelmente, a disciplinar matérias que, pela sua importância jurídica e significação social, exigem a segurança de uma maior estabilidade textual.

216. O procedimento especial para a realização de revisões ou emendas constitucionais suscita, por outro lado, o debate teórico sôbre a natureza, origens e limites do chamado *Poder Constituinte*. Neste volume do nosso *Curso,* destinado apenas à exposição interpretativa dos fatos mais marcantes da evolução constitucional do nosso País, não poderíamos, é claro, entrar naquele debate teórico. De resto, já o fizemos ao resumir algumas idéias a respeito do Poder Constituinte no volume anterior desta obra, dentro dos limites modestos aconselhados pelas suas finalidades.[1] Assim, o que se impõe, agora, é entrar, diretamente, no exame da formação da mentalidade revisionista na Constituição de 1891, para chegarmos até a reforma de 1926.

217. O processo de reforma constitucional se achava regulado de maneira bastante rígida pelo art. 90 e seus parágrafos da primeira **Constituição republicana**, em parte inspirados pelo correspondente art. V da Constituição dos Estados Unidos. No sistema da Lei Magna brasileira, a reforma deveria ser apresentada pela quarta parte dos membros da Câmara dos Deputados ou do Senado, e votada por "dois terços dos votos"[2] em três discussões e em dois anos consecutivos. Os Estados também poderiam propor reformas, mas deveriam fazê-lo desde que as maiorias absolutas das Assembléias Legislativas de dois terços dos Estados-membros aprovassem a proposta a ser remetida ao Congresso Nacional, proposta essa que precisava ser aprovada pelo Congresso igualmente pelo *quorum* de dois terços, em três discussões. Não seriam aceitos projetos de reforma tendentes a abolir a forma republicano-federativa de govêrno, ou a igualdade de representação dos Estados no Senado.

218. Além dêsses processos usuais de garantir maior estabilidade da lei fundamental, a Constituição de 1891 também atendia às conveniências do tipo federal de Estado, ao prover a participação dos Estados-membros no processo de reforma. Com êste mesmo propósito, aliás, o seu texto chegava a ser redundante, no ponto em que proibia as reformas que tendessem à abolição da Federação ou à extinção da igual-

---

[1] Capítulo V, ns. 182-187.

[2] Esta redação imprecisa teve o resultado de fazer aprovar a reforma por dois terços dos votos presentes, e não totais. V. *infra*, n.º 252.

dade de representação no Senado (art. 90, § 4.º). Com efeito, a igualdade de representação no Senado (copiada da Constituição dos Estados Unidos) exprimia, precisamente, no texto constitucional, a permanência da Federação política. De uma lei francesa de 1884, complementar da Constituição de 1875 daquele país, tiraram, provàvelmente, os constituintes brasileiros de 1891 a disposição que vedava qualquer emenda que visasse extinguir a forma republicana de govêrno. Na França, a Constituição de 1875 foi um texto de compromisso entre monarquistas de vários matizes (que representavam, unidos, a maioria da Assembléia) e os verdadeiros republicanos. O regime custou muito a se consolidar, como prova o lustro decorrido entre o têrmo da guerra franco-prussiana e a organização jurídica da Terceira República. Por isto mesmo é que a lei de 1884 veio barrar quaisquer aspirações a um possível retôrno ao antigo regime. No Brasil, tais receios eram infundados. O Império caíra para sempre, e isto mesmo sentiam aquêles que tentaram a frustrada aventura da fundação de um partido monarquista, que não teve a menor repercussão, ou outros, como JOAQUIM NABUCO, que aceitariam em breve servir à República. De qualquer forma, havia em 1891, como há hoje, limitações constitucionais ao poder de revisão. Essas limitações são freqüentes nos textos de outros países, conforme se verifica no Direito comparado, e representam a concretização da teoria de uma divisão entre o Poder Constituinte originário, emanado diretamente das fontes da soberania popular, e o Poder Constituinte instituído como órgão constitucional e delegado ao Congresso ordinário.

219. Dentro do quadro das possibilidades de reforma, começaram a se definir desde cedo as tendências revisionistas. Na própria Constituinte houve vozes, embora esparsas, favoráveis à instalação de uma República parlamentar e não presidencial. CÉSAR ZAMA, ROSA E SILVA, NILO PEÇANHA, LUÍS MURAT, entre outros, eram pela recusa ao exemplo norte-americano. Mas figuravam como opiniões isoladas em uma Assembléia maciçamente presidencialista. A Federação era o

velho sonho dos liberais que, sob o Império, evoluíram para a República. E, naquela época, considerava-se incompatível o sistema parlamentar com o Estado federal.

220. Se os parlamentaristas da Constituinte apresentavam suas idéias apenas como opiniões teóricas e não se animavam a preconizar a adoção delas por via de revisão constitucional, tão consolidado parecia a todos o sistema presidencial, já os federalistas extremados não hesitavam em prever a breve vitória das suas teses. Um dos mais autorizados portavozes dêsse federalismo exaltado foi o deputado goiano LEOPOLDO DE BULHÕES, que, no dia 24 de fevereiro, data em que se promulgou a nova Constituição, pouco antes do encerramento da Assembléia, discursou para dizer, entre outras coisas, o seguinte:

"Por isso eu disse e repito: ela (a Constituição) não pode satisfazer a êste País e sinto profundamente que, antes de assiná-la, me veja forçado a declarar a V. Ex.ª que ela carece de revisão. A revisão será mais breve do que se suspeita, consagrando a liberdade bancária, a liberdade de navegação de costeagem, a incompatibilidade absoluta dos cargos, a discriminação real e completa das rendas e, antes de tudo e sobretudo, a liberdade de legislação, isto é, o direito de cada Estado decretar as suas leis civis, comerciais e criminais, princípio êste que foi, ontem, sumàriamente executado nesta Casa."

221. Depois de vigente a Constituição de 1891, a primeira tentativa séria para sua revisão foi, por assim dizer, duplamente excêntrica: porque escapou ao âmbito federal, confinando-se ao de um Estado-membro e porque extravasou do debate jurídico e parlamentar para o campo da luta armada. Foi o ensaio de reforma parlamentarista, chefiado por SILVEIRA MARTINS, em 1892. De volta do exílio, o estadista e tribuno gaúcho fundara no seu Estado o Partido Federalista, que tinha como programa doutrinário reformar a Constituição comtista do Rio Grande, e, como programa polí-

tico, combater JÚLIO DE CASTILHOS, chefe do comtismo presidencialista naquele Estado e máximo inspirador da Constituição local, de cujo projeto havia sido, mesmo, o único redator. Em março de 1892 reuniram-se na cidade de Bagé os correligionários de SILVEIRA MARTINS, fundando o Partido Federalista. O nome adotado não simbolizava adesão ao *princípio federativo*, mas, ao contrário, exprimia a necessidade da supremacia da *União Federal*. Como orientação política os federalistas lançaram manifesto, preconizando a adoção do govêrno parlamentar para o Estado. A solução seria discutível em face da Constituição federal, mas não preliminarmente inaceitável, visto que os princípios constitucionais da União não se achavam definidos no texto de 24 de fevereiro, sendo conseqüência disso a própria Constituição castilhista, em tantos pontos divergentes da federal. Mas, como logo se aperceberam os contemporâneos, a limitação formal do movimento não resistiria muito ao seu desenvolvimento natural. Era patente que, iniciada no Rio Grande, a onda reformista se estenderia ao País, e que o combate a CASTILHOS envolvia, lògicamente, a luta contra FLORIANO.

222. A conseqüência forçada e inevitável foi a união de CASTILHOS com FLORIANO para enfrentar a revolução, em cujo seio sangrento em breve se engolfou a onda reformista, apesar da resistência de SILVEIRA MARTINS. Estava lançada a cruel guerra civil de 1893, misto de luta local entre caudilhos gaúchos, de reforma constitucional preconizada pelos intelectuais federalistas e de aspiração monárquica e restauradora, sensível esta na sua segunda fase, com a adesão da parte da Marinha de Guerra, comandada pelo romântico e cavalheiresco almirante SALDANHA, êmulo militar do tribuno SILVEIRA MARTINS. Passando de reforma a revolução, aquêle primeiro ensaio de parlamentarismo republicano deixa de interessar ao desenvolvimento do nosso *Curso*. O têrmo da aventura federalista, encerrada tràgicamente em Campo Osório, não liquidou, contudo, no Direito Constitucional republicano, a marcha das aspirações reformistas.

223. Foi exatamente um rio-grandense, Assis Brasil, que fizera parte da Assembléia Constituinte e estivera presente aos episódios confusos da política pós-republicana do seu Estado, quem, ainda em 1893, publicou um pequeno livro, intitulado *Democracia Representativa*, que apareceu como uma contribuição verdadeiramente revolucionária na História do nosso pensamento jurídico-constitucional. As sugestões de Assis Brasil, compendiadas no estudo referido, diziam tôdas respeito ao voto e ao modo de votar, mas significavam, como dissemos, uma autêntica revolução constitucional no País, visto que propunham o abandono do sistema vigente, fundado no voto majoritário, e a instituição do voto proporcional, baseado no quociente eleitoral. Seguindo as idéias divulgadas por Hare e esposadas por Stuart Mill, no início da segunda metade do século XIX, o político brasileiro tentou transportá-las precocemente para o nosso País, numa época em que a representação proporcional era pouco conhecida na teoria e quase inexistente na prática, ainda mesmo nos países do Velho Mundo.[3] Como a Constituição de 1891 não impunha um tipo determinado de voto, foi possível a Assis Brasil propor o seu método de representação por quociente eleitoral em projeto de lei ordinária, apresentado à Câmara dos Deputados, de que era membro, em agôsto de 1893. A fria receptividade que encontrou fê-lo recuar do seu propósito, segundo êle próprio nos relata, nesta passagem do seu livro:

"Tanta desordem de idéias, ou melhor, tanta falta de idéias, tanta anarquia de opiniões e tanta preguiça de estudar não me entibiam na discussão perante a Câmara e levam-me a deixar para dias mais propícios a tentativa de dotar a nossa pátria com êste instrumento de progresso político."

Êsses "dias mais propícios" vieram com a Revolução de 1930, e Assis Brasil, como veremos, pôde ainda assisti-los na sua velhice.

---

[3] Os estudos sôbre Direito Eleitoral, feitos no fim do Império (como o de Veiga Filho, por exemplo), não mencionam a representação proporcional, apesar de ela já se encontrar em uso em alguns países.

224. Pouco tempo depois, em 1896, ASSIS BRASIL publica em Lisboa um outro livro, sob o título *Do Govêrno Presidencial*, no qual formula novas teses e propõe novas reformas ao sistema constitucional vigente. Correligionário dissidente do republicanismo gaúcho, o escritor não abandonara o sistema presidencial, então ainda muito vinculado, no espírito dos nossos autores, à noção mesma de República. Mas, se se mantinha fiel às linhas mestras do regime de 1891, ASSIS BRASIL procede a uma severa crítica da sua aplicação no nosso País, terminando por propor várias modificações na sua estrutura que lhe pareciam necessárias à estabilidade e ao progresso das instituições.

225. Republicano cujo espírito se formara no Império, a tendência sensível que ASSIS BRASIL denota no seu livro é no sentido de restaurar, sob a República, certas práticas constitucionais que haviam assegurado longo período de paz e estabilidade ao antigo regime. No Império, apesar da Constituição conferir ao imperador, por intermédio do Poder Moderador, a livre nomeação dos ministros de Estado, o costume constitucional foi, aos poucos, submetendo o Ministério à confiança da Assembléia Geral. Além disto, a solidariedade ministerial apareceu com a criação, em 1847, da função de presidente do Conselho de Ministros. Fundado provàvelmente nesses precedentes históricos, ASSIS BRASIL sugeriu a criação do pôsto de presidente do Conselho, de livre nomeação do presidente da República, ficando aquêle incumbido de unificar a ação do Ministério. Prevendo a inevitável objeção ao seu plano, observa ASSIS BRASIL:

"Estou a ouvir clamar que a unidade ministerial, promovida pela instituição de um presidente do Conselho, seria parlamentarismo."

E logo responde: "Não há parlamentarismo onde as funções de governar e legislar não estão confundidas. Com um primeiro ministro ou sem êle, o Ministério que eu proponho não seria delegação do Parlamento. Havia de ser escolhido pelo presidente e por êle demissível, interpretando as indicações da opinião."

Como se vê, seria o transplante fiel das instituições imperiais. Pela letra da Constituição de 1824, também o imperador tinha a prerrogativa de nomear livremente os ministros. Mas a Presidência do Conselho, e a solidariedade do gabinete, ambas preconizadas por Assis Brasil, foram constituindo, aos poucos, o sistema parlamentar que mais se apuraria na prática, caso o Império não tivesse caído por outras causas.

226. Outras medidas importantes sugeria no seu interessante estudo o antigo constituinte rio-grandense. Duas de entre elas, e das mais importantes, foram aceitas pela Constituição de 1934 e mantidas pela de 1946: o comparecimento dos ministros ao Congresso e a prorrogação do Orçamento em curso, caso não houvesse sido aprovado, dentro de prazo determinado, o que se destinasse ao exercício financeiro subseqüente. A primeira providência, ou seja, a presença dos ministros no Congreso, era ainda uma concessão ao sistema parlamentar, e como tal deve ser considerada ainda hoje. Quanto à outra, referente ao Orçamento, era medida de grande alcance, que vinha evitar a anarquia na feitura da lei orçamentária, eliminada a prática viciosa das *caudas*, tão combatida depois, inclusive por Rui Barbosa.

227. Entre os livros de Assis Brasil e o movimento pela reforma constitucional que Rui Barbosa empreendeu na Campanha Civilista, o ideal da revisão se manteve estacionário, embora não desaparecesse pròpriamente. Faltavam-lhe, isto sim, idéias novas e ação confiante. Em 1901, o parlamentarismo se manifesta de novo explicitamente no Rio Grande do Sul, corporizando-se no Partido Federalista, que deitou manifesto propugnando a instituição do novo regime. Silveira Martins era morto, mas fôra sucedido por novo corifeu da seita, Pedro Moacir, que, como o mestre desaparecido, era homem de inegável valor intelectual, além de possuir, tam-

bém como êle, completo domínio da tribuna. Em 1904 o revisionismo chega a esboçar a formação de um partido nacional que levasse o plano avante. O chefe ostensivo do movimento era o paraense LAURO SODRÉ, antigo constituinte, então senador federal. Com efeito, em março de 1904, reuniu-se no Rio o núcleo fundador do projetado partido, composto de políticos velhos e novos, alguns prestigiosos. Pelo Pará figuravam LAURO SODRÉ e SERZEDELO CORREIA; pelo Piauí, o conselheiro COELHO RODRIGUES; pelo Ceará, BELISÁRIO TÁVORA;[4] pela Paraíba, ALMEIDA BARRETO; por Pernambuco, MARTINS JÚNIOR e JOSÉ MARIANO; por Sergipe, JOÃO BARRETO; pelo Rio Grande do Sul, PEDRO MOACIR e ALFREDO VARELA. Além dêles estava também presente JAQUES OURIQUE, que fôra deputado constituinte pelo Distrito Federal e tomara parte em importantes sucessos no princípio da República. O partido revisionista de 1904 não foi avante. As influências estaduais eram ainda muito fortes para que pudesse vingar um partido nacional. Além disso, os homens que empunhavam a bandeira revisionista eram, na verdade, muito mais oposição ao govêrno (RODRIGUES ALVES) do que reformistas da Constituição. Isto ficaria patente com o movimento subversivo militar de novembro daquele mesmo ano, no qual tomaram parte destacada ALFREDO VARELA e LAURO SODRÉ. Passado êste episódio, chegamos a RUI BARBOSA.

228. Ao grande jurista baiano, a quem a República já ficara a dever tantos serviços na feitura da Constituição de 1891, se devem, por igual, outras valiosas contribuições que, graças à sua experiência e autoridade, muito influíram na mentalidade reformista de 1926 e na adoção de novos princípios, que vieram a prevalecer nas subseqüentes Constituições democráticas. Seria impossível, em parte de um capítulo, expor satisfatòriamente, ainda que em síntese, a caudalosa obra de crítica que RUI BARBOSA, no seu longo apostolado re-

---

[4] COELHO RODRIGUES E BELISÁRIO TÁVORA não compareceram pessoalmente à reunião, mas eram favoráveis aos seus fins.

publicano, dedicou à teoria e à prática da Constituição de 1891. Vamos nos cingir, assim, às idéias que êle reuniu no documento habitualmente considerado como sendo a sua mais completa mensagem reformista, ou seja, o seu programa de canditado à Presidência da República na Campanha Civilista, programa contido no famoso discurso lido no Politeama Baiano, na noite de 15 de janeiro de 1910.

229. Cultura predominantemente política e jurídica, candidato à Presidência em fase na qual, dentro do nosso País, as questões econômicas e, principalmente, as sociais não haviam ainda se tornado predominantes na cogitação dos homens de Estado, o programa reformista de RUI BARBOSA fica quase exclusivamente limitado às alterações na estrutura jurídico-política da República. O leitor moderno, embora compreenda essa limitação, não deixa de se surpreender um pouco com ela, visto que tinha o direito de esperar de RUI BARBOSA uma visão mais reveladora dos problemas futuros. E isto é tanto mais verdadeiro quanto ALBERTO TÔRRES, poucos anos depois, como adiante veremos, coloca-se, na nossa opinião, em plano muito mais atual na consideração dos problemas constitucionais, embora muitas das suas idéias mereçam, de nossa parte, a mais radical divergência.

230. RUI BARBOSA, no discurso referido, ao abordar o problema da revisão constitucional, começa por indicar as providências que viessem facilitá-la. A seu ver, deveriam as correntes políticas responsáveis entrar em acôrdo, fixando prèviamente os tópicos da Lei Magna cuja reforma se impusesse e isto para evitar que, a pretexto de não correrem o risco de alterar os capítulos da Constituição que merecessem ser preservados, as maiorias governistas do Congresso não aceitassem considerar aquêles pontos cuja reforma se mostrava necessária.

231. Seguindo esta orientação, RUI BARBOSA excluía, desde logo, questões como o parlamentarismo ou a eleição

indireta do presidente da República, sôbre as quais a divergência de opiniões se mostrava demasiado profunda para permitir qualquer acôrdo. Como assuntos preferenciais, capazes de servir de base a uma revisão, propunha o ilustre constitucionalista alguns, sôbre os quais de há muito vinha se manifestando na imprensa e nas tribunas parlamentar e forense. Entre êsses assuntos figuravam os seguintes: a unidade do Direito Processual; a definição dos princípios constitucionais da União a serem observados pelos Estados; as garantias das magistraturas estaduais expressas na Constituição federal; a proibição das *caudas* orçamentárias; a cessação dos efeitos do estado de sítio com a terminação da sua vigência e a manutenção das imunidades constitucionais ainda no decurso dêsse período de exceção; o ensino religioso facultativo; a adoção do voto secreto e da representação proporcional, e a autonomia do Distrito Federal.

232. Como se vê, tôdas essas reformas sugeridas foram mais tarde adotadas, a partir da revisão constitucional de 1926. Não há dúvida de que nem tôdas eram originalmente de RUI BARBOSA e coincidiam com pontos de vistas expressos antes dos seus. Mas também é certo que a incontrastável autoridade daquele que, desde o início da República, era considerado o árbitro do nosso Direito Político, muito haverá contribuído para a vitória futura dos seus pontos de vista, tão longa e brilhantemente expostos e defendidos no decorrer de mais de 30 anos de atividade republicana. No fundo, a resistência a êles era mais de oportunismo político do que de convicção. Separando-se de PINHEIRO MACHADO, de quem fôra amigo, e do Partido Republicano Conservador, por aquêle fundado e dirigido, RUI BARBOSA colocou o seu revisionismo em têrmos de luta política, o que veio extremar os adversários, que passaram a considerar ponto de honra a invulnerabilidade formal da Constituição, por êles tantas vêzes ferida materialmente.

233. Nunca RUI BARBOSA abjurou da sua fé revisionista. Em princípios de 1919, dizia o seguinte, a um jornal gaúcho:

"Nos nove anos que vêm de 1909 até hoje, a minha campanha de indefessa oposição ao quatriênio HERMES e a minha atitude com a presidência VENCESLAU, em todos os meus discursos escritos e atos públicos sobressai constantemente a nota da revisão constitucional como assunto inadiável, urgente, predominante a todos os outros."

Não devemos esquecer que esta entrevista de RUI BARBOSA ao *Correio do Povo* custou-lhe o apoio político que BORGES DE MEDEIROS e o poderoso Partido Republicano do Rio Grande queriam dar à sua candidatura à presidência da República. Em 1921, assumindo ainda uma vez a sua cadeira de senador pela Bahia, fêz o seu último discurso no Senado, discurso no qual encontramos as seguintes expressões:

"Convenci-me de que, sem a revisão, a carta republicana de 1891 está perdida."

234. Outras reformas da Constituição ou do Direito Constitucional expresso em leis ordinárias eram encaradas por juristas e parlamentares do tempo. As propostas mais freqüentes visavam ao regime eleitoral. A êste propósito, uma contribuição que merece ser lembrada foi dada pelo senador espírito-santense MUNIZ FREIRE que, ainda em 1910, apresentou interessante projeto de lei estabelecendo, nas eleições federais, o voto secreto e um processo eficaz de representação das minorias.

235. As principais preocupações revisionistas, nos primeiros 20 anos do século, dirigiam-se, como já deixamos acentuado, para os problemas de natureza política e jurídica. Algumas vêzes vinham à tona discussões e projetos sôbre as cláusulas financeiras da Constituição, mais isso não afastava o debate do âmbito indicado, visto que o fundo do problema era, ainda, a questão da distribuição das competências fiscais entre a União e os Estados, voltando assim as investigações ao terreno dos debates formais. Por isso mesmo é que a obra do sociólogo fluminense ALBERTO TÔRRES representa um marco de alta originalidade no panorama das idéias do tempo.

236. Dois são os livros marcantes de Alberto Tôrres, *O Problema Nacional Brasileiro* e *A Organização Nacional*, publicados ambos no ano de 1914. As idéias de Alberto Tôrres se orientavam especialmente em duas direções: polìticamente para um enérgico e, mesmo, extremado sentimento nacionalista, com alguma inclinação estatal e direitista e, no tocante a programa de govêrno, para uma nítida primazia do fator econômico e social. Em certo sentido Alberto Tôrres, apesar da indecisão e até da contradição sensível entre várias das suas teses e de um certo primarismo nas soluções, aventadas às vêzes sem a técnica jurídica necessária, foi, sem dúvida, o primeiro pensador brasileiro republicano que, no campo político-social, colocou em foco certos problemas que o futuro próximo iria ser forçado a equacionar. O fato mesmo de ser um pensador até certo ponto isolado, sem antecessores nem sucessores que propiciassem uma seqüência sistemática das suas idéias (o seu discípulo mais autorizado, Oliveira Viana, além de conduzir a obra em outros rumos, predominantemente históricos, obstinou-se na defesa de soluções jurídicas irrealistas, que contrariavam a evolução da nossa História), fêz com que as teses fundamentais de Alberto Tôrres não pudessem ser mais bem desenvolvidas e transformadas em fórmulas capazes de servir de base à ação legislativa posterior. A juventude militar atuante no processo revolucionário que se estendeu de 1922 a 1930, e que não se converteu à ideologia marxista, tinha em Alberto Tôrres a sua principal fonte de inspiração teórica. Mas o estado imaturo e até certo ponto turvo em que os livros do mestre haviam deixado as suas teses tornava muito penosa a sua formulação em têrmos legais.

237. Esta dificuldade é sensível na própria obra do escritor. No livro *A Organização Nacional*, Alberto Tôrres acrescenta, como apêndice, um projeto de Constituição reformada. E o leitor não deixa de se surpreender com o desencontro entre os capítulos do livro e o texto do projeto formulado. O livro é muito mais rico de críticas e observações do que o projeto de sugestões originais e profundas. Foi seguramente a falta de cultura e técnica do Direito Constitucional que prejudicou ALBERTO TÔRRES na tentativa de transplantar as suas idéias econômicas e sociais para um projeto de Constituição revista. De qualquer maneira, é sensível a presença de ALBERTO TÔRRES no nosso Direito Constitucional posterior à Revolução de 1930.

238. Muitas das sugestões de ALBERTO TÔRRES eram impraticáveis, por se chocarem com as condições históricas do País ou com a doutrina jurídica do regime que havíamos adotado. Como exemplo de tais indicações inadequadas citaremos a que dava ao Congresso Nacional competência para alterar a divisão territorial do País, competência que se chocaria não só com a evolução natural da nossa História mas com a própria noção da autonomia federativa; a de se elegerem deputados distritais, estaduais e nacionais, inviável pelas mesmas razões; ou a dissolução do Congresso, inconciliável com o sistema presidencial. Entretanto, outras propostas de ALBERTO TÔRRES foram mais tarde acolhidas e se transformaram em textos do nosso Direito positivo. Entre elas mencionaremos as seguintes: o Senado como órgão da coordenação de podêres (Constituição de 1934); a representação profissional no Legislativo (Constituição de 1937); a apuração das eleições por órgão especial, diferente do Poder Legislativo; o mandado de segurança (que ALBERTO TÔRRES chama "mandado de garantia", dando-lhe, porém, o mesmo conteúdo inovador do atual recurso constitucional); o direito e o dever de trabalhar; garantias do Direito do Trabalho; a divisão do subsídio dos congressistas em parte fixa e parte variável, além de outras que constavam de trabalhos anteriormente citados.

239. Com a morte de PINHEIRO MACHADO, em 1915, desaparecia o mais prestigioso e obstinado opositor ao revisionismo da Constituição, dentro do Congresso. Talvez por isso, já no ano seguinte, o problema da revisão, que até então se

apresentara principalmente no terreno das especulações teóricas, encontrando pouca receptividade efetiva no seio do Legislativo, começa a surgir entre as cogitações dos elementos mais responsáveis pela situação política vigente. AGENOR DE ROURE, no seu minucioso e documentado livro sôbre a Constituição de 1891, refere-nos as linhas gerais do episódio. A situação federal estava nas mãos de Minas (presidência de VENCESLAU BRÁS), o que atribuiu inegável importância às manifestações favoráveis a uma possível reforma constitucional prestadas à imprensa por dois dos mais responsáveis políticos mineiros: ANTÔNIO CARLOS, líder da maioria na Câmara dos Deputados, e DELFIM MOREIRA, presidente de Minas Gerais. Reservando embora a iniciativa da reforma a uma oportunidade não declarada, o certo é que a opinião favorável à reforma, expendida por aquêles dois prestigiosos políticos, correspondia a colocá-la francamente no terreno das possibilidades concretas. Segundo o líder e o presidente de Minas, a revisão constitucional deveria se processar nos seguintes pontos, entre outros: eleição do presidente da República; dívidas externas estaduais; discriminação de rendas; intervenção federal nos Estados; unificação do direito adjetivo. Como se vê, eram pontos clássicos de preocupação entre os estudiosos e apareciam consignados na maioria dos projetos e sugestões.

240. Porém o momento não era, ainda, favorável a uma iniciativa bem sucedida. Os círculos conservadores, anti-reformistas por índole, recrutados sobretudo entre os fundadores da República, vários dos quais ainda então atuavam no cenário político, resistiram mais ou menos abertamente aos pruridos iconoclastas dos representantes da geração mais nova. Como intérpretes dos que se opunham à aventura da revisão falaram RODRIGUES ALVES e BORGES DE MEDEIROS. O primeiro, saído gloriosamente, em 1906, da Presidência da República, terminava quase 10 anos depois o seu novo mandato de chefe do Executivo paulista. Manifestando-se na imprensa do Rio e de São Paulo, o velho chefe republicano con-

denou, sem meias palavras, a tese da reforma. Essa mesma posição anti-reformista foi de novo francamente declarada por RODRIGUES ALVES em 1917, no discurso em que, como candidato a uma segunda investidura na Presidência da República, anunciou o seu programa de govêrno.

Quanto a BORGES DE MEDEIROS, reassumia êle, em maio de 1916, o seu longo govêrno no Rio Grande, do qual se afastara durante quase um ano, em virtude de doença. Suas palavras são um eco às de RODRIGUES ALVES. Agradecendo a manifestação que lhe faziam os correligionários pela volta ao poder, acentuou o presidente gaúcho:

"Nada seria mais inoportuno e inconveniente do que uma reforma constitucional em momento tão crítico como o que atravessamos."

BORGES prestava aqui uma homenagem à memória de PINHEIRO MACHADO, insistindo na inflexível linha anti-revisionista do chefe assassinado.

Manifestações como estas, partindo de quem partiam, devem ter pôsto, pelo menos provisòriamente, água fria na fervura do revisionismo. O curioso é que os presidentes de São Paulo e Minas, RODRIGUES ALVES e DELFIM MOREIRA, que se haviam colocado em pontos de vista opostos no tocante ao grave assunto, constituíram a chapa apresentada sem embaraços para a sucessão de VENCESLAU BRÁS, o que parece demonstrar que o prestígio de RODRIGUES ALVES tinha unificado as correntes em tôrno de um futuro govêrno conservador.

241. O falecimento do presidente paulista, antes da posse, deslocou o eixo da política republicana com a eleição de EPITÁCIO PESSOA. Era o novo presidente um jurista ilustre, que, embora mais moço do que o seu antecessor falecido, vinha militando no cenário político desde os primeiros anos da República. Pela idade poder-se-ia aproximar da geração reformista, mas os seus títulos e a sua experiência o colocavam antes entre os fundadores. Não encontramos na volumosa obra de EPITÁCIO PESSOA — discursos, inclusive parlamentares; pareceres; mensagens presidenciais; livros de tes-

temunho histórico ou de polêmica — trabalhos que denotassem uma inclinação revisionista definida. De resto, os vícios e defeitos na prática das instituições constitucionais eram patentes e se achavam, havia muito, identificados. O vagar e as hesitações dos governantes na acomodação do texto constitucional às necessidades do País — principalmente as relacionadas com o problema eleitoral — foram transportando o assunto da reforma constitucional da arena dos debates jurídicos para o das lutas políticas e, em breve, fermentaria êle no fundo das conspirações militares. Não se pode negar, com efeito, que a descrença das novas gerações civis e militares no funcionamento das instituições democráticas, tais como se achavam reguladas no texto de 1891, foi dos fatôres preponderantes para o ciclo de revoluções que culmina em 1930. No último ano do seu govêrno — 1922 — o presidente EPITÁCIO, ao subjugar os revoltosos de Copacabana, enfrentaria o episódio inicial dêste diferente processo de luta pela remodelação das instituições políticas do País: o processo revolucionário. Seria muito difícil, senão impossível, trilhar agora o caminho da evolução legal. Por isso mesmo é que a reforma levada a efeito pelo presidente ARTUR BERNARDES não mais pôde deter o carro da revolução. O desencontro entre as exigências nacionais e a capacidade de ação dos órgãos constituídos ficava acentuada com paixões suscitadas pelo próprio ciclo de movimentos armados. Era evidente que as reivindicações, apresentadas na base da luta material, não poderiam ser acolhidas por aquêles que a esta combatiam. Eis porque a reforma constitucional de 1926, apesar dos seus aspectos positivos, não teve a profundidade e a influência necessárias para evitar o desabamento da estrutura constitucional levantada em 1891, que até então resistira a tôdas as tentativas de modificação.

A revisão de 1926

242. Na abertura da primeira sessão da 12.ª Legislatura, no ano de 1924, o presidente ARTUR BERNARDES dedicou todo

o início da sua mensagem à questão da reforma constitucional. "Expondo ao eleitorado brasileiro — dizia o presidente — o programa de govêrno com que nos apresentamos ao seu sufrágio, não manifestamos idéias de revisão da Constituição Federal, mas declaramos que, para nós e pelo próprio texto do estatuto fundamental da República, essa era uma questão aberta. A prática, porém, de mais de um ano de govêrno convenceu-nos da alta conveniência, senão da necessidade, de alguns retoques e modificações que suprimam obstáculos opostos ao progresso do Brasil." Depois desta justificativa preliminar, o presidente enumerava os tópicos da revisão que preconizava, todos êles referentes a problemas já suficientemente estudados, como vamos ver.

243. O item I tratava da eliminação da cauda orçamentária, assunto por várias vêzes referido neste resumo histórico, e recomendava a proibição de iniciativas legislativas que importassem em despesa ordinária, sem que fôsse correspondentemente aumentada a receita relativa. Esta matéria era periòdicamente focalizada pelos financistas, principalmente pelos relatores dos orçamentos nas Casas do Congresso. O deputado CARLOS PEIXOTO, por exemplo, como relator da Receita, propôs medida idêntica em um dos seus pareceres.

O item II versava a proibição da reeleição dos governadores. Grande parte da discussão travada sôbre a Constituição do Rio Grande, desde o início da República, aludia ao mesmo vício institucional. E a própria revolução de 1923, levantada contra BORGES DE MEDEIROS (com a simpatia visível do Govêrno Federal), terminara com o chamado *acôrdo de Pedras Altas,* que previa a reforma da Constituição gaúcha naquele ponto. Reforma que foi feita antes da mensagem de BERNARDES.

O item III tornava obrigatório aos governadores e presidentes estaduais a remessa de informações anuais, sôbre a situação dos respectivos Estados, ao presidente da República. Era, como se vê, matéria de pouca monta e de discutível enquadramento em um texto constitucional.

O item IV estabelecia expressamente a possibilidade do veto parcial. Esta matéria já tinha sido discutida brilhantemente pelo presidente EPITÁCIO, quando vetou parcialmente orçamento da Despesa, veto que foi objeto de memorável parecer da Comissão de Justiça da Câmara dos Deputados, relatado pelo deputado MELO FRANCO. Era, pois, caso pacífico.

O item V tratava da criação de tribunais federais de segunda instância. Êste assunto havia sido largamente discutido no govêrno EPITÁCIO, quando o Congresso permitiu a criação de tais tribunais por lei ordinária, a qual, no entanto, antes mesmo de aplicada, foi declarada inconstitucional pelo Supremo Tribunal.

O item VI recomendava a redução do âmbito de aplicação do recurso do *habeas corpus*. Trataremos desta questão no momento oportuno, quando estudarmos, no volume do *Curso* destinado à Constituição vigente, a natureza dêsse recurso. Aqui apenas cabe recordar que o debate sôbre o caráter político que o Judiciário, principalmente o Supremo Tribunal, dera ao *habeas corpus*, era um dos principais temas de controvérsia suscitados pela Constituição de 1891, dentro e fora dos pretórios. Ainda em 1923, o professor norte-americano HERMAN JAMES, que passara um ano no Brasil estudando a nossa Constituição, em livro de repercussão na época, ocupara-se do assunto com grande interêsse.

O item VII se referia a matéria mais nova: visa à proibição dos *trusts* econômicos. Medidas dêsse gênero haviam sido focalizadas no govêrno VENCESLAU BRÁS, durante a primeira guerra mundial, na luta contra monopólios e açambarcamentos.

O item VIII consolidava a legislação garantidora contra a ação nociva de estrangeiros. Êste era outro caso que preocupara bastante os intérpretes da Constituição. Dividiam-se êles em duas correntes: a que pretendia interpretar extensivamente o idealismo dos homens de 1891, dando aos estrangeiros garantias talvez excessivas, e os que se colocavam mais dentro das necessidades da defesa do Estado e do povo, contra excessos praticados por alienígenas, que, por outro lado, não estavam submetidos a muitos encargos que incumbiam aos nacionais.

Finalmente, o item IX propugnava uma melhor solução para a propriedade e a exploração das minas e riquezas do subsolo. Êste era outro problema debatidíssimo, desde a Constituinte. O presidente BERNARDES revelava, aí, o seu forte espírito nacionalista, marcado desde a governança do seu Estado, mas a questão era aberta e discutida com vigor havia muito tempo. O monumental trabalho de CALÓGERAS, publicado em 1905 e que serviu de justificativa ao seu projeto sôbre a exploração das minas, esgota definitivamente o assunto. O deputado por Minas Gerais ilustra o trabalho com as várias soluções aventadas para atenuar o risco privatista da Constituição, inclusive uma, do deputado GASTÃO DA CÚNHA, que era exatamente a prevista por ARTUR BERNARDES, e que poderia ser aplicada por simples legislação civil, sem necessidade de reforma constitucional.

244. Inaugurado o Congresso, como então se fazia, a 3 de maio, já em junho começam os trabalhos da revisão. Iniciaram-se êles pela reforma do regimento da Câmara, reforma inspirada no evidente propósito de apressar a tramitação da proposta, ainda com sacrifício das prerrogativas da pequena mas aguerrida oposição existente naquela Casa. Além dessa preparação oficial, que não foi bem acolhida, o ambiente mesmo em que se desenvolvia o trabalho era propício ao levantamento de suspeitas e resistências na opinião. Com efeito, o Govêrno não se preocupou em levantar o estado de sítio, vigente na época como foi na maior parte do período quadrienal de BERNARDES. O estado de exceção, com censura à imprensa (à qual era permitido noticiar moderadamente, mas não comentar convenientemente os passos dados no processo de revisão), gerava um ambiente de constrangimento, muito pouco propício à boa aceitação da medida. Além disso, a reforma se processava escancaradamente sob a égide do Palácio do Catete. De fato, a discussão do anteprojeto se fazia em reuniões alternadas na sede do Executivo, sob a presidência do presidente da República, com a presença ora de senadores, ora dos líderes das bancadas estaduais que compunham a maioria da Câmara. O tempo da sessão legislativa de 1924 transcorreu, na Câmara, com a discussão do projeto de reforma regimental e, fora dela, com os trabalhos de preparo da proposta, que culminavam sempre nas reuniões do Palácio, reminiscência, talvez, dos tempos da ditadura de DEODORO, quando os ministros se reuniam no Itamarati, com o generalíssimo, para debater o projeto da Constituição.

245. Em 1925, a 3 de julho, é, finalmente, apresentado na Câmara o projeto contendo as emendas à Constituição. Comportava êle, ao todo, 76 emendas e abrangia pràticamente a Constituição de 1891 inteira. Ainda no mês de julho foi eleita a Comissão especial, composta de 21 membros, um por Estado. Integravam-na elementos fiéis da maioria, entre os quais vamos encontrar o líder do Govêrno, VIANA DO CASTELO (Minas); o principal colaborador do projeto, HERCULANO DE FREITAS (São Paulo); e ainda JOÃO MANGABEIRA (Bahia), GILBERTO AMADO (Sergipe), bem como o gaúcho GETÚLIO VARGAS, que combateu com ardor e graça o ensino religioso e a unidade do direito processual, precisamente duas medidas que seriam, mais tarde, aprovadas sob o seu govêrno.

246. VARGAS fêz, além disso, um longo discurso em defesa da Constituição gaúcha, que havia sido atacada por PINTO DA ROCHA. Na oração do líder rio-grandense não encontramos apenas a defesa do sistema de govêrno de BORGES DE MEDEIROS. Assistimos ali, também, o repontar de várias idéias do futuro ditador, que bem denunciam o desenvolvimento ulterior das suas concepções políticas.

247. A oposição era pequena, porém atuante e brava. Estava ela principalmente representada na pessoa do deputado carioca ADOLFO BERGÂMINI, seguido de perto pelos rio--grandenses PLÍNIO CASADO, BATISTA LUZARDO e VENCESLAU

Escobar; pelo mineiro Leopoldino de Oliveira e os cariocas Azevedo Lima e Alberico de Morais, além de outros. O jurista destacado do grupo era Plínio Casado. Tão eficiente e destemeroso se mostrou êsse pugilo de oposicionistas, discursando, requerendo verificações e destaques, obstruindo, resistindo enfim com sagacidade e energia que, a 18 de setembro de 1925, o presidente Bernardes resolveu, com apoio da sua dócil maioria, fazer retirar 43 das 76 emendas constantes da proposta primitiva (a qual já havia, inclusive, recebido parecer da Comissão especial) no propósito de aligeirar o mais possível o barco da revisão. Começam, logo depois, as votações das emendas subsistentes, bem como as daquelas que haviam sido apresentadas no plenário. Estas, aliás, eram pouco numerosas, em virtude do número de oposicionistas não ser suficiente para, sem apoio de elementos da maioria, sobrepujar as dificuldades regimentais para iniciativas daquela natureza. Mas o andamento da proposição não adquiriu a presteza aos olhos do Govêrno necessária. Por isso, a 26 do mesmo mês de setembro, a maioria requereu e votou a retirada de mais 26 emendas do projeto primitivo, do qual restaram, assim, apenas sete. [5] As sete emendas representavam, no fundo, um número muito maior, porque a maioria governista, receando as delongas das discussões parciais, amalgamou numerosas emendas em verdadeiros capítulos, os quais eram discutidos e votados em globo.

Estas sete emendas, bem como uma do plenário, à qual o líder da reforma, Herculano de Freitas, deu o seu assentimento expresso, foram aprovadas, em primeira discussão, ainda no mês de setembro.

248. Em princípios de outubro a maioria, em novo golpe de fôrça, reformou ainda uma vez o regimento, com os objetivos convergentes de apressar o andamento da proposta e

---

[5] O requerimento de retirada aprovado menciona, por equívoco, 27 emendas. Mas inclui uma (a de n.º 30), que já havia sido eliminada com a aprovação do requerimento de 18 de setembro.

reduzir as oportunidades da oposição. As sete emendas votadas em setembro foram reduzidas a cinco, substitutivas, e o projeto de reforma, em poucas sessões, foi aprovado nas duas discussões seguintes e ainda na discussão suplementar. A 23 de outubro o primeiro turno da tramitação estava concluído na Câmara.

249. No Senado, as providências para a revisão constitucional se iniciaram, pràticamente, no ano de 1925, quando, no mês de outubro, procedeu-se à reforma do regimento para acolher e fazer andar ràpidamente o projeto enviado pela Câmara, nos têrmos acima. Como nesta Casa do Congresso, também no Senado a proposta de revisão não passou sem encontrar enérgica resistência. A maioria era compacta e dócil, liderada pelo hábil e experiente senador mineiro BUENO BRANDÃO, que tinha como assessores, no plenário, o seu colega de representação, ANTÔNIO CARLOS (logo depois eleito presidente de Minas), bem como o senador carioca PAULO DE FRONTIN, o qual, embora tivesse reservas a certos pontos da reforma, deu a ela, em conjunto, decidida colaboração, facilitada pelos seus inegáveis dotes parlamentares. O presidente da Comissão especial foi o terceiro senador mineiro, BUENO DE PAIVA (parente consangüíneo e cunhado de BUENO BRANDÃO), e teve como relator ADOLFO GORDO, de São Paulo, que pôs, no Senado, os seus conhecimentos de jurista a serviço do govêrno, tal como já fizera na Câmara o seu colega de bancada paulista, HERCULANO DE FREITAS. Como se vê, os dois grandes Estados, Minas e São Paulo, aliavam-se abertamente para impor a revisão exigida pelo presidente BERNARDES.

250. Vejamos, agora, os que se opunham. Eram êles, no Senado, escassos mas combativos, como os opositores da Câmara. O líder incontestável da oposição no Senado foi, naquele episódio, BARBOSA LIMA, que então representava o Estado do Amazonas. O velho e iracundo tribuno, no declínio de uma grande vida, adquiriu na luta como que uma nova

mocidade, um novo vigor. Seus discursos sarcásticos, alertas, agressivos, caudalosos, ainda hoje nos enchem de admiração. Em alguns o velho lidador se mostrava surpreendentemente integrado na marcha dos tempos. Combatia a reforma politicamente, mas em muitos pontos estava além dela. Outros senadores tripularam corajosamente o frágil e arriscado barco da oposição. Entre os mais atuantes citaremos LAURO SODRÉ — como BARBOSA LIMA remanescente da geração dos fundadores, — representante do Pará; os dois baianos, ANTÔNIO MONIZ e MONIZ SODRÉ; SAMPAIO CORREIA, do Distrito Federal, e alguns poucos mais. Interessantes foram as posições de discreta resistência assumidas por dois outros republicanos da propaganda, muito diferentes de temperamento, de formação e de vida, mas ambos com longa experiência da vida pública: EPITÁCIO PESSOA e ANTÔNIO AZEREDO. EPITÁCIO profere excelente discurso, no qual mostra como se opôs à reforma durante o estado de sítio, e chama a atenção, com a segurança previsora de verdadeiro jurista, para o absurdo de se limitar o alcance do *habeas corpus*, como pretendiam os reformistas, sem substituí-lo por outro recurso adequado à defesa dos direitos individuais, não derivados da liberdade pessoal. AZEREDO, em oração viva, rememora fatos da antiga República e relembra as tentativas malogradas de revisão, para também se manifestar contra a que se procedia em estado de exceção.

251. Iniciada a reforma do regimento no dia 22 de outubro, já a 25 de novembro de 1925 estavam ultimadas, no Senado, as votações das emendas vindas da Câmara. Houve, no entanto, duas modificações importantes: o Senado eliminou os §§ 35 e 36 da emenda n.º 5, da Câmara, ambos versando sôbre o capítulo da Declaração de Direitos. O primeiro proibia que qualquer aposentadoria ou reforma fôsse concedida com vencimentos superiores aos da atividade. O segundo suprimia expressamente o recurso do *habeas corpus* para os detidos, durante o estado de sítio e em virtude dêle.

FORMAÇÃO CONSTITUCIONAL DO BRASIL 163

252. Logo após a abertura da sessão legislativa de 1926, a 4 de maio, inicia o projeto de revisão constitucional o seu segundo turno na Câmara dos Deputados. A minoria oposicionista continua a mesma, e tudo faz para deter a sua marcha. A maioria é que tem novos porta-vozes destacados. São êles, principalmente, João MANGABEIRA e FRANCISCO CAMPOS, que então iniciava a sua carreira no amplo debate do Direito Constitucional. MANGABEIRA, em brilhante intervenção, procura demonstrar que a reforma, na quase totalidade dos seus preceitos, seguia as idéias de RUI BARBOSA, omitindo, porém, que, nos pontos em que delas se afastava, golpeava fundamente a lição e a vida do mestre desaparecido. CAMPOS sustenta, com a costumeira cultura, as tendências ao fortalecimento da autoridade que iam, com o tempo, ser cada vez mais marcantes na sua obra de pensador.

253. As discussões se sucedem no recinto flamante do então novo Palácio Tiradentes, ardorosas sempre, interessantes às vêzes, mas já agora pouco influentes no destino da iniciativa, cuja aprovação estava assegurada, principalmente porque o *quorum* especial de dois terços, referido na Constituição de 1891, por deficiência de redação do texto, tanto podia ser entendido como dizendo respeito à totalidade da Casa, como se referindo ao número de votantes A parte jurídica tinha sido tôda debatida no ano anterior, sendo que o principal responsável por ela, deputado HERCULANO DE FREITAS, havia sido nomeado ministro do Supremo Tribunal. Seu substituto na Comissão especial, que pouco teve de intervir, foi o deputado JÚLIO PRESTES, novo representante de São Paulo, cuja luta pelo poder, em disputa com o seu colega gaúcho GETÚLIO VARGAS, iria determinar o soçôbro definitivo da Constituição de 1891. Note-se que a candidatura do presidente de São Paulo, WASHINGTON LUÍS, à Presidência da República, no período imediato, estava já então lançada, e o mesmo candidato iniciara, pelo Rio Grande, as suas viagens de propaganda. Minas e São Paulo uniam-se, assim, indissolùvelmente, para a revisão reclamada pelo Catete. Nada poderia detê-la. Inaugurada a primeira discussão do segundo turno a 16 de junho, já a 8 do mês seguinte encerrava-se a votação da terceira discussão.

254. A 7 de agôsto inicia-se no Senado a etapa final da tramitação da reforma, que se encerra no dia 3 de setembro com a aprovação do texto das emendas, o qual, assinado pelos membros das Mesas das duas Casas, é mandado publicar para fazer, daí em diante, parte integrante da Constituição da República.

O conteúdo da reforma

255. As emendas aprovadas foram, como dissemos, em número de cinco, mas cada uma delas compreendia, de fato, um grupo numeroso de preceitos, tanto de alteração como de inovação. Os pontos da Constituição assim reformados foram os seguintes: 1) intervenção federal nos Estados; 2) atribuições do Poder Legislativo; 3) feitura das leis; 4) competência da Justiça Federal; 5) direitos e garantias individuais. Como se vê, foram retocados capítulos básicos em uma Constituição presidencial e federativa.

256. As alterações no artigo referente à intervenção federal corresponderam, até certo ponto, à opinião dos melhores autores, bem como à experiência vivida pela República. Em grande parte elas são, também, o resultado dos estudos feitos no Senado e na Câmara dos Deputados, em face de situações concretas. Em resumo, foram definidos os princípios constitucionais cuja infração, nos Estados, importaria em intervenção, e estabeleceu-se, expressamente, a competência dos três podêres para tomar iniciativa da intervenção, conforme fôsse o caso. Essas medidas eram, havia muito, consideradas convenientes. Mas, por outro lado, fortaleceu-se demasiado o poder do presidente da República, que, se desejasse atuar facciosamente, poderia aproveitar a redação capciosa da emenda (art. 6.º, § 2.º) para submeter à sua vontade os podêres estaduais.

257. As modificações no capítulo da competência do Poder Legislativo foram numerosas e, em geral, acertadas. Vamos nos referir sòmente às principais. Em primeiro lugar, destaca-se a regularização do processo orçamentário. Proibiu-se o abuso das *caudas orçamentárias,* com a obrigatoriedade da lei de orçamento só incluir matéria de orçamento. Tornou-se expressa a competência federal para legislar sôbre as relações de trabalho, o que foi outro passo importante. Com efeito, até então, fundados nas doutrinas reacionárias vigentes nos Estados Unidos no começo do século, muitos constitucionalistas brasileiros achavam que a legislação trabalhista infringia o princípio da liberdade contratual e que, além disso, ainda que fôsse permitida, seria da competência dos Estados, a quem incumbia, em teoria, o chamado *poder de polícia,* presumidamente fonte de tal legislação. Finalmente, esclarecendo dúvidas existentes, tornou-se também expressa a competência da União para legislar sôbre naturalização, estabelecendo condições desiguais conforme a origem dos imigrantes.

258. No tocante ao capítulo da elaboração legislativa, a alteração foi no sentido de se conceder expressamente ao presidente da República o poder de vetar parcialmente as leis. O veto parcial já existia em algumas Constituições estaduais brasileiras, e era praticado, também, em outras repúblicas americanas, bem como em certos Estados-membros dos Estados Unidos. No Direito Federal brasileiro o assunto era bastante discutido, como já dissemos acima (n.º 243), a propósito do veto ao Orçamento, oposto pelo presidente Epitácio. Com êsse episódio a questão do veto parcial veio à tona das cogitações. Neste ponto, portanto, a revisão constitucional consagrava a opinião generalizada.

259. No capítulo referente à Justiça Federal e mais particularmente ao Supremo Tribunal, a reforma se preocupou principalmente em fortalecer a posição do Executivo. Com efeito, ela veda expressamente a intervenção da Justiça Fe-

deral através da concessão de *habeas corpus*, nos casos chamados políticos (eleições, reconhecimento e posse de eleitos para os Executivos e Legislativos estaduais), várias vêzes resolvidos pelo Supremo Tribunal, por meio de *habeas corpus*, de forma que podia contrariar os interêsses do presidente da República. Além disso, a emenda ao capítulo proíbe a concessão (mas não o pedido) do *habeas corpus* aos detentos durante o estado de sítio e em virtude dêle. Embora restritiva da liberdade, esta emenda, aprovada, não ia tão longe como a que havia sido recusada pelo Senado (v. acima, n.º 251). Além dessas inovações, a reforma deu ao Supremo Tribunal, por dispositivo expresso, competência obrigatória para uniformizar a jurisprudência dos Estados, em relação às leis federais.

260. Chegamos, agora, ao capítulo da Declaração de Direitos. As emendas nêle incluídas foram várias e importantes. Vejamos algumas, de maior relêvo. Reconheceu-se expressamente que a representação diplomática na Santa Sé não implicava em quebra da neutralidade do Estado em face das confissões religiosas, matéria que foi muito discutida no início da Repúblca, tendo suscitado vários projetos de lei suprimindo aquela representação. Restringiu-se a liberdade de entrada dos estrangeiros, que era pràticamente ilimitada pela Constituição liberal de 1891. Também êsse assunto vinha sendo, havia muito, cogitado. Limitou-se o direito do proprietário do solo no tocante às jazidas minerais do subsolo. O deputado CALÓGERAS, no seu monumental parecer sôbre a legislação das minas, dado em 1905, havia discorrido longamente sôbre êste ponto, mostrando inclusive que a simples lei ordinária poderia regularizar a situação. Restringiu-se a aplicação do *habeas corpus*, ficando êle expressamente destinado a proteger a liberdade de locomoção. Êste foi, talvez, o ponto mais combatido da reforma. Não podendo nos estender aqui sôbre êle, fá-lo-emos quando tratarmos do *habeas corpus* na Constituição atual. De qualquer forma, convém consignar que o êrro da reforma foi o de não criar um

recurso judiciário apto a proteger outros direitos, que não o de locomoção, tanto mais quanto o presidente BERNARDES, na mensagem enviada ao Congresso para solicitar a revisão, alude à necessidade dêsses recursos que viessem substituir o do *habeas corpus*, desmesuradamente estendido pelos tribunais. O resultado da omissão é que se passou logo a dizer que a Justiça, apesar da retração pretendida, continuaria a dar o mesmo âmbito ao *habeas corpus*, por simples trabalho de interpretação do texto novo, que, de fato, a isso se prestava.

261. A Constituição reformada entrou em vigor, como dissemos, em setembro de 1926. Sua vida seria curta, apenas de quatro anos. A reforma surtiria os efeitos colimados se o panorama político não se agravasse no quatriênio WASHINGTON LUÍS. Infelizmente foi o contrário que se deu. Não nos compete, neste trabalho, examinar as causas políticas do malôgro da Constituição de 1891, sendo certo que muitas delas incumbiram mais aos homens do que pròpriamente às situações. O fato é que as inovações da Constituição de 1926 só vieram a adquirir estabilidade com a Constituição de 20 anos depois.

BIBLIOGRAFIA

JOSÉ MARIA BELO, *História da República*, Cia. Editôra Nacional, São Paulo, 1956.

Anais da Constituinte (1891), Imprensa Nacional, vol. III, Rio, 1891.

AGENOR DE ROURE, ob. cit.

ASSIS BRASIL, ob. cit.

ARTUR FERREIRA, *História Geral do Rio Grande do Sul*, Editôra Globo, Pôrto Alegre, 1958.

JOÃO NEVES DA FONTOURA, *Memórias. Borges de Medeiros e seu tempo*, Editôra Globo, Pôrto Alegre, 1958.

ALBERTO TÔRRES, *O Problema Nacional Brasileiro*, Imprensa Nacional, Rio, 1914; *A Organização Nacional*, Imprensa Nacional, Rio, 1914.

PEDRO LESSA, *Reforma Constitucional* (com prefácio de EDMUNDO LINS), Editôra Lux, Rio, 1925.

CASTRO NUNES, *A Jornada Revisionista*, Marques, Rio, 1924.

ARAÚJO CASTRO, *A Reforma Constitucional*, Leite Ribeiro, Rio, 1924.

VEIGA FILHO, *Estudo sôbre o Voto e a Eleição*, São Paulo, 1885.

MONIZ FREIRE, *O Voto Secreto e a Revisão Constitucional*, Jornal do Comércio, Rio, 1910.

JOÃO CABRAL, *Sistemas Eleitorais*, Francisco Alves, Rio, 1929.

RUI BARBOSA, *Plataforma*, 2.ª edição, Bahia, 1910.

Documentos Parlamentares, Revisão Constitucional, 5 vols., Imprensa Nacional, Rio, 1924-1928.

CAPÍTULO VI

A Revolução de 1930. A Constituição Provisória. A Comissão Constitucional. A Assembléia Constituinte de 1933. Aspectos da Constituição de 1934.

A Revolução de 1930

262. Reiteramos, aqui, a advertência — desculpando-nos pela insistência com que a temos formulado — de que êste trabalho visa, sòmente, acompanhar a evolução jurídica do nosso País, no terreno constitucional. Por isto mesmo, embora seja o Direito Constitucional uma disciplina eminentemente política, a exposição dos acontecimentos exclusivamente políticos só nos interessa quando êles condicionam ideològicamente a marcha do Direito Constitucional. Nesta ordem de idéias é que abordamos o importante episódio da Revolução de 1930, ao qual, em outro trabalho nosso, — êste pròpriamente de História política, — dedicamos mais de 60 páginas de narração e interpretação. [1]

263. No campo de nosso Direito Constitucional, pode-se dizer que muitas das reivindicações dominantes haviam sido atendidas pela revisão de 1926. Uma, entretanto, não o fôra satisfatòriamente pelo Direito Federal, embora houvesse progredido um pouco em alguns Estados: a do sistema eleitoral. Pode-se assegurar, sem exagêro, que as eleições federais brasileiras, antes do Código Eleitoral de 1933, desde o alistamento dos eleitores até o reconhecimento e a diplomação dos

---

[1] *Um Estadista da República*, vol. III.

eleitos, era um tecido de fraudes e violências. Não há dúvida de que, excepcionalmente, alguns governantes, no decorrer da primeira República, timbraram em praticar eleições livres e honestas (por exemplo, em Minas Gerais, os presidentes CESÁRIO ALVIM e ANTÔNIO CARLOS, no princípio e no fim daquele período republicano), mas estas exceções ficavam dependendo do capricho ou dos interêsses momentâneos de quem detinha o govêrno. O mesmo se deu no Império, cuja organização eleitoral, geralmente reconhecida como falha e corrupta, teve momentos de reabilitação, devido a interêsses políticos, como no pleito que se seguiu à entrada em vigor da Lei Saraiva (lei da eleição direta).

264. Como dissemos, a reforma de 1926 não alterou o sistema eleitoral e êste foi o seu calcanhar de Aquiles. Aliás, é muito duvidoso que, tendo pela frente os interêsses estabelecidos, qualquer governante pudesse introduzir, no processo das eleições, as modificações profundas e substanciais de que êle carecia. Sòmente uma revolução vitoriosa, que destruísse os quadros tradicionais do poder político, estaria em condições de levar adiante o empreendimento. Êste aspecto da questão era capital para a solução do problema político brasileiro, naquela época. O crescimento do País em todos os sentidos, o progresso, a diversificação da sua economia, exigiam a substituição dos quadros políticos tradicionais. Mas esta substituição nunca poderia ser conseguida dentro do sistema eleitoral vigente, o qual, por sua vez, não seria transformado enquanto empunhassem as rédeas do poder os grupos dominantes que, precisamente, manobravam as eleições. Dêste círculo vicioso o País só poderia sair pela revolução. Foi o que se deu em 1930, propiciando-se uma reforma completa do Direito Eleitoral e, através dêle, uma modificação, pelo menos parcial, dos grupos dominantes, com a inclusão de numerosos elementos que, sem tal modificação, não teriam oportunidades eleitorais.

265. Irrompida a 3 de outubro, no Rio Grande do Sul (Estado de que era presidente GETÚLIO VARGAS, candidato

derrotado à sucessão nacional e, agora, chefe ostensivo do movimento), em Minas e no Nordeste, a revolução adquiriu avassalador impulso em todo o País, forçando a intervenção da guarnição militar do Rio de Janeiro, que, a 24 do mesmo mês, depôs o Govêrno Federal, apesar da viril resistência do presidente WASHINGTON LUÍS, e instituiu a chamada Junta Pacificadora. Essa Junta, integrada pelos generais TASSO FRAGOSO e MENA BARRETO e pelo almirante ISAÍAS DE NORONHA, convocou para ministro das Relações Exteriores o ex-deputado mineiro e ex-embaixador AFRÂNIO DE MELO FRANCO, que conseguiu dissipar os equívocos que a natural confusão daqueles momentos ia criando entre a Junta Pacificadora e o govêrno revolucionário que se deslocava do Sul, sob o comando de VARGAS, bem como obteve o rápido reconhecimento internacional da nova situação criada no País. A Junta Pacificadora exerceu por 10 dias um poder de fato, mas, mesmo assim, preocupou-se em firmá-lo em certa base jurídica. Com efeito, a 27 de outubro, três dias depois de instalada, a Junta oficiou ao Supremo Tribunal comunicando que se constituía "com o fim de restaurar a ordem e pacificar a nação". O presidente do Tribunal, ministro GODOFREDO CUNHA, transmitiu a comunicação aos seus pares, havendo o Tribunal reconhecido inplìcitamente a Junta como poder jurídico de fato, pois a tanto corespondia a sua resposta, na qual se declarava ciente da comunicação, e "certo de que será restaurada a ordem e pacificação do País, como assegura a referida Junta".

266. Um mês depois de iniciada a revolução, ou seja, a 3 de novembro, instituía-se o poder discricionário por ela criado, através do chamado Govêrno Provisório. No dia 11 de novembro o Govêrno Provisório baixou o dec. n.º 19.398, no qual se institui jurìdicamente, traçando, ao mesmo tempo, as linhas mestras da sua competência. Êsse diploma legislativo, chamado impròpriamente *decreto* (denominação que, no Direito Público brasileiro, tem antes um sentido mais restrito, executivo e regulamentar), é, na verdade, uma lei constitucional provisória oriunda de um poder de fato. Esta

lei, redigida na sua maior parte pelo ilustre jurista Dr. LEVI CARNEIRO, ao mesmo tempo que estabelece uma certa limitação jurídica aos podêres discricionários do Govêrno Provisório, determina, em linhas gerais, o quadro das relações jurídicas públicas e particulares, tais como se deveriam manter após a queda da Constituição de 1891. O dec. n.º 19.398 vinha sancionado por VARGAS, chefe do Govêrno Provisório, e referendado pelos ministros de Estado OSVALDO ARANHA (Justiça), JOSÉ MARIA WHITAKER (Fazenda), PAULO MORAIS BARROS (Agricultura), MELO FRANCO (Exterior), general LEITE DE CASTRO (Guerra) e almirante ISAÍAS DE NORONHA (Marinha).

A Constituição Provisória

267. Como dissemos acima, o chamado *decreto de instalação do Govêrno Provisório* é, na verdade, uma lei constitucional outorgada por um poder de fato. É uma Constituição Provisória, e como tal deve ser encarada pela História do nosso Direito Constitucional. A situação jurídica estabelecida pela Constituição Provisória perdurou enquanto existiu o próprio Govêrno Provisório, o qual só se extinguiu juridicamente com a promulgação da Constituição Federal de 16 de julho de 1934. Revela, ainda, notar que a Constituição de 1934, no art. 18 do seu anexo Ato de Disposições Transitórias, estabeleceu expressamente o seguinte:

"Ficam aprovados os atos do Govêrno Provisório, dos interventores federais nos Estados e mais delegados do mesmo Govêrno, e excluída qualquer apreciação judicial dos mesmos atos e dos seus efeitos."

Como o dec. n.º 19.398 se propunha precisamente regular podêres e competências das autoridades referidas, segue-se que a sua validade jurídica foi expressamente reconhecida pelo Poder Constituinte de 1934. Assim, o dec. número 19.398 deveria figurar na lista das nossas Constituições escritas.

268. Uma análise atenta da Constituição Provisória faz ressaltar, em primeiro lugar, o seu fundo predominantemente privatista. Constante de 17 artigos dispositivos, a referida lei constitucional destina a maior e mais importante parte do seu conteúdo a acautelar as relações de Direito Privado e a defender os interêsses da mesma natureza. Depois de reservar-se, "em caráter discricionário e em sua plenitude", as atribuições dos Podêres Executivo e Legislativo (com significativa exclusão do Judiciário, a quem incumbe a decisão dos litígios de Direito Privado), a lei constitucional dissolvia (redundantemente, visto que enfeixara o Legislativo nas mãos do Govêrno Provisório) o Congresso Nacional, bem como todos os Legislativos estaduais e municipais do País (arts. 1.° e 2.°). O Poder Judiciário federal e o de tôdas as unidades da Federação era mantido para continuar a ser exercido "na conformidade das leis em vigor, com as modificações que viessem a ser adotadas" de acôrdo com a Constituição Provisória e com as restrições já dela constantes (art. 3.°). As leis deixadas em vigor eram os Códigos e a demais legislação privada, bem como os contratos e demais atos jurídicos dela dependentes. Esta interpretação se consolida quando vemos o texto do art. 6.°, que é o seguinte:

"Continuam em pleno vigor e plenamente obrigatórias tôdas as relações jurídicas entre as pessoas de Direito Privado, constituídas na forma da legislação respectiva e garantidos os respectivos direitos adquiridos."

Ainda mais significativa é a disposição complementar do art. 7.°, destinado a resguardar as inversões de capital privado (muitas vêzes de origem estrangeira) no setor dos serviços públicos. O art. 7.° tinha esta redação:

"Continuam em inteiro vigor, na forma das leis aplicáveis, as obrigações e os direitos resultantes de contratos, de concessões ou outras outorgas, com a União, os Estados, os Municípios, o Distrito Federal e o Território do Acre, salvo os que, submetidos à revisão, contravenham ao interêsse público e à moralidade administrativa."

Além disso, tôdas as obrigações de empréstimos públicos externos ou internos eram mantidas em pleno vigor (artigo 10).

Se o Govêrno Provisório inaugurava os seus trabalhos tranqüilizando desta forma os interêsses financeiros e mercantis, o mesmo não fazia com relação às situações de emprêgo público. Liquidava a estabilidade e os direitos adquiridos em quaisquer funções públicas, inclusive na Magistratura. Esta prerrogativa, o chefe do Govêrno a utilizou larga e infelizmente na distribuição de rendosos postos e ofícios de Justiça, entre os seus amigos e correligionários, de tal maneira que a marcha da Revolução mais pareceu, nos primeiros tempos, uma expedição venatória aos cartórios. Os artigos seguintes definem as atribuições dos interventores, mantinham (formalmente) os direitos e garantias individuais e criavam um Tribunal Especial para julgamento dos crimes políticos e funcionais (leia-se julgamento dos atos dos adversários vencidos). Tribunal que chegou a se instalar mas que não exerceu, de fato, a sua jurisdição.

269. Como se vê, a Constituição Provisória, longe de assegurar, desde logo, os princípios de Direito Público, principalmente de Direito Eleitoral, cujo desconhecimento, pela Primeira República, havia dado lugar à Revolução, tratou, antes, de firmar o poder nas mãos ainda vacilantes de VARGAS, através da distribuição de benesses e da ameaça das vinditas sôbre os funcionários [2] (coisa sempre de importância capital no burocrático Brasil), ao mesmo tempo que garantia a estabilidade das relações e interêsses de Direito Privado. A Constituição Provisória analisada dêste ângulo é interessan-

---

[2] Contou-nos o Sr. LEVI CARNEIRO que VARGAS só modificou dois pontos do projeto da Constituição Provisória. Estas duas modificações foram no sentido de se atribuir exclusivamente ao chefe do Govêrno tôdas as nomeações, inclusive as interinas, e tôdas as demissões de quaisquer cargos públicos, bem como ser êle a instância única dos recursos contra os atos dos interventores (art. 1.º, parág. único, e art. 11, § 8.º, da Constituição Provisória).

te, porque demonstra a falta de firmeza ideológica da Revolução, o seu aspecto de desabafo de grupos políticos que utilizaram o impulso popular em prol da renovação democrática para simplesmente ocupar o poder em seu nome. Não queremos assegurar que todos pensassem desta forma. Muitos havia, civis e militares, que desejavam levar a Revolução mais adiante. Mas a sêde de poder pessoal de GETÚLIO VARGAS, no momento, precisava apoiar-se nos interêsses estabelecidos para assegurar a ordem e se satisfazer. E foi o que fêz o chefe do Govêrno, mais tarde atraído para outros rumos, pela mesma razão fundamental.

A Comissão Constitucional

270. No começo de 1932 era sensível a pressão de vários setores pela convocação de uma Assembléia Constituinte, que viesse organizar jurídica e polìticamente o País. As tendências de VARGAS ao poder pessoal ilimitado e indefinido já se tinham revelado sobejamente e concordavam, como sempre acontece, com os interêsses dos grupos e das personalidades que mais fàcilmente poderiam atingir aos seus objetivos dentro de um regime discricionário. Uma série muito complexa de fatôres que aqui não cabe perquirir — e que iam desde a formação pessoal de VARGAS, no meio caudilhista e castilhista do republicanismo gaúcho, até ao panorama internacional, já sombreado pelas ditaduras européias da esquerda e da direita — facilitavam, sem dúvida, uma receptividade favorável às aspirações ditatoriais vitalícias do chefe do Govêrno Provisório. Mas, por outro lado, era também grande a resistência oferecida pelas fôrças da opinião democrática e pelos grupos políticos vencidos e excluídos do poder em 1930, dos quais o mais forte era, sem dúvida, o Estado de São Paulo.

271. Esta foi a pressão que se avolumou, determinando que o chefe do Govêrno, com má vontade, expedisse o dec. número 21.402, de 14 de maio de 1932, que fixava para 3 de maio seguinte (quase um ano depois, portanto) a eleição da

Assembléia Constituinte. O mesmo decreto criava uma Comissão Especial, incumbida de, em nome do Govêrno, elaborar o anteprojeto da futura Constituição. Esta Comissão se constituiu de elementos civis e militares, cuja presença só se explicava pelo prestígio e influência granjeados através da Revolução, mas outros nomes havia que inspiravam confiança e respeito no terreno da responsabilidade jurídica a que se destinava o órgão. Êstes últimos elementos, quase todos, foram convocados para integrar a subcomissão redatora (v. *infra*, n.º 274).

272. Infelizmente, a Revolução Paulista veio, de certa forma, retardar o processo de integração do País no regime constitucional. Esta afirmativa, como outras que se pode fazer em um estudo histórico, é relativa. É possível que a revolução de São Paulo tenha, ao contrário, contribuído dramàticamente para apressar o movimento legalista, tirando fôrça moral ao Govêrno vitorioso, para contra o mesmo movimento resistir. Nossa opinião, contudo, é a de que o ritmo de trabalho da Comissão, a respeitabilidade da maioria dos nomes que a compunham, a fatalidade do prazo legal para eleição da Constituinte, tudo, em conjunto, indicava o têrmo próximo da ditadura e o reingresso do País na legalidade. Por isto mesmo é que vemos na revolução de São Paulo não um impulso pela volta à Constituição, como proclamavam alguns dos seus líderes, mas a explosão de justos ressentimentos políticos, perfeitamente compreensíveis. De qualquer forma, abandonando êste aspecto da questão, seguiremos em rápidos traços o trabalho da Comissão Constitucional, que é o que interessa ao nosso *Curso*.

273. O funcionamento da Comissão Constitucional criada pelo Govêrno Provisório ficou regulado pelo dec. n.º 22.040, de 1 de novembro de 1932. O dilatado prazo que medeia entre a data dêste decreto e a do criador da Comissão (14 de maio) foi devido à Revolução Paulista e suas conseqüências. Afora as disposições de rotina usuais em regulamentos dêsse

tipo, o dec. n.º 22.040 determinava, como providências de maior importância: a nomeação de uma subcomissão incumbida de preparar as bases do projeto, a serem submetidas à Comissão; impressão de tais bases e abertura de prazo para o estudo e emendas, por parte de todos os membros da Comissão; encaminhamento das emendas e sugestões à subcomissão redatora das bases, a qual redigiria o substitutivo consolidado; impressão dêsse substitutivo e sua votação pela Comissão; remessa do vencido à subcomissão para redação final do projeto.

274. A subcomissão, nomeada pelo ministro da Justiça, ANTUNES MACIEL, ficou composta dos seguintes nomes: MELO FRANCO (presidente), ASSIS BRASIL, ANTÔNIO CARLOS, PRUDENTE DE MORAIS FILHO, JOÃO MANGABEIRA, CARLOS MAXIMILIANO, ARTUR RIBEIRO, AGENOR DE ROURE, JOSÉ AMÉRICO, OSVALDO ARANHA, OLIVEIRA VIANA, GÓIS MONTEIRO e TEMÍSTOCLES CAVALCÂNTI.

Entre o dia da instalação dos seus trabalhos e o do encerramento, que foi o de 5 de maio, levou a efeito a subcomissão 51 sessões. Alguns dos seus integrantes, como ARTUR RIBEIRO, JOSÉ AMÉRICO e OLIVEIRA VIANA, abandonaram a função antes do têrmo, sendo substituídos por outros, como CASTRO NUNES e SOLANO DA CUNHA.

275. A primeira reunião da subcomissão se deu a 1 de novembro de 1932, e nela foi eleito CARLOS MAXIMILIANO relator geral. Na segunda reunião, havida no dia 15, ficou combinada uma distribuição preliminar da matéria a ser elaborada, sendo constituídos grupos de trabalho e nomeados relatores parciais para os vários capítulos ou assuntos. Desde os primeiros debates se observa, na leitura das atas da subcomissão (que se acham publicadas em livro), a influência que, sôbre os seus membros, exerciam as então modernas doutrinas políticas e de Direito Público. Nos mais habituados ao trato desta última matéria, sentia-se logo a presença das inovações que, ao Direito Constitucional posterior à primeira

Grande Guerra, tinham trazido as Constituições da Alemanha (1919) e da Espanha (1931). Os problemas relacionados com a ordem econômica, a justiça social, a organização da família, das fôrças armadas ou da educação, habitualmente relegados à legislação ordinária pelo constitucionalismo liberal, reclamavam, agora, a atenção dos legisladores, como partes naturalmente integrantes da lei constitucional. E foi com êsse espírito que a subcomissão enfrentou a delicada tarefa que lhe era cometida.

276. Não poderemos entrar, aqui, na exposição pormenorizada das várias tendências manifestadas pela subcomissão, no seu todo, ou por alguns dos seus representantes, em particular, diante das teses em debate. Mesmo porque, o que interessa ao nosso *Curso* mais diretamente é uma apreciação da Constituição de 1934, tal como foi promulgada, e não do projeto que lhe serviu de base, e que dela bastante se distancia. Será, contudo, útil ao breve histórico do nosso Direito Constitucional, que neste volume vimos empreendendo, consignar alguns aspectos mais importantes dos debates travados na subcomissão, mesmo porque muito do anteprojeto por ela preparado foi aproveitado pela Constituinte. É o que tentaremos fazer nos parágrafos seguintes.

277. Preliminarmente, e à guisa de impressão geral, transcreveremos, neste ponto, aquilo que, a propósito dos trabalhos da subcomissão, já avançamos em outro livro:

"Percorrendo-se as opiniões manifestadas nos debates, nota-se a existência de uma espécie de inclinação fascistizante nos espíritos revolucionários mais jovens. Góis Monteiro exprimia um nacionalismo militarista, desconfiado das tradições liberais e da técnica da democracia clássica, que, de resto, conhecia muito pela rama. Oliveira Viana — grande figura intelectual — tinha as convicções sociològicamente aristocráticas e autoritárias, que compendia em tôda a sua obra de discípulo dileto de Alberto Tôrres. José Américo e Osvaldo Aranha flutuavam nas indecisas aspirações de uma justiça social e de uma organização estatal influenciadas pelos novos modelos ditatoriais da Europa. João MANGABEIRA era o ilustre jurista e o insigne orador de sempre; como sempre brilhante e impetuoso, cedendo, às vêzes, às perigosas impressões de momento, que vestia com as roupagens sedutoras da sua dialética e de sua contraditória cultura, ao mesmo tempo liberal, à maneira de RUI, e esquerdista à maneira da filosofia marxista. Surpreendente é o equilíbrio de ANTÔNIO CARLOS. O que faltava ao ANDRADA em preparação intelectual, sobrava em finura, sensatez e experiência... TEMÍSTOCLES CAVALCÂNTI dava, então, os primeiros passos na carreira de cultor do Direito Público, em que, depois, se notabilizou. Àquele tempo suas opiniões pareciam fortemente coloridas da influência autoritária a que há pouco me referi. O esfôrço de MELO FRANCO, quase sempre bem sucedido, era o de coordenar os debates, esclarecer as obscuridades, contornar, hàbilmente, os choques, afastar, quando necessário, os desatinos, aceitar as inovações úteis ou inevitáveis, reunir tudo, enfim, no notável projeto que pôde ser submetido à Constituinte."[3]

Como método de trabalho a subcomissão decidiu, de início, tomar por modêlo a Constituição de 1891. Mas, como esta não contivesse muitas matérias que se incorporaram, após ela, ao constitucionalismo moderno, depois de terminada a parte contida no antigo Código político republicano, passou a subcomissão a incumbir alguns de seus membros de relatar capítulos especiais. Assim, por exemplo, AGENOR DE ROURE ficou encarregado do capítulo sôbre a educação e a família, e a OSVALDO ARANHA foi distribuída a parte sôbre organização econômica e social. Serviam, nesta fase, de modêlo, as principais Constituições de pós-guerra, especialmente a alemã de 1919 e a espanhola de 1931.

278. A primeira matéria importante na qual a subcomissão tomou posição original e digna de registro, neste *Curso*,

---

[3] *Um Estadista da República*, vol. III.

foi a composição do Poder Legislativo. Todo o órgão, com exceção do ministro ARTUR RIBEIRO, votou pela supressão do Senado. Ficaria, assim, o Legislativo composto de uma Câmara única, a Assembléia Nacional. Certas atribuições habitualmente conferidas a uma segunda Câmara, nos Estados federativos, como o nosso, não deixariam, no entanto, de existir, por causa da deliberação supressiva. A solução, para contornar o impasse, foi a criação de um órgão de coordenação, um Conselho de Estado que funcionasse fora do Legislativo. Adiante, no n.º 283, nos referimos a êsse órgão.

279. Decidida a subcomissão a adotar, no projeto, a solução da Câmara única, passou a examinar a composição desta. Travou-se, então, importante debate a respeito da representação profissional, ou classista, velha idéia sustentada desde o século XIX por muitos escritores democráticos (alguns, como LÉON DUGUIT, de formação positivista, o que explica a preferência), mas idéia renovada e revigorada extraòrdinàriamente, em muitos países, depois da primeira Grande Guerra, em virtude da vitória do fascismo italiano e das suas experiências naquele terreno. Muitos membros da subcomissão se inclinavam pela representação classista, que veio a ser, de fato, incluída na legislação eleitoral, com os piores resultados, como se sabe. Os juristas e políticos mais experientes, como ANTÔNIO CARLOS, PRUDENTE DE MORAIS, CARLOS MAXIMILIANO e MELO FRANCO, se opunham à novidade, com argumentos que ainda hoje seriam válidos. Note-se que MELO FRANCO, fiel ao projeto que apresentara na Câmara, em 1916, sôbre a organização administrativa do Distrito Federal, aceitava a representação classista nos municípios das capitais ou grandes cidades. Neste ponto era acompanhado por outros membros da subcomissão. Mas os novos — e entre êles se alinhou JOÃO MANGABEIRA, sempre amigo de novidades — queriam a representação classista no próprio Legislativo. Os mais ardorosos, nìtidamente imbuídos das doutrinas fascistas, eram GÓIS MONTEIRO, OSVALDO ARANHA e TEMÍSTOCLES CAVALCÂNTI. Quando lemos, hoje, alguns dos argumentos apresentados em favor da inovação (que interessava profundamente a GETÚLIO VARGAS por motivos muito mais políticos do que ideológicos, pois êle é que queria se assegurar uma grande bancada inteiramente dependente de si e não dos governos estaduais), ficamos surpresos com tanta ligeireza e falta de informação. De qualquer forma, a representação classista não foi incluída no projeto. Prevaleceu o conselho dos mais prudentes, apesar de haverem enèrgicamente defendido e votado por ela OSVALDO ARANHA, JOSÉ AMÉRICO, TEMÍSTOCLES CAVALCÂNTI e JOÃO MANGABEIRA. VARGAS, porém, conseguiu introduzi-la na Constituinte e, por via constitucional, no Congresso ordinário (v. n.º 287).

280. Em princípio a subcomissão se manifestou unânimemente pela eleição indireta do presidente da República. Na verdade, a experiência da eleição direta, na Primeira República, não era estimulante nesse capítulo, embora os riscos da eleição indireta não tivessem sido aquilatados, a nosso ver. com objetividade, pelos componentes da subcomissão. A unanimidade quanto ao princípio não prevalecia, contudo, no tocante ao corpo eleitoral. A subcomissão se dividiu, aqui, em duas correntes, uma que propugnava a eleição do presidente pela Assembléia Nacional e outra que pleiteava a criação de um eleitorado especial cuja composição, de resto, variava muito, segundo as diversas opiniões expendidas. Afinal, no plenário da Comissão, prevaleceu a tese da eleição pelo Legislativo, como se verifica do texto do § 1.º do art. 37 do anteprojeto por ela enviado à Constituinte e que era o seguinte:

"A eleição presidencial far-se-á por escrutínio secreto e maioria de votos da Assembléia Nacional, presente a maioria absoluta de seus membros, 30 dias antes de terminado o quadriênio ou 30 dias depois de aberta a vaga."

A disposição não era feliz. Em princípio, a eleição indireta do presidente da República, no sistema presidencial de govêrno, é um mal, porque atribui a um grupo muito escasso de votantes, submetidos à pressão de interêsses econômicos ou de fôrça militar, a decisão final sôbre a escolha de autoridade que dispõe de imensos podêres. A prova disso é que, nos Estados Unidos, a eleição, de início feita para ser indireta, transformou-se em simples arranjo para uma verdadeira eleição direta. O projeto da Comissão ia, ainda, mais longe. Fazia o corpo eleitoral confinado à Câmara dos Deputados (Assembléia Nacional), cujos membros se tornavam, assim, decididamente solidários com os interêsses ligados à escolha do Executivo. Por outro lado, o simples *quorum* de maioria absoluta (e não de dois terços ou três quartos) era suficiente para o funcionamento da Assembléia. Ora, considerando-se que a maioria exigida para a eleição era a simples, conclui-se que, com *quorum* exíguo e maioria eleitoral simples, sem falar na grande divisão de correntes, determinada pela representação proporcional, dar-se-ia muito provàvelmente o resultado de ser o presidente eleito com soma muito pequena de votos, o que arriscava, sem dúvida, e muito, a sua autoridade e o prestígio do seu govêrno. Era evidente que a Constituinte não poderia manter, como não manteve, solução tão imprudente. Optou pela eleição direta.

281. O comparecimento dos ministros de Estado perante o Legislativo era, como já vimos, matéria antiga na teoria brasileira (v. capítulo V, n.º 226). A subcomissão considerou o assunto, ao aprovar emenda de João MANGABEIRA ao capítulo do Poder Legislativo, que previa tal comparecimento. Quando se tratou de redigir o capítulo do Poder Executivo, AGENOR DE ROURE sugeriu outra emenda, que previa o comparecimento espontâneo dos ministros ao Legislativo, independentemente de convocação por parte dêste. As duas medidas se incorporaram, daí por diante, ao nosso Direito Constitucional (Constituições de 1934, art. 37; de 1946, arts. 54 e 55).

282. A questão da unidade ou dualidade da Magistratura provocou largos e importantes debates, principalmente entre JOÃO MANGABEIRA, partidário da magistratura federal

única, e ARTUR RIBEIRO (relator do capítulo), que preferia a manutenção do sistema tradicional, e ainda hoje o vigente, das magistraturas estaduais múltiplas. ARTUR RIBEIRO, velho, probo e competente magistrado, servira mais de 30 anos como juiz em Minas, e, do Tribunal do Estado, viera para o Supremo Tribunal Federal. Suas vistas eram técnicas e rigorosas, talvez mesmo rigoristas. Apegado aos aspectos especializados da questão, não admitia qualquer transigência de natureza política. Verificando que seus pontos de vista clàssicamente irredutíveis não eram partilhados, afastou-se dos trabalhos. Nem todos os membros da subcomissão eram partidários da unidade da Magistratura. Especialmente os que provinham dos grandes Estados, como MELO FRANCO, ANTÔNIO CARLOS, OSVALDO ARANHA e outros, não concordavam com a idéia, apesar da ardorosa defesa que dela fizera RUI BARBOSA, agora repetida por JOÃO MANGABEIRA. Acabou vencendo a tese mais radical dos revolucionários e dos juristas jovens. O projeto (arts. 47 e 48) adotou a fórmula da unidade, que, aliás, caiu na Constituinte. Com efeito, a Constituição de 1934, no art. 124, voltou ao sistema tradicional das Justiças estaduais, embora a Constituição federal passasse a exercer maior influência na sua organização.

283. Capítulo interessante do trabalho da subcomissão foi o que criou o Conselho Supremo. Como já deixamos dito acima (n.º 278), ficara decidida a abolição do Senado. Em substituição a êle, a subcomissão propôs a criação do Conselho Supremo da República, que seria, ao mesmo tempo, órgão de consulta e de coordenação dos três Podêres. Incumbiu-se da redação do capítulo o presidente da subcomissão. Em exposição verbal feita aos seus pares, MELO FRANCO explica as origens e objetivos do seu trabalho. Prendia-se êle a um projeto que apresentara na Câmara em 1912, como substitutivo a outro, do então deputado ARNOLFO AZEVEDO, o qual criava um Conselho de Estado. O novo projeto de MELO FRANCO previa a existência de órgão mais influente e completo. O Conselho Supremo, segundo a sua sugestão, que foi

quase integralmente adotada pela subcomissão, se comporia de 35 membros, mais tantos quantos fôssem os ex-presidentes da República. Os Conselheiros seriam escolhidos, um por cada Estado, em número de 21, eleitos pelas respectivas Assembléias Legislativas; 3 pelas Universidades; 5 representando os interêsses sociais e econômicos, e 6 nomeados pelo presidente da República de uma lista organizada pela Assembléia Nacional e o Supremo Tribunal Federal. Os conselheiros teriam mandato de sete anos (salvo os ex-presidentes, que seriam vitalícios), gozariam as mesmas imunidades que os parlamentares e as suas vagas seriam providas da mesma forma por que se dava a escolha ou a eleição. O Conselho seria dividido em seções (como o Conselho de Estado no Império, no qual o projeto se baseou em mais de um ponto). As consultas seriam respondidas pelas seções segundo as competências respectivas, mas as resoluções que não fôssem parceres só seriam adotadas em Conselho pleno. Entre as resoluções da competência do Conselho estavam a aprovação de várias nomeações, a autorização para a intervenção nos Estados (quando fôsse de iniciativa do presidente), a aprovação dos decretos e regulamentos do Executivo e a convocação extraordinária do Legislativo. O órgão teria, como se vê, atuação de relêvo no jôgo dos podêres, substituindo, até certo ponto, o Senado, que havia sido suprimido. Além dos elementos já referidos, de que lançou mão na feitura do seu projeto, MELO FRANCO utilizou, também, a experiência da Constituição espanhola de 1931, que, no art. 93, havia consagrado a criação de um Conselho de Estado, nos moldes do já existente na Monarquia espanhola, com função consultiva e dividido em seções. A Constituinte, como veremos, preferiu restabelecer o Senado, dando-lhe, porém, uma organização diferente, que fazia lembrar um pouco o Conselho imaginado pelo anteprojeto do Itamarati.

284. A subcomissão do Itamarati tornou-se credora de importante serviço ao nosso Direito Constitucional, no capítulo dos direitos e garantias individuais. Referimo-nos à formulação definitiva, em têrmos constitucionais, da garantia do mandado de segurança para os direitos pessoais líquidos e certos, turbados por abuso de poder por parte da autoridade. O relator do capítulo, João MANGABEIRA, ofereceu, desde logo, um texto que continha o essencial do instituto, nos têrmos em que, ainda hoje, se apresenta. A história do mandado de segurança, bastante conhecida, pode ser resumida em poucas linhas. Já vimos, no capítulo anterior (n.º 238), como ALBERTO TÔRRES, no seu livro precursor, havia sugerido a criação de um recurso semelhante, com o nome de *mandado de garantia*. Não tendo a Constituição de 1891 previsto outros recursos, além do *habeas corpus*, para garantir os direitos individuais contra abuso de autoridade, o Supremo Tribunal foi levado a ampliar consideràvelmente a aplicação dêste último, dando lugar a excessos políticos que mereceram justos reparos de juristas nacionais e estrangeiros, inclusive o próprio PEDRO LESSA. Em 1922, no Congresso Jurídico reunido no Rio de Janeiro, foi aprovada a sugestão de se criar um recurso judiciário paralelo ao *habeas corpus*, mas com a finalidade de garantir outros direitos pessoais além do da liberdade corpórea, mais ou menos no tipo do chamado *recurso de amparo*, existente no México, porém com rito processual mais rápido. Na revisão constitucional de 1926, como vimos igualmente no capítulo anterior, apesar de mencionado desde a mensagem presidencial, o recurso que se reconhecia de necessidade não foi formulado, dando-se, ainda, a agravante de se haver restringido, ou pretendido restringir, a aplicação do *habeas corpus* aos estritos casos em que estivesse em jôgo a liberdade de locomoção. O deputado mineiro GUDESTEU PIRES, ainda no ano de 1926, em projeto de lei ordinária, tratou de preencher a lacuna da reforma, criando um processo especial de defesa dos direitos individuais, fundado nos recursos clássicos do direito anglo-americano e mexicano e aproveitando, também, a jurisprudência brasileira em matéria de *habeas corpus*. Foi fundado em todos êsses precedentes que João MANGABEIRA incluiu no capítulo sôbre direitos e garantias o artigo sôbre mandado de segurança, sugerindo inclusive o nome que ficou definitivamente consagrado no nosso direito.

285. Como dissemos acima, além da experiência nacional consolidada na Constituição de 1891 e no trabalho de interpretação jurídica de que ela foi objeto, a subcomissão valeu-se, na redação dos capítulos atinentes à matéria mais nova, do Direito Constitucional comparado, especialmente das Constituições alemã e espanhola, principalmente da primeira, provàvelmente porque o Reich, sendo um Estado federal como o nosso, oferecia maiores pontos de aproximação teórica. Como na Constituição alemã de 1919, o anteprojeto do Itamarati dedicou partes especiais à família e à educação, à segurança nacional e à ordem econômica e social. Foram relatores AGENOR DE ROURE, GÓIS MONTEIRO e OSVALDO ARANHA, sofrendo tôda a matéria o crivo de acurado e, por vêzes, erudito debate, por parte dos demais componentes do grupo. Desde o projeto do Itamarati tais assuntos passaram a constituir partes das nossas leis constitucionais e alguns órgãos, como o Conselho de Segurança Nacional, proposto pelo general Góis no seu trabalho, ficaram no quadro permanente dos nossos departamentos político-administrativos. Matéria igualmente do maior relêvo foi a criação da Justiça Eleitoral, na seção quarta do anteprojeto. Em linhas gerais a estrutura desta Justiça especializada foi ali prevista tal como ainda hoje se conserva. A Justiça Eleitoral é outra conquista do Direito Constitucional posterior à primeira Grande Guerra. Esboçada na Constituição alemã, foi se precisando e aperfeiçoando depois dela. No momento oportuno desenvolveremos melhor êste assunto.

286. Pelo rápido resumo, que aqui fizemos, dos principais pontos do anteprojeto, poderemos concluir que a subcomissão constitucional do Itamarati marcou uma fase de indubitável importância na evolução do Direito Constitucional brasileiro. No seu trabalho ela incorporou, adaptando-as às nossas condições peculiares, muitas das conquistas jurídicas

de outros povos, naquele período que já foi chamado da *racionalização* do poder democrático. E as linhas principais do seu projeto são, ainda hoje, observáveis na arquitetura da nossa Constituição. Concluído o trabalho em 3 de novembro, ela remeteu, nessa data, diretamente ao Govêrno Provisório, o anteprojeto, sem submetê-lo ao plenário da Comissão, de que era simples órgão delegado. A razão dêsse procedimento foi a de que a Constituinte já se achava convocada para o dia 15 do mesmo mês, sendo, assim, impossível que a Comissão, no seu conjunto, pudesse apreciar conscienciosamente o anteprojeto. De fato, portanto, a chamada subcomissão foi a verdadeira Comissão Constitucional do Govêrno Provisório. Releva, ademais, notar, que êste último não introduziu qualquer modificação no anteprojeto do Itamarati, enviando-o, tal e qual, à Assembléia Constituinte.

A Assembléia Constituinte de 1933

287. A 15 de novembro de 1933 reuniu-se, no Palácio Tiradentes, a Terceira Assembléia Constituinte brasileira. Sua convocação havia sido precedida de vários decretos reguladores, a começar pelo notável Código Eleitoral expedido com o dec. n.º 21.076, de 24 de fevereiro de 1932. Além dos 214 representantes eleitos nos têrmos dessa lei, a Assembléia era também integrada por 40 deputados chamados *classistas*, que representavam as diversas profissões organizadas, os quais foram eleitos de acôrdo com o dec. n.º 22.653, de 20 de abril de 1933. As classes representadas na Constituinte eram as seguintes: Empregados (18), Empregadores (17), Profissões liberais (3), Funcionários públicos (2). Note-se, a propósito, que a Constituição de 1934 alterou um pouco êsse esquema. Por ela (art. 23), as profissões eram: *a*) Lavoura e Pecuária; *b*) Indústria; *c*) Comércio e Transportes; *d*) Profissões liberais e Funcionários públicos. As três primeiras categorias elegiam número igual de empregados e empregadores.

288. A primeira sessão preparatória teve lugar a 11 de novembro e foi presidida pelo ministro do Supremo Tribunal, HERMENEGILDO DE BARROS, na qualidade de presidente do Superior Tribunal Eleitoral, o qual proferiu interessante discurso explicando a sua presença como decorrência natural das funções atribuídas à nova Justiça especializada. A presidência da Assembléia recaiu sôbre o deputado mineiro ANTÔNIO CARLOS RIBEIRO DE ANDRADA, velho e experiente parlamentar e homem público, que continuava, na terceira Constituinte nacional, a tradição que os seus ancestrais haviam inaugurado na primeira. A instalação solene foi a 15 de novembro, tendo comparecido o presidente GETÚLIO VARGAS. No dia seguinte ao da instalação foi formada a Comissão Constitucional, composta de 26 membros, um por cada unidade da Federação, inclusive o Distrito Federal e o Acre (total 22), e mais quatro representantes das categorias profissionais. No dia 16 foi também comunicado ao plenário o depósito, em Mesa, do projeto remetido pelo Govêrno Provisório, que era, como já dissemos, o mesmo anteprojeto do Itamarati. O presidente da Comissão Constitucional foi o deputado gaúcho CARLOS MAXIMILIANO, ilustre e experiente constitucionalista, que conhecia a fundo o projeto, visto ter participado ativamente da sua elaboração. O vice-presidente foi o Sr. LEVI CARNEIRO e o relator-geral o Sr. RAUL FERNANDES, ambos fluminenses e com fôlhas de serviço brilhantes na ciência jurídica e na vida pública. O líder da Assembléia foi, a princípio, OSVALDO ARANHA, que não era deputado mas ministro, e como tal (como se dera em 1890) tinha assento nos trabalhos. ARANHA renunciou em meados de janeiro, sendo substituído na liderança pelo baiano MEDEIROS NETO. Entre os constituintes havia figuras expressivas. Com nomes já consagrados na política ou no direito apareciam ANTÔNIO CARLOS, SEABRA, SAMPAIO CORREIA, ALCÂNTARA MACHADO, CARDOSO DE MELO, CINCINATO BRAGA, RAUL FERNANDES, CARLOS MAXIMILIANO, LEVI CARNEIRO. Da nova ou mais nova geração vinham VIRGÍLIO DE MELO FRANCO, PRADO KELLY, PEDRO ALEIXO, AGAMEMNÓN MAGALHÃES, ODILON BRAGA, OSÓRIO BORBA, OLEGÁRIO

Mariano, Soares Filho, Gabriel Passos, Daniel de Carvalho. Três ilustres constituintes morreram durante os trabalhos: Calógeras e Augusto de Lima, deputados por Minas, e Miguel Couto, que representava o Distrito Federal. Um outro, também ilustre, afastou-se da Assembléia por meio de renúncia: Assis Brasil.

289. É necessário observar que, na Constituinte, surgem, talvez pela primeira vez, na nossa história constitucional, os representantes de um pensamento socialista consciente e reivindicador. Deputados como Acir Medeiros e Vasco de Toledo (representantes classistas da categoria dos empregados) ou Zoroastro Gouveia e Lacerda Werneck, eleitos pelo Partido Socialista de São Paulo, falam, na Assembléia, uma outra língua, a língua do operário e do intelectual reformista, se não revolucionário. Ao lermos os seus discursos, nos *Anais*, sentimos a presença de qualquer coisa de novo nos debates. Algo de vigoroso e insólito, reclamos imperiosos que subiam das camadas profundas do povo, atropelando muita vez a ciência jurídica, e possìvelmente as regras da boa linguagem, mas exprimindo necessidades e fôrças que queriam se fazer ouvir. Sem dúvida essas vozes perdem-se, ainda, abafadas na caudal da oratória jurídica, política, ou teòricamente econômica e inconfundível. Zoroastro Gouveia e Lacerda Werneck são os melhores representantes parlamentares das novas aspirações socialistas.

290. O Regimento Interno da Assembléia fôra estabelecido pelo decreto do Govêrno Provisório n.º 22.621, de 5 de abril de 1933, expedido, pois, mais de seis meses antes da sua reunião. Não deixava de ser estranha a intromissão da ditadura em assunto do interêsse privativo da Assembléia. Esta anomalia foi logo denunciada pelo deputado carioca Henrique Dodsworth, que viu a sua causa apoiada pela oposição existente. Apesar das resistências da maioria, o regimento acabou sendo reformado pela própria Assembléia. Merece destaque especial a forma ao mesmo tempo ágil, enérgica e

cortês com que ANTÔNIO CARLOS deu a maior eficiência à Presidência da Constituinte. O ANDRADA elevou-se, no pôsto, à altura dos seus maiores.

291. As bancadas, dentro da Assembléia, não mais se dividiam por Estados, como ocorrera na Constituinte de 1891 e em boa parte da existência do Congresso na primeira República, época quase exclusiva de partidos estaduais únicos, dependentes do Palácio do Govêrno. Na Assembléia de 1933 é fato notório e reconhecido a existência de mais de um partido em grande número de Estados. Tentou-se, mesmo, o reconhecimento oficial desta situação através de uma reforma regimental (que não teve seguimento), mas que organizava o plenário de acôrdo com os partidos ou "correntes de opinião", como também eram denominados.

292. Não sendo possível, ainda mesmo em resumo, expor aqui os debates sôbre temas constitucionais havidos em plenário e que enchem os numerosos volumes dos *Anais*, vamos acompanhar, sòmente, a marcha do texto da Constituição, nos seus lances essenciais.

293. Instalada a Comissão Constitucional, tomou ela o projeto do Govêrno como base. Distribuiu-o a vários relatores parciais, de acôrdo com os capítulos existentes. Os relatórios parciais, à medida que iam sendo confeccionados (o que se deu entre janeiro e março de 1934), eram submetidos à chamada Comissão de Revisão, composta dos três membros da mesa da Comissão (CARLOS MAXIMILIANO, presidente, LEVI CARNEIRO, vice-presidente, e RAUL FERNANDES, relator-geral), e ainda dos relatores dos capítulos sem exame. Assim, a Comissão Revisora tinha três membros fixos, sendo os outros variáveis, de acôrdo com o capítulo de que se estivesse fazendo a revisão. A Comissão Revisora reuniu-se contìnuamente, acompanhando de perto a elaboração dos pareceres e dando redação aos capítulos revistos. No fim aceitou a inclusão, no substitutivo, das emendas que viessem assinadas

pela maioria absoluta da Comissão Constitucional. Com êsse procedimento (que sofreu reparos em plenário) pôde publicar o seu substitutivo completo a 11 de março, ainda dentro do prazo que lhe havia sido concedido pelo plenário. O parecer do deputado RAUL FERNANDES, relator-geral, indica as principais diferenças entre o substitutivo e o projeto do Itamarati.

294. Em primeiro lugar, o substitutivo atenua consideràvelmente, no capítulo da Organização Federal, a centralização considerada excessiva que marcava o projeto, e restaura, em setores importantes, a tradição do nosso federalismo. Recusa a limitação do número de deputados para os grandes Estados. Restabelece o Senado, suprimindo o Conselho Supremo, embora dando àquele uma posição fora do Legislativo. Aceita a participação de congressistas no Ministério. Concorda com a eleição indireta do presidente da República, porém com um eleitorado especial, não apenas limitado ao Legislativo. Aliás, neste ponto, o parecer reconhece que se trata de simples providência temporária, pois o plenário ainda não se tinha firmado quanto ao importante assunto. Aceita, também, as chamadas *emendas religiosas,* do casamento indissolúvel e do casamento e ensino religioso. O capítulo referente à ordem econômica e social foi aceito com a inclusão das suas relevantes inovações, que procuravam nacionalizar e democratizar a economia, bem como proteger o trabalhador. Foram igualmente mantidos os capítulos dedicados às novas matérias constitucionais, como a educação, a família, o funcionalismo, a segurança nacional, e Justiça Eleitoral e outras, com algumas modificações secundárias.

295. O substitutivo da Comissão Constitucional foi aprovado, em globo, pelo plenário, a 13 de março, ressalvadas as emendas para cuja apresentação se deu o prazo de 30 dias, nos quais ficou, também, aberta a discussão. Durante êste período é que se pronunciaram os mais substanciosos discursos, porque a matéria não se encontrava mais em estado

teórico e difuso, senão que se achava, já, concretizada em texto impresso. Em meados de abril, o substitutivo retornou, com as emendas, à Comissão, que, nessa etapa final, adotou novo plano de trabalho. Dividiu-se a matéria em oito capítulos, os quais foram distribuídos a subcomissões, ou grupos de trabalho, compostos de três deputados, devendo cada grupo estudar as emendas relativas ao capítulo e dar sôbre elas parecer, integrando o resultado em um substitutivo parcial. Tais capítulos substitutivos desceram diretamente ao exame do plenário. A votação começou a 7 de maio, na qual foram aprovados, em globo, todos os capítulos substitutivos, iniciando-se, no dia seguinte, a votação das emendas destacadas. Em geral, as decisões eram tomadas com rapidez e pouco debate. Em certos casos, todavia, as opiniões se acirravam, chegando a ocorrer tumultos e suspensões da sessão. Curioso é que um dos assuntos mais controvertidos foi o da unidade do direito adjetivo. A Comissão Constitucional não se havia decidido por ela, mas, pela competência federal para legislar sôbre as normas fundamentais do processo. Naquela assembléia, onde ainda predominavam os bacharéis, a matéria interessou mais do que qualquer outra, na hora da votação. Aliás, insinuava-se na controvérsia uma sombra visível de política regional, visto que os grandes Estados, de maneira geral, inclinavam-se pela manutenção da dualidade, enquanto que os pequenos, também via de regra, buscavam a solução oposta, que foi a que prevaleceu, como se sabe. A 9 de junho estava terminada a votação, voltando o conjunto à Comissão de Redação, cujo texto foi publicado no dia 28. As emendas de plenário à redação foram examinadas pela Comissão especializada, tendo a votação de tais emendas terminado uma semana antes da promulgação da Constituição, que se deu a 16 de julho.

A Constituição de 1934

296. Quando aludimos ao trabalho da Comissão Constitucional do Itamarati, fizemos menção da influência que.

sôbre alguns dos seus membros mais destacados, exerciam as idéias e doutrinas do Direito Constitucional posterior ao Tratado de Versalhes (v. *supra*, n.º 275). Agora, ao tratarmos do texto promulgado a 16 de julho, convém que voltemos um pouco mais desenvolvidamente ao assunto, a fim de darmos um balanço sucinto no ambiente jurídico e político geral, dentro do qual foi elaborada aquela lei constitucional, de que tanta coisa sobrevive na de 1946, que atualmente nos rege.

297. Observando-se, em síntese, o panorama constitucional que existiu entre as duas guerras mundiais, verificamos que a grande renovação das idéias se processou, como era natural, na Europa continental, região do planêta que mais dura e diretamente havia sofrido o impacto da conflagração e experimentado as suas conseqüências de tôda ordem. A princípio, a partir da paz de 1918, parecia que o ressurgimento democrático, e mesmo a ampliação e o aprofundamento da democracia, presidiriam à reconstrução política e social da Europa e do mundo. Duas são as Constituições mais expressivas dêsse movimento: a alemã de 1919 e a espanhola de 1931. Estas duas Constituições marcam o princípio e o declínio do novo Direito Constitucional democrático de entre as guerras, devendo-se salientar que são, ambas, tentativas de enquadramento democrático do Direito Constitucional de dois países que, até então, se colocavam à margem das práticas democráticas européias, cada um à sua maneira.

298. Muito cedo, porém, acontecimentos verificados em dois importantes Estados europeus abalaram profundamente a manutenção do regime democrático e a confiança depositada na sua capacidade de resolver os problemas políticos da sociedade. Antes, mesmo, do fim da guerra, em outubro de 1917, o partido bolchevista, liderado por LÊNINE, chegava ao poder na Rússia, eliminando a democracia representativa, ensaiada por KERENSKI desde a queda do czarismo autocrático, em fevereiro daquele mesmo ano. Em 1922, MUSSOLINI

atingia ao comando da Itália, depois da marcha espetacular das legiões fascistas sôbre Roma. Isto fêz criar, em muitos, a impressão de que o Estado anticomunista precisava de se constituir, também, fora da moldura democrática, para poder sobreviver. Assim, o renascimento democrático que tinha alcançado, a partir da Constituição de Weimar, a Áustria, a Polônia, a Tcheco-Eslováquia ou a Espanha, encontrava o refluxo do espírito ditatorial que, partido da negação russa, vinha repercutir na Itália de MUSSOLINI, na Turquia de MUSTAFÁ KEMAL, ou mesmo no Portugal de SALAZAR.

299. O ponto culminante dêsse processo de desgaste da democracia e da queda de confiança das elites e das massas européias na eficácia da sua aplicação ocorreu, precisamente, na época em que o Brasil se preparava para elaborar a sua segunda Constituição republicana. Com efeito, meses antes de se reunir, no Rio, a Constituinte, HITLER, chamado pelo idoso HINDENBURGO, era nomeado Chanceler do Reich. No campo do Direito Constitucional, o triunfo do raivoso aventureiro e futuro algoz da Europa teve uma tremenda importância. A Constituição de Weimar, devida em grande parte à alta capacidade técnica do Professor PREUSS, jurista dos mais ilustres do tempo, representava tudo o que de mais aprimorado a ciência do Direito poderia oferecer às necessidades sociais, dentro de um regime democrático de Constituição escrita. A sua influência, já o dissemos, tinha sido considerável no desenvolvimento jurídico do após-guerra. Pode-se bem avaliar, portanto, o profundo efeito que a sua virtual abolição (HITLER não a derrogou formalmente, limitando-se a não lhe dar cumprimento) traria aos meios políticos democráticos. Era a falência do sistema mais bem arquitetado e mais minuciosamente executado, levado de roldão pelas fôrças históricas que representavam precisamente a negação de tudo aquilo que êle preconizava e exprimia: paz externa e liberdade interna. Não se pode dizer que, da ascensão de HITLER ao poder, provenha o colapso da democracia e do Direito democrático na Europa. De certa maneira, aquela ascensão era mais um efeito do que uma causa dêsse colapso, o qual, de resto, gradativamente já se vinha fazendo sentir no campo intelectual e político, pelo êxito de ditadores como os referidos no item anterior, ou pela atitude de escritores e grupos do gênero de CHARLES MAURRAS e da reação monárquica na França (a chamada *Action Française*). Mas é incontestável que a entrega do poder alemão ao ex-cabo nascido na Áustria simbolizou a derrota final do Direito democrático, e serviu de elemento propulsor a novos e vitoriosos lances da ofensiva fascista.

300. As próprias nações sòlidamente democráticas perceberam a conveniência de rever, naquela fase, a sua estrutura constitucional. A Grã-Bretanha, sentindo a visível superação do sistema colonial em que fundara o seu formidável desenvolvimento no século XIX, começou a marcha deliberada e lúcida da liquidação do Império, para a conseqüente formação da Comunidade de Domínios, que vem dando fisionomia à sua continuidade no tempo e no espaço. A Conferência imperial de 1926 e o chamado *Estatuto de Westminster*, de 1931, são marcos importantes dessa marcha com que a sabedoria política inglêsa foi transformando o país, para sobreviver. Marcha que ainda perdura, aos nossos olhos. Por outro lado, o parlamentarismo tradicional britânico sofria importantes modificações no seu exercício. Nos Estados Unidos, o Partido Democrático, com FRANKLIN ROOSEVELT, entrava na Casa Branca, de que estava afastado havia 12 anos, desde a morte de WILSON. Não precisamos recordar, aqui, o que foi o esfôrço renovador do grande presidente, tanto no campo da política social e econômica quanto no da prática constitucional. Neste último, êle derrubou o costume, com fôrça de lei, que vedava a permanência do Chefe de Estado em um terceiro período presidencial. Tão profunda e grave foi esta modificação sem precedentes, que exigiu, depois da guerra, uma emenda constitucional que viesse torná-la impossível.

301. No terreno da política internacional, o recuo democrático se fêz sentir principalmente através do desprestígio progressivo e do melancólico fracasso final da Liga das Nações. O pensamento constitucional da época, que deu em resultado mecanismos altamente técnicos, como as leis básicas elaboradas por juristas do quilate de KELSEN e PREUSS, também encontrava aplicação no território do Direito Internacional. O presidente WILSON, principal arquiteto do edifício da Liga, era, não devemos esquecê-lo, um dos mais famosos constitucionalistas do seu tempo. Não admira, assim, que êle se tornasse no mais vigoroso suporte da tendência de constitucionalização do Direito Internacional, ou seja, do esfôrço de garantir a paz através de instituições jurídicas que se estruturassem e funcionassem à feição das Constituições internas. Era natural que o declínio do constitucionalismo democrático se fizesse igualmente sentir no fracasso da Liga, cuja impotência tornou-se evidente, não só pela ausência inicial dos Estados Unidos e da União Soviética, como pela retirada da Alemanha, em 1933, seguida da Itália, alguns anos depois.

302. Podemos dizer, assim, que a Constituinte brasileira de 1933 se reunia em uma época contraditória, na qual se fazia sentir o choque imenso de duas correntes históricas, nada indicando que a democracia levasse a melhor na luta material que se aproximava a olhos vistos. Precisamente o ano de 1933 pode ser considerado o momento crítico dessas contradições. Durante o seu transcurso, HITLER chega ao poder e retira a Alemanha da Liga; ROOSEVELT é eleito presidente dos Estados Unidos; SALAZAR se consolida em Portugal, fazendo aprovar em plebiscito a sua Constituição corporativa.

303. Claro está que, em tais condições, a nossa Constituição de 1934 não poderia deixar de espelhar, no seu texto, o entrechoque das fôrças que, como sempre, vinha ecoar no Brasil. A leitura dos *Anais da Constituinte* é um manancial inesgotável para um historiador das idéias políticas que desejasse surpreender, no seu nascedouro, o futuro Estado Novo de VARGAS. O integralismo, ridícula macaqueação nacional do fascismo ítalo-germânico, já andava nas ruas, nos jornais e nos livros, franca ou disfarçadamente, liderado por alguns poucos fanáticos e muitos aproveitadores, e sob a chefia nacional de alguém que participa das duas condições. Tôda essa fermentação intelectual se processava sob a atenta observação do Chefe do Govêrno, indiferente às doutrinas e sem compromisso com quaisquer princípios, pronto sempre a servir-se da mais viável para satisfazer à única paixão que o possuía, que era a de permanecer no poder.

Aspectos da Constituição de 1934

304. Uma observação, ainda que superficial, da Constituição de 1934, dá conta, desde logo, da abundância e da importância das suas inovações, em relação ao nosso anterior Direito Constitucional escrito. Resultado das crises econômicas, políticas e sociais de que fizemos menção, e da conseqüente transformação das idéias jurídicas, o seu texto exprime novas diretrizes, tanto no conteúdo quanto na forma. Ressaltemos os principais aspectos dêsses novos elementos materiais e formais.

305. Quanto ao conteúdo, a Constituição de 1934 incorpora plenamente aquilo que os autores costumam chamar *o sentido social do Direito*. Estas palavras têm um significado mais amplo do que o contido na expressão *Direito do Trabalho*. O sentido social do Direito compreende tôdas as manifestações da tendência de se enquadrar, dentro do molde das normas constitucionais, as mais importantes relações humanas estabelecidas no seio da sociedade. Fazem, assim, parte dêsse sentido social do Direito, além das normas que regulam as relações de trabalho, aquelas que dizem respeito à família, à educação, à saúde, à paz internacional, à proteção dos interêsses nacionais (nacionalismo) e outras do

mesmo alcance social genérico. Naturalmente que esta ampliação do Direito Constitucional clássico, esta acolhida, pelo Estado, do sentido social do Direito, não se poderia processar sem uma modificação adequada da estrutura das Constituições escritas. Êsses são os novos elementos formais do Direito Constitucional, destinados precisamente a tornar operativas as suas modificações substanciais, exigidas pelo sentido social do Direito. Vejamos algumas disposições substanciais, na ordem acima estabelecida.

306. A legislação do trabalho, que ficava na competência da União, devia ter em vista, em primeiro lugar, a proteção social do trabalhador. Os seus preceitos gerais normativos eram minuciosamente enumerados, de acôrdo com as melhores aquisições da doutrina jurídica. Ficavam previstas, entre outras garantias, o salário mínimo, o dia de oito horas, o repouso semanal e as férias anuais, a estabilidade no emprêgo e o reconhecimento dos contratos coletivos.

307. A família, além de grupo social natural e de instituição espiritual reconhecida pela religião, passou a merecer, a partir da Constituição de 1934, a atenção direta do Estado. Êste lhe concedia proteção especial, desde que fôsse ela baseada no casamento (art. 144), sendo o Direito do Trabalho extensivo à subsistência da família (art. 113, n.º 34). As proles numerosas tinham direito a socorro especial da União, Estados e Municípios (art. 138, *d*).

308. A educação foi proclamada um direito social, como o trabalho, devendo ser administrada pela família e pelos podêres públicos (art. 149). À União competia traçar o plano nacional de educação, cujas diretrizes básicas ficaram, desde logo, fixadas (art. 150). À União, Estados e Municípios era outorgado o encargo de velar pela cultura, nas suas diversas manifestações científicas, literárias e artísticas (art. 148).

309. As normas sôbre saúde pública não compunham um capítulo especial, mas se achavam disseminadas nos di-

ferentes capítulos da Constituição. Assim é que, além da obrigação, atribuída concorrentemente à União e aos Estados, de cuidar da saúde e assistência públicas (art. 10), ficava a cargo dos podêres públicos velar pela sanidade dos nubentes (art. 145), estimular uma educação eugênica (art. 138, *d*), conceder assistência médica e sanitária ao trabalhador (art. 121, § 1.º), proteger especialmente a saúde dos servidores públicos (art. 170, § 6.º).

310. Seguindo a honrosa tradição que nos vinha da primeira Constituição republicana, a lei básica de 1934 inseriu no seu texto princípios de Direito Internacional destinados a salvaguardar a paz. Instituiu o arbitramento como recurso obrigatório na solução dos dissídios internacionais e proscreveu, formalmente, a guerra de conquista (art. 4.º).

311. O nacionalismo, fenômeno histórico cuja apresentação no século XX é bem diversa da que teve na passada centúria (voltaremos a êste assunto no momento oportuno, ao tratarmos da Constituição de 1946), já aparece na Constituição de 1934 com os seus aspectos típicos de estímulo ao desenvolvimento econômico e de defesa dos nossos interêsses como país subdesenvolvido. Aos estrangeiros residentes no País eram assegurados os direitos públicos individuais (art. 113), embora a expulsão dos que se tornassem nocivos fôsse expressamente prevista (art. 113, n.º 15), coisa que era discutida no regime da Constituição de 1891, embora a tese se encontrasse, de há muito, resolvida positivamente nos Estados Unidos. Mas fora dos quadros das garantias individuais, a Constituição de 1934 estabelecia, em certos casos, discriminação entre estrangeiros e nacionais, em benefício dos interêsses econômicos e sociais do País. Assim é que a exploração das minas e fontes de energia hidroelétricas ficou nacionalizada (art. 119, § 1.º), e os estrangeiros não poderiam ser proprietários, acionistas ou diretores de jornais (art. 131). Tôdas essas disposições relativas ao sentido social do Direito, com as modificações impostas pela evolução dos tempos, passaram a fazer parte, também, da Constituição de 1946.

312. As profundas alterações formais da Constituição de 1934 diziam respeito principalmente à criação do mecanismo adequado às suas novas disposições materiais. No capítulo do Poder Judiciário foi prevista a organização da Justiça Eleitoral, que veio retirar o processo das eleições das mãos facciosas dos grupos dominantes na política dos Estados (arts. 82-83). Ao Senado, deu-se uma situação especial, fora do Legislativo, como órgão de coordenação entre os podêres (arts. 88 e segs.). Foi a solução encontrada para harmonizar as divergências dos que desejavam suprimi-lo completamente, com os que queriam restaurá-lo. A volta do Senado com sua nova feição veio tornar desnecessário o Conselho de Estado, constante do projeto do Itamarati. Ainda para satisfazer a certas correntes mais avançadas, foram criados Conselhos Técnicos, funcionando junto aos diversos Ministérios, mas figurando também, em conjunto, como órgão consultivo da Câmara e do Senado (art. 103). Foi prevista a criação da Justiça do Trabalho, embora a sua localização estivesse fora do Poder Judiciário e a organização fôsse embrionária, em comparação com a congênere da Constituição de 1946 (art. 122). Finalmente, como conseqüência da ampliação concedida aos problemas da defesa nacional, foi criado o Conselho de Segurança, já previsto, aliás, nos debates do Itamarati (art. 159).

313. O agravamento das condições políticas do País, principalmente com a aproximação da sucessão presidencial, tornou precária a existência da Constituição de 1934. O ditador, eleito presidente pelo voto da Assembléia Constituinte, não se conformava com a idéia de abandonar o poder. O levante comunista de 1935, com os seus aspectos boçais de traição e crueldade, veio facilitar o jôgo dos que estimulavam a divisão dos extremismos, para facilitar o golpe caudilhista. Para isto contribuiu o levante integralista de 1936. Premida, de um lado, pelo mêdo e, do outro, por interêsses políticos subalternos, a maioria da Câmara e do Senado aprovou as emendas suicidas de 18 de dezembro de 1935, ainda no rescaldo da fogueira da intentona vermelha. A primeira instituía o estado de guerra, figura jurídica obscura, sorte de agravação do estado de sítio, com a provável implantação da pena de morte fora do único caso previsto na Constituição, que era o de guerra externa. A segunda e a terceira retiravam, respectivamente, as garantias dos servidores civis e militares, formalmente no empenho de defender a ordem, mas pràticamente deixando todos à mercê das interpretações do presidente. Era fatal a marcha para o 10 de novembro. O ambiente nacional propiciava a aventura, e o internacional não a dificultava. Esta será matéria do próximo capítulo, introdutória ao estudo da Constituição de 1937.

BIBLIOGRAFIA

AFONSO ARINOS DE MELO FRANCO, *Um Estadista da República*, José Olímpio, Rio, 1955, 3 vols., vol. III.

TASSO FRAGOSO, "A Revolução de 1930", in *Revista do Instituto Histórico e Geográfico Brasileiro*, vol. 211.

J. A. MENDONÇA DE AZEVEDO, *Elaborando a Constituição Nacional*, Belo Horizonte, 1933.

JOÃO MANGABEIRA, *Em Tôrno da Constituição*, Cia. Editôra Nacional, São Paulo, 1934.

NICOLAS PERES SERRANO, *La Constitución Española*, Revista de Derecho Privado, Madri, 1932.

CASTRO NUNES, *Mandado de Segurança*, Revista Forense, Rio, 1948.

TEMÍSTOCLES CAVALCÂNTI, *Mandado de Segurança*, Saraiva, São Paulo, 1948.

PAULINO JACQUES, *Curso de Direito Constitucional*, Revista Forense, 1958.

CLÁUDIO PACHECO, *Tratado das Constituições Brasileiras*, Freitas Bastos, Rio, 1958.

Anais da Assembléia Constituinte, 22 vols., Imprensa Nacional, Rio, 1934-1937.

ARAÚJO CASTRO, *A Nova Constituição Brasileira*, Freitas Bastos, Rio, 1936.

B. MIRKINE-GUETZÉVITCH, *Les Constitutions de l'Europe Nouvelle*, Delagrave, Paris, 1930; idem, *Modernas Tendencias del Derecho Constitucional*, Reus, Madri, 1934.

J. CAILLAUX e outros, *La Reforme de l'Etat*, Alcan, Paris, 1936.

ANTÔNIO MANUEL PEREIRA, *Organização Política e Administrativa de Portugal*, Fernando Machado, Pôrto, s. d.

RÉNÉ BRUNET, *La Constitution Allemande*, Payot, Paris, 1921.

CAPÍTULO VII

A crise institucional. O Estado Novo. A Constituição inoperante. Prática do regime. A derrocada da ditadura.

A crise institucional

314. A fase histórica que se situa entre as duas grandes guerras tem sido estudada pelos autores dos diversos países como a de uma verdadeira crise do Direito Constitucional. As regras do Direito Privado sofriam menos o impacto das lutas políticas acesas naquele período que as do Direito Público, pois que a crise visava principalmente à transformação do Estado, sendo certo que as mudanças na estrutura, nos fins e nos meios de ação do Estado seriam evidentemente preliminares para a reforma da legislação ordinária interna do Direito Privado.

315. Não há dúvida que, desde havia muito tempo, se falava nas transformações do Estado, pelo menos desde que o pensamento socialista se organizara em corpo de teoria político-jurídica. Mas as modificações do Estado eram vistas principalmente — para não dizer exclusivamente — dentro do quadro jurídico-doutrinário, nas obras de professôres eminentes, como o alemão ALFRED WEBER, o francês DUGUIT ou o espanhol POSADA.

316. Apesar da obra dêsses mestres, não é fácil identificar, no panorama geral das idéias políticas em fermentação, a linha de evolução estritamente jurídica. Mesmo porque o Direito Constitucional, como direito político que é, só evolui dentro de critérios nítidos e técnica adequada, à medida em que a ciência política se define e afirma em tôrno a certos valores predominantes. Ora, o que ocorria — e, até certo ponto, ainda hoje ocorre — é que a escala de valores tradicionais de doutrina política se achava em declínio, e não haviam sido encontrados outros, que os substituíssem na aceitação geral, como tinha acontecido no século XIX, em relação à democracia liberal.

317. De qualquer maneira, o certo é que determinadas noções aptas a enfrentar, com a transformação do Direito, o tremendo fenômeno histórico da transformação do Estado, foram se precisando e merecendo um desenvolvimento teórico mais apurado. Na Europa sobressaem, quanto a êste aspecto, a doutrina alemã do *estado de necessidade (Staatsnotrecht)* e a francesa das *circunstâncias excepcionais*, como justificativas, não pròpriamente do desaparecimento da regra jurídica em casos de irresistível emergência, mas do abandono temporário de certas teses legais mais ligadas aos direitos e à proteção dos indivíduos, em face de urgentes conveniências públicas e sociais de maior monta. É sabido, aliás, que a teoria alemã do estado de necessidade é mais radical que a francesa das circunstâncias excepcionais, a qual não invocava pròpriamente a soberana razão de Estado, mas constatava a inexistência da lei aplicável ao caso excepcional e, na ausência de norma legal, atribuía ao poder atuante (Judiciário ou Executivo) o direito de estatuir como melhor conviesse ao bem comum.

318. Nos Estados Unidos processava-se evolução correlata. O ímpeto renovador do segundo ROOSEVELT não poderia deixar de repercutir fundamente na doutrina constitucional e na jurisprudência da Suprema Côrte. A própria eficácia da Constituição pareceu, em certos momentos, posta em dúvida, como instrumento capaz de resolver os problemas suscitados pelo choque de interêsses internos e pelas responsabilidades cada vez maiores que, mesmo involuntàriamente, os Estados Unidos iam tendo de assumir, no campo internacional.

319. No Brasil, a grande transformação jurídica expressa pela Constituição de 1934, sumàriamente analisada no capítulo anterior, não chegou, de forma nenhuma, a penetrar as estruturas do Estado e da sociedade. O trabalho de aplicação, digamos melhor, de vitalização do novo texto constitucional era, em primeiro lugar, demorado, e, em segundo, dependia de muita pertinácia e boa-fé, por parte dos dirigentes. Ora, o presidente eleito pela Assembléia Constituinte era o mesmo antigo ditador, cujos compromissos com a nova Constituição eram nenhuns, visto que ela se elaborara pràticamente à sua revelia, contrariando as idéias que no momento mais o atraíam, e as ambições de perpetuidade em um poder sem freios legais, que sempre lhe foram caras.

320. Tudo conspirava, agora, em seu favor. A situação européia se agravara indisfarçàvelmente, com a arrogância nazi-fascista, a incapacidade das democracias parlamentares e a guerra civil da Espanha. No Brasil, onde os problemas europeus têm sempre mais funda e rápida repercussão do que no resto da América Latina, exacerbou-se também a luta entre os fascistas (integralistas) e os comunistas, luta a que o Govêrno assistia com prazer, porque podia ser apresentada como uma prova da inviabilidade do sistema constitucional, para manter a ordem material e jurídica. Além disso, aproximava-se o têrmo do mandato do presidente, a concluir-se em 1938. E esta idéia lhe era insuportável. Com a cegueira que nunca falta nesses momentos em que tudo parece levar a democracia para o abismo, certas correntes políticas (no caso a Oposição democrática), em vez de aliarem-se ao candidato pseudo-oficial, Sr. JOSÉ AMÉRICO, lançaram candidato próprio, o Sr. ARMANDO SALES.[1] Sempre dispostos a aumentar

---

[1] Posso usar as expressões que usei, porque, na época, embora não dispusesse de nenhuma influência política, fui dos que se bateram por uma candidatura única, que viria dificultar a conspiração do Palácio. Só muito tardiamente os partidários do Sr. ARMANDO SALES abriram os olhos para essa evidência.

a confusão, os comunistas também apresentaram o seu, sem contar com o abalo temível que sofrera a nação com os motins vermelhos de 1935. O desenrolar da crise pertence mais à História Política do que à História Constitucional. Vamos, assim, deixá-lo de lado. A conspiração oficial prosseguiu e, òbviamente, com tôdas as garantias. Militares e civis desvelavam-se no seu amanho. Os pretextos, quando não eram fornecidos pela desordem sàbiamente estimulada, eram forjados com o maior desplante, como o famoso *plano Cohen*. A opinião estava cansada, o povo indiferente, as classes ricas atemorizadas, o Congresso submisso e acovardado, e uma espécie de conformismo — para não dizer cinismo — jovial anestesiava todo mundo. Entre declarações patrioteiras, para uso externo, e anedotas e piadas, corridas entre os íntimos, ostentando um misto de temibilidade estudada e de habilidade bonachona, o presidente, a 10 de novembro, fechou, com a Polícia, um Legislativo acocorado, recebeu a reverência de um Supremo Tribunal igual ao Legislativo, liquidou a velha Constituição inaplicada, lançou outra que também não o foi, e não deixou de ter a simpatia de um povo enfastiado daquele grupo de fantoches parasitas, sabujos e gozadores. Foi uma queda sem dificuldades e sem grandeza.

O Estado Novo

321. Em trabalho anterior [2] já acentuamos, mais longamente do que será necessário fazer aqui, as diferenças que, a nosso ver, separam o chamado *Estado Novo* brasileiro, instituído com o golpe de 10 de novembro de 1937, dos regimes ditatoriais de tipo fascista, instalados na Itália e na Alemanha por MUSSOLINI e HITLER, respectivamente.

322. A nosso ver, as inegáveis influências que o fascismo e o nazismo exerceram sôbre GETÚLIO VARGAS e o grupo de militares e civis que com êle tramaram e executaram o

---

[2] *Um Estadista da República*, vol. III, cap. XXXV.

golpe de Estado são de aparência e não de fundo. Entre o estadonovismo de um lado e o fascismo e nazismo do outro, existe precisamente a distância que separa os golpes de Estado militares das revoluções. O movimento brasileiro, sob êsse aspecto, se aproxima muito mais dos seus congêneres ibéricos e latino-americanos, nos quais, tantas vêzes, pequenos grupos de políticos, intelectuais e militares se apossam do poder pelo emprêgo puro e simples da fôrça, sem apoio popular imediato e consistente. Devemos reconhecer que o fascismo e o nazismo, apesar do monstruoso desenvolvimento que tiveram, foram, de início, autênticas revoluções civis e populares. No Brasil o Estado Novo se implantou sem qualquer processo revolucionário — na acepção histórico-sociológica desta expressão — mas, repetimos, através de um golpe de Estado, gênero que possui numerosas variantes, mas que se identifica pelos elementos constantes da surprêsa e do emprêgo decisivo da fôrça armada, conforme nos mostra o conhecido estudo de GEORGES MALAPARTE. Considerados exclusivamente nos seus processos e métodos de atingir o poder, os golpes latino-americanos mais se assemelham ao movimento bolchevique russo do que aos acontecimentos que derrubaram a Monarquia de Savoia e a República de Weimar.

323. Nesta oportunidade, permitimo-nos transcrever, aqui, alguns períodos do nosso trabalho acima referido:

"Nem precisavam os homens de 37 fazer uma campanha revolucionária que os levasse ao govêrno. No govêrno êles já se achavam. O que lhes incumbia, pròpriamente, era algo de muito mais fácil: não sair dêle. Para tanto bastava romper a Constituição jurada, inventar algum pretexto aceitável, criar condições adequadas no meio político. Não havia reação popular digna de receio. A coisa foi tranquila. A parte teórica e a justificação jurídica — aspectos inteiramente secundários mas sempre convenientes dentro do conjunto — seriam, como foram, entregues a um homem de inegável capacidade, [3] atraído pelas novas doutrinas anti-

---

[3] Podemos acrescentar: dos maiores juristas que o Brasil já teve.

democráticas e pessoalmente magoado com a democracia brasileira: o mineiro FRANCISCO CAMPOS. Suas tendências reformistas e autoritárias, seu espírito audacioso quanto às idéias abstratas, mas conservador quanto às realidades sociais, tendências e espírito nêle perceptíveis desde trabalhos anteriores, encontraram plena expansão naquela oportunidade. CAMPOS foi o teórico do estadonovismo. Acontecia, porém, que a doutrina não tinha para o chefe do movimento e os seus mais íntimos colaboradores a menor importância. Ela era apenas a justificativa (como seria outra qualquer) para a realidade concreta do mando, do uso caudilhista do poder."

324. Não nos afastamos, no essencial, da opinião acima transcrita. Não devemos esquecer, contudo, que ela foi emitida de passagem, como elemento circunstancial, em um estudo de História Política. O presente trabalho, porém, com o seu propósito de sintetizar a formação constitucional do nosso País, é menos de recordação dos fatos do que de recapitulação das idéias; é um trabalho principalmente de História das idéias jurídicas. Por isso mesmo, devemos encarar o problema da Constituição de 1937 de pontos de vista novos, diferentes daqueles em que nos colocamos ao escrever o outro livro.

A Constituição inoperante

325. Se considerarmos a Constituição de 1937 no quadro dos fatos da História Política, não poderemos negar que ela é irrelevante, pois que o seu texto nunca chegou, pròpriamente, a ser aplicado, a não ser muito imperfeitamente e na medida em que servia aos objetivos políticos e pessoais de VARGAS e do seu grupo.

326. O art. 187 da Constituição dispunha:
"Esta Constituição entrará em vigor na sua data e será submetida ao plebiscito nacional na forma regulada em decreto do presidente da República."

O preâmbulo, na parte final, declarava que a Constituição "se cumprirá desde hoje em todo o País". Mas os textos, tanto do artigo quanto do preâmbulo, precisam ser entendidos de acôrdo com as conseqüências impostas por outras passagens da Constituição. As expressões "a Constituição entrará em vigor na sua data" (a 10 de novembro de 1937) ou "será cumprida desde hoje", significavam apenas a instauração de uma nova ordem de coisas, ou, mais precisamente, significavam que a ordem jurídica estabelecida pela Constituição de 1934 deixava de ter existência. Sòmente nesse sentido negativo, e não no sentido positivo de vigência da nova Carta, é que podemos entender tanto a norma do art. 187 quanto a declaração do preâmbulo, visto que tal vigência só seria possível através da complementação efetiva dos órgãos constitucionais, a qual, como se sabe, nunca se realizou.

327. A inexistência do plebiscito fêz com que nunca se instalassem alguns órgãos constitucionais, sem cuja presença não se poderia completar a fisionomia do Estado Novo, tal como fôra planejado pela Constituição de 1937. O Poder Legislativo, dividido em Câmara dos Deputados e Conselho Federal, nunca se reuniu, nem foi eleito, uma vez que, nos têrmos do art. 178, as eleições ao Parlamento Nacional só seriam "marcadas pelo presidente da República depois de realizado o plebiscito a que se refere o art. 187". Outro órgão importante da administração era o Conselho de Economia Nacional, espécie de assembléia dos representantes da produção econômica, empregadores e empregados, regulado pelos arts. 57 a 63 da Constituição, constituído por membros eleitos pelos órgãos representativos das profissões e nomeados pelo presidente da República. Êsse Conselho, que tinha podêres normativos e até legislativos (arts. 62 e 63), deveria "ser constituído antes das eleições do Parlamento Nacional" (art. 179). Mas não o foi. E assim por diante.

328. No fundo, o que interessava especialmente a VARGAS era o poder caudilhista, sem freios nem contrastes. E

êsse poder lhe era assegurado pela prática, de fato, de dois artigos da Constituição. O art. 175 declarava que "o atual presidente da República tem renovado o seu mandato até a realização do plebiscito a que se refere o art. 187, terminando o período presidencial fixado no art. 80, se o resultado do plebiscito fôr favorável à Constituição". Como o plebiscito ficou afastado *sine die*, é claro que o *mandato* do presidente da República viu-se igualmente *renovado* até as calendas gregas, e só terminaria, depois de esforços desesperados do principal interessado e seus asseclas para ainda salvá-lo, com a intervenção militar de 29 de outubro de 1945. O outro artigo indispensável à manutenção da ditadura pessoal era o 180, que dava ao presidente, enquanto não se reunisse o Parlamento, "o poder de expedir decretos-leis sôbre tôdas as matérias da competência legislativa da União". Claro que, com tal outorga, não interessaria ao presidente (na verdade ditador) realizar um plebiscito que viria determinar a fixação de um têrmo para o seu mandato e a partilha do seu poder político, duas hipóteses que êle não suportava admitir.

329. Durante anos, desde 1937 até 1945, o País ficou entregue, assim, a um regime constitucional indefinido, que, exatamente por não possuir uma estrutura legal fixa, pôde ir se adaptando às novas condições criadas pela política internacional, embora com o resguardo ciumento do seu único elemento fixo que era a permanência de GETÚLIO VARGAS na chefia, às vêzes mais nominal do que real, do Govêrno. Na verdade, o chamado Estado Novo compreende um período em que houve vários governos, todos tendo VARGAS à frente, ou como figura de proa. Não nos compete esmiuçar, aqui, êste aspecto da questão, mas é útil para o nosso estudo ressaltar que o Estado Novo que se instala apoiado pelos fascistas em 1937, submerge em 1945 apoiado pelos comunistas. Esta simples e objetiva observação mostra até que ponto a inteligência plástica, paciente e hábil do chefe do Govêrno manobrava por entre os homens, as idéias e as situações, com a preocupação única — quase obsessiva — de sua permanência no poder.

330. O chamado Estado Novo se instalou em 1937 tomando por pretexto e modêlo aparente o fascismo ítalo-germânico. Mas, por baixo das aparências, o que havia realmente era uma ditadura sem programa, e êste feitio se foi acentuando com o passar do tempo. As peculiaridades da formação pessoal de GETÚLIO VARGAS, gauchesca, castilhista e militar, se juntavam ao seu temperamento natural, para fazer dêle a figura mais representativa daquele movimento complexo. Movimento que era do lado de fora fascista, nas proclamações, discursos, atitudes cerimoniais e normas constitucionais sem aplicação; e, do lado de dentro, caudilhista-militarista, nas práticas políticas, na exploração pessoal e grupal do poder, na manutenção indeterminada e preguiçosa de uma espécie de paternalismo que se dizia obreiro e socializante, mas que era, na verdade, inorgânico e rural. Precisemos melhor essas considerações.

331. A falta de um Direito Público legal fixo, a inexistência de quadros partidários permanentes e mesmo a ausência de uma organização política contínua nas classes armadas concorreram para que o único elemento constante — o que não quer dizer estável — de todo o quadro do Estado Novo fôsse, como já observamos, a pessoa de GETÚLIO VARGAS. O seu famoso *continuísmo* representava, sòmente, porém, a continuação de uma presença pessoal, nunca de uma orientação política. Extremamente influenciável, — desde que não se tratasse da sua posição, caso em que se tornava invulnerável, — sem compromissos ideológicos, nem programáticos, VARGAS assistia indiferente às mutações sucessivas que se realizavam em tôrno de si, quer nos grupos de homens, quer nas idéias políticas sem aplicação prática. Desde que êle fôsse o centro dos acontecimentos, pouco lhe importava quais fôssem tais acontecimentos. Não devemos esquecer que, nessa atitude, em que havia mais fatalismo do que cinismo, êle foi útil, porque pôde presidir, e até certo ponto conduzir, — conduzir deixando-se arrastar, — a transformações tão estranhas e tão radicais entre 1937 e 1945, que, em outro país ou com outras chefias, não teriam ocorrido sem dramas terríveis.

Prática do regime

332. A letra da Constituição, nunca aplicada, não tinha a menor importância. Ela era como uma estufa protetora em cujo ambiente aconchegado puderam vicejar as mais diversas plantas. De início, o regime de 1937 foi uma espécie de negação deliberada de tôdas as reivindicações da grande revolução liberal-democrática, iniciada a 5 de julho de 1922, vitoriosa a 24 de outubro de 1930, e cuja expressão jurídica é a Constituição de 1934. Essa revolução democrática visava principalmente às reformas políticas básicas, que a experiência da primeira República tornara inadiáveis: autenticidade nas eleições; independência e dignidade da Justiça; vitalização do federalismo com a quebra do monopólio dos grandes Estados; consolidação efetiva dos direitos cívicos e das garantias individuais. Essas e outras conquistas conseqüentes foram plenamente asseguradas na Constituição de 1934. Porém o regime de 1937, mais ainda do que a letra da Constituição, se fôsse aplicada, se exerceu no sentido da contrariedade minuciosa de todos êsses postulados.

333. Quanto às eleições, basta insistir que já lembramos acima, isto é, que elas foram marcadas para depois de um plebiscito que nunca se cuidou de convocar. De resto, dentro do sistema, as eleições eram inúteis. O presidente era vitalício e a função legislativa ficava a cargo de quem estivesse mais à mão para redigir os textos. [4] A êsse propósito, o professor americano KARL LOEWENSTEIN é autor das seguintes observações:

---

[4] O autor é testemunha pessoal disso. Como advogado do Banco do Brasil, deu parecer em um processo, declarando invariável certa instrução do Govêrno, que contrariava uma lei vigente. Passados tempos, volta-lhe o processo à mão com a recomendação expressa da Diretoria para que o autor elaborasse o texto da lei que viesse permitir a providência, o que foi feito.

"Imponente, não, formidável e terrífica é a produção legislativa desde o Estado Novo, superando mesmo a habitual atividade das impressoras na Itália e Alemanha ditatoriais. Textos legislativos fluem do presidente como decretos-leis, sôbre as assinaturas de um ou mais ministros, ou dos ministros individualmente, sob a forma de decretos, instruções e regulamentos; elas se duplicam e multiplicam por numerosos e volumosos atos semelhantes provenientes dos Estados, pelos interventores e departamentos administrativos. É uma torrente sem fim, sempre crescente, que afoga o consulente."

334. No que toca à Justiça, a Constituição de 1937 pela primeira e única vez na República impôs uma limitação política à atribuição do Supremo Tribunal de decidir sôbre a constitucionalidade das leis. O art. 96, parág. único, da Constituição dispôs que, declarada a inconstitucionalidade da lei que, "a juízo do presidente da República", fôsse necessária ao interêsse nacional, poderia o presidente submetê-la de novo ao Parlamento, o qual o confirmaria, se assim o entendesse, por maioria de dois terços. Como nunca se reuniu o Parlamento e como nunca o tribunal declarou a inconstitucionalidade de qualquer lei (inclusive porque não existia Constituição), a norma restritiva não foi aplicada. Mas não há dúvida de que as restrições foram aplicadas em potencial, embora sem norma. É importante não esquecer, tampouco, que todos os juízes ficaram sob a ameaça do famoso art. 177, que autorizava a aposentadoria compulsória "a juízo exclusivo do Govêrno", artigo que, a princípio transitório, passou a ser permanente, em virtude da lei constitucional número 2. Pode-se, portanto, assegurar que, nessa situação, o Poder Judiciário não tinha nenhuma garantia.

335. Quanto aos direitos e garantias individuais, não precisamos tampouco insistir nesse escuro e lamentável capítulo da nossa História, tratando-se de um regime que se inaugura com o "estado de emergência" (art. 186, Disposições Transitórias); dissolve os partidos políticos (dec.-lei n.º

37, de 7 de dezembro de 1937); institui, como justiça de exceção, o Tribunal de Segurança Nacional; restabelece a pena de morte para os atentados contra o Estado e o presidente da República (lei constitucional n.º 1, de 16 de maio de 1938); torna permanente a possibilidade de demissão dos funcionários civis e militares, "a juízo exclusivo do Govêrno" (lei constitucional n.º 2, da data *supra*); amplia ainda os podêres presidenciais com o "estado de guerra" (lei constitucional n.º 7, de 30 de setembro de 1942); mantém sempre ciosa a censura sôbre a imprensa e o rádio, institui a soberania da polícia e da guarda pessoal, e cai, espetacularmente, mesmo antes da saída do ditador, com a simples retomada de liberdade dos jornais, em 1945.

336. Finalmente, a velha reivindicação democrática de um autêntico federalismo, que nos vinha do Império, desvaneceu-se em face da brutal centralização ditatorial, de que é documento legal mais expressivo o chamado *Código dos Interventores* (dec.-lei n.º 1.202, de 8 de abril de 1939), completado pelo dec.-lei n.º 5.511, de 21 de maio de 1943.

337. A irrupção da segunda guerra mundial, em 1939, encontrando o Estado Novo no apogeu da pujança, pressionou-o fortemente para a direita, ou seja, para o lado das potências do Eixo. O famoso discurso de VARGAS, em 1940, comemorando a queda da França, o germanofilismo aberto de alguns dos seus mais próximos e prestigiosos colaboradores civis e militares, a redobrada vigilância na manutenção de uma *neutralidade* contra a maioria esmagadora da opinião nacional, que pendia abertamente em favor das democracias, tudo denotava o esfôrço desesperado do Govêrno ditatorial no sentido de não afastar o nosso País da órbita das potências agressoras que êle, Govêrno, considerava inevitàvelmente vitoriosas. Mas êste realismo friamente acomodatício não poderia deixar de ser sensível às transformações visíveis da realidade. E foi o que se deu. A loucura agressiva levou HITLER a atacar a Rússia e os *senhores da guerra* japonêses a investirem contra os Estados Unidos. Desde logo a sorte do Eixo ficou selada, sendo a sua derrota apenas uma questão de tempo. Então, aquela evidência que os democratas desde logo vislumbraram, a saber, que o mundo não poderia nunca ser submetido a uma ditadura armada universal, foi sendo sentida pelos dirigentes do Estado Novo, que passaram logo a manobrar no sentido da vitória que se aproximava.

A derrocada da ditadura

338. Foi a pressão dos acontecimentos internacionais que determinaram a cautelosa mudança de rota na navegação do Estado Novo. A presença do Sr. OSVALDO ARANHA na pasta do Exterior resumia, e até certo ponto simbolizava, essa mudança.

339. As modificações conseqüentes à entrada dos Estados Unidos e do próprio Brasil na guerra visavam, porém, principalmente, à integração do nosso País no sistema de fôrças que, tudo indicava, sairia vitorioso ao final da conflagração. Não se vislumbrava, ainda, nada que denotasse o empenho de transformações internas, capazes de levar o regime constitucional a evoluir para uma posição democrática. Ao contrário. Agora o Poder Executivo exigia um aumento progressivo da sua autoridade para cumprir os compromissos de uma luta em que êle entrara a contragôsto, porque não pudera ir para o lado oposto. Em nome da defesa democrática exigia o Estado Novo o acréscimo do seu poder ditatorial interno. É claro que esta situação contraditória, e mesmo absurda, não poderia prosseguir. Em outubro de 1943, o chamado *Manifesto Mineiro*, documento político redigido e assinado por um grupo de cidadãos do Estado de Minas Gerais, revelou sùbitamente, de público, aquilo que a maioria já sentia confusamente, isto é, que o fim natural da vitória das democracias na guerra mundial era, dentro do Brasil, a liquidação da ditadura. VARGAS e o seu grupo ainda tentaram reagir contra a marcha inevitável do processo histórico que

êle declarou, com desprêzo, em discurso, não passar de parolagens de "leguleios em férias". A repressão foi fraca. O chefe de Polícia, embora pressionado por um irmão do presidente (o mesmo cuja nomeação para o cargo ia deflagrar a crise de 29 de outubro), recusou-se a prender os signatários do manifesto, contra os quais se exerceu apenas a mesquinha e insignificante repressão da perda, sob coação direta do presidente, de empregos e funções, públicos e particulares. O manifesto tornara-se, pois, num teste decisivo. Mostrara a fatalidade de uma evolução que o Govêrno não mais poderia deter. A sua repercussão foi profunda em todo o País, e a debilidade das represálias mostrava que a didatura se aproximava do fim.

340. O grupo instalado no poder procurava, contudo, manobrar a todo pano para salvar-se no naufrágio que previa iminente. As manobras iniciais sucederam-se febrilmente a partir de fevereiro de 1945. É que ocorrera um fato decisivo na derrubada da ditadura: a imprensa carioca, e com ela a de todo o Brasil, recuperara de *motu proprio* a liberdade, quebrando as cadeias que a mantiveram por tantos anos jungida ao órgão da propaganda ditatorial. O episódio é conhecido, mas merece ser recordado. Havia tempos, políticos civis, intelectuais e elementos militares procuravam organizar uma estrutura política qualquer (já que não havia estrutura jurídica) destinada a ocupar o espaço vago com o desabamento, que se aproximava visìvelmente, do Govêrno caudilhista. O resultado dessas combinações foi a fixação de um candidato militar à presidência, o brigadeiro EDUARDO GOMES, detentor de grande prestígio no meio civil, graças à participação que tivera no ciclo das revoluções democráticas que transcorreu entre 1922 e 1930, prestígio consolidado pela sua atuação nos acontecimentos de 1935 e 1937. O lançamento da candidatura EDUARDO GOMES se fêz por meio de sensacional entrevista do Sr. JOSÉ AMÉRICO DE ALMEIDA a um matutino carioca, reproduzida, na parte essencial, pela imprensa vespertina do mesmo dia. Com êsse gesto simples, tôda a imprensa reassumiu a tradicional liberdade, deixando a nu, em posição ridícula e arriscada, o aparelho compressor da ditadura.

341. Esta tentou, ainda, contemporizar pelos meios legais, já que perdera a oportunidade de se manter pela fôrça, como anteriormente fizera. Começam a aparecer, então, as chamadas *leis constitucionais*, que visavam afeiçoar a plástica estrutura do Estado Novo às condições recém-criadas, mas sempre no empenho de conservar o Sr. GETÚLIO VARGAS à frente do movimento. Deve-se ressaltar que as *leis constitucionais* eram, como tudo mais naquele confuso período, atos de puro arbítrio pessoal, sem qualquer base jurídica legítima. Com efeito, o texto expresso da Constituição de 1937 estabelecia: *a*) o presidente da República tinha competência para expedir decretos-leis em forma de decreto — mas nunca leis constitucionais — ficando-lhe taxativamente vedado, mesmo "nos períodos de recesso do Parlamento ou de dissolução da Câmara dos Deputados", modificar a Constituição (arts. 13 e 74); *b*) a reforma constitucional de iniciativa do presidente deveria ser votada pela Câmara dos Deputados e pelo Conselho Federal (art. 174, § 1.º); *c*) enquanto não se reunisse o Parlamento — que nunca se reuniu porque não houve plebiscito — o presidente poderia expedir decretos-leis sôbre as matérias da competência legislativa ordinária da União, a qual não compreendia a reforma constitucional, expressamente vedada, como vimos no item *a* (art. 180). Mas não devemos nos surpreender de que uma Constituição, inexistente na prática, pudesse ser reformada de maneira que contrariava frontalmente o seu texto literal. Tudo o que então se fazia era uma sucessão repugnante e monstruosa das mais despejadas mistificações. Trata-se da página mais vergonhosa e triste de tôda a nossa formação constitucional.

342. A reforma mais importante havida no texto da Constituição, de maneira a acomodá-lo com a situação política novamente criada, decorreu da chamada *lei constitucional n.º 9*, de 28 de fevereiro de 1945. Nela o presidente,

"usando da atribuição que lhe conferia o art. 180 da Constituição" (já vimos que tal artigo não lhe outorgava de forma nenhuma tal poder) e depois de uma série de *consideranda* sôbre "a criação das condições necessárias" e a preferibilidade do processo direto da eleição "de acôrdo com a tradição brasileira" (que só agora se via recordada); sôbre a verificação tardia de que uma Constituinte eleita "suprimia com vantagem o plebiscito"; e, finalmente, sôbre "as tendências manifestas da opinião brasileira atentamente consultadas pelo Govêrno" (!), resolve alterar completamente o arcabouço político da Constituição fantasma. Não há necessidade de acompanharmos aqui as modificações, visto que, grande parte delas, teve a mesma sorte dos textos alterados, isto é, só figurou no papel. O importante, realmente, era o art. 4.º da nova lei constitucional, o qual determinava que, "dentro de 90 dias", seriam fixadas as eleições presidenciais e para o chamado Parlamento, o qual "vinha investido de podêres especiais para votar a reforma da Constituição". As eleições foram marcadas para 2 de dezembro e a 28 de maio é finalmente decretado, na lei n.º 7.586, o novo Código Eleitoral, feito sôbre o modêlo do que havia regulado as eleições para a Constituinte de 1933.

343. Reproduzimos, aqui, o resumo dos acontecimentos, bem traçado por José Duarte:

"As eleições foram marcadas para 2 de dezembro, parecendo, assim, que as coisas marchavam dentro de previsões normais. Os partidos políticos se organizaram, fizeram suas inscrições e lançaram os respectivos candidatos à suprema magistratura do País... Mas, em meio a todo êsse entusiasmo transbordante, uma nuvem de desconfiança pairava sôbre a Nação: as eleições seriam adiadas. Era a dúvida que se opunha a qualquer otimismo. A verdade se filtrava através dos fatos. Os indícios se apresentavam nítidos, veementes. Manifestações públicas e de classes... como que obedeciam à preestabelecida decisão de gerar a confusão e experimentar a resistência e o ânimo dos políticos. Os espíritos mais prudentes e serenos procuravam evitar as conseqüências do que se lhes afigurava, naquela hora, a maior provocação à dignidade da nação, à coragem do povo, ao brio dos políticos... Eis senão quando surge o primeiro ato ostensivo e positivo da má política: o dec.-lei n.º 8.063, de 10 de outubro de 1945, mandando proceder às eleições dos governadores e Assembléia estaduais simultâneamente com a do presidente da República e, com maior gravidade, determinando que os interventores, delegados do Govêrno central, outorgassem cartas constitucionais."

344. De fato, o presidente, desde algum tempo, assessorado pelo mais heterogêneo grupo político, que ia desde um jurista experiente, embora sem compromissos, como o ministro AGAMEMNON MAGALHÃES, até agitadores da pior categoria moral, tolerava — se é que não estimulava — uma campanha de desmoralização das eleições, com o apoio aberto dos comunistas. Manifestações ridículas eram feitas, em que pretensos líderes liam suspeitas intimações para que VARGAS permanecesse no poder. A imprensa e o rádio pagos davam enorme ressonância a tais iniciativas, cuja origem palaciana era transparente. Afinal, quando decidido a jogar a cartada derradeira, o presidente nomeou chefe de Polícia do Distrito Federal um seu irmão que se tornara notório pela vida que levava e pelas tropelias impunes que praticava, a fulminante reação popular e militar não se fêz esperar, e foi o 29 de outubro, uma passeata incruenta face à qual a ditadura se desmoronou como um castelo de cartas e o seu chefe se rendeu sem sombra de reação.

345. Por acôrdo havido entre as correntes democráticas (os comunistas, que também tinham um candidato à presidência, haviam se solidarizado com VARGAS e estavam entre os vencidos do 29 de outubro), assumiu a chefia do Govêrno o ministro JOSÉ LINHARES, presidente do Supremo Tribunal Federal, a cujo Govêrno ficou entregue a delicada incumbência de presidir às eleições. Realizaram-se elas, como previsto,

no dia 2 de dezembro, transcorrendo, em geral, dentro da mais completa ordem material e jurídica. O povo estava ansioso, em todo o País, para restaurar uma era de legalidade e liberdade. Para presidente da República foi eleito o general EURICO GASPAR DUTRA, antigo ministro da Guerra do Estado Novo, e, na eleição para a Assembléia Constituinte, era majoritário o Partido Social Democrático, o qual representava, também, a poderosa articulação dos elementos políticos ligados à ditadura, organizados em fôrça irresistível graças à máquina montada em todo o País, desde o mais importante Estado até o mais remoto Município.

346. Êste resultado, que era lógico, determinou, no entanto, a singular fisionomia com que se apresentou a restauração democrática brasileira, trazendo no seu bôjo quase todos os principais elementos da era ditatorial. Sem dúvida tal situação, por mais esdrúxula e inconveniente que fôsse, era o reverso necessário do fato da queda da ditadura haver se processado ao jeito brasileiro, isto é, mediante processos de acomodação política e jurídica, e não por meio de um choque violento, uma luta armada, uma revolução ou guerra civil sangrenta. A capacidade de transação pacífica dos nossos quadros dirigentes, que faz excepcional o processo político brasileiro dentro do ambiente latino-americano, se pode ser admirado, por um lado, a justo título, por outro determina o inconveniente das repetidas soluções parciais, de falta de nitidez nas transformações de base e da eventual dificuldade em que se encontra a nossa democracia constitucional para se livrar dos seus vícios atávicos e criar condições realmente eficazes de desenvolvimento.

BIBLIOGRAFIA

ALFRED WEBER, *La Crisis de la Idea Moderna del Estado en Europa*, Revista do Ocidente, Madri, 1932.

HAROLD LASKI, *Reflections on the Revolution of Our Time*, Viking Press, New York, 1943.

JOSEPH RONCEK, *Twentieth Century Political Thought*, Philosophical Library, New York, 1946.

E. CORWIN, *A Constituição Norte-Americana e seu Significado Atual* (tradução de Lêda Boechat Rodrigues), Zahar, Rio, 1959.

AFONSO ARINOS DE MELO FRANCO, ob. cit.

KARL LOEWENSTEIN, *Brazil under Vargas*, Macmillan, New York, 1944.

PONTES DE MIRANDA, *Comentários à Constituição de 1937*, Pongetti, Rio, 1938.

ARAÚJO CASTRO, *A Constituição de 1937*, Freitas Bastos, Rio, 1941.

PAULINO JACQUES, ob. cit.

JOSÉ DUARTE, *A Constituição Brasileira de 1946*, ed. do autor, Rio, 1947.

VALDEMAR FERREIRA, ob. cit.

L'Evolution du Droit Public (vários autores), Sirey, Paris, 1956.

Ao Povo Mineiro (Manifesto Mineiro), Barbacena, 1943.

JOSÉ MARIA BELO, ob. cit.

FRANCISCO CAMPOS, *Antecipações à Reforma Política*, José Olímpio, Rio, 1940.

CAPÍTULO VIII

O Direito Constitucional do após-guerra. Antecedentes da Constituinte de 1946. Vigência da Constituição de 1946.

O Direito Constitucional do após-guerra

347. Antes de entrarmos no histórico e nas considerações gerais sôbre a Constituição vigente de 18 de setembro de 1946, — matéria com que deve terminar o presente volume do nosso *Curso*, — convém lançarmos um rápido golpe de vista sôbre alguns aspectos do Direito Constitucional geral na época do seu aparecimento.

348. Neste propósito, devemos iniciar as observações pelo ambiente dos países que tenham elaborado textos constitucionais mais ou menos contemporâneos do nosso. É claro que, mesmo limitada a escolha ao critério da contemporaneidade, deve ser ela ainda reduzida, em estudo conciso como o presente, àqueles países com os quais mais habitualmente estabelecemos intercâmbio de idéias em matéria constitucional. Na verdade, logo após a guerra, entre 1946 e 1949, os seguintes países não-americanos ditaram novas Constituições: França, Iugoslávia, Hungria, Transjordânia (1946); Itália, Polônia, Líbano, China, Cambodge, Laos (1947); Tcheco-Eslováquia, Rumânia, Bulgária, Birmânia (1948); Alemanha e Índia (1949). Na América Latina, a reviravolta foi quase total, quer em textos novos, quer em emendas substanciais. Em 1945, Salvador, Guatemala, Colômbia, Bolívia; em 1946, Brasil, Equador, Haiti, Panamá; em 1947, República Dominicana,

Peru, Venezuela; em 1948, Nicarágua, México. Ao todo 28 países, ou cêrca de um têrço da comunidade das Nações.

349. Tem sido observado pelos autores de Direito Constitucional Comparado um fenômeno realmente marcante do após-guerra, isto é, que o Direito Constitucional (no sentido do Direito das novas Constituições) parece evoluir, em conjunto, para tornar-se cada vez mais um corpo de normas teóricas, finalísticas, e cada vez menos um sistema legal vigente e aplicável. Por outras palavras: nunca existiu uma distância maior entre a letra escrita dos textos constitucionais e a sua aplicação política. Esta situação, que se afigura de fato impressionante, para não dizer alarmante, se reproduz nos Estados situados dos dois lados da *Cortina de Ferro*, chegando a ponto tal, em certos países, que o texto constitucional se transforma numa simples obra de propaganda, sem qualquer veleidade de aplicação, ou, quando muito, na exposição articulada de certos princípios ideais, para os quais deve tender uma boa política, mas que, por isto mesmo, ficam colocados em plano metajurídico, juntamente com as regras de Direito Natural ou dos textos dos preâmbulos. Verificada essa situação, que é inegável, impõe-se ao jurista procurar interpretá-la e compreendê-la.

350. A nosso ver, ela se explica pela convergência de dois fatôres importantes. O primeiro dêles é a própria instabilidade política contemporânea, a qual não permite ainda a formulação de princípios jurídicos assentados, correspondentes a uma série de valores políticos geralmente aceitos. A grande dificuldade reside, precisamente, neste ponto: não existem, no mundo terrìvelmente dividido em que vivemos, — dividido em têrmos de ideologia e de poder, — valores de uma filosofia política que se exprimam por têrmos que tenham significação uniforme e que sejam aceitos pelos dois imensos grupos em permanente choque. Sendo o Direito Constitucional, afinal de contas, a fixação, em preceitos normativos, de certas convicções políticas dominantes, é claro que, onde estas inexistem, aquêle perde a sua linguagem própria. Assistimos, então, ao resultado inevitável, que é uma espécie de automatismo formal do Direito Constitucional, sendo de se notar, porém, que os textos mais ou menos repetidos se esvasiam muitas vêzes do seu conteúdo primitivo e não podem, por isso mesmo, ser aplicados.

351. Bem ou mal, certa ou errônea, justa ou injusta, a ideologia liberal do século XIX dispunha de sólidas condições de eficiência, baseadas na aceitação geral dos seus princípios e práticas pelas classes relativamente reduzidas, às quais incumbia criar os órgãos do poder e manejá-los. Já hoje a situação é muito diferente. A profunda revolução social e econômica trazida pela técnica, de um lado, e do outro a *rebelião das massas*, — até certo ponto determinada por aquela revolução, — colocaram em causa e em discussão as principais teses que a doutrina política liberal havia assentado e às quais o Direito Constitucional clássico tinha conseguido conferir normatividade satisfatória, no campo internacional. O que observamos, hoje, é que a ideologia liberal fracassou, em todos os pontos que faziam dela a fórmula política expressiva de um sistema econômico superado. Mas o que parece, a nosso ver, igualmente indiscutível é que as ideologias totalitárias, geradas do fracasso da ideologia liberal, também fracassaram, tanto as da direita (fascistas) como as da esquerda (marxista). Fracassaram em têrmos de solução filosófica, política e humana — seria muito longo entrar aqui neste debate — e fracassaram, também, em têrmos de poder. A derrota do poder fascista é um fato histórico. E o poder soviético, se não está derrotado, também não será vitorioso frente à coalizão contra êle formada. Chegamos, assim, na era da energia atômica, a um impasse de ideologias e de poder. Mais ou menos desaforos trocados por cima das mesas das conferências internacionais, mais ou menos ameaças rugidas nos microfones pelos poderosos dos dois lados, não afastam esta verdade que vai ficando monótona para os observadores inermes, que são a maioria da humanidade: as duas fôrças se anulam,

logo as duas concepções da vida ou se destroem, ou procuram se ajustar. Somos pessoalmente ligados à democracia ocidental por crenças e convicções inabaláveis, mas isso não significa que não compreendamos a possibilidade — e a necessidade — de alterações profundas na estrutura e nos fins do Estado democrático ocidental, sem sacrifício dos seus valores básicos, paralelamente a modificações correspondentes do lado totalitário, a fim de que a humanidade possa aplicar, no progresso e no bem-estar dos homens, os formidáveis recursos que, hoje, são dissipados no armazenamento de um potencial de destruição, que todos têm mêdo de utilizar.

352. Certo é que essa tarefa gigantesca exigirá grandes dotes dos círculos dirigentes dos principais países dos dois blocos. Mas a História tem conhecido outras crises que terminaram resolvidas pela ação política. A crise do Mundo Moderno tem, ainda, um aspecto peculiar que não deixa de ser vantajoso. Com efeito, as transformações culminantes da História, tais como o fim do Império Romano, ou o nascimento do Estado moderno, se deram como conseqüência da exaustão causada por longas lutas decorrentes da desagregação de instituições anteriores. O Estado futuro, ao contrário, deverá ser modelado para evitar que tais lutas se deflagrem, porque a Humanidade se defronta, agora, com um situação sem precedentes: o caráter de total extermínio que assumirá a luta, uma vez deflagrada. Diante dêste fato, tão simples, como terrífico, tôdas as doutrinas e concepções perdem completamente a importância.

353. Outra causa geral que se pode identificar para a não-aplicação dos textos constitucionais é o uso deliberadamente equívoco que a União Soviética e as chamadas *democracias marxistas* fazem da terminologia jurídica ocidental, aplicando-a, contudo, à definição de conceitos totalmente diferentes dos que nos são habituais.

Os estudos jurídicos especializados sôbre as *democracias marxistas* (segundo a designação ocidental) ou *democracias populares* (como elas próprias se denominam) costumam salientar a promiscuidade dos conceitos abrigados dentro das palavras consagradas pela ciência política ocidental. Expressões clássicas, tais como *liberdade, democracia, direitos humanos* e outras, têm sentido bastante diferente, conforme figurem nos textos constitucionais aquém e além da Cortina de Ferro. Esta confusão contribui lògicamente, e de forma conspícua, para a incerteza em que ficamos sôbre a efetiva vigência das Constituições nas *democracias marxistas* ou *populares*. Desde que o sentido atribuído às palavras *liberdade, direitos humanos* e outras não seja o mesmo, é natural que não possamos bem discernir até que ponto as normas contidas nos preceitos a elas referentes estão sendo aplicadas ou não. O máximo a que poderemos chegar é à afirmativa de que não estão sendo aplicadas segundo o entendimento ocidental.

354. Voltando ao ponto que nos interessa no momento, não podemos deixar de consignar, também, que os textos constitucionais hodiernos exprimam mais o automatismo de certas fórmulas envelhecidas do que a substância de princípios reais; não são mais formulações jurídicas de idéias políticas generalizadas. Esta observação, como acentuamos no início do capítulo, é corrente entre os autores modernos. Um dos que a veiculam com maior fôrça de expressão é o talentoso professor GEORGES BURDEAU, da Faculdade de Direito de Paris. São de sua pena observações como as seguintes, retiradas a um trabalho que traz o título sugestivo de *Uma sobrevivência, a noção de Constituição*:

"Não se trata de evocar as crises constitucionais, mas de observar a decadência que atinge o conceito mesmo de Constituição. É evidente, antes de tudo, que os regimes políticos não podem mais ser identificados pela análise da Constituição em vigor, nos países onde funcionam... Hoje parece muito natural que um Estado possua duas formas de govêrno, uma válida para os catálogos, conforme aos cânones clássicos dos manuais; outra inominada, tributária das contingências, submetida às flutuações das relações de fôrça, ou aos métodos mutáveis dos dirigentes."

355. Se bem que aceitemos as observações como a transcrita, bem representativa da opinião corrente entre os juristas e da realidade dos fatos, não podemos deixar de apresentar, também, algumas reservas, ou melhor, algumas reflexões que indicam que o panorama geral sofre algumas atenuações. Em primeiro lugar, julgamos oportuno estabelecer um fato incontestável: o grau de aplicabilidade das Constituições vai diminuindo, gradativamente, à medida que os Estados reduzem, no âmbito dos seus governos, a prática de uma efetiva liberdade política. Em mais precisos têrmos: as Constituições são muito mais falseadas nos países ditatoriais. Exemplo convincente disso vamos encontrar no nosso próprio País, durante o Estado Novo, quando, segundo ficou demonstrado no capítulo anterior, a Constituição era o autêntico "farrapo de papel", para utilizar a expressão famosa do chanceler alemão BETHMANN-HOLLWEG, em 1914.

Aliás, é perfeitamente compreensível, é mesmo inevitável que isso se dê. A única forma de a Constituição ser cumprida, pelo menos na parte política, é a possibilidade, para os atingidos pelo seu não-cumprimento, de coagirem os governos à sua observância. Mas tal possibilidade depende precìpuamente da existência, dentro do aparelho do Estado, de órgãos independentes do Executivo, que possam criticar livremente a sua ação (Legislativo), ou forçá-lo, inclusive mediante apêlo à fôrça pública, a acomodar seus atos aos preceitos constitucionais (Judiciário). Ora, os países ditatoriais — marxistas, caudilhistas ou de qualquer outro gênero — se caracterizam exatamente pela função de todos os podêres nas mãos do Executivo. Em tais condições, a Constituição será sempre aquilo que o Executivo determinar que ela seja, ou antes, não será nada.

356. No campo democrático, isto é, do lado aonde existem liberdades políticas, o grau de existência real das Constituições varia também, em obediência a fatôres varios. Entre êles sobressaem a própria cultura política do povo, como base subjacente, e, como dado interveniente, a importância maior ou menor da política ou da situação internacional na formação do direito interno. Também se deve levar em conta — embora em escala bastante menor — a circunstância de a Constituição ser escrita, como no Brasil ou nos Estados Unidos, ou costumeira, como na Inglaterra. Com efeito, a Constituição inglêsa vai sendo adaptada à medida das necessidades, o que a protege, até certo ponto, de ser infringida ou desrespeitada, mas não há dúvida de que a vida internacional e a necessidade de acomodar interêsses por todo o planêta faz com que, em certos casos, a tradicional Constituição inglêsa seja pura ficção, mesmo em pontos essenciais, desde que observada na sua aplicação a certos povos da Comunidade. No fundo, a eficácia da Constituição inglêsa significa o mesmo que a supremacia do Parlamento Britânico, compreendido êste não como uma instituição isolada mas como a reunião das três fôrças: a Coroa, as Câmaras (principalmente a dos Comuns) e a construção judicial das leis. Mas, mesmo neste sentido, como bem observa um dos mais ilustres juristas inglêses, IVOR JENNINGS, a famosa supremacia do Parlamento não é a mesma nas Ilhas, no Canadá ou na África do Sul. Basta recordarmos o problema racial na União Sul-Africana para vermos até que ponto a liberdade inglêsa é, ali, um mito.

357. Nos países de Constituição escrita — e tomamos como exemplo os Estados Unidos e o Brasil — as distorções do texto constitucional são importantes, embora se relacionem, como é natural, com as peculiaridades da formação cultural dos dois povos. Nos Estados Unidos elas atingem principalmente o capítulo dos direitos individuais, através da discriminação racial, sendo de notar que os esforços da Suprema Côrte se orientam hoje, francamente, no sentido liberal. No Brasil, as distorções constitucionais são mais graves nos setores dos direitos políticos (corrupção e fraude eleitorais, pressão dos governos nos pleitos), na gestão financeira, e no fe-

deralismo, onde os rigorosos preceitos da Constituição são mais ou menos letra morta. No fim do capítulo faremos uma referência menos sumária a êste conjunto de situações.

Antecedentes da Constituinte de 1946

358. No capítulo anterior, ao acompanharmos a sucessão de episódios que marcou o desmantelamento da ditadura, tivemos oportunidade de recordar alguns pontos que, nesse processo de dissolução, coincidiam com o início da construção do novo edifício constitucional, em 1945. Foram algumas das emendas introduzidas na Carta de 1937 que iniciaram a reconstrução jurídica, sobretudo a emenda constitucional n.º 9, promulgada em fevereiro, que convocava eleições para um Parlamento-Constituinte. Decretado, como também já vimos, o Código Eleitoral, em maio, e deposto o ditador a 29 de outubro, instalou-se, graças à intervenção moralizadora das classes armadas, um govêrno de transição, presidido pelo ministro JOSÉ LINHARES, presidente do Supremo Tribunal Federal.

359. Êste novo Govêrno Provisório logo tratou de remover alguns entulhos deixados pelo Estado Novo. A lei constitucional n.º 12, de 7 de novembro, revogou o art. 177 da Constituição de 1937, que dava ao Executivo o direito de aposentar ou reformar arbitràriamente servidores públicos civis e militares. As leis constitucionais ns. 13 e 15, de 12 e 26 de novembro, precisavam melhor a convocação e os podêres da futura Constituinte. Com efeito, arrancada a custo ao Govêrno anterior, a emenda n.º 9 deixava em voluntária confusão aspectos essenciais do desenvolvimento do processo político, sempre à espera de uma oportunidade de que se pudessem aproveitar os desígnios transparentes, embora não confessados, do grupo dirigente, de perturbar a marcha da reconstitucionalização. Foi assim que a incumbência de "emendar a Constituição" foi dada ao futuro Parlamento com tais reservas que desde logo começaram as dúvidas sôbre o caráter verdadeiramente constituinte dos seus podêres. Tornava-se indispensável esclarecer a situação. Foi o que fizeram as referidas leis constitucionais ns. 13 e 15. A primeira deu à futura Assembléia o nome de Constituinte, para marcar bem que ela não era o Parlamento ordinário, e declarou expressamente que a mesma tinha "podêres ilimitados" para votar a Constituição do Brasil. É claro que esta expressão "podêres ilimitados" deve ser tomada sòmente no sentido jurídico, como significativa de que a Assembléia não teria limitações jurídicas à sua ação. Limitações de outra natureza — éticas, históricas, econômicas e sociológicas — ela não poderia deixar de ter. Também dispunha a lei constitucional n.º 13 que, promulgada a Constituição, a Câmara e o Senado passariam a funcionar como Legislativo ordinário.

360. A lei constitucional n.º 15 tinha, também, a sua oportunidade e importância. Visava ela fixar a competência da Assembléia e a do presidente da República eleito juntamente com ela, durante o período em que a Constituição estivesse sendo elaborada. Os precedentes dêsse assunto, no nosso Direito Constitucional, aconselhavam, na prática, a providência adotada, embora ela pudesse ser discutida teòricamente. João BARBALHO, nos seus comentários à Constituição de 1891, insere uma excelente apreciação sôbre o histórico dêsse problema no nosso Direito Constitucional. Êle foi causa de muita discussão na Assembléia de 1823 e, como vimos no capítulo II dêste livro, as dúvidas entre a Constituinte e o imperador, que culminaram na dissolução, provinham em boa parte do desacôrdo a respeito dos podêres legislativos daquela. Foi por essas razões que as duas primeiras Constituintes republicanas funcionaram com a previsão expressa de que se ocupariam sòmente com a preparação da lei magna do País, sem se imiscuírem na legislação ordinária nem na administração (dec. n.º 510, de 22 de junho de 1890, e dec. n.º 22.621, de 5 de abril de 1933). Foi também seguindo esta orientação que a lei constitucional n.º 15 dispôs que o presidente da República, eleito juntamente com a Assembléia, enquanto não fôsse promulgada a nova Constituição, exerceria "todos os podêres de legislatura ordinária e de administração" que coubessem à União. O caráter juridicamente ilimitado dos podêres da Assembléia se confinava, assim, ao aspecto constituinte, não abrangendo o legislativo ordinário nem o administrativo. Outras medidas ligadas à preparação da volta ao regime constitucional foram as constantes da lei constitucional n.º 16, de 30 de novembro, que revogou o "estado de emergência" declarado pelo art. 186 da Constituição de 1937 [1] e da lei constitucional n.º 18, de 11 de dezembro, que liquidou o dispositivo da Constituição de 1937, que fazia do presidente da República uma espécie de instância especial, sobreposto ao Supremo Tribunal, no julgamento da inconstitucionalidade das leis.

361. A mesma observação acima feita, sôbre a falta de base jurídica das emendas constitucionais fundadas no artigo 180 da Constituição, deve ser aqui repetida. Juridicamente, as leis constitucionais do Govêrno LINHARES eram tão viciadas como as do Govêrno VARGAS. Devemos reconhecer, no entanto, que os seus propósitos eram bem diversos, pois elas visavam facilitar a volta ao regime legal, ao passo que as outras, via de regra, procuravam consolidar a ditadura.

362. Realizada a eleição a 2 de dezembro, e apurado o pleito pela Justiça Eleitoral, instalou-se a Assembléia Constituinte a 2 de fevereiro de 1946, sob a presidência do ministro VALDEMAR FALCÃO, presidente do Superior Tribunal Eleitoral, conforme o disposto na lei constitucional n.º 15. Foi eleito presidente da Assembléia o senador MELO VIANA, representante de Minas Gerais. A 14 de março formou-se a chamada *Comissão da Constituição,* incumbida de elaborar o projeto. A Comissão foi composta segundo o critério da representação proporcional dos partidos, cabendo 19 membros ao

---

[1] Um dos traços mais inconcebíveis da Constituição de 1937 era êste, do "estado de emergência", lògicamente transitório, haver sido declarado em um dispositivo permanente.

Partido Social Democrático, 10 à União Democrática Nacional, 2 ao Partido Trabalhista Brasileiro, 1 ao Partido Comunista do Brasil, 1 ao Partido Republicano, 1 ao Partido Libertador, 1 ao Partido Democrata Cristão, 1 ao Partido Republicano Progressista, e 1 ao Partido Popular Sindicalista.

363. No dia 15 de março reuniu-se, pela primeira vez, a Comissão da Constituição, ficando decidido distribuir a matéria por 10 subcomissões, incumbidas cada qual de um trecho ou capítulo específico do futuro texto. Essas subcomissões se compunham de três membros. Foi marcado prazo para apresentação dos trabalhos. As subcomissões passaram, desde logo, a funcionar, designando cada uma delas o seu relator. Ficou resolvido que se tomaria por base dos trabalhos o texto da Constituição de 1934, visto que a Assembléia Constituinte de 1946 foi a única das quatro, do mesmo gênero, existentes na História do Brasil, que não recebeu um anteprojeto que servisse de ponto de partida aos seus estudos. Lembramos, com efeito, que a Constituinte de 1823 teve o projeto da Comissão especial, de que foi relator ANTÔNIO CARLOS; a Constituinte de 1891, o da Comissão dos Cinco, revisto pelo Govêrno Provisório, e a Constituinte de 1934, o da Comissão do Itamarati.

364. Manda a Justiça que se reconheça o excelente trabalho levado a efeito pela Comissão da Constituição e pelas subcomissões em que êle se distribuiu. Preparados os textos por estas, em prazos certos, eram discutidos e votados na Comissão plena, sem oratória inútil, mas com freqüentes e substanciosos votos dos seus componentes. NEREU RAMOS, na presidência, era um elemento que se impunha pela autoridade, isenção e experiência. É sempre tarefa delicada distinguir, dentro de um corpo coletivo integrado por numerosas capacidades, alguns poucos nomes. Da leitura dos *Anais* da Comissão, entretanto, pensamos poder salientar, sem diminuição para os demais, a atuação dos seguintes constituintes: NEREU RAMOS, AGAMEMNON MAGALHÃES, GUSTAVO CAPANEMA, CIRILO

JÚNIOR, COSTA NETO, do P.S.D.; PRADO KELLY, MÁRIO MASAGÃO, ALIOMAR BALEEIRO, FERREIRA DE SOUSA e HERMES LIMA, da U.D.N.; ARTUR BERNARDES, do P.R., e RAUL PILA, do P.L.

365. Preparados os textos parciais pelas subcomissões, elaborou a Comissão da Constituição o chamado *projeto primitivo*, que foi presente ao plenário da Assembléia em sessão de 27 de maio.[2] No sucinto relatório com que encaminha a proposição, e que é assinado por todos os seus membros, diz a Comissão:

"Tôda essa matéria foi discutida artigo por artigo, sendo aprovada com as emendas e substitutivos apresentados, realizando a Comissão, para êsse efeito, duas e às vêzes três sessões diárias."

O relator-geral nessa fase foi o Sr. CIRILO JÚNIOR, deputado por São Paulo. Aberto e encerrado em plenário o prazo para emendas e discussão, o projeto primitivo voltou, emendado, à Comissão. Sofreu o projeto exatamente 4.092 emendas.[3] Foram elas examinadas pelas subcomissões e, em seguida, pela Comissão Geral, que, nesta fase dos seus trabalhos, teve como relator outro representante paulista, o deputado COSTA NETO. O resultado foi o chamado *projeto revisto*, enviado a plenário no dia 7 e publicado a 8 de agôsto.[4] O projeto revisto foi votado em plenário, com admissão de destaque das emendas a êle apresentadas, sôbre as quais oferecia parecer verbal o relator-geral, ou parcial. Desta forma, o trabalho progredia ràpidamente. Voltou o projeto revisto à Comissão da Constituição para afeiçoar o texto aos destaques aprovados e também para ultimar-se técnica e lingüística-

---

[2] O projeto primitivo se encontra publicado no vol. X dos *Anais da Constituinte*.

[3] A lista das emendas, com os nomes dos respectivos signatários, está publicada no vol. III dos *Anais da Comissão da Constituição*.

[4] Como a publicação dos *Anais da Constituinte*, até o momento da redação dêste capítulo, não atinge às sessões de agôsto de 1946, valemo-nos, para o projeto revisto, do avulso editado pela Imprensa Nacional.

mente a sua redação. Nessa fase, teve influência predominante o deputado mineiro GUSTAVO CAPANEMA. Colaborou no polimento da linguagem, a pedido da Comissão, o filólogo professor SÁ NUNES. Publicado o projeto, em redação final, a 17 de setembro, foi aprovado solenemente no dia 18, data da Constituição. Simultâneamente com esta era promulgado o Ato das Disposições Transitórias, em texto separado, porém apenso ao da Constituição.

Vigência da Constituição de 1946

366. No início dêste capítulo, procedemos a uma rápida exposição do problema da ineficácia das Constituições, focalizando a diferença sensível — sobretudo em alguns países — que separa a estrutura formal, estabelecida pela Lei Magna, da realidade das práticas políticas e institucionais. Nosso objetivo, nas páginas seguintes, com que vamos dar remate ao capítulo e ao livro, é outro, embora aproximado, até certo ponto. Trata-se de acompanhar os traços principais da vida da Constituição de 1946, nesses quase três lustros de sua vigência, e isto partindo do princípio, reconhecido pelos constitucionalistas em geral, de que a vigência de uma Constituição, a maneira pela qual os textos são executados e interpretados, depende muito da combinação de fôrças existentes no momento histórico, e da interação dos indivíduos e grupos governantes.

367. No govêrno presidencial, dada a soma de podêres e influências que se concentra nas mãos do presidente da República, a prática constitucional espelha em grande parte a personalidade do primeiro magistrado da nação. As relações do Executivo com o Congresso, a prática eleitoral, a função da Justiça, a orientação administrativa, a política externa, os problemas sociais, o papel das classes armadas, todos êsses aspectos básicos da vida constitucional ligam-se, no sistema presidencial, à Presidência da República. Quando ela é exercida por um homem capaz e forte, ligam-se diretamente com

êle. Quando cai entre mãos débeis ou ineptas, relacionam-se mais com os grupos que o cercam e agem em seu nome. Isto é tanto verdade no Brasil como nos Estados Unidos, e tem sido proclamado por escritores de um e outro país. Para exemplificar quanto aos Estados Unidos, citaremos apenas duas opiniões de alta autoridade, expressas a muitos anos de intervalo. WOODROW WILSON, no seu famoso livro *Congressional Government*, escrito em 1883, diz, a propósito do Executivo norte-americano:

"Todo govêrno é, em grande parte, o que são os homens que o constituem. Se o seu caráter ou suas opiniões mudam, a natureza do Govêrno muda juntamente."

E o professor EDWARD CORWIN, na mais recente edição do seu livro, também clássico, *The President* (1957), acentua:

"A liderança presidencial é descontínua, para não dizer espasmódica; isto é, depende mais da personalidade do presidente do que da autoridade da sua função."

368. Eis por que não será apenas por comodidade sistemática que nós poderemos dividir a vigência da Constituição brasileira de 1946 de acôrdo com os períodos presidenciais que ela abrangeu. É claro que a influência do presidente vai até certo ponto: condiciona, mais do que qualquer outro fator, a prática das instituições; mas a pressão dos acontecimentos pode muitas vêzes mudar a orientação de um govêrno presidencial no decurso do seu mandato, da mesma forma que pode alterar a orientação de um govêrno parlamentar, seja provocando novas eleições que formem novas maiorias, seja modificando o procedimento da maioria, que se mantenha no poder.

369. A apreciação muito sucinta que vamos fazer terá o empenho de ser objetiva e imparcial. É inevitável que, como qualquer outro escritor, as opiniões que emitimos sejam influídas pela nossa própria experiência vital, o que se acentua, nos casos como o nosso, em que, além dos estudos de Direito, o autor tem longa atuação como homem político. Reconhecidas essas preliminares, que são, como dissemos, inevitáveis, restará o esfôrço de se fazer um apanhado tanto quanto possível descritivo e não crítico da vigência da Constituição de 1946.

370. A primeira observação versará sôbre a composição do Legislativo ordinário na legislatura 1947-1950, o qual foi um prolongamento da Assembléia Constituinte. Apesar do sistema eleitoral de representação proporcional, que facilita a multiplicação dos partidos, o P.S.D. tinha, na primeira legislatura, a maioria absoluta das duas Casas do Congresso. Esta grande representação parlamentar apoiava o presidente, general EURICO DUTRA, saído dos quadros dô Partido. A base parlamentar permitiu ao presidente uma política de entendimento constitucional com a oposição, representada pela U.D.N., a qual, embora não desse apoio direto ao Govêrno, se achava representada por dois ministros de Estado, os Srs. RAUL FERNANDES, nas Relações Exteriores, e CLEMENTE MARIANI, na Educação. Essa situação de grande maioria parlamentar e de boa vizinhança com a oposição contribuiu bastante para o caráter conservador do Govêrno DUTRA e para a sua quase completa estabilidade constitucional. Dois grandes Estados, Minas e Bahia, tinham eleito governadores da U.D.N., os Srs. MÍLTON CAMPOS e OTÁVIO MANGABEIRA, duas das mais altas expressões oposicionistas da Assembléia Constituinte. Mas a moderação pessoal de ambos, a grande autoridade de que desfrutavam entre os seus correligionários e o ambiente criado no cenário federal faziam com que, sem qualquer quebra da autonomia política dos dois Estados e da fidelidade partidária dos governadores, a presença da oposição nos governos estaduais não criasse maiores dificuldades políticas ao Govêrno Federal.

371. Uma das crises político-constitucionais mais sérias do primeiro período presidencial da atual Constituição foi determinada pela luta aberta pelo Govêrno Federal contra o comunismo em geral, e o Partido Comunista, especialmente. O espírito do Govêrno DUTRA foi, como dissemos, eminentemente

conservador e, neste ponto, exprimia a tendência do seu então poderoso partido dominante. Era natural que a questão comunista, em tal ambiente, viesse à tona das preocupações. Por outro lado, os comunistas, com representação bastante ponderável no Congresso, mantinham a usual duplicidade de ação: uma legal e aparente, outra invisível e clandestina. Foi esta clandestinidade do Partido levada ao conhecimento do Tribunal Superior Eleitoral, com a prova material da duplicidade dos seus estatutos. Fundado nisto e no art. 141, § 13, da Constituição, o Tribunal Eleitoral cancelou o registro do Partido Comunista, em resolução de 7 de maio de 1947, pelos votos dos ministros LAFAYETTE DE ANDRADA, J. A. NOGUEIRA, ROCHA LAGOA e CÂNDIDO LÔBO, sendo vencidos os ministros RIBEIRO DA COSTA e SÁ FILHO.

372. Por intermédio da sua liderança na Câmara, o Govêrno decidiu levar a decisão do Judiciário Eleitoral, quanto à cassação do registro partidário, a repercutir no Legislativo, através da cassação, por lei, dos mandatos dos representantes eleitos sob a legenda do Partido Comunista. Depois de tempestuosa tramitação, a medida se concretizou na lei n.º 211, de 7 de janeiro de 1948, que cassou os mandatos dos representantes eleitos pelo extinto Partido Comunista. Para a obtenção desta lei foi convocado o Congresso Nacional em sessão extraordinária.

373. A decisão do Congresso, sancionada pelo presidente no mesmo dia da sua aprovação, foi enèrgicamente combatida pelo fundamento de inconstitucionalidade, visto que estabelecia um vínculo necessário entre o partido e o mandato do representante, que a Constituição não prevê. Com efeito, esta assegura, inicialmente, que "todo o poder emana do povo e em seu nome será exercido" (art. 10); que a Câmara dos Deputados "compõe-se de representantes do povo" (art. 56) e, portanto, não dos partidos; e que o Senado se compõe de representantes dos Estados (art. 60), e, portanto, também não dos partidos. De resto, a relação existente entre o mandante

(eleitor) e o mandatário (eleito) é um dos problemas mais intrincados do Direito Constitucional democrático, como o nosso, que adota o princípio do mandato não-imperativo. Ainda hoje, a questão pode ser discutida, nos têrmos em que ficou colocada pelos que se opuseram à aprovação da lei n.º 211, entre os quais nos alinhamos, na Câmara dos Deputados. Em resumo, a nossa opinião — que será desenvolvida no momento oportuno — é a de que a cassação do registro partidário foi juridicamente indiscutível, visto que estava na competência da Justiça Eleitoral, mas que ao estendê-la, por lei, aos representantes eleitos sob a legenda do partido extinto, o Congresso exorbitou das suas atribuições e infringiu a Constituição. A preocupação do Govêrno com o problema comunista se exprime ainda na lei n.º 1.057-A, de 28 de janeiro de 1950, que dispõe sôbre a reforma dos militares "que pertencerem, forem filiados ou propagarem as doutrinas de associações ou partidos políticos que tenham sido impedidos de funcionar legalmente".

374. Durante a primeira legislatura, a 6 de maio de 1947, propusemos na Câmara a organização de uma comissão mista, incumbida de elaborar as leis complementares da Constituição. Nossa proposta constou de requerimento assinado por 62 deputados, que redigimos, acompanhado de discurso com que encaminhamos a votação, na sessão do dia 7. O Senado apoiou a iniciativa e a comissão foi constituída, integrada por membros das duas Casas, tendo se instalado no dia 10 de setembro. Foi incumbido de preparar um esquema geral dos trabalhos o deputado JOÃO MANGABEIRA, tendo a comissão, em seguimento ao estudo do relator, fixado em 34 o número de leis complementares de sua iniciativa. A Comissão Mista de Leis Complementares, no período em que funcionou, organizou vários e importantes projetos, embora nem todos hajam logrado a sua transformação em leis. Os trabalhos da Comissão foram prejudicados pelos defeitos da sua constituição. Era ela demasiado numerosa e trabalhava como se fôsse um pequeno Congresso, com sessões plenárias no recinto do Se-

nado, debates recolhidos e publicados, tôda uma formalística entorpecedora, que era exatamente o que se queria evitar, com a sua criação. Fôsse ela uma verdadeira e simples comissão parlamentar, e outros seriam os seus resultados.

375. Medidas importantes de caráter constitucional foram, de qualquer forma, tomadas no Govêrno DUTRA com referência à execução da Constituição de 1946. Entre elas podemos mencionar: a lei n.º 818, de 18 de setembro de 1949, que regula a nacionalidade e os direitos políticos; a lei n.º 1.004, de 24 de dezembro de 1949, que regula a assistência econômica e social ao Nordeste (art. 198 da Constituição); a lei n.º 1.070, de 15 de março de 1950, que define os crimes de responsabilidade do presidente da República e regula o respectivo processo; a lei n.º 1.164, de 24 de julho de 1950, que institui o novo Código Eleitoral; a lei n.º 1.207, de 25 de outubro de 1950 (de que fomos, aliás, relator na Câmara dos Deputados), que dispõe sôbre o direito de reunião, e lei número 1.341, de 30 de janeiro de 1951, que organiza o Ministério Público da União.

376. A 31 de janeiro de 1951 inaugura-se o novo govêrno do Sr. GETÚLIO VARGAS, cujo trágico desfecho se verificou no vórtice de uma das mais graves crises que já atravessou o Brasil. A recapitulação desta crise pertence muito mais à História Política do que à Constitucional. E, dentro da História Política, interessa mais de perto a biografia do Sr. GETÚLIO VARGAS. O presidente estava envelhecido e fatigado, e a decadência física fazia com que certos atributos do seu caráter, que em momentos anteriores funcionaram vantajosamente como qualidades, agora aparecessem como defeitos, que se refletiam em todo o processo político. A sua capacidade de contemporização, que foi tão útil para amortecer entrechoques no período revolucionário, era, agora, uma espécie de inércia. A sua imparcialidade para com os homens se transformara numa verdadeira indiferença para com os problemas que os homens criavam, sobretudo os que lhe eram mais próximos,

inclusive os familiares. Inércia e indiferença o levaram não a uma cumplicidade — é certo que êle estêve sempre acima do *rio de lama* que acabou por tragá-lo — mas a uma lamentável inação, a uma trágica omissão em face da intolerável trama de corrupção e banditismo que envolveu o fim do seu último e infeliz govêrno.

377. O crime político de 5 de agôsto, em que foi sacrificado o major Rubem Vaz, da Aeronáutica, tendo sido ferido o jornalista CARLOS LACERDA, verdadeiro visado pelo atentado, descobriu de repente o antro de criminosos em que se transformara o Palácio do Govêrno e revelou, de forma dolorosa, a responsabilidade indireta do velho presidente no episódio. Daí por diante os acontecimentos extravasaram da órbita legal e passaram a se processar dentro de um ambiente de pura competição de fôrças materiais. O Congresso, a imprensa e o rádio eram simples ecos de uma opinião revoltada até a náusea, mas o mecanismo final de decisão da crise se concentrava, como sempre acontece na América Latina, na posição das fôrças armadas. O impacto dentro delas era grande demais para que o grupo, cada vez mais reduzido, dos que apoiavam o Govêrno, pudesse manter o comando da situação. A renúncia do presidente era a única solução possível para o impasse. O próprio vice-presidente, Sr. CAFÉ FILHO, o reconheceu em discurso no Senado, e o declarou pessoalmente ao Sr. GETÚLIO VARGAS. Mas a renúncia é ato voluntário. Renúncia imposta é golpe de Estado. E foi o que se deu. O suicídio do malogrado presidente foi o elemento dramatizador de uma solução revolucionária pré-estabelecida. Não se pode considerar, assim, os trágicos acontecimentos de agôsto de 1954 como pertencentes à nossa História Constitucional, visto que êles se processaram à margem e até contra a Constituição. São, como acima declaramos, episódios da História Política, tanto quanto os de novembro de 1955, aos quais ainda nos referiremos. [5]

---

[5] V. *infra*, ns. 380 a 385.

378. A legislação constitucional do Govêrno VARGAS compreende, além de algumas leis aperfeiçoadoras do processo eleitoral, — inclusive uma, n.º 2.084, de 12 de novembro de 1953, que institui a providência moralizadora do retrato do eleitor no título, para evitar fraude, — outras que merecem menção particular. A lei n.º 1.395, de 13 de junho de 1951, — oriunda da Comissão de Leis Complementares, — estabelece o processo de eleição, pelo Congresso, do presidente e vice-presidente da República, em caso de vacância dos dois postos, nos têrmos do art. 79, § 2.º, da Constituição. Participamos da elaboração dessa lei na referida Comissão, sendo de nossa autoria a exigência da maioria absoluta, para evitar a possível eleição de um presidente por número muito reduzido de congressistas e sem apoio no Congresso, bem como o processo de obtenção dessa maioria, que nos foi, mais ou menos, inspirado pelas eleições em conclave, no Vaticano. Com efeito, estabelece a lei uma sessão contínua, que não se encerrará nem deixará de se abrir por falta de *quorum* e que funcionará em escrutínios sucessivos até que a maioria seja alcançada. Outra lei importante do período de VARGAS é a de n.º 2.163, de 5 de janeiro de 1954, que criou o Instituto de Imigração e Colonização (art. 162 da Constituição). Merece, também, menção especial a lei que criou a *Petrobrás*.

379. Durante o Govêrno VARGAS processou-se um movimento que veio, de fato, terminar com o sistema de prefeitos nomeados para os Municípios que a lei federal, nos têrmos do art. 28, § 2.º, da Constituição, declarasse bases de importância para a defesa nacional. A lei n.º 121, de 22 de outubro de 1947, havia incluído uma extensa lista de tais Municípios, tendo em vista principalmente evitar que as respectivas administrações municipais fôssem infiltradas por elementos do extinto Partido Comunista. Era sempre a absorvente preocupação dos governantes do primeiro período da Constituição de 1946. Mas, em leis especiais sucessivas, no período VARGAS, levantou-se a interdição em nada menos de 16 Municípios de todo o Brasil, inclusive Manaus, Belém, Natal, Salvador, Niterói, São Paulo, Santos, Corumbá, Florianópolis e Pôrto Alegre. Mais tarde, em 1955, no Govêrno CAFÉ FILHO, foi também revogada a interdição sôbre Recife.

380. O Govêrno do presidente CAFÉ FILHO terminou, como o seu antecessor, em uma crise constitucional que excede os limites do nosso *Curso,* pois passa a pertencer à História Política. De qualquer forma, algumas palavras são pertinentes sôbre o seu aspecto pròpriamente jurídico dessa crise, que interessa ao nosso trabalho.

381. O problema da sucessão presidencial colocou-se sob o Govêrno CAFÉ FILHO como quase sempre — para não dizer sempre — acontece no Brasil: em têrmos delicados, que envolviam a ordem pública. Apesar da nossa relativa maturidade política, — superior, hoje, à de qualquer país latino-americano, — ainda não atingimos ao ponto de fazer da passagem do poder um ato de rotina, baseado só nas eleições. No Brasil, como em outros países mais importantes do que o nosso, — por exemplo a Rússia ou a França, — a passagem do poder pode gerar sérias crises e não ocorre como fato normal, tal qual se dá em certas monarquias parlamentares européias ou na República dos Estados Unidos. Assim, a crise sucessória, depois de vários episódios políticos que não nos compete aqui mencionar, encontrou o seu inesperado desfecho quando o deputado CARLOS LUZ, presidente da Câmara, assumiu temporàriamente a Presidência da República, por motivo de moléstia do Sr. CAFÉ FILHO. A pretexto de um caso militar sem nenhuma importância, a punição de um coronel recusada pelo presidente interino e exigida pelo ministro da Guerra, general TEIXEIRA LOTT, êste se demitiu. Na mesma noite (10 para 11 de novembro) as fôrças motorizadas do Exército, comandadas pelo ministro demissionário e oficiais de sua confiança, ocuparam a capital e forçaram o presidente Luz, acompanhado de elementos do seu Govêrno, a refugiar-se em um vaso de guerra, o cruzador *Tamandaré,* que transpôs a barra, na manhã de 11, com os seus passageiros.

382. Colocada diante do golpe de Estado [6] a maioria do Congresso, — principalmente a maioria da Câmara dos Deputados, que foi quem propôs o expediente que disfarçou o acontecimento, — viu-se em face de um dilema: ou encontrar uma solução aparentemente constitucional para os fatos ocorridos, ou reconhecer o estado de ditadura, o que poderia implicar — e seria o lógico — na própria dissolução do Legislativo.

383. Por proposta do líder da maioria na Câmara, deputado GUSTAVO CAPANEMA, havida em reunião no gabinete do presidente daquela Casa, deputado FLÔRES DA CUNHA (que substituía, como vice-presidente da Mesa, o deputado CARLOS LUZ), e na presença do vice-presidente do Senado, senador NEREU RAMOS, investido na presidência da República em substituição ao Sr. CARLOS LUZ, os partidos da maioria aceitaram a solução de se votar imediatamente o impedimento do mesmo Sr. CARLOS LUZ, com fundamento no art. 79 da Constituição, que estabelece a lista de substitutos ou sucessores, nos casos "de impedimento ou vaga do presidente da República".

384. Impugnamos desde logo, naquela reunião prévia, como líder que éramos da oposição, a proposta da maioria. Em discurso proferido em plenário, na sessão matutina aberta pouco depois, insistimos na impugnação. Outros deputados da oposição, como o Sr. JOÃO AGRIPINO, se manifestaram no mesmo sentido. A maioria estava, porém, resolvida a tudo levar avante para acobertar, com o manto do seu apoio, a nua realidade do golpe de Estado. Por via de simples projeto de resolução, o Congresso declarou o impedimento do Sr. CARLOS LUZ e investiu o Sr. NEREU RAMOS no poder. [7]

---

[6] O general TEIXEIRA LOTT, na única vez em que com êle conversamos, reconheceu que o 11 de novembro foi um golpe de Estado. Disse-nos, textualmente, o general que, naquela data, "se vira compelido a saltar sôbre a linha da legalidade", acrescentando logo que "nunca mais o faria".

[7] Na manhã de 11 de novembro, em conversa reservada na Câmara (de que não podíamos, òbviamente, nos utilizar em público

385. Mais grave ainda foi a decisão dos governantes de estenderem o impedimento ao Sr. CAFÉ FILHO, desde que êste, consultado pelo ministro TEIXEIRA LOTT, declarou ao antigo auxiliar e então *homem forte* do Govêrno que, uma vez restabelecido, retornaria ao seu pôsto. Com efeito, a 21 de novembro, o Sr. CAFÉ FILHO, sentindo-se em condições favoráveis de saúde, comunicou, por ofício, ao Sr. NEREU RAMOS, que reassumia as suas funções. Mas já a cidade estava novamente em pé de guerra, o apartamento do presidente, em Copacabana, cercado por tanques e canhões, a ditadura plenamente desmascarada. O Congresso, de maioria sempre dócil, votou o estado de sítio, e reconheceu a extensão, ao presidente efetivo, da confusa figura do *impedimento*. O Sr. CAFÉ FILHO impetrou *habeas corpus* ao Supremo Tribunal, cuja maioria, também sempre dócil ao poder como a do Congresso, não acolheu o recurso. Um dos ministros, e dos mais ilustres, chegou a declarar que não podia afugentar os leões do poder abanando os panos da toga, como se o problema para o Tribunal fôsse o de enfrentar materialmente o poder e não o de declarar corajosamente o direito, indiferente às conseqüências. Em longo discurso proferido na Câmara, na qualidade de líder da oposição, tivemos o cuidado de examinar, tanto quanto pudemos, todos os aspectos jurídicos do impedimento virtual do Sr. CAFÉ FILHO.

O caso do Sr. CAFÉ FILHO era muito mais escandaloso que o do Sr. CARLOS LUZ, porque êste era apenas um substituto eventual, eleito pela Câmara, enquanto aquêle era o vice-presidente eleito pelo povo, empossado na Presidência, por determinação da Constituição, em virtude da vaga aberta pela morte do seu antecessor.

386. Empossado a 31 de janeiro o novo presidente eleito, Sr. JUSCELINO KUBITSCHEK, inaugura-se o Govêrno sob evi-

---

no momento), o Sr. NEREU RAMOS declarou-nos que aceitava o poder por estar convencido de que, se o não fizesse, o Brasil entraria em uma ditadura militar.

dente constrangimento militar. Esta é a situação constitucional que perdura e marca o mandato iniciado em 1956. Mas, como se trata de situação política, não temos por que nos alongar sôbre ela. Vamos ao campo das realizações constitucionais do Govêrno KUBITSCHEK.

387. A mais importante delas é, sem dúvida, a que diz respeito aos esforços realizados para a mudança da capital da República. O preceito constitucional, constante do art. 4.º do Ato das Disposições Transitórias, embora tradicional no nosso Direito Político, não constava do projeto. Teve origem, na Constituição de 1946, em emenda do deputado ARTUR BERNARDES, votada com declarado ceticismo pela Comissão da Constituição. Ninguém, no momento, lhe atribuiu importância. O Govêrno KUBITSCHEK foi o primeiro a tomar a sério a mudança, transformando-a na principal realização do seu período. Juridicamente, o assunto ficou regulado pelas leis ns. 2.874, de 19 de setembro de 1956, que criou a emprêsa pública destinada a levar a efeito a mudança, e 3.273, de 1 de outubro de 1957, que fixa a data da transferência.

BIBLIOGRAFIA

G. BURDEAU, *Droit Constitutionnel et Institutions Politiques*, Librairie Générale de Droit, Paris, 1959.

J. CHATELAIN, *La Nouvelle Constitution et le Régime Politique de la France*, Berger Levrault, Paris, 1959.

A. SIEGFRIED, *De la IIIe à la IVe République*, Grasset, Paris, 1956; idem, *De la IVe à la Ve République*, Grasset, Paris, 1958.

Las Cláusulas Económicosociales en las Constituciones de América (vários autores), Losada, Buenos Aires, 1948.

C. OLLERO, *El Derecho Constitucional de la Postguerra*, Bosch, Barcelona, 1949.

M. GARCIA-PELAYO, *Derecho Constitucional Comparado*, Revista do Ocidente, Madri, 1950.

IVOR JENNINGS, *Parliament*, Cambridge University Press, Cambridge, 1948.

LÊDA B. RODRIGUES, *A Côrte Suprema e o Direito Constitucional Americano*, Revista Forense, Rio, 1958.

Anais da Comissão de Constituição, 3 vols., Rio, Imprensa Nacional, 1948.

Anais da Assembléia Constituinte de 1946, vols. X e XV, Imprensa Nacional, Rio, 1948.

José Duarte, ob. cit.

W. Wilson, *El Gobierno Congresional*, trad. esp., España Moderna, Madri, 1916.

E. Corwin, *The President*, New York University, New York, 1957.

Jorge Alberto Vinhais, *Código Eleitoral Anotado*, Revista de Direito Político Eleitoral, Rio, 1958.

Documentos Parlamentares — Leis Complementares da Constituição, Rio, 5 vols., 1953-1955.

Afonso Arinos de Melo Franco, *Estudos de Direito Constitucional*, Revista Forense, Rio, 1957.

Pré-impressão, impressão e acabamento

grafica@editorasantuario.com.br
www.graficasantuario.com.br
Aparecida-SP